人工智能火电厂和智慧企业

赵俊杰　冯树臣　孙同敏　主编

中国石化出版社

内 容 提 要

本书根据国家、行业现行标准，结合电力生产与管理实际，着重介绍了智慧电厂建设的背景、概念、理念、目标、体系架构、硬件与网络、解决方案、预期效果，以及智能发电平台、智慧管理平台、泛在物联网技术、智能机器人技术等实用内容。

本书适合火力发电厂智慧企业建设人员阅读也可供发电企业信息专业、生产技术管理、科技创新管理和相关管理人员参考。

图书在版编目(CIP)数据

人工智能火电厂和智慧企业／赵俊杰，冯树臣，孙同敏主编．—北京：中国石化出版社，2020.10(2021.5重印)
ISBN 978-7-5114-5908-4

Ⅰ.①人… Ⅱ.①赵… ②冯… ③孙… Ⅲ.①人工智能-应用-火电厂-工业企业管理 Ⅳ.①F407.616

中国版本图书馆CIP数据核字(2020)第177622号

中国石化出版社出版发行
地址：北京市东城区安定门外大街58号
邮编：100011 电话：(010)57512500
发行部电话：(010)57512575
http://www.sinopec-press.com
E-mail:press@sinopec.com
北京富泰印刷有限责任公司印刷
全国各地新华书店经销
*
787×1092毫米16开本18印张434千字
2020年10月第1版 2021年5月第2次印刷
定价：59.00元

《人工智能火电厂和智慧企业》
编　委　会

前　言

随着火力发电行业日趋饱和，火电厂的建设与管理由高速扩张式增长，逐步转型为高质量内生式创新发展。工业 4.0、工业互联网、人工智能已成为中央强国战略的国策，国内主流发电集团纷纷提出建设智能电厂、智慧企业的转型升级与创新发展新方向。目前，我国电厂数字化建设技术已经相对成熟，数字化、信息化建设应用正不断普及，为进一步提升火电厂智能化、智慧化水平提供了良好的物理载体。但智慧电厂建设尚未有一个公认的标准化、成熟建设模板、还处于百家争鸣、百花齐放的试点、摸索期，需要先试先行，并总结出可复制、可推广的智慧电厂建设模板。在这种环境下，电厂建设已经不能仅仅满足于基础的自动化、数字化、信息化，而应该进一步将目标定位于充分利用现有信息及数据，增加精密检测与感知手段，提高数据数量、质量和数据挖掘、利用水平，通过数据、算法和算力三大要素驱动，提高企业生产力，建设更安全、更高效、更环保的智慧电厂。

本书介绍了各种人工智能火电厂和智慧企业的新概念、建设目标、解决方案、体系架构、实施路径、预期效果和实践成果。本书举例的大量工程项目、设计架构体系均经历了实践检验，只有大胆设计尝试，反复实践检验，不断修正完善，才能从一片混沌迷茫中，探索出一条可行可信的智慧电厂建设道路。通过大量的实践应用案例举例和深入思考后的总结提炼，形成了较为完善的智慧电厂建设理论架构体系和标准化的火电智慧企业建设推广模板，相信对燃煤火力发电行业同行有一定的启发和指引作用。

本书第 1 章介绍了工业升级趋势研判、业务主线梳理、内外部生产关系优化、多维度成果导向思维在智慧电厂的应用。智慧电厂建设基本思路是机器换人、网络换腿、算法换脑，手动变自动，有人变无人，将智慧理念、智能技术渗透到生产经营的每一个管理环节、每一个设备控制。在燃煤火电控制领域，通过机理模型、数据算法、专家知识库与智能控制结合，开环控制的 SIS 功能嵌入底层 DCS，形成闭环控制，软件算法和神经网络模型通过算法容器，宏封装进入智能控制器 DPU 硬件中，电气和热控系统一体化，全厂主机、辅控、公用系统一体化整合，实现了测量、监测、分析、诊断、报警、优化和控制功能在底层DCS一体化集成，打造了全新一代燃煤智能发电运行控制系统。本书第2章介绍了工业大数据、神经网络算法、专家知识图谱、智能控制算法在智慧电厂智慧发电中的应用。

统一的企业云平台、管控一体化软件开发平台、大数据中心和报表平台，开放共享的机器学习算法、云计算资源、微服务应用模块，标准化的业务流程、评价对标体系和具有分形特征的组织架构，造就了强大的大脑和巨型神经网络系统，实现集团、二级公司、电厂的上下业务流、数据链、算法库、算力脑、评价池的一体化联动，从业务需求和任务发起，到业务执行和任务落实，最后到结果验收和效果评价，将生产和经营全过程融入信息化、智慧化的业务全过程闭环管理。本书第3章介绍了大数据中心、一体化管控云平台在智慧电厂智慧管理中的应用。

先进的5G网络通信、高速有线宽带、UWB定位芯片、GPRS卫星导航、智能移动设备、遍布每一个角落的高清摄像头、红外测温仪、基于物联网的传感器、基于深度神经网络算法的智能视频识别、智能芯片和边缘计算，极大提升了人类的末端神经末梢感知广度、宽度、深度和灵敏度，可以不出门而知天下事、晓厂内事，甚至可以超越人类的感知，看得更广、更远、更深、更敏捷。本书第4章介绍了5G、物联网、三维可视化、智能设备、二维码在智慧电厂的应用。

滚轮式、导轨式、机械臂式、旋翼飞行式的各类机器人或无人系统应用，可以代替人去从事工作环境恶劣、工作性质危险、工作重复性高、测量精度要求高的业务工作，保护人的宝贵生命，解放人的双手，提高生产效率，让更多的人从事更需要深度思考和智慧凝练的创造型工作。本书第5章介绍了机器人、无人技术、智能视觉识别算法和智能边缘计算芯片在智慧电厂的应用。

本书第6章介绍了新基建时代背景下，智慧企业建设从技术进步到管理革新，从提出新理念到促进生产力发展的展望。

主编赵俊杰负责完成第1章、第4章、第5章全部内容，第2章部分内容的资料搜集、整理、撰写，约15.5万字。主编冯树臣负责第6章展望的编写。主编孙同敏负责完成第2章部分内容、第3章全部内容的资料搜集、整理、撰写，约10.5万字。

希望本书成为广大电力行业信息专业、生产技术和科技管理人员的工具书，对加快火力发电厂智能化、智慧化升级改造有所助益，为智慧电厂和智慧企业建设提供有启发、可复制、标准化的模板，为更安全、更高效、更清洁、更灵活、更智能的火力发电，打下坚实的基础。

最后衷心感谢国家能源集团、国电电力发展股份有限公司、国电内蒙古东胜热电有限公司的领导、同事的大力支持与无私帮助。

感谢国电龙源电气有限公司、北京国电智深控制技术有限公司、北京华电天仁电力控制技术有限公司、国电软通信息技术公司、华电安诺信息科技有限公司、北京中盛博方环保工程技术有限公司、武汉博晟、珠海优特、南京科远、朗坤、曼恩技术、佐佑工业设计、海康威视、东方国信、深圳银兴科技、第四范式、国电龙源节能、深圳朗驰、杭州申浩、丹东东方测控、哈工大机器人集团、烟台龙源、凯尔京、华为、必可测、云酷、湖南三德、长沙开元、数图科技、用友软件、远光智和卓源、美高景普科技、中楹青创科技、为博智能科技、竹间机器人、塞壬智能科技、明略软件、北京恒信启华、美国 GE 等科技公司，清华大学、华北电力大学、南京大学、东南大学、天津大学、中国石油大学（北京）、上海大学等高校，国电电科院、内蒙古电科院、国电新能源技术研究院等科研单位，在智慧电厂建设期间给予的学术交流支持和项目实施帮助。

承蒙鄂尔多斯市 2017—2018 年度产业创新人才团队的专项经费（鄂人才办字〔2018〕11 号，鄂人才组字〔2018〕6 号），国电电力发展股份有限公司科技创新项目（No. GDDL-20-17）资助，特此致谢。

目　　录

第1章　智慧电厂的定义和架构

1.1　背景

随着“中国制造 2025”“工业互联网”“产业互联网”“工业 4.0”“两化融合”“新基建”“人工智能+产业”“无人工厂”“智能工厂”和“智慧企业”等先进概念和大数据、云计算、边缘计算、物联网、5G、机器人、虚拟现实、区块链、人工智能算法、智能芯片、量子计算等前沿技术在传统电力工业领域的不断深化应用，对我国燃煤火力发电产业产生了前所未有的冲击，火电厂诸多技术领域都在发生剧烈的革新，推动生产力不断攀升。2017 年 7 月国家正式发布了《新一代人工智能发展规划》，国家能源集团(简称集团公司)积极响应国家号召，在总体战略“一个目标、三型五化、七个一流”中，明确提出“智慧化”的战略要求，围绕着新一代智能技术和产业发展进行前瞻布局，推动我国能源智能技术和新兴产业持续健康快速发展。国家能源集团下属二级单位国电电力发展股份有限公司(简称国电电力)明确要求火力发电厂要以建设“安全、高效、环保、低碳、灵活、智慧”的六型绿色燃煤电站为目标任务，推动火力发电厂在新时代、新市场中持续稳定发展。

国电内蒙古东胜热电有限公司(简称国电东胜公司)作为国家能源集团第一批火电智慧企业建设试点单位，以习近平新时代中国特色社会主义思想为战略指引，按照集团公司《智慧企业建设指导意见》《智能发电建设指导意见》及国电电力智慧企业建设“1+4”总体布局，提出打造“两平台、三网络”为主要架构的智慧火电体系，整体解决方案是“1 个智慧大脑、2 个硬件中心、3 个支撑体系、11 个业务模块”。国电东胜公司自 2017 年 6 月，开始正式布局和实施智慧企业建设，《国电东胜公司智慧企业建设规划方案》于 2017 年 11 月 29 日通过了国电电力组织的外部专家评审，《国电东胜公司智慧企业建设实施方案》于 2018 年 3 月 13 日通过了集团公司组织的外部专家评审。

经过 2 年多的智慧电厂建设项目实践，国电东胜公司取得了一系列具有行业引领和示范意义的成就。目前已经完成智能发电平台 ICS 和智慧管理平台 IMS 这两个平台搭建，以及 30 多项智能运行优化、四大平衡(水、煤、电、热)监测、一键启停控制、故障闭环优化、一键在线性能试验、软测量、转机可视化监控、设备健康度和性能打分、故障诊断预警、先进测量、智能安全监视与智能识别、汽机锅炉房智能巡检机器人、输煤廊道智能巡检机器人、柔性导轨式 3D 激光智能盘煤机器人、全场三维虚拟现实模型、全厂工业 WiFi 覆盖、UWB 人员定位系统、基于大数据库 Hadoop 的厂级大数据中心、人工智能火电厂生产运营管控中心、大数据平台、人工智能算法平台、软件一体化开发平台、报表平台、智慧安全、智慧燃料、智慧经营、智慧党建、智慧纪检、应急管控中心、风险数据库、日利润系统、数字东胜 APP、设备二维码 APP、ERP 等领域关键技术研发和项目实施。

为充分发挥智慧电厂试点示范引领作用，为国电电力、国家能源集团和电力行业其他火电单位开展智慧企业建设提供技术基础和模式支持，国电东胜公司依据 2 年多的智慧企业建设经验，不断总结、提炼、完善智慧企业建设理论体系。国电东胜公司主要参与完成，并于 2019 年 8 月 23 日通过外部专家评审，正式对外发布了国内首套火电智慧企业建设规范《国电电力智慧火电企业建设规范》，“两平台三网络”的火电智慧企业建设架构得到了行业的高度认可。

国电东胜公司主要参与攻关集团重点科技项目“大型火电机组智能发电关键技术”，初步建成我国首次应用的燃煤火电智能 DCS(ICS)系统，并于 2018 年 6 月 30 日在国电东胜公司 1 号机组首次工程应用，开创了燃煤火力发电底层控制操作系统全面国产化和首次智能化的新时代。“智能发电运行控制系统研发及应用”项目于 2019 年 10 月 29 日通过了中国电机工程学会组织的含 3 名院士的专家组技术鉴定，整体技术达到国际领先水平，并得到了中央电视台、人民网、新华网等国内主流媒体的广泛报道。

本书主要介绍人工智能火电厂和智慧企业建设的概念、目标、整体架构、解决方案和实践成果，针对多维度的火电智慧企业建设目标和产业升级需求要求，展现如何将最前沿的广义人工智能技术融入火电厂生产经营改造提升的全过程。本书还介绍和分析了人工智能火电厂、智慧电厂和智慧企业完整的、系统的、标准的建设体系，有助于政策制定者、行业从业人员和公众了解燃煤火力发电智慧企业建设的设计框架和解决方案。通过多维度的目标导向和功能需求分析，提炼现有的智慧企业建设成果，形成具有推广意义的火电智慧电厂建设模板，为下一步智慧企业建设项目水平的再提升和工业 4.0 升级改造指明前进的方向。

1.2 概念与目标

1.2.1 基本概念与定义

关于火力发电智慧电厂建设，有诸多衍生的概念，包括智能发电、智能电厂、人工智能火电厂、智慧电厂、智慧企业、火电厂 4.0、电力产业互联网、能源互联网等。本书不对这些概念的区别展开过于详细的论述，这些概念和建设的内容均属于工业 4.0、广义人工智能或泛在电力物联网的范畴。

智能：智能的理解有三大流派，包括感知智能、决策智能、控制智能。感知智能源自连接主义，认为智能源于神经元连接，核心是利用节点网络模型拟合现实对象特性，代表技术是深度学习、神经网络建模。决策智能源自符号主义，认为智能源于数理逻辑，核心是知识表示、知识推理、知识运用，代表技术是专家系统、逻辑故障树、专家知识推理。控制智能源自行为主义，认为智能源于控制论，核心是以控制论为基础的“感知-控制”型系统，代表技术是机器人控制、机械臂、无人机。

智慧：原始观察及度量获得了数据，数据是对客观世界的简单描述。分析数据间的关系获得了信息，信息是具有目标和关联性的数据。在行动上应用信息产生了知识，知识是信息价值的提炼和关联。知识进一步指导数据、信息和新知识的产生，形成了智慧，智慧是知识的全局洞见。智慧指导数据的关联、信息的提炼和新知识的不断生产。

智能发电：智能发电以发电过程的标准化、自动化、数字化、信息化为基础，以管控一体化、大数据、云计算、物联网为平台，集成智能传感与执行、智能控制与优化、智能管理与决策等技术，形成一种具备自学习、自适应、自趋优、自恢复、自组织的智能发电运行控制与管理模式，实现更加安全、高效、清洁、低碳、灵活的生产目标。智能发电的五大数据化特征：泛在感知(数据获取)、信息融合(数据交互)、算法应用(数据监控)、管控一体化(数据决策)、全生命周期管理(数据归档)。

数字化电厂：也称为电厂3.0。将所有信号数字化、所有管理的内容数字化，包括设备台账、过程控制、实时信息、事务处理、运行操作、生产管理、经营决策数字化，利用网络技术实现可靠、准确的数字化信息交换，跨平台的资源实时共享，从而优化决策，为机组的操作提供科学的指导，提高效率，降低成本。

智慧电厂：也称为智能电厂、电厂4.0、智能电站。在数字化电厂的基础上，利用物联网、云计算、可视化、虚拟现实、先进传感测量、高速移动通信技术、数据分析技术(专家知识库、大数据、机器学习、深度学习、神经网络、遗传算法等)、智能控制算法(软测量、广义预测控制、系统辨识、模型自激励辨识、自抗扰控制、内模控制、PID自整定、机理在线仿真等)等技术，融合信息技术、人工智能技术与先进控制技术，升级硬件设施(工业无线网络设备、现场总线设备、高性能服务器、高性能控制器、高级应用服务网、监控大屏、智能设备、机器人、智能传感器等)和软件平台(一体化管控软件开发平台、大数据平台、报表平台、智能算法开发平台、微服务平台、移动平台等)，并与燃煤火电厂的基础设施高度集成、与发电生产过程融合、与电厂管理规范制度相结合，实现发电厂泛在物联、泛在感知、信息融合、过程监控、故障诊断、能效闭环控制、故障闭环处理、工程设计、生产调度、运营管控等功能，目的是提高生产过程的可控性、减少人工干预、降本增效、提高生产力，实现更高效节能、绿色环保、安全可靠的人性化电厂。

智慧企业：以工业互联网、泛在物联网为信息化基础，以大数据、云计算、专家知识库和人工智能为技术手段，优先选用自主可控的设备、技术、产品，实现内在控制智能、外在感知灵敏，形成企业数字化改造、智能化应用之后的新型管理模式和组织形态，深度融合先进信息技术、智能技术、工业技术和管理技术，实现生产过程的智能化控制、企业经营的智慧化管理，打造涵盖生产、经营、发展、党建等领域具有“自分析、自诊断、自管理、自趋优、自恢复、自学习、自适应、自组织、自提升”为特征的一流智慧企业。智慧企业以数据驱动企业管理水平不断提升，是火电企业生产力和生产关系发展的必然趋势。

能源互联网：用先进的传感器、控制和软件应用程序，将能源生产端、能源传输端、能源消费端的数以亿计的设备、机器、系统连接起来，形成能源互联网。能源互联网通过整合运行数据、气象数据、电网数据、电力市场数据等，进行大数据分析、负荷预测、发电预测、机器学习，打通并优化能源生产和能源消费端的运作效率，需求和供应将可以进行随时的动态调整。

工业互联网：通过开放的、全球化的通信网络平台，把设备、生产线、员工、工厂、仓库、供应商、产品和客户紧密连接起来，共享工业生产全流程的各种要素资源，使其数字化、网络化、自动化、智能化，从而实现效率提升和成本降低。

传统发电厂三层网络架构：DCS(Distributed Control System，分布式控制系统)、SIS(Supervisory Information System，厂级监管信息系统)、MIS(Management Information System，管理信息系统)。

智慧电厂两层网络架构：ICS(Intelligent Control System，智能发电运行控制系统)、IMS

(Intelligent Management System，智慧管理系统)。

DCS：分布式控制系统(Distributed Control System)，是集成通信(Communication)、控制(Control)、显示(CRT)、计算机(Computer)等“4C”技术为一体的多级计算机控制系统，实现生产过程分散控制和集中监控，被广泛应用于电力、石化、冶金等工业领域。

ICS：智能发电运行控制系统(Intelligent Control System)，也称为新一代 DCS、智能 DCS、智能控制系统、智能发电平台。以 DCS 为基础，融合应用新一代信息技术、人工智能技术、泛在感知信息技术、先进智能控制技术，扩展智能变送器、智能执行机构、智能优化算法库、高级值班员站、开放应用服务器等资源，形成智能控制系统，支撑汽轮机、锅炉、发电机、公用系统、辅控运行(化学、燃料、灰硫)、现场总线控制等各项功能的一体化控制运行，实现生产过程的智能检测、运行监控、状态监测、故障诊断、智能报警预警、运行优化分析、智能闭环控制，达到减员增效、高效灵活、环保节能、主动安全管控的目标。

IMS：智慧管理系统(Intelligent Management System)也称为 ISS(智能发电公共服务系统)、智慧管理平台、工业互联网平台、企业云台、MIS。以大数据库、云平台为基础，整合 ICS 实时数据资源，机组设计、施工、检修数据资源，厂级人力、财务、设备、物资数据资源，以及电网、集团公司、二级公司、煤矿、市场等信息，实现发电企业的智能安全、智能运行、智能设备、智慧燃料、智慧物资、智慧经营、智慧营销、智能应急、风险预控、智慧党建、智慧热网等管理与智能服务，为火电厂人员与设备安全，精细化管理与优化决策提供一体化信息平台。

工控网络安全技术：智能发电控制系统的网络安全技术包括主机加固、堡垒机、网络审计、综合审计、工控域防火墙、网管平台、态势感知、入侵检测、边界防护、主动防御、可信计算和白名单管控技术、逻辑隔离、单向物理隔离、数据备份恢复等，达到电力信息安全等级保护三级要求。

1.2.2 建设目标和要求

关于工业 4.0、火电厂 4.0、电力产业互联网、人工智能火电厂、智慧电厂、智慧企业的建设，各种政府机构、高校学术机构、行业协会、电力企业等均提出了大量的目标或要求。图 1-1 示出了智慧电厂建设的多维度目标，至少包括 8 个维度、9 个方面。内容包括：①先进专业应用技术导向；②广义人工智能技术导向；③打通上下游产业链的经济价值导向；④“九个自”特征导向；⑤新型电厂目标导向；⑥国电电力战略目标导向；⑦国电东胜公司的目标导向；⑧智慧电厂社会价值判断依据；⑨火力发电行业创新导向等。

电力行业火电技术协作网提出，加快推广火电厂智能化建设的十大核心技术，包括：①源、网、荷协调运行优化控制技术；②机组及设备信息监控与远程诊断技术；③系统及设备运行优化与智能控制技术；④设备监测诊断与故障预警技术；⑤设备机器人巡检技术；⑥智能安全防护管控技术；⑦燃料智能化管控技术；⑧设备及运维检修智能化、信息化技术；⑨大数据技术；⑩设备全寿命信息管控平台。

国电东胜公司提出，以“iiVAR”为主流技术的广义人工智能技术在智慧企业建设中应用，包括：①i(Integrated Circuit)，智能芯片、传感器和智能硬件；②I(IoT)，泛在物联网和通信技术；③V(VR)，三维建模、可视化和虚拟现实技术；④A(Artificial intelligence，AI)，狭义人工智能算法、机器学习算法和大数据分析技术；⑤R(Robotics)，机器人和无人技术。

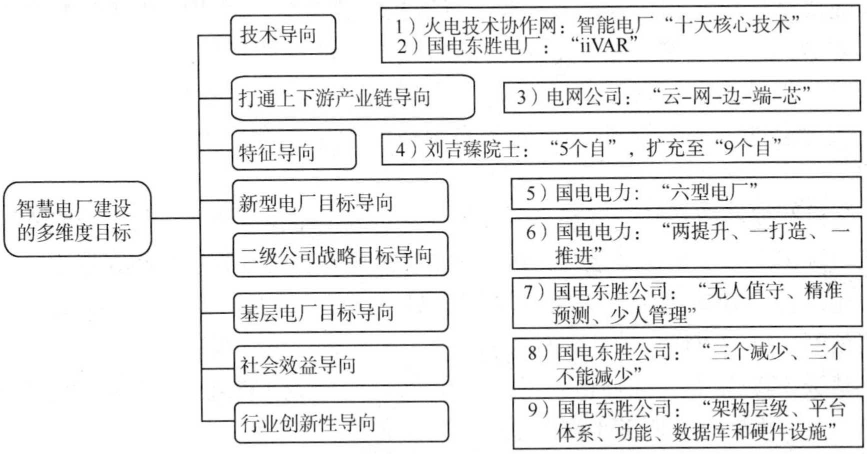

图 1-1 智慧电厂建设的多维度目标

电网公司基于打通上下游产业价值链和生态空间导向的角度，提出“云-网-边-端-芯”：云计算或云服务、网络通讯、边缘计算、设备端或应用端、芯片。

在华北电力大学刘吉臻院士提出的智慧电厂“五个自”特征的基础上，国电东胜公司提出智慧电厂应具备“九个自”特征或能力：自分析、自诊断、自管理、自趋优、自恢复、自学习、自适应、自组织、自提升。

国电电力提出打造“六型”绿色燃煤电站：安全型、高效型、环保型、低碳型、灵活型、智慧型。

国电电力提出智慧电厂建设的战略目标是“两提升、一打造、一推进”：提升价值创造能力，提升全要素生产力，打造企业竞争优势，推进建设具有全球竞争力的世界一流综合性电力上市公司战略目标早日实现。

国电东胜公司智慧企业建设的终极目标是无人值守、精准预测、基于“四不动、一动”的少人管理：①最终实现生产区“无人值守”；②管理上快速响应，流程打通，实现“精准预测”；③仅需少量管理人员，基于“四不动、一动”实现管理业务的“少人管理”。“四不动、一动”是指不动眼、不动脚、不动手、不动脑、只动嘴。

国电东胜公司提出的智慧电厂判断标准或社会价值是“三个减少、三个不能减少”：减少人的重复体力劳动、减少人的重复脑力劳动、减少专家级的脑力劳动，不能减少创意性很强的活动、不能减少随机性很强的活动、不能减少监督。

智能发电 ICS 在火力发电行业的创新意义包括：架构和层级管理创新、平台和体系创新、功能创新、数据库和硬件创新。

1.2.3 预期效果

燃煤智慧电厂建设的预期效果包括：

(1) 应用先进传感测量技术、物联网技术和机器人技术，精确感知生产实时数据，优化生产过程，减少人工干预，实现人员可控，状态预知，少人值守，效率提高，成本降低。

(2) 建设大数据中心、人工智能火电厂生产运营高级管控中心和云平台，形成厂级大数据中心、一体化管控云平台，实现数据集中存储、功能集中展示和应急指挥调度。

(3) 完成全厂设备和场景的数字化三维建模工作。以三维可视化平台为载体，全面集成设备台账数据、设计文档资料、合同采购数据、设备动态缺陷、生产实时数据、物资仓储和资产折旧数据，实现设备全生命周期管理。工业数字孪生系统采用机理在线仿真与三维建模融合的方法，构建 1∶1 过程系统数字孪生模型，实现历史回放、故障诊断和趋势预警。

(4) 建设智能两票系统，实现与三维可视化、人员定位、电子围栏、智能锁具、移动应用、智能视频识别等技术深度融合，达到安全生产风险预警预控，可控在控。

(5) 建设智能 DCS 系统，实现一键启停 APS、智能状态监控、运行优化、二次参数报警和早期预警、故障闭环自动处理等功能，提高机组智能化水平。

(6) 基于 5G、工业无线通讯技术，建设全厂 WiFi 或 LTE 信号覆盖工程。实现全厂安全、快速无线通讯链路，服务于安全生产、经营管理。

(7) 基于人工智能、数据挖掘技术，研究给水泵、引风机等重要转机的预测性维护，为实现状态检修奠定基础。

(8) 基于人工智能、数据挖掘技术，通过机组优化运行、AGC 和 AVC 调节优化、深度调峰、灵活性调度，实现机组安全灵活、高效经济、节能环保运行。

(9) 建设智慧经营、智慧营销系统，实现日利润管理。实时掌控成本收入情况，做到经营风险提前预警，自动给出应对方案。

(10) 智慧电厂建设的终极目标是，最终实现生产区无人化的“无人值守”建设工作，管理上快速响应，流程打通，实现“精准预测、少人管理”。

1.2.4 智慧电厂与数字电厂对比

随着社会产业生产力和技术的必然升级和发展，历史的车轮从不停息，也从第一次工业革命发展至最新兴的第四次工业革命，图 1-2 示出燃煤火电厂也相应地从火电厂 1.0 版本升级至火电厂 4.0 版本。燃煤火力发电站的工业化、自动化、数字化、信息化和智能化的“五化”发展历程，是一个事物发展从低端到高端，从简单到复杂，从不确定到可控、再控的进化过程。基于“五化”的发展过程，火电厂分为四代，第一代的工业化和电气化，第二代的自动化，第三代的数字化和信息化，第四代的人工智能化和智慧化。

第一代的火电厂 1.0 是工业化和电气化，所属的年代是 1875~1975 年，实现了基本的电力生产和对外输送电功能，产业升级的重点是提升仪表和执行机构的电动化水平。

第二代的火电厂 2.0 是自动化，也称为自动化电厂，所属的年代是 1975~2006 年，产业升级的重点是 PLC、DCS 的推广应用，各类就地手动设备升级为自动化、远程化操作，机组自动控制和逻辑保护水平不断提升，分散控制、集中管理的模式一直沿用至今，安全性和经济性进一步提升。

第三代的火电厂 3.0 是数字化、信息化，也称为数字化电厂，所属的年代是 1997~2016 年，产业升级的重点是 SIS、MIS(包括 ERP、OA、EAM、财务软件等各类报表和流程类管理软件)的推广应用，以实现全面的无纸化办公、网上办公和移动端办公。燃运、灰硫、化学等非主机的辅控运行系统也全面实现了远程集中控制和逻辑保护。财务、市场营销、人力资源、OA 办公、生产管理、党建、招投标与采购、物资管理等业务全面实现了无纸化办公和移动化的流程管理。目前大部分的电厂处在火电厂 3.0 建设和完善阶段。但仍有部分运行

20 多年的老旧电厂存在大量自动化程度低的环节，仍处在火电厂 2.0 阶段，数字化和信息化建设落后。

数字化电厂存在的常见问题包括不同软件之间的数据格式不统一、信息不共享、功能不协同、开放性不足、信息在传递过程容易丢失，形成了大量的“数据孤岛”。图 1-2 形象地描述出数字化电厂 3.0 建设多个软件，功能只能简单线性叠加，数据使用效率低下，没有充分挖掘数据关联后的价值。

第四代的火电厂 4.0 是人工智能化和智慧化，也称为人工智能电厂、智慧电厂或智慧企业，是一种高阶的深度信息化，所属的年代是 2016 年至今，产业升级的重点是在全面数字化和信息化基础上，将大数据、人工智能与智能控制技术融合使用，实现无人值守、精准预测、少人管理的目的。目前，尚未有一家火力发电企业完全达到火电厂 4.0 阶段，有部分火电厂开展了部分人工智能技术的应用，但远谈不上成熟和完善。人工智能火电厂或智慧企业是现阶段火力发电企业建设的目标，是最前沿的热门领域。

图 1-2 形象地描述出智慧电厂或火电厂 4.0 建设，是将孤立的功能模块融会贯通、数据交叉共享，形成“类神经网络”，产生的应用数量和功能规模可为数字化电厂 3.0 的数千万倍。海量的应用和大数据让底层数据发挥极大的作用，赋予电厂智慧，实现精准预测的功能。工业智能化和管理智慧化加速了电厂生产经营过程数据、信息、知识的转化融合和交互促进。

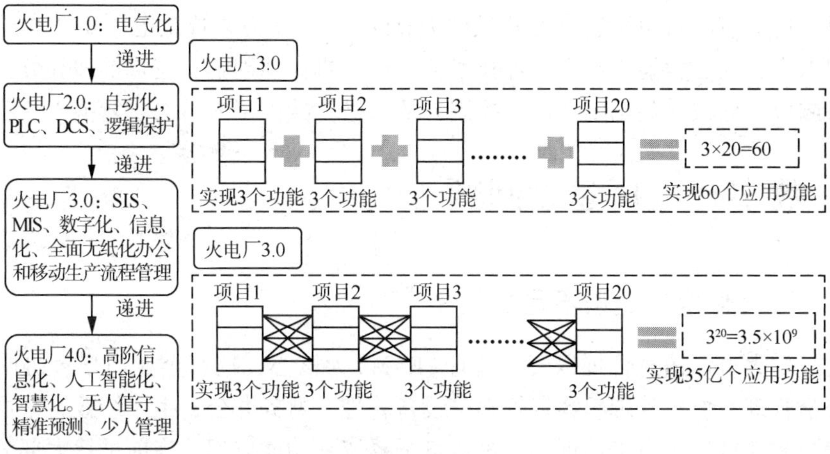

图 1-2 燃煤火电厂从 1.0 升级至 4.0

表 1-1 示出第三代的数字电厂与第四代的智慧电厂对比，在目标和定位、特征、数据库、硬件与软件平台、跨平台的信息融合、预测功能、人员参与方式这 7 个方面，均有不同。整体而言，数字电厂实现的是无纸化办公，单个系统的流程化信息管控，信息的搜集与展示在网页和移动手机端，缺点是不同信息系统之间存在“信息孤岛”，缺乏数据的深层次分析和挖掘利用。以国电东胜公司为例，数字化电厂建设完成了 EAM，SIS(性能计算、耗差分析、能耗排名)，数据仓库，日利润经营分析系统，燃料全过程智能管控 DCS，全景三维可视化与数据展示，协同办公，档案信息管理，人事信息管理，财务信息管理，生产远程监控系统“数字东胜”APP 等软件系统以及虚拟化服务器等硬件系统。

表 1-1 数字化电厂 3.0 与智慧电厂 4.0 对比

序号	对象	数字电厂 3.0	智慧电厂 4.0
1	目标和定位	无纸化办公、单个系统的流程化信息管控	具备自动分析、诊断和预测功能，人工智能技术应用和跨系统的信息融合管控
2	特征	信息的搜集与展示在网页和移动手机端	具有“九个自”的特征
3	数据库	实时数据库与关系型数据库，数据仓库	大数据库与 Hadoop 平台
4	硬件与软件平台	虚拟服务器、电脑	智能芯片、智能算法平台、管控一体化平台
5	跨平台的信息融合	较弱，“信息孤岛”依然存在	较强，消除“信息孤岛”
6	预测功能	较弱，没有实现数据的深层次分析和利用	精准预测
7	人员参与方式	人员操作软件，分析判断仍然极大依赖人脑	极大减少人的操作，分析判断依据大数据学习、专家知识库、人工智能深度学习自动理解和判断

智慧电厂采用物联网、智能芯片、智能算法、虚拟现实、无人技术、机器人、大数据和云平台等新技术，具备自动分析、诊断和预测功能，消除“信息孤岛”，能实现精准预测。相比第三代的数字电厂，第四代的智慧电厂具有“自分析、自诊断、自趋优、自管理、自恢复、自学习、自适应、自组织、自提升”这“9 个自”的新能力。智慧电厂 4.0 通过大数据学习、专家知识库、人工智能深度学习等技术，让计算机自动理解、逻辑推理和分析判断，给出诊断结果或最优建议，甚至闭环优化控制，从而极大减少了人员的重复脑力劳动和操作。

1.3 数字化电厂建设回顾

1.3.1 数字化电厂建设不足之处

传统的燃煤火电厂信息管理以资产管理（EAM）为核心，拥有企业门户、协同办公、电子邮件、安全管理、燃料管理、物资管理、设备管理、财务办公、生产绩效、全员绩效、档案管理、生产实时监控、员工培训等众多信息子系统和功能应用。当前虽然大部分火力发电厂在不同程度上实现了数字化，但数字化的程度与实际要求还存在一些差距。数字化电厂建设的不足主要包括：①基础设备层的数字化程度不够。大量的底层基础设备仍采用模拟量或开关量信号进行控制，数字化程度低，建设和维护成本高。②数据的利用程度不足。随着基础设备层上传的数据逐渐增多，由于维护不及时，新增测点的实时信息无法及时更新和上传到上层的监控层 SIS 和管理层 MIS，制约了上层高级应用软件的应用深度。③数据挖掘的程度不够。大量的数据资源由于缺乏整合，数据分散并缺乏连贯性，管理人员很难从中得到有用信息从而做出有效决策。

传统火电厂的信息化建设存在的共性问题包括：①基础硬件设施资源相对较少；②不同子系统之间数据没有实现共享，也没有实现数据的分析和深层次利用；③应用层面上还没有覆盖到全部业务，还停留在电子表格、纸质单据的管理水平，应用系统之间集成度不高；

④“信息孤岛”依然存在，各系统之间缺乏联系，信息不能共享，业务不能协同开展，对管理决策的作用十分有限；⑤决策分析层面缺乏信息化支撑，厂级领导的决策分析缺乏应用系统的支撑，并未建立数据仓库，对利润成本等不能进行全面预测与分析。

在管理要求提升、信息技术快速发展的背景下，原信息化系统局限于当时的业务管理需求、系统设计目标、技术手段等，已不能适应火电厂对核心业务信息化和工作效率提升的要求。因此，为了解决上述问题，有必要加快数字化电厂建设，构建以生产、经营和燃料管理为核心的一体化数字化火电厂信息管控平台。

1.3.2 数字化电厂建设内容

国电东胜公司数字化电厂以“五化”和“两化融合”为目标进行建设，“两化融合”是信息化和工业化的深度结合，“五化”包括业务专业化、过程标准化、平台一体化、操作智能化、管理指标化。对于燃煤火力发电厂，核心业务包括生产管理、经营管理、燃料管理、安全管理、物资管理、党建管理等。

燃煤火电业务专业化是指以企业资产为核心的生产管理体系，以全面预算管理为核心的经营管理体系，以燃料全过程自动化管控为核心的燃料管理体系，建立三级六类的 KPI 指标体系。过程标准化是指管理制度流程标准化管理、生产过程标准化管理、定期工作到期提醒标准化管理及工作任务垂直管控标准化管理四个标准化。业务专业化、过程标准化，结合平台一体化、操作智能化、管理指标化，从而形成了数字化电厂一体化管控系统。数字化电厂一体化管控系统包括数据编码体系、厂级监控信息系统、三级六类 KPI 指标体系、燃料信息一体化管理系统和以全面预算管理为目标的经营分析平台。

数字化电厂的建设内容包括：

（1）建立数据编码体系。建立以 KKS 为基础的设备工艺、位置架构体系建立设备台账。对重点设备完善其技术规范、维修作业标准、故障分析、报告图纸档案等数据，建立了物资编码。

（2）完善厂级监控信息系统。厂级监控信息系统包括数据库应用；生产过程信息采集、处理和监视；机组级性能计算和分析；厂级性能计算和分析；机组经济指标分析；报表统计如机组性能优化、燃烧优化、故障诊断、状态检修、寿命预测等。通过对采集到的运行数据进行实时分析，优化生产过程控制形成生产控制与性能优化管理平台。

数字东胜移动 APP 打造远程移动监控系统，实现在移动客户端上实时显示机组关键指标、能耗指标、燃料指标、辅机指标等生产经营数据，对机组及主要设备的重要参数进行实时监控和图像化展示，为管理人员全天候、全方位决策提供了平台。

建立三维可视化系统，结合机组设备的运行数据信息，在 PC 中直观再现设备的三维立体空间结构，同时进行相应的运行参数展示，从组织结构、设备、运行等方面对现有系统应用进行完善和提升，有利于教育培训。

完成了 DCS 主机安全防护与审计监控系统，在 DCS 系统主机方面有了防护手段，解决了数据交换、操作审计及人员访问控制等相关安全隐患，且符合国家与行业相关政策。

（3）在 EAM 系统中建立三级六类 KPI 指标体系。采用资产码、设备 KKS 码和物资码三码联动，实现资产全寿命的管理，建立了一套完整的资产台账体系。EAM 形成了由多个应用模块组件组成的集成化管理系统。设备、维修、库存、采购等环节密切相关，实现文明生产标准化、检修标准化、安全标准化管理等功能。

（4）建立了燃料信息一体化管理系统。建设计划、合同、供应商、调运、入场验收、接卸、煤场、入炉、结算、厂内费用、燃料成本核算等子系统，实现燃料从计划到结算全过程管控。实现了计量数据实时化、存样智能化、化验室管理网络化、采制一体化、入炉信息网络化、煤场数据信息化、采制过程一键启动、结算管理一键结算、报表数据一键上报。燃料智能存查样系统具备自动存样、样品到期自动预警、自动弃样、样品自动记录台账等功能，实现原煤样品的科学化管理，达到了“人样分离，盲存盲取”的建设目标。

财务与燃料系统核算一体化是将财务系统与燃料系统进行两网融合，实现了燃煤合同信息统一，实现数据源的唯一性，实现了数据精准管理，使数据统一并节省了再一次进行审批流程的重复工作，省时省力，同时减少数据由于人为录入出现的偏差问题。

燃料智能化 DCS 改造采用与主机系统相同的 DCS 系统进行集中管控将设备状态、数据、信号等信息，在 DCS 监控画面中实现实时展示和远程控制，可及时发现问题，并具有历史数据记录、事故追忆功能，为设备故障的原因分析、故障消除提供支持。

（5）建立了以全面预算管理为目标的经营分析平台。经营管控“日利润”建立数据仓库，集成各业务系统同数据，对数据进行清洗转换运算，包括 EAM 数据、SIS 系统数据、燃料系统数据、财务数据。同时对业务部门数据进行梳理，实现数据源统一。

依据业务系统的数据源形成全厂的数据仓库，实现自动报表、日利润分析、四个成本、四个电价、对标分析等功能。经营管理系统通过整合平台数据，充分利用资产管理系统 EAM、SIS、燃料管理系统等系统数据的基础数据，结合目标预测、综合计划、预算管理、费用管理、成本管理，为企业管理者提供量本利预测分析、对比、挖掘的辅助决策平台。

1.3.3 数字化电厂特点

数字化电厂建设不单单是信息系统建设，而是利用信息化手段建立一种通用的数字化电厂业务模型，对业务内容及管理流程进行梳理与优化。总结出具有国电东胜公司特色的数字化电厂业务应用系统，实现整个企业运营的规范化、生产管理的现代化以及办公自动化。数字化电厂的特点包括：

（1）制定统一的标准和制度。对各项目的系统建设及资源优化整合工作予以指导和约束，并辅以相应的管控机制确保执行。

（2）基础数据标准化和编码标准化。每种数据都有合理而快捷的维护功能、标准的使用指导和审批。针对不同的数据资产指定权威的数据拥有者、质量责任者、日常管理维护者等角色，建立配套的数据管控机制和评价考核体系，确保数据认责工作的有效开展。加强数据质量管理，增强用户使用数据的信心，有效支撑各类分析应用建设。这个是数据能够持续积累并持续有效的根本办法。

（3）梳理和统一各部门的业务数据。统一各部门各个业务条线对于某些共同关注的业务与技术术语的解释和理解，并形成一致的数据标准（检修专业、物资专业、值别等称谓标准化）。解决数据冗余性、歧义性、数据源可追溯性和唯一性比较弱的问题，实现生产、安全、经营和其他业务系统数据的共享和共用，确保数据源的标准性、安全性和唯一性。

（4）采用信息技术手段优化整合全公司的业务流程。各部门的业务流程和数据，达到横向集成，纵向贯通的要求。

（5）通过对网络核心设备、服务器的改造升级，应用虚拟化、灾备、信息安全等先进技术，为数字化火电厂提供稳定、安全、可靠的基础环境。

1.3.4 数字化电厂建设成果

数字化电厂是火电厂3.0版本，是从火电厂2.0的自动化，转型升级至火电厂4.0智能化、智慧化的必经之路。数字化火电厂建设将当前信息系统的先进技术集成，打通了生产、经营等部分信息孤岛，实现信息系统融合互通和数据挖掘利用，实现了日利润预测、燃料与财务系统的一键决算、运行指标分析寻优等高级功能，使国电东胜公司信息化水平跨入工业3.0时代，为智慧企业和无人智能火电厂4.0建设打下坚实基础。数字化电厂建设对管理提升的效果包括：

（1）通过资产管理系统EAM与实时监视系统SIS的有机结合、互联互通，实现对设备的状态维护，进而为机组的状态检修做准备。通过将标准化理念融入到生产管理系统，全面推进设备检修标准化、运行标准化、技术监督标准化、环保标准化建设工作，将各项生产工作信息化、日常化，全面实行闭环管理。通过强化指标管控对生产工作的指导考核作用，在生产管理系统中建立三级六类的KPI指标体系，突出量化、精细化管理，落实设备评估工作。

（2）通过燃料全过程智能管控平台建设，实现了燃料从入厂到入炉的全过程管理和入炉燃料成本实时显示，提高了燃料系统运行可靠性、燃料存储管理水平，使燃料掺配更加精细化。以经营管理子系统为载体，将生产数据、经营数据、财务数据等整合，充分挖掘数据，建立数据仓库，实现经营管理数据实时展现，进行经营指标、趋势预测和模型计算，每日更新计划、预算完成进度，为电力竞价，经营决策提供有力的数据支持。

（3）在综合管理方面，通过建立完善的企业综合门户、优化协同办公系统，整合内容包含流程管理、公文管理、人力资源管理、培训管理、移动办公等，实现全业务流程的闭环管理、信息平台的一体化建设。以信息系统为驱动，推进各项工作的高效、有序地开展，突出系统间的互联互通及高效的协同精神，从而达到提高整体办公效率的目的。

（4）通过服务器虚拟化建设，对网络核心设备、服务器改造升级，应用虚拟化、灾备、信息安全等先进技术，为数字化电厂提供稳定、安全、可靠的基础环境，实现“数字孪生”或“数字镜像”。

（5）通过一体化信息管控平台的建设，管理及业务流程得以优化和完善，工作效率得到提升；实现了数字化、信息化、标准化、无纸化和痕迹化，提高了办公效率，降低了生产经营风险，节省办公用品及耗材。

数字化电厂建设提升经济效益的效果包括：

（1）提高设备可靠性，降低了设备故障率约5%，同比减少设备检修次数约30台次，每台次检修费用按照平均1万元计算，每年节约检修成本约30万元。

（2）降低了库存费用。其中，2016年库存费用约1450万元，2017年库存费用约1350万元，2017年库存费用相比2016年的库存费用下降约100万元。

（3）挖掘数据潜能，建立模型，对机组大量运行数据进行梳理分析。依托生产实时监视系统，实现开环的运行调整优化指导、指标寻优指导、故障预警等功能，提高了机组安全性和稳定性，降低了煤耗和厂用电耗。

（4）虚拟化服务器应用节省了五台服务器费用。每台服务器按 6 万元计算，共节省费用 30 万元。同时，后续智慧电厂建设无须再配置硬件服务器及存储设备，间接节省投资费用约 30 万元。

（5）简化人员数量配备。燃料全过程智能化建设实现无人采制样，减少采制样人员约 8 人，直接节省人力成本约 80 万元/年。

1.4 智慧电厂的体系架构和建设方案

1.4.1 体系架构

国电东胜公司作为国家能源集团火电智慧企业建设的试点单位，提出图 1-3 所示的智慧电厂建设系统架构。图 1-3 示出火电智慧企业建设遵从基础设施层、平台层、应用层和交互层的统一架构，基于“两平台三网络”构建管控一体化系统。两平台是指智能发电平台 ICS 和智慧管理平台 IMS。三网络是指生产大区网络、管理大区网络和工业无线网络。智慧电厂建设的整体设计架构将传统电厂的三个平台结构，生产控制系统 DCS、生产监管信息系统 SIS、管理信息系统 MIS，简化为两个平台结构，智能发电平台 ICS、智慧管理平台 IMS。

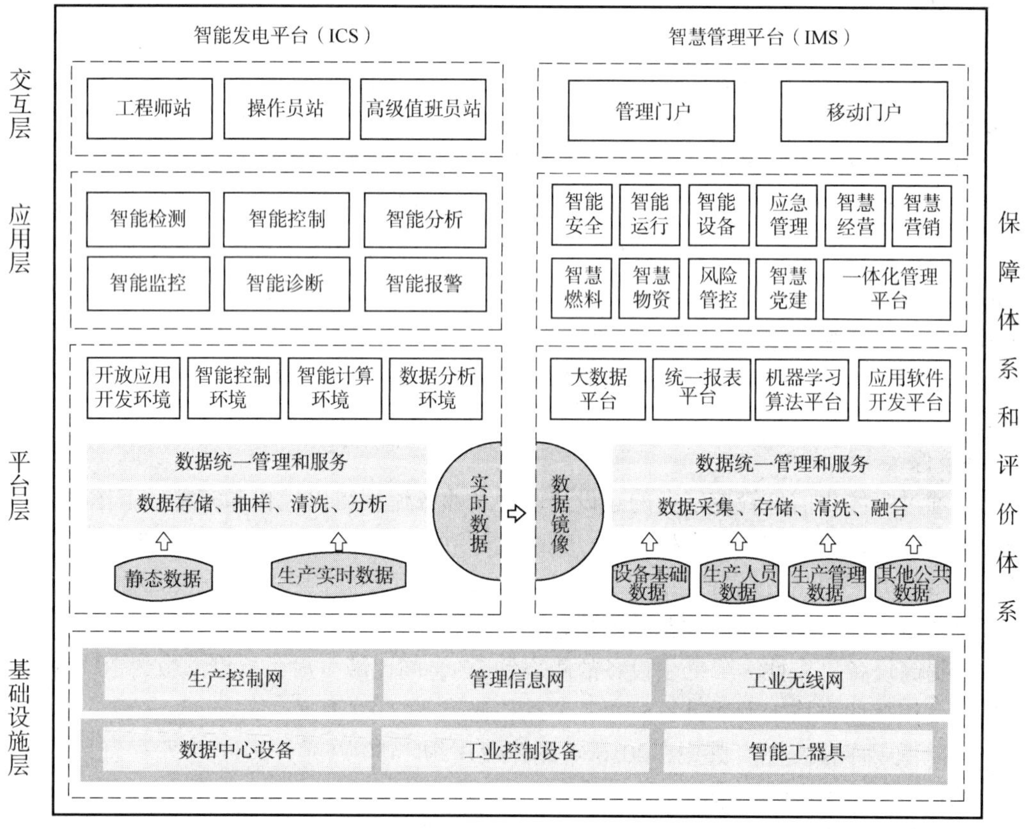

图 1-3 智慧电厂建设系统架构图

两个平台的设计，将生产数据在底层 ICS 平台直接进行深度挖掘和利用，将分析结果、诊断信息、报警预警和优化推荐直接推送给一线运行人员，更有效地指导运行操作。同时，充分利用 DCS 的逻辑执行和控制功能，将运行优化调整和故障后续处理的操作，直接写成计算机可以执行的代码，进行闭环控制，以真正实现“无人监盘”。“无人巡检”“无人监盘”是实现国电东胜公司提出的智慧电厂建设终极目标“无人值守、精准预测、少人管理”的基础。

图 1-3 示出基础设施层为平台层和应用层提供基础和支撑，主要包含网络和工业控制设备，实现全面感知、全面数字化、数据传输、存储和互联、基础自动化控制。对于智能发电平台 ICS，网络为生产控制网，工业控制设备为智能发电平台的基础硬件。智能发电平台 ICS 系统地整合了分散控制系统（DCS）、现场总线控制系统（FCS）、电气监控管理系统（ECMS）、智能控制器、计算服务器、数据分析服务器、实时数据库服务器、网络安全管理相关服务器、高级值班员站等硬件资源。对于智慧管理平台 IMS，网络为管理信息网、工业无线网，主要设备包括智能工器具、数据中心设备。智能工器具包括智能巡点检设备、智能穿戴设备、智能防误（护）设备、三维可视化及激光雷达、AR 培训设备、VR 眼镜、人员定位基站和芯片、智能机器人、无人机、盘煤仪、智能移动测速仪等。数据中心设备包含模块化机房、交换机、服务器、存储器等。

对于智能发电平台 ICS，平台层包括数据分析环境、智能计算环境、智能控制环境、开放的应用开发环境这四大支撑环境。其中，数据分析环境进行数据存储、抽样、清洗，并提供数据分析服务；智能计算环境为监控侧智能应用提供计算基础；智能控制环境为控制侧智能应用提供控制基础；开放的应用开发环境为第三方应用功能开发提供相关服务。

（1）数据分析环境。数据分析环境为生产数据的深度分析挖掘提供便捷的平台和配套工具。数据分析环境以实时数据库数据为基础，可以在线或离线方式，完成生产数据预处理，深入挖掘实际生产数据中蕴含的特征、信息和规律，进行各类模型构建，数据分析结果与控制系统融合，使数据充分发挥价值。

（2）智能计算环境。智能计算环境依托强大的服务器计算资源，通过多任务多线程并行计算，支持复杂智能算法和大型程序按周期实时执行。计算任务包括能效计算与耗差分析、操作评价结果及得分、指标归类统计信息等。

（3）智能控制环境。智能控制环境依托智能控制器高性能、高可靠的硬件资源，提供丰富的先进控制算法库，支持先进控制策略与智能控制策略的组态、执行与维护。

（4）开放的应用开发环境。开放的应用开发环境在保障信息安全的前提下，提供实时数据、历史数据和算法模型的标准化接口，支持将第三方开发的算法、高级应用置于统一的平台资源环境下运行，能够有效地整合各类第三方先进应用成果，并保护其知识产权。

对于智慧管理平台 IMS，由开发平台、大数据平台、数据资源构成，包括大数据平台、统一报表平台、机器学习算法平台、应用软件开发平台这四大支撑平台。应用软件开发平台提供业务数据、流程规范化和可视化展示、跟踪、分析、诊断、预警、预测、优化的软件功能开发工具，基于公有云和私有云存储、云计算架构、宏算法封装技术提供可快速移植复制的微服务。大数据平台对数据资源进行载入、清理、转换、规范，实现大数据统一管理及服务。数据资源包括实时运行数据、设备基础数据、生产人员数据、生产管理数据以及相关联的公共数据。

（1）大数据平台。大数据平台是智慧企业建设生态系统的核心组成部分，基于开源的Hadoop大数据生态圈技术，应采用基本Hadoop集群服务，提供上层应用资源管控集群管理，提供分布式存储与计算的平台。支持集群维护，资源管控，文件数据分布式管理等基本集群的服务能力，并实现海量数据的集中化载入、清理及转化。提供智能发电平台生产数据的实时数据镜像采集、治理、存储。

（2）机器学习算法平台。提供基于大数据的数据挖掘、建模、预测工具，可以为算法人员提供特征管理、算法开发、模型训练、模型自学习、服务管理、监控等一站式算法服务。平台提供可视化的操作界面，可用来操作整个实验的流程，同时也支持命令行模式，让用户通过命令行来操作实验。机器学习算法平台的运行依赖于分布式计算引擎，支持自定义算法包扩展，支持将算法包部署到平台集群中，通过机器学习建模平台调用算法，实现算法的应用和计算引擎的解耦。

（3）应用软件开发平台。具备业界通用的微服务开发、运维一体化的支撑能力。在业务系统开发阶段，提供相应可视化开发工具和公共组件，应能够兼容单体架构和微服务架构的开发。在业务系统运行阶段，提供基于中间件、容器、平台等多种运行环境的支撑。兼容多种浏览器及版本，同时具备快速开发能力、组件丰富、兼容性高、云开发能力等特色化业务。

（4）统一报表平台。配置可视化分析与报表系列产品，应支持多数据源，并提供多样化的图形及表格展示方式，同时具备数据的过滤、钻取、刷取、关联、变换、旋转、切片等智能化机制。

图1-3示出智能发电平台ICS的应用层包含“智能检测”“智能监控”“智能分析”“智能诊断”“智能报警”“智能控制”这6项业务应用。智慧管理平台IMS的应用层包含“智能安全”“智能运行”“智能设备”“应急管理”“智慧经营”“智慧营销”“智慧燃料”“智慧物资”“风险管控”“智慧党建”“一体化管理平台”这11项智慧企业相关业务应用。

图1-3示出智能发电平台ICS的交互层包括操作员站、工程师站、高级值班员站。通过这些交互终端完成数据监视、指令下达、逻辑画面组态下装等功能，实现人机监控交互。智慧管理平台IMS的交互层包括管理门户、移动门户。通过浏览器及移动终端进行安全访问，随时随地共享平台服务和资源。管理门户是一个面向业务应用的、集成的Web信息平台，能够将现有的各种管理系统集中到企业统一的信息平台内，实现应用系统的统一入口及内容、应用的整合展现。移动门户是一体化信息平台的移动集成应用，在移动门户模块能够通过配置实现电厂各个业务系统数据查询，并根据授权实现不同用户能够看到相应的功能信息。

管理门户的功能要求包括：①基于目录服务的统一身份认证，实现组织机构和用户的统一管理，统一身份认证。②与各应用系统集成，实现单点登录和统一待办；应将决策分析型数据进行多维度展现，为决策分析提供直观的动态展示，提升业务分析与决策水平。通过大屏幕、虚拟现实等多种手段实现对经营分析、生产运行、建设成果的可视化展现，提升管理水平和企业形象。③所有业务管理系统功能根据不同的岗位需求，定制不同的工作集成界面展现内容；自动推送及提醒工作任务、报警信息、待办事项等内容。④具备强大的内容管理能力，对企业各种类型信息的处理能力支持几乎各种结构化和非结构化的数据，能识别多种关系型数据以及多种数据库中的数据，并可以搜索和处理各种格式的文档。⑤具备高度的安全性，通过安全机制保证数据的机密性及完整性，保障企业业务的正常运转。⑥具备高度的可扩展性，能适应企业新的人员和部门的调整的变化，满足企业业务调整和扩展的要求，解决企业与 IT 部门短时间内无法解决的技术需求问题。

移动门户的功能要求包括：①基于目录服务的统一身份认证，实现组织机构和用户的统一管理，统一身份认证。②具备新闻门户的功能，提供图片新闻、新闻资讯、公司公告。③具备统一的消息中心：接收待办通知、邮件、广播消息、公众号消息。④具备统一待办：包含了流程、日程、会议、企业公文、新闻公告等业务系统所推送的待办及待阅。⑤具备即时通信的功能，类 QQ、微信等即时通信，与系统组织架构内部员工进行 P2P、群组、讨论组沟通，支持搜索人、群聊、讨论组、消息、应用、收藏等内容，快速查找沟通，所有发送的消息都能在消息管理器中查找，文件在文件管理器中查找，数据不丢失。⑥具备通讯录管理，以树形结构方式展示了企业内部的组织架构，同时提供了组织架构的权限管理；可支持多维度的搜索，通过姓名、部门、岗位、手机号码、邮箱等方式查找到同事并通过“发消息”“打电话”“发短信”“发邮件”等方式进行企业内部成员间的沟通。⑦与各业务的移动应用集成，实现单点登录和统一待办；应将决策分析型数据进行多维度展现，为决策分析提供直观的动态展示。如：发电量、日利润、机组负荷、24 小时负荷趋势、机组信息、缺陷统计、报警等信息。⑧具备与第三方应用系统集成的功能，如第三方视频会议系统。⑨具备强大的内容管理能力，对企业各种类型信息的处理能力支持各种结构化和非结构化的数据，并可以搜索和处理各种格式的信息。⑩具备高度的安全性，通过安全机制保证数据的机密性及完整性，保障企业业务的正常运转。⑪具备高度的可扩展性，能适应企业新的人员和部门的调整的变化，满足企业业务调整和扩展的要求。

智慧电厂的保障体系建设应依据国家网络安全等级保护制度，按照国家网络安全等级保护的有关要求，坚持“安全分区、网络专用、横向隔离、纵向认证、综合防护”的“二十字原则”，保障智慧企业各级系统的安全。

智慧电厂的技术监督体系应对智慧企业建设过程中涉及的相关设施、工器具、技术平台、应用软件进行技术监督。对于智慧企业各项创新性业务及应用，从配置率、使用率、可靠性、完成度等多个方面进行技术监督。

智慧企业建设的评价体系应以“自分析、自诊断、自管理、自趋优、自恢复、自学习、自适应、自组织、自提升”为目标，兼顾实用性、创新性、领先性、适用性等原则，从基础类指标、智能类指标、功能类指标三个方面，构建评价体系。

1.4.2 硬件和网络架构

硬件设施是智能发电平台 ICS 和智慧管理平台 IMS 的运行载体。硬件建设包括但不限于网络、存储、服务器、交换等设备。图 1-4 示出智慧电厂的硬件和网络架构，智能发电平台包含与生产运行密切相关的生产过程层和监控优化层；智慧管理平台包含与管理运维有关的管理信息层。两个平台之间按照“安全分区、网络专用、横向隔离、纵向认证、综合防护”的“二十字原则”实现平台内部逻辑隔离、平台间数据传输需通过电力专用横向单向安全隔离装置的物理隔离。网络与信息安全符合国家信息安全等级保护制度和国家网络安全等级保护的有关要求，保障智慧企业各级系统的安全。

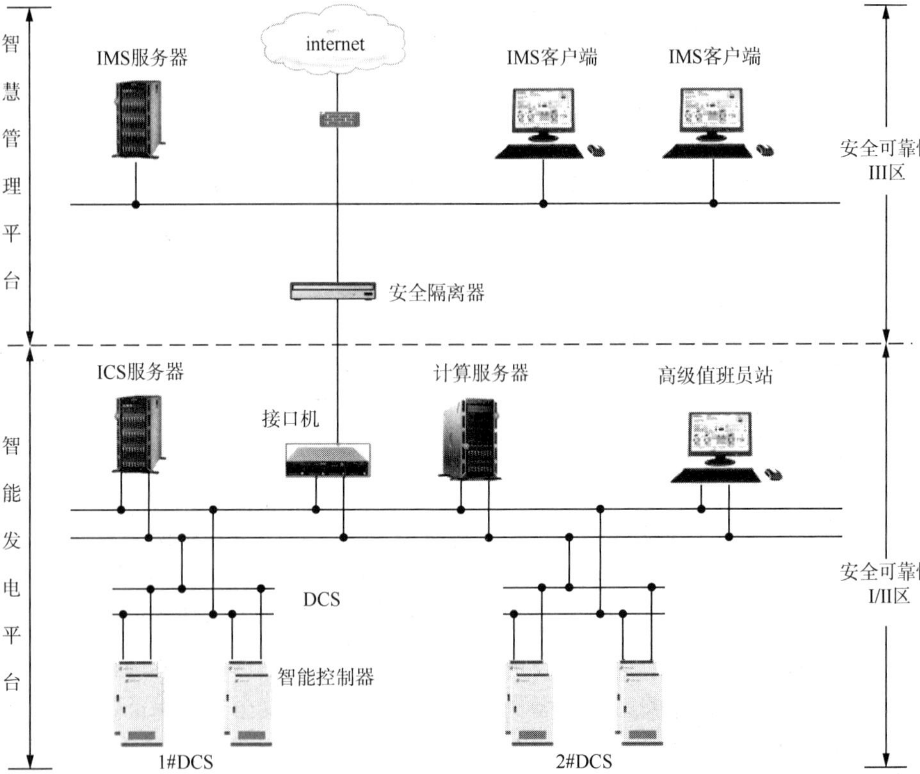

图 1-4 智慧电厂的硬件和网络架构图

随着信息技术的高速发展，单纯依靠传统防护手段已无法应对复杂多样的网络环境和攻击手段，因此需要结合综合防护手段并充分利用大数据、人工智能、云计算等先进安全防护技术，提升网络安全综合防护的智能化水平，提高主动防御及应急处置能力。智能发电平台ICS属于信息安全一区，硬件设施主要包括智能控制器、计算服务器、实时数据库服务器、高级值班员站、接口机等。智能管理平台IMS属于信息安全三区，硬件设施主要包括应用服务器、大数据平台服务器、机器学习算法服务器和网络硬件。

智慧电厂网络承载整个火电厂的实时数据、关系型数据、半结构化数据、音频、视频等全业务类型的数据交换任务，可支持网络平滑扩展升级和智能化应用的需要。基于火电厂的安全分区原则，以及工业化与信息化融合对于无线网络的需求，智慧企业网络分为生产控制网、管理信息网和工业无线网。以时钟同步为各类数据提供统一的时间基准。

在遵循安全分区的基础上，结合火电智慧企业的业务需要，将网络划分为生产控制网、管理信息网(含办公网、内部广域网及互联网)、工业无线网(含无线WiFi、无线专网)。图1-5示出智慧电厂的网络安全总体架构，生产控制网对应生产控制大区，管理信息网对应管理信息大区，工业无线网属于管理信息大区。考虑到无线接入灵活、安全性较为脆弱、易被窃听和被篡改等特点，需要采取更加严格的防护措施，特将工业无线网单独列出加强防护。

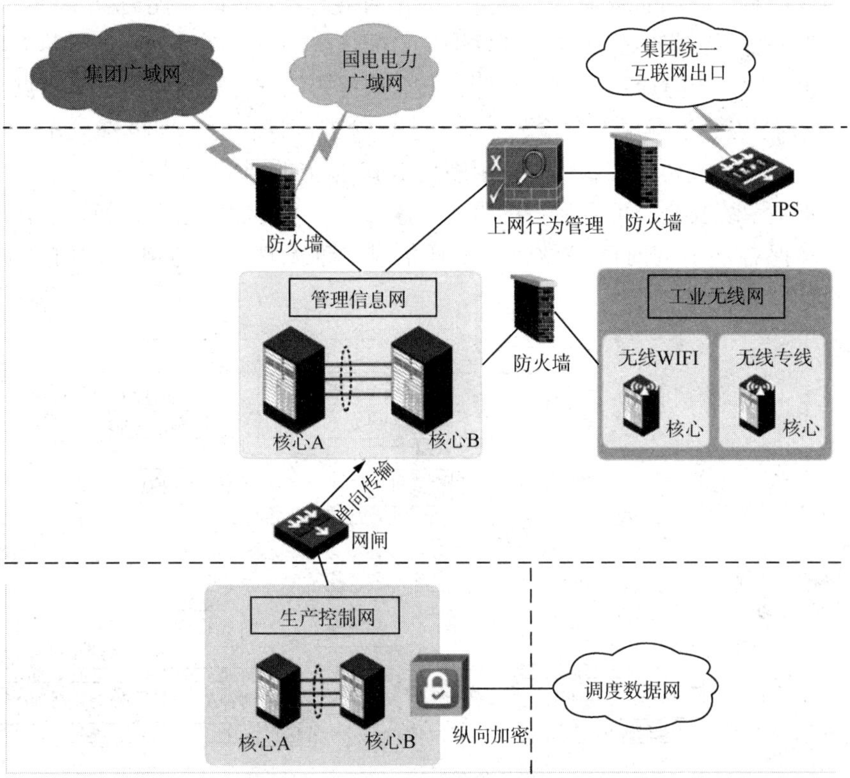

图 1-5　智慧电厂的网络安全总体架构图

根据《电力监控系统安全防护规定》要求，生产控制网必须遵循“横向隔离”“纵向加密”原则，管理信息网和工业无线网按照有边界必有防火墙原则，加强网络安全防护。

（1）生产控制大区：按照业务系统的重要性和对生产系统的影响程度将生产控制大区划分为控制区（安全区一区）及非控制区（安全区二区），重点保护生产控制以及直接影响电力生产（机组运行）的系统。

（2）管理信息大区：在不影响生产控制大区安全的前提下，可以根据各单位不同安全要求划分安全区，包括企业办公内网、广域网、互联网及在上述区域运行使用的信息系统。

（3）不允许把应属于控制区域的业务系统或其功能模块迁移到非控制区域，但允许把属于非控制区域的业务系统或其功能模块放置于控制区域。

（4）对不存在外部网络联系的孤立业务系统，其安全分区无特殊要求，但需遵守所在安全区的防护要求。

（5）生产控制网与管理信息网之间部署电力专用横向单向安全隔离装置，隔离强度达到物理隔离，确保生产控制网与管理信息网间的数据为单向传输。

（6）生产控制网与电网调度数据网纵向连接处须部署经过国家指定部门检测认证的电力专用纵向加密认证装置或者加密认证网关及相应设施，与调度端实现双向身份认证、数据加密和访问控制。

（7）管理信息网与工业无线网、集团内部广域网须部署硬件防火墙，检测所经数据包的协议、目的地址、端口及被传输的信息形式等内容，制定较为严格的安全访问规则，过滤不符合规定的数据包，做到非必须禁止通过，强化网络边界安全防护能力。

（8）管理信息网与集团公司统一互联网出口间依次部署上网行为管理、防火墙及 IPS 系统，从数据包的网络层至应用层进行检测，结合数据协议进行流量管控，对重点应用及流量提供 QoS。同时，IPS 依据规则对检测到的安全风险进行日志记录和报警，并与防火墙进行联动，防火墙动态生成访问控制规则，阻断攻击 IP 地址的网络访问。

时钟同步是系统安全、可靠运行的重要支撑部分，为智能发电平台和智慧管理平台提供时间基准，确保各环节的时间一致性、采样信息的准确性。智慧电厂的时钟同步架构如图 1-6所示。

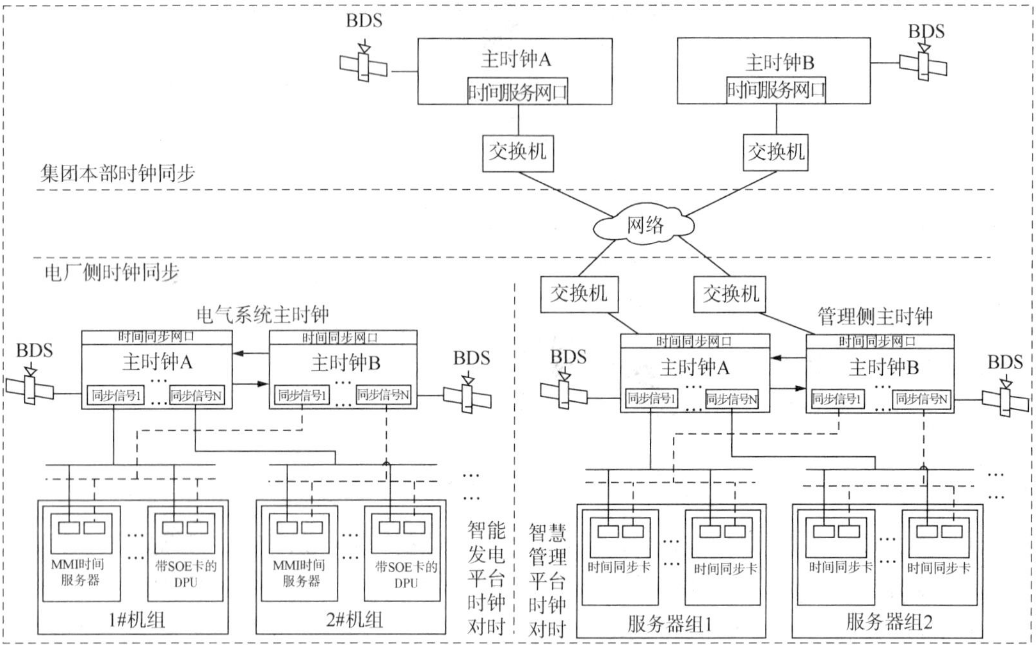

图 1-6　智慧电厂的时钟同步架构图

智能发电平台同步系统主时钟取自电气系统主时钟，分为厂级、机组级两级时钟同步系统。厂级时钟同步系统完成厂级网络上所有服务器、高级值班员站的时钟同步。机组级时钟同步系统完成本单元机组所有服务器、上位机、DPU 的时钟同步。独立组网运行的辅控系统，如化水、输煤、除灰、脱硫、供热等系统宜各自独立部署时间同步系统主时钟，完成各自系统内上位机、DPU 的时钟同步。

智能管理平台应在二级公司国电电力本部部署时间同步系统主时钟，作为整个智能管理平台的时间基准。厂侧同时部署主时钟，相关服务器内安装时间同步卡，实现与主时钟的时间同步。

主时钟的功能要求包括：①采用冗余配置。②具备接收 BDS 卫星时间信号的能力，并实现时间信号的跟踪同步。③支持的接口形式包括：IRIG-B（调制或非调制）、1PPS、RS-232、RS422/485、NTP（以太网接口）。当使用 NTP 进行时钟同步时，该接口应满足电力监控系统安全防护的相关规定。④具有极好的守时能力，在卫星信号异常时也应保证输出的时间同步信号精度满足要求。⑤时间信号接收单元具备无线时间信号接收单元、有线时间信号输入单元、输入时间信号。⑥时间保持单元具备在可以接收到外部时间基准信号时，被外部时间基准信号同步。当接收不到外部时间基准信号时，保持一定的走时准确度。⑦当主时钟接收到外部时间基准信号时，时钟信号输出单元能够按照外部时间基准信号输出时间同步信号。当接收不到外部时间基准信号时，按照内部时钟保持单元的时钟输出时间同步信号。当外部时间基准信号接收恢复时，自动切换到正常状态工作。⑧具备工作状态指示和告警功能，具备电源正常、外部时间基准信号锁定的状态展示功能，并具备电源终端、外部时间基准信号消失、设备自检出错的告警功能。⑨具备时间(日期)显示及设置功能，要求时间显示不低于6位，能够显示年、月、日、时、分、秒时间信息，并支持上/下午、12小时/24小时制、AM/PM等不同方式展示。

主时钟的配置包括：①时间偏差≤1μs(同步至北斗)，守时性能≤1μs/h(同步到北斗2h后，12h内)。②支持DL/T 60870-5-104标准和DL/T 860标准通信；③满足《GB/T 26866 电力系统的时间同步系统检测规范》要求。

时钟同步卡的配置包括：①具备接受外部B码时间，双B码时源冗余配置，内置高稳晶振功能，具有良好的守时能力。②内置高稳晶振，具有良好的守时能力，具有自诊断功能，具有时间精度测试输出，板上时间同步偏差≤10μs(同步至主时钟，相对主时钟输出)。③服务器时间同步偏差≤100μs(同步至主时钟，Linux系统时间相对板卡)。④守时性能≤100μs/h(同步到主时钟2h后，12h内)。⑤满足《GB/T 26866 电力系统的时间同步系统检测规范》《YD1355 小型局站同步时钟设备技术要求和测试方法》的要求。

1.4.3 解决方案

图1-7示出智慧电厂建设的整体解决方案为“1个大脑、2个中心、3个体系、11个模块”。1个大脑为智慧核心，具有感知、分析、决策和执行的能力。2个中心为硬件支撑平台，包括人工智能火电厂厂级大数据中心和人工智能火电厂生产运营高级管控中心。3个体系为业务重心，即安全生产管控体系、成本管控体系和利润管控体系，贯穿11个业务模块。3个业务重心是指安全生产、成本和利润这三个火电厂生产运营最重要的管理方面。安全生产管控体系对于智能发电平台ICS，成本管控体系和利润管控体系对应公共智慧服务平台IMS。11个业务模块包括智能安全、智能运行、智能设备、智慧应急管理、智慧经营、智慧营销、智慧燃料、智慧物资、智慧风险管理、智慧党建和智慧一体化平台。

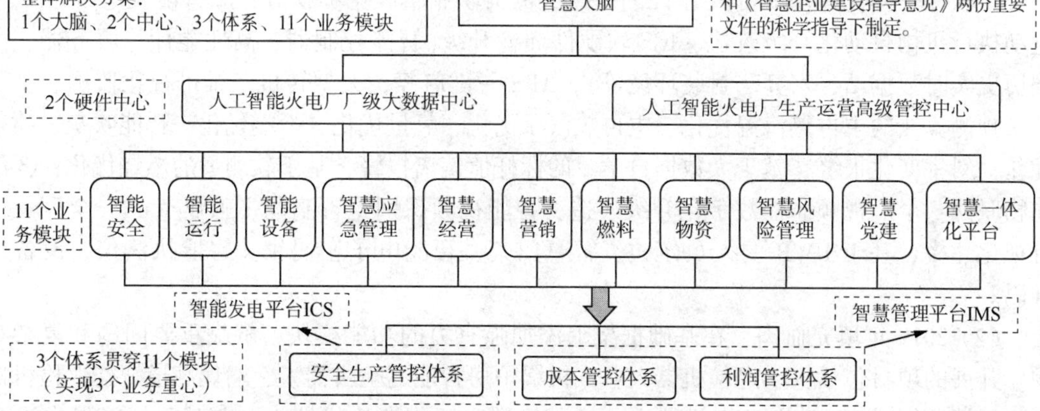

图1-7 国电东胜公司的智慧电厂建设整体解决方案

智慧电厂通过学习、记忆、认知、化脑的过程，最终形成“智慧大脑”，智慧大脑具备智慧“感知”“思考”“执行”的能力。“智慧大脑”是智慧电厂的中枢，人工智能作为“智慧大脑”重要技术支撑，基于智能感知、大数据分析、专家知识库、机器学习算法和深度学习算法，形成数据驱动的人工智能。通过记忆认知、计算认知、交互认知“三位一体”的认知网络，形成化脑认知、决策脑成，最终通过移动互联网、云平台等形成“一脑万用”的“智慧大脑”。

要形成一个大脑思考、决策、执行，要求：①数据格式规范，数据标签和存储空间能够灵活扩展。大数据中心基于 Hadoop 大数据架构，能够在一个标准、统一的平台存储、读取、调用和兼容各类关系型数据、实时型数据、半结构化数据和视频数据等。②一体化软件开发平台、报表平台、算法平台、大数据平台、微服务平台这“五个平台统一”，所有的软件功能应用基于标准化接口和宏算法封装，新开发的软件模块能够快速嵌入一体化管控云平台进行推广应用。“五个平台统一”、标准化接口和宏算法封装也是一体化管控云平台的技术基础，确保数据、软件功能在一级集团公司、二级分公司、不同三级子公司之间快速共享、复制移植、推广应用，形成智慧工业 4.0 生态圈。

人工智能火电厂厂级大数据中心是集电厂所有数据的存储、计算、应用等功能于一体的智慧基础设施硬件中心，实现对结构化数据、非结构化数据的标准化及统一收集、存储和管理。实现对电厂各业务应用数据的统一抽取和智慧管理，能够为电厂综合统计、报表、主题分析和数据挖掘等分析决策提供数据支持。通过“大数据”分析、挖掘，实现智能分析、预测、预警，为电厂生产、经营、管理决策提供支撑。同时依据集团公司火电信息标准化的八个规范文件，形成统一的数据编码，实现电厂、二级分公司、集团公司以及外部单位数据交互。

人工智能火电厂生产运营高级管控中心应用流处理技术、内存计算技术、并行处理技术将生产数据和管理数据，结构化和非结构化的大数据，进行标准化及统一收集、存储、计算、发掘和应用，实现智能预警报警、数据上传管控、业务模块之间的数据融合、生产运营高级管理工具以及电厂外部交互、感知系统和平台协同、融合。

智慧电厂建设拟定建设周期为 2018~2020 年，建设项目分 3 年滚动实施：

(1) 2018 年搭建骨架、框架，建设基础设施和平台，初见轮廓。开展的项目包括：①智慧管理平台 IMS：人工智能火电厂生产运营高级管控中心、基于 Hadoop 架构的大数据中心、软件一体化开发平台(国网云平台)、员工职业生涯竞赛积分；②智能发电平台 ICS：电动执行机构自动化升级改造、ICS 软硬件环境升级(智能控制器、高性能计算服务器、大型历史实时数据站、宏算法封装环境等)、APS 一键启停、大型转机三维可视化监测、基于广义预测算法的主再热汽温优化、主再热汽压优化、氧量优化、冷端优化、智能吹灰、喷氨优化、斜率变化报警、基于大数据自学习的标杆值偏离报警、基于软测量的燃烧优化；③泛在物联网：全厂视频监控数字化升级改造、智能视频识别跑冒滴漏、工业 WiFi、全厂三维可视化建模、基于 UWB 的人员定位、智慧门禁、智能电子密码锁、智能执法仪、设备二维码。

(2) 2019 年填充血肉，在基础框架上添加强有力的功能模块，解决重要问题和复杂难题。开展的项目包括：①巡检机器人：汽机锅炉房智能巡检机器人、输煤廊道智能巡检机器人、柔性导轨式 3D 激光盘煤机器人、热网管道内智能巡检机器人；②基于智能发电平台

ICS 的功能应用：重要辅机一键启停、一键完成定期性能试验、基于逻辑故障树和专家知识库的智能诊断报警、高加水位优化、结焦打分、设备健康度打分、阀门性能打分、控制回路品质打分、操作员行为考评、四大平衡监控、减温水自动闭环优化、故障闭环自动处理、工控安全主动防御系统、综合审计；③基于智慧管理平台 IMS 的功能应用：智慧报表平台、智慧安全、数字化煤场、智慧燃料、智慧经营、智慧运行管理；④先进测量：基于次红外技术的皮带上煤质实时化验；⑤泛在物联网：智能视频识别人的不安全行为和不安全状态。

（3）2020 年打通神经、脉络，通过大数据融合，模块接口标准化、开放化，共享化，将多模块功能融合，体现一个大脑控制所有功能模块，初见完整体系，初步建成智慧电厂 1.0 版本。开展的项目包括：①基于智能发电平台 ICS 的功能应用：厂级值班员站、基于热力学机理的虚拟电厂和在线仿真诊断、锅炉四管三维可视化防磨防爆与管道剩余寿命预测、二次风门智能优化；②基于智慧管理平台 IMS 的功能应用：智能算法平台、智慧党建、智慧纪检、智慧营销、智慧检修、智慧仓储；③泛在物联网：5G 无线通讯技术、基于边缘计算的电力专用智能视频芯片；④先进测量：声波测炉膛内部空间温度、基于炉内火焰图像智能拍摄与算法识别的燃烧优化。

1.4.4 十大无人工程

基于智慧电厂建设的终极目标“无人电厂、精准预测、少人管理”，在燃料生产运行、主机发电运行、热网运行三大火电生产运行方向，图 1-8 示出国电东胜公司提出打造的“十大无人工程”，包括：

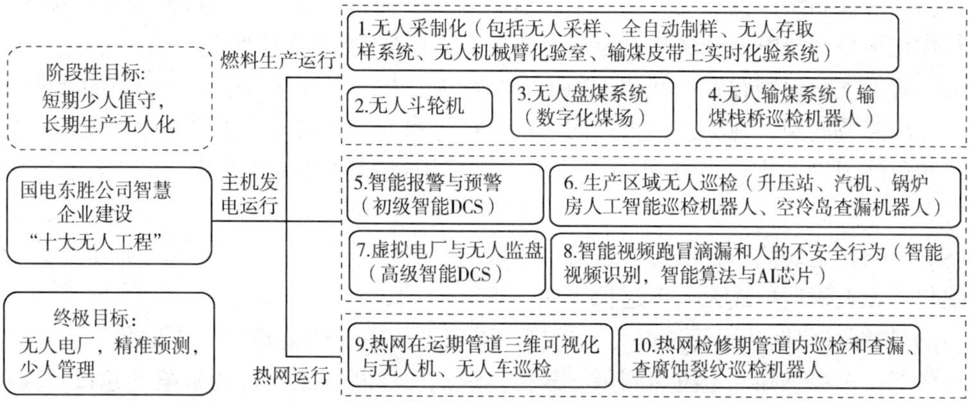

图 1-8 智慧电厂建设的“十大无人工程”

（1）无人采制化。无人采制化包括基于机械臂的自动采样、全自动制样、基于机械手的自动存取样、基于机械臂的无人化验室、基于次红外或激光技术的输煤皮带上实时化验系统。

（2）无人斗轮机。基于雷达料位计、动态激光扫描仪、视频监控、料堆三维模型、自动化 PLC 控制系统等关键设备和技术，设计并实施远程通讯网络，利用斗轮机堆取料机精确定位和激光扫描获取的料堆表面三维数据，开发自动化取料控制模型。无人斗轮机系统能实现单机防碰预警及控制，利用智能化操作软件实现无人化自动堆取料作业操控。

（3）无人盘煤系统。无人盘煤系统基于柔性导轨式 3D 激光盘煤机器人，5min 内自动对煤场内存煤进行盘库，基于激光点云数据和三维图像重构技术，计算得到煤场内所有煤堆的实时三维图像、体积和重量。

(4) 无人输煤运行系统。无人输煤系统的功能包括落煤管堵塞感知、皮带撕裂感知、皮带跑偏感知、现场温度感知、视频监视和动态追踪。无人输煤运行系统基于输煤廊道智能巡检机器人实现，机器人搭载的传感器包括高清摄像头、红外热像仪、激光器等。在传动系统的牵引下，输煤廊道智能巡检机器人沿轨道往复移动进行全方位地扫描和监测，当现场出现堵塞、撕裂、跑偏、温度超高时，可自动跟踪锁定异常位置，将现场画面第一时间展示在控制台。

(5) 智能报警与预警。在智能发电平台 ICS，智能报警应用的算法至少包括三类、八种模型。三大类模型包括专家经验梳理的经验模型、基于大数据分析和机器学习的纯数据统计回归分析模型、基于热力学和控制学的物理机理模型。智能报警与预警的功能有助于提升机组提前发现缺陷和预警故障能力，提高火力发电的主动安全性，减少集控运行人员的监盘工作量。

(6) 生产区域无人巡检。生产区域无人巡检基于汽机锅炉房智能巡检机器人、升压站智能巡检机器人、中压开关室智能巡检和操作机器人、空冷岛查漏机器人等智能巡检机器人的大规模应用，不断取代人工就地巡检。

(7) 虚拟电厂与无人监盘。采用精确的全厂级热力学微观机理建模，进行在线虚拟电厂仿真计算，是智能诊断、报警、预警的高阶功能，能实时给出工艺系统与设备动态运行的能效理论应达值，并与实际值进行对比诊断。在设备性能劣化或故障早期，发现实际值较大偏离机理仿真计算得到的理论应达值，则预警设备运行异常，并为运行人员优化操作提供指导建议，在实时控制层面直观地展示。结合监测分析、优化优化、诊断报警和智能预警功能，对运行优化策略和故障处理逻辑进行闭环控制，实现高阶“无人监盘”。

(8) 智能视频识别跑冒滴漏和人的不安全行为。基于深度神经网络自学习的智能视频识别生产现场跑冒滴漏、现场工作人员的不安全行为和不安全状态，能提高生产现场安全监视主动性和危险识别能力，可有效减少巡检人员现场逗留的时间与频次，有助于实现“无人巡检”。

(9) 热网在运期热力管道无人巡检。热网在运期热力管道无人巡检基于地下热力管网三维可视化、无人机巡检或无人车巡检实现。

(10) 热网检修期热力管道内无人巡检。采用管道内智能巡检机器人取代人工检查，深入管道内部，态势感知、定位、测量、分析、识别、诊断供热管道的缺陷和建议检修计划，可提升热网管道内部巡检的质量、效率和全覆盖性，提高冬季居民供热稳定性和安全性。

基于业务和专业管理划分，图 1-8 示出“六大无人燃料系统”包括入厂煤无人采制、入炉煤煤质实时化验、基于机械臂的无人化验室、无人盘煤和数字化煤场、无人斗轮机、无人输煤系统。目前尚未有任何一家国内外燃煤火电企业完全实现“六大无人燃料系统”，如果能同时实现六大无人燃料生产系统，对整个火电行业的燃料生产运行和管理将起到潮流引领和创新示范作用。

1.4.5 五条业务主线

从燃煤电厂专业和业务开展的角度，图 1-9 示出智慧电厂建设的一种思路是打通五条业务主线，包括：

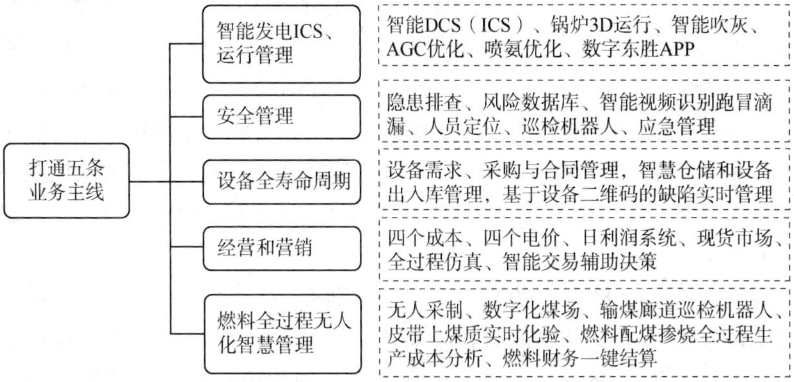

图 1-9 智慧电厂建设的“五条业务主线”

（1）智能发电、运行管理主线。在智能发电平台 ICS，按照测量检测、可视化监视、实时分析、诊断报警、运行优化、APS 一键启停控制、故障闭环处理的这七个时间维度管控逻辑链条，应用项目包括：声波测温（测量检测）、锅炉 3D 运行监视（可视化监视）、大型转机可视化监测（可视化监视+实时分析）、性能计算与耗差分析（实时分析）、设备健康度打分与性能诊断（实时分析+诊断报警）、基于逻辑故障树的专家知识推理诊断与报警（诊断报警）、基于大数据学习的标杆值偏离报警（诊断报警）、燃烧优化（优化控制）、智能吹灰（优化控制）、AGC 优化（优化控制）、喷氨优化（优化控制）、真空严密性一键性能试验（一键启停控制）、引风机动叶连杆脱落自动处理（故障闭环处理）、给水泵再循环门内漏自动处理（故障闭环处理）等。

在智慧管理平台 IMS，按照生产数据远程实时监视和历史追溯、智能两票管理、台账管理、班组评价、个人评价这四个业务维度的管控逻辑链条，运行管理应用项目包括：①生产数据远程实时监视和历史追溯：数字东胜 APP；②智能两票管理：工作票、操作票、设备状态与两票匹配、设备定期切换推荐、机组停运后操作推荐；③台账管理：缺陷登记、交接班、班组台账、就地巡检台账、临时检修台账、大小修工作票台账；④班组评价：小指标竞赛管理、星级班组、红旗值、AGC 之星；⑤个人评价：操作员在线操作打分、在线考试与仿真培训、青年岗位能手评选等。

（2）安全管理主线。按照事前预防、事中监控、事后处理，三个时间维度的管控逻辑链条，安全管理的应用项目包括：①事前预防：安全管理制度、安全管理责任、安全培训、隐患排查、风险预控、风险数据库；②事中监控：人员定位、三外管理、智能门禁、智能巡检机器人、智能视频识别设备跑冒滴漏和人的不安全行为、安全检查、安全考核、两票执行；③事后处理：应急管理、应急恢复。

（3）设备全寿命周期管理主线。按照设备需求，设备购买，设备入库、出库，设备使用与日常维护，状态检修，大小修管理，资产折旧、报废、保险索赔，这七个时间维度的管控逻辑链条，设备全寿命周期管理的应用项目包括设备需求（设计选型、监造、出厂），采购与合同管理（设备购买），智慧仓储和设备出入库管理（设备验收入库、出库），基于设备二维码的缺陷实时管理和智能两票推送（设备使用与缺陷处理、零部件更换记录），设备性能诊断（状态检修、定期维护管理），智慧检修（大小修管理），设备资产管理（使用寿命预警、固定资产折旧、设备报废与废旧物资处置、保险索赔）。

（4）经营营销主线。按照年度目标制定、目标任务月度分解、收入本实时跟踪与评价、成本实时跟踪与评价、经营成果趋势分析与预警这四个时间维度的管控逻辑链条，智慧经营的应用项目包括：①年度目标制定：经营指标年度预测；②目标任务月度分解：指标按月分解与完成值累计迭代；③收入的实时跟踪与评价：售电结构、四个电价分析管理、日利润系统、绩效评价；④成本的实时跟踪与评价：四个成本分析管理、预算执行控制、成本费用对标管理；⑤经营成果趋势分析与预警：多变量、多维度的利润预测模型，经营趋势预测，指标超限与劣化预警。

按照交易事前分析、交易事中仿真、交易事后评价这三个时间维度的管控逻辑链条，智慧营销的应用项目包括：①交易事前分析：基于电力交易中心海量电力市场历史数据的关键信息智能挖掘、市场竞争力分析；②交易事中仿真：现货市场全过程仿真、考虑中长期及现货市场的智能交易辅助决策；③交易事后评价：关键经营和市场预测指标动态计算、多维度交易评价。

（5）燃料全过程无人化智慧管理主线。按照燃料入厂采样、制样、存样、化验、称重、煤场管理来煤和存煤、入炉耗煤、配煤掺烧、成本分析与燃料结算这九个时间维度的管控逻辑链条，燃料全过程无人化智慧管理的应用项目包括无人采制样、自动存储与气力输送、基于机器臂的无人化验室、柔性导轨式3D激光无人盘煤与数字化煤场、无人斗轮机、输煤廊道巡检机器人与无人输煤运行系统、基于次红外技术的皮带上煤质实时化验、燃煤配煤掺烧全过程成本分析、燃煤分煤种日结算、燃料财务一键结算。

1.4.6 与上级分公司的联动

图1-10示出智慧电厂建设的组织机构及与上级业务部门的对接，设立智慧电厂建设工作领导小组，下设11个业务工作小组，以及1个全职的智慧电厂建设工作办公室(临时常务职能部门，与发电部、设备部平级管理)。11个业务工作小组与上级国电电力的相应部门进行业务对接。

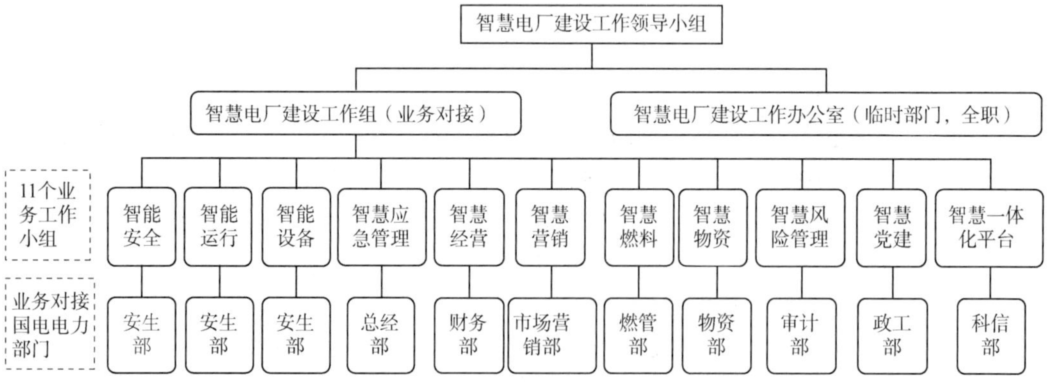

图1-10　智慧电厂建设的组织机构以及与上级业务部门的对接

图1-11示出国电东胜公司的一体化管控平台以及与上级国电电力一体化管控平台的数据、业务对接。在理想云端部署架构设计中，底层的先进硬件设施在上级国电电力大数据中心集中部署，作为主数据节点，搜集、汇总下属数十个电厂的数据，并对数据进行标准化治理和跨专业融合。中层的四大软件平台在上级国电电力人工智能管控中心一体化管控软件开

发平台统一部署，利用人工智能、大数据技术和云服务，对生产经营的重要环节提供分析、诊断和预判预警，指导电厂生产与经营管理。上层的具体应用基于底层的先进硬件设施和中层的四大软件平台进行定制化开发，主要在电厂侧的一体化管控平台进行开发和部署，并作为数据分节点，将数据结果反馈给国电电力大数据中心(主节点)存储，在国电电力人工智能管控中心进行分析和展示。

图1-11示出底层的先进硬件设施，包括智能芯片、高性能计算服务器、灾备服务器、虚拟存储、大数据中心机房和光线传输等。中层的四大软件平台包括国网云平台(也称为一体化管控软件开发平台)、基于Hadoop的大数据平台、人工智能算法平台、报表平台，以及11个业务功能子模块的整体架构和基本功能开发和微应用部署。上层的大部分应用在厂侧，包括图像识别、无人化燃料管理、危险源智能辨识与状态预警、运行管理、班组管理、设备缺陷和检修管理、应急响应、风险数据库管理、设备二维码和智慧仓储管理、经营决策等应用。

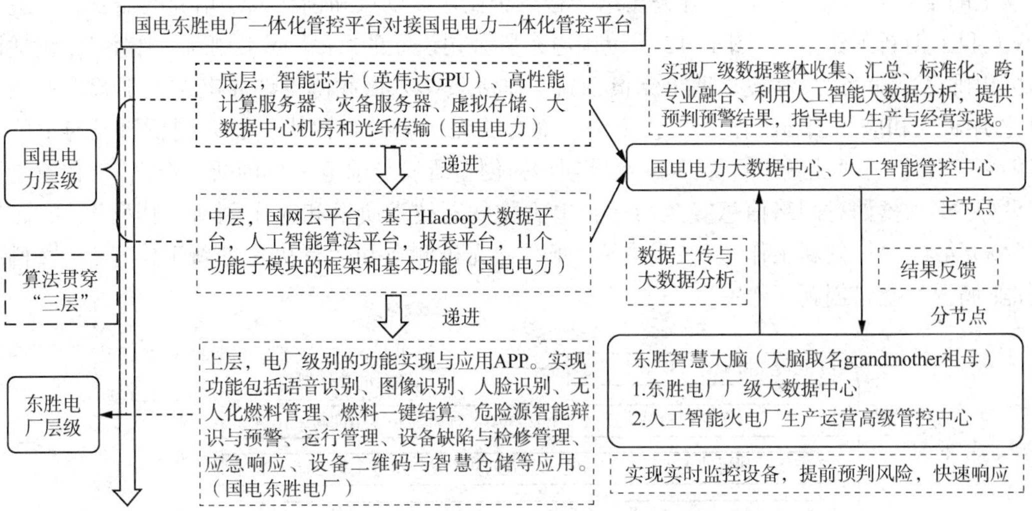

图1-11 智慧电厂建设的一体化管控平台以及与上级一体化管控平台的数据、业务对接

底层的硬件、中层的软件平台和算法平台、上层的应用，都将大量应用先进智能算法。由于大数据分析，对深度神经网络学习等算法复杂度，高性能服务器的计算算力需求较大，计划将高性能的服务器大量布置在上级国电电力。名义上基层电厂复杂的算法和计算需求都将在国电电力的大数据中心和人工智能管控中心进行分析和计算，基层电厂规划只布置基本的计算和存储服务器，完成较为基础和简单的计算分析功能。这样规划比较理想，下属数十个电厂能充分共享上级国电电力统一部署的先进硬件设施、算法平台和软件云平台，强大的“云存储”和“云计算”能提高算力资源利用率，节约投资。但实际效果受到网络传输带宽、网络安全性和稳定性制约，基层电厂为了业务的流畅开展和数据安全性，也会加强高性能服务器、数据灾备服务器的冗余部署，加强“边缘计算算力”和“边缘端虚拟存储容量”。

“云边结合”的方式能够较好地解决集团公司、二级区域公司或股份公司对多个基层电厂的管理流程问题，既要集中统一管理数据和软件，也要灵活放权，允许电厂侧开发个性化的应用和服务。不同电厂之间业务相似、通用性较好的软件应用功能，例如财务管理、物资仓储管理、人力资源管理、EAM、运行缺陷和检修管理、技改和科技项目管理，均可以由集团公司或上级国电电力主导开发，电厂侧配合执行。电厂侧使用软件实时产生的数据同时在厂级数据中心和上级国电电力大数据中心进行“双份存储”。为了防止意外断网等不安全事件对厂内业务开展的影响，财务管理、物资仓储管理、人力资源管理、EAM、运行缺陷和检修管理、技改和科技项目管理等软件均部署有基础的离线软件应用功能。对外传输的网络故障时，暂停部分需要复杂智能算法计算和大数据分析功能，保留流程化的功能，不影响厂内数据填报、报表展示、开具两票、业务流转等基本业务功能开展，待网络恢复再恢复数据上传和复杂智能算法计算。

1.4.7 内部生产关系优化的创新驱动

智慧电厂科技创新和管理创新是为燃煤火力发电厂谋求一条创新驱动的转型发展之路，实现企业可持续发展。提升企业核心创新能力和竞争力的关键要素是完善科技创新体系和人才队伍的培养和激励。国电东胜公司结合智慧企业建设试点和创新人才培养的需要，打造了“八大职工创新工作室”。图 1-12 示出国电东胜公司设立的“八大职工创新工作室”，包括以总工程师名字命名的“赵俊杰博士党员创新工作室”、“朱振武博士燃煤电站人工智能算法和AI 芯片研发和应用创新工作室”、“宋华、刘海波无人巡检和智能机器人创新研发与示范工程创新工作室”、“沈跃军智能 DCS 及早期预警创新研发与示范工程创新工作室”、智慧电厂建设办公室“杨如意网络信息安全与泛在电力物联网技术研发和应用创新工作室”、继保班组“杨光继电保护创新工作室”、发电部“张二祥先进测量和运行优化创新工作室”、燃料部“陈亚楠智慧燃料创新工作室”。

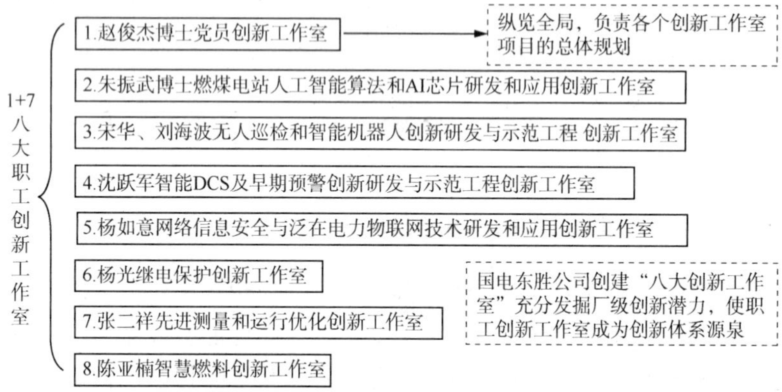

图 1-12 智慧电厂建设的厂级职工创新工作室

（1）以总工程师名字命名的“赵俊杰博士党员创新工作室”，主要围绕智慧企业建设开展科技攻关，创新项目酝酿、孵化和启动，负责企业科技创新和管理创新工作的总体规划、统筹管理、资源调配和协调推进工作，以及厂级创新制度制定和完善，厂级创新项目评奖，创新成果对外申报，各部门的创新监督和问责。“赵俊杰博士党员创新工作室”还负责获鄂尔多斯市产业创新人才团队称号“国电东胜热电公司智慧电厂建设及技术革新创新人才团队”的项目开展和鄂尔多斯市政府资助的 50 万科研经费的管理工作。

创建“1+7”创新工作室格局之后，国电东胜公司创新工作取得了较大进步，创新成果硕果累累。2018 年和 2019 年获得行业协会、市厅级及以上的创新成果奖项 81 项，电力行业优秀会议论文获奖 116 篇，发表学术期刊论文 75 篇，累计授权专利和软件著作权 5 项，起草并发布企业团体标准 3 项。国电东胜公司在创新项目成果、创新论文、创新先进个人和集体评奖和申报方面，无论是申报的数量、质量，还是最后获奖的项目数量和质量，在上级国电电力分管的几十家企业评比排名中，名列第一，科技管理的效果显著。

（2）“朱振武博士燃煤电站人工智能算法和 AI 芯片研发和应用创新工作室”，立足于智能算法和智能芯片在火电厂的深度融合应用，通过人工智能算法和 AI 芯片技术的驱动，推动火电厂安全水平和生产效率提升，打造基于人工智能技术的“六型电厂”，让最前沿的智能技术真正应用于安全型、高效型、环保型、低碳型、灵活型和智慧型电厂的生产经营全过程。人工智能算法和 AI 芯片研发的项目包括智能视频识别设备跑冒滴漏、智能视频识别人的不安全行为和不安全状态、摄像头跟随人员联动和识别预警技术、底层 DCS 智能 FPGA 芯片、视频预处理的 AI 芯片、燃料系统智能芯片，以及 BP、CNN、RNN、DNN、LSTM、GAN、遗传算法、聚类等先进算法在火电生产经营过程中的深度融合应用。

（3）“宋华、刘海波无人巡检和智能机器人创新研发与示范工程创新工作室”，立足于设计、研发、制造和部署定制化的智能机器人，实现高复杂、高精度、高危险的生产重要过程的智能巡检。人工智能机器人应用的场景包括升压站智能巡检机器人，配电室、电子间、中压开关室智能巡检和操作机器人，汽机、锅炉房智能巡检机器人，输煤廊道智能巡检机器人，基于封闭数字化煤场的柔性导轨式 3D 激光盘煤机器人，热网管道内智能巡检机器人，空冷岛查漏机器人，卸煤沟智能巡检机器人，热网在运期间的无人机巡检查漏。目前已完成基于封闭数字化煤场的柔性导轨式 3D 激光盘煤机器人，煤廊道智能巡检机器人，汽机、锅炉房智能巡检机器人这三个项目的实施和工程应用。目前正在实施的是热网管道内智能巡检机器人项目。

（4）“沈跃军智能 DCS 及早期预警创新研发与示范工程创新工作室”立足于打造 100% 自主知识产权的智能火力发电国产底层操作系统，是全国火电行业开创性的工作。基于逻辑故障树分析和专家知识图谱技术，在 DCS 底层操作系统上将专家智慧固化为计算机代码，实现复杂事故的自动推理、智能分析、提前诊断、智能报警和预警，运行优化和故障处理的闭环控制。目前该项目已于 2018 年 4 月在北京市科委立项，成为北京市科委关注和支持的重点项目；于 2019 年被列为国家能源集团重点科技创新项目。该项目被刘吉臻院士列为智慧电厂建设的重点项目，有望获得省部级和国家级科技进步奖。该项目的成功实施有助于推动燃煤火电机组运行的智能化控制，通过推动少人值守，逐步实现无人监盘，由目前极大依赖运行人员高工作强度、高度神经紧张状态、繁琐人脑分析判断的集控运行，向人工智能控制和现代化无人工厂转变。

（5）“杨如意网络信息安全与泛在电力物联网技术研发和应用创新工作室”，立足于网络信息安全技术和物联网技术在火电企业的应用。适用于火力发电厂的网络信息安全技术包括：①管理信息网络的上网行为管理、办公网络和互联网双网隔离、防火墙、机房巡检、移动运维、态势感知、堡垒机、入侵防御监测；②生产控制网络的主机加固、主机安全监管系统、工控系统安全综合审计系统、安全态势感知、工控域防火墙、入侵检测、边界防护、主动防御、可信计算和白名单管控、逻辑隔离、单向物理隔离等；③工业无线网络的行为认证、审计、快速校验智能设备 mac 地址绑定、时钟同步。适用于火力发电厂的泛在电力物联网技术包括 5G 高速无线通讯，基于 UWB 的高精度人员定位技术，基于室内区域定位的 LORA，短距离打卡式定位技术 ZigBee、RFID、蓝牙，二维码技术，生产区域室内工业 WiFi，室外 GPS 定位，传统办公 WiFi，以及基于北斗卫星信号的时钟同步技术。

（6）“杨光继电保护创新工作室”于 2018 年 1 月被内蒙古自治区总工会命名为“内蒙古自治区职工创新工作室”，获得内蒙古自治区总工会 3 万元的经费支持。国电东胜公司先后为杨光创新工作室提供创新经费 22 万元，先后进行技术攻关二十余项，形成创新成果三十余项，获得直接经济价值三百余万元。“远动系统涉网安全设备的高级故障诊断系统”“电气设备 AVC 装置的调节性能研究、设计及工程示范应用”等项目获得全国电气自动化创新优秀成果，完成申报实用新型专利 9 项。

（7）“张二祥先进测量和运行优化创新工作室”，主要负责协调和督促运行，联合完成运行优化项目；设计与配合设备部完成先进测量技术在电厂的应用。运行优化项目包括吹灰优化、燃烧优化、氧量优化、配风优化、喷氨优化、冷端优化、高加水位优化、热网供热优化、全负荷脱硝优化、辅机运行方式的节能优化等。先进测量项目包括基于次红外技术的皮带上煤质实时化验、柔性导轨式 3D 激光盘煤机器人、炉膛声波测温、火焰智能图像识别与炉膛内窥技术等。目前，基于 ICS 闭环控制的智能吹灰，基于软测量、声波测温、锅炉 CT 和火焰智能图像识别的燃烧优化，以及基于一次风粉调平和二次风门智能调节的配风优化已列入人工智能火电厂建设重点实施项目，该创新工作室负责这些科技研发项目的技术管理与项目落地的工程管理。

（8）“陈亚楠智慧燃料创新工作室”，主要负责“六大无人燃料”系统的项目推进和维护升级，无人燃料运行和管控的一体化集成。六大无人燃料系统包括入厂煤无人采制、入炉煤煤质实时化验、基于机械臂的无人化验室、无人盘煤和数字化煤场、无人斗轮机、无人输煤运行系统。

职工创新工作室在智慧电厂建设中的作用包括：

（1）职工创新工作室的设立提供了火电企业科技研发的平台，充分发掘厂内职工的创新潜力，有效推动科技创新和技术研发工作。

（2）创新工作室实现了跨部门的人员、优势资源的横向整合，打破了部门或专业的管理界限。

（3）职工创新工作室制度作为一项管理创新措施，实现了厂级创新工作的常态化和持续化，有助于科研项目的快速申报、推进和总结，形成了燃煤火力发电厂创新体系的新鲜要素。

职工创新工作室的价值包括：

（1）个人品牌标签化、符号化，生动形象，方便宣传和扩大影响力。提起搜索，大家快速想到谷歌、百度。提起继电保护疑难问题解决，快速想起国电东胜公司杨光；无人输煤运行系统研发，想起国电东胜公司刘海波。

（2）快速集中厂里面有限的优势资源，为重难点攻关项目和重要创新工程配备常态化的技术带头人和创新团队。遇到复杂疑难问题，不仅能快速推荐一个知名“老专家”，还能迅速拉出一支善于攻坚克难、身经百战的科技攻关团队。

（3）为企业科技创新工作长期发展起到“头雁效应”，持续激发员工向头雁学习和靠拢。调动员工创新热情和创新思维，形成高技能人才带动企业员工共同创新的良好氛围。

1.4.8 外部生产关系优化的创新驱动

智慧电厂建设不是闭门造车，一定要海纳百川、吸纳各方面的先进思想、前沿理念、智能技术，与著名高校、科研院所、科技公司和行业领军人物建立产、学、研、用的长期合作和协同共赢模式。图 1-13～图 1-18 示出国电东胜公司成立了“七大联合创新实验室”，包括智能发电、智慧管理平台 IMS、人工智能算法与芯片、物联网智能设备、智慧燃料、5G、大数据与云计算等联合创新实验室或实验基地，充分发掘顶尖科技，通过优化外部生产关系，推动前沿智慧电厂科技项目的深度合作和工程实施。联合创新实验室的建设有助于统筹优化社会资源，促进校企、企业之间在科研合作与人才培养、学术交流与资源共享、科技创新与成果转化、技术升级与咨询服务等方面展开更深层次的合作。

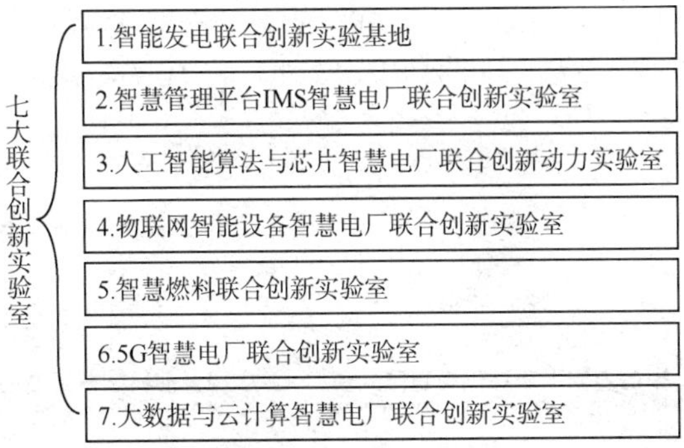

图 1-13　国电东胜公司成立的七大联合创新实验室

图 1-14　国电东胜公司与国电智深公司、华北电力大学
合作成立的智能发电联合创新实验基地

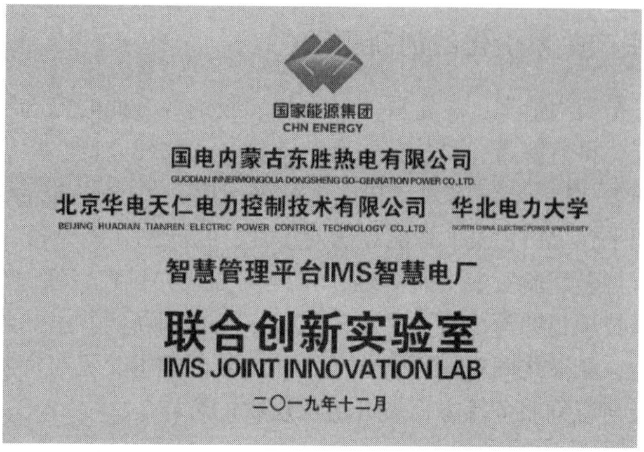

图 1-15　国电东胜公司与华电天仁公司、华北电力大学合作成立智慧管理平台 IMS 智慧电厂联合创新实验室

图 1-16　国电东胜公司与中楹青创科技公司合作成立人工智能算法与芯片智慧电厂联合创新动力实验室

图 1-17　国电东胜公司与国电龙源电气公司、天津大学合作成立物联网智能设备智慧电厂联合创新实验室

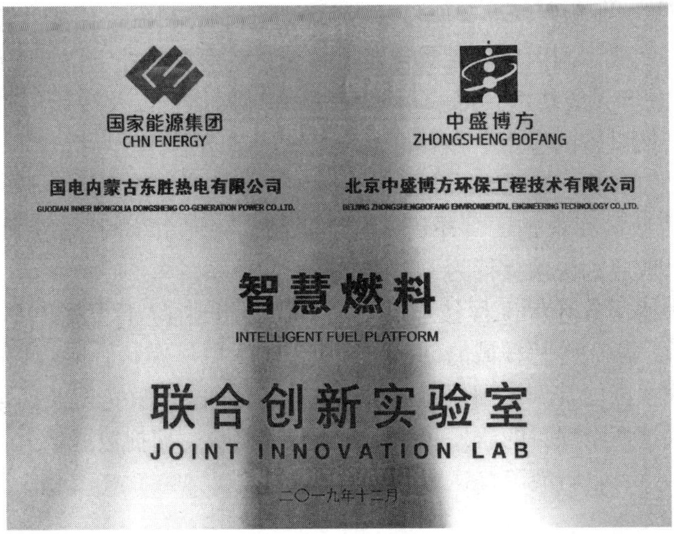

图 1-18 国电东胜公司与中盛博方公司合作成立智慧燃料联合创新验室

（1）与国电智深公司、华北电力大学联合成立了“智能发电联合创新实验基地”。实验基地发挥国电智深公司行业研发优势和国电东胜公司运行专家人才优势，依托东胜两台机组智能发电平台（ICS）建设，通过自主创新、优势互补、积极合作，探索研究大数据、人工智能等技术在发电领域的深度应用，全面提升发电机组智能化水平，为集团公司和火电行业的产业升级发挥示范引领作用。目前已成功申报并开展多个科技项目的实施，双方参与编制的《国电电力火电智慧企业建设规范》成为集团各电厂智慧企业和智能发电建设指导标准。三方共同参与研发并组织实施的“智能发电运行控制系统研发及其应用”项目于 2019 年 10 月通过由中国电机工程学会组织，两位院士、五大发电集团专家组成的专家组鉴定，项目具有良好的经济、社会效益和推广应用前景，整体技术达到国际领先水平。

（2）与华电天仁公司、华北电力大学联合成立了“智慧管理平台 IMS 智慧电厂联合创新实验室”。目前华电天仁公司参与完成了智慧管控中心、智慧管理平台的项目建设工作，双方参与编制的《国电电力火电智慧企业建设规范》成为集团各电厂智慧企业和智慧管理建设的指导标准。联合创新实验室将继续在现有工作基础上，打通大数据链条，深化软件开发与电厂业务流程标准化的结合，继续整合数据、算法、算力和软件开发平台，推进智慧报表、智慧运行、智慧安全、智慧经营、智慧营销、风险数据库等功能应用模块搭建。

（3）与中楹青创科技有限公司联合成立了“人工智能算法与芯片智慧电厂联合创新动力实验室”，将进一步提升双方公司在人工智能算法及自主芯片领域的研发水平，推进火电智慧企业建设向更深层次迈进。联合实验室成立后，双方将发挥各自优势资源和特长，引入“985”“211”双一流高校资源，通过联合实验室共同开展国家级和省市级重大专项、产业化基金等项目的立项、申报和项目的执行工作。目前已经合作完成了智能视频识别跑冒滴漏项目的研发和应用，实际效果显著；已成功申报项目并正在组织实施“基于边缘计算和智能安全识别的电力 AI 专用芯片”“火力发电厂人员行为安全管控人工智能分析平台”“基于深度学习的人工智能炉膛高温窄带成像内镜系统”等重点研发计划。

（4）与龙源电气公司、天津大学联合成立了“物联网智能设备智慧电厂联合创新实验室”，旨在电力能源行业物联网、智能设备等领域进行合作研发、集成、测试与工程应用示范。目前已经合作完成了国内燃煤火电行业第一套集室内及室外定位、无线通信（包含工业WiFi、蓝牙、GPRS等无线技术）等融合型物联网基础网络，以及智能门禁、汽机锅炉房智能巡检机器人等智能设备的应用。在人员定位系统的基础上，计划搭建“安全生产智慧物联管理平台”，将智慧门禁、AI视频、电子周界防护、环境监控等安防实况进行集成，利用虚拟三维模型增强信息量和观感度，并建立联动机制，实现系统间“一点触发、全面联动”，形成预防、监控、应急和决策支持为一体的全面安防体系。

（5）与北京中盛博方环保工程技术有限公司联合组建了“智慧燃料联合创新实验室”，旨在将机器人巡检、激光传感领域的创新技术应用到火电厂燃料智能管控一体化建设中去。目前已经合作完成了国内首例煤棚顶部滑线导轨式运行的3D激光无人盘煤机器人、输煤廊道智能巡检机器人这两个项目的研发和应用，运行速度快、捕捉数据量大、采集时间短，实现了高精度实时盘点、自行故障快速诊断等功能。

1.5 智慧电厂建设成果

1.5.1 专业应用技术导向

图1-19示出了电力行业火电技术协作网提出的加快推广火电厂智能化建设的十大核心技术，包括：

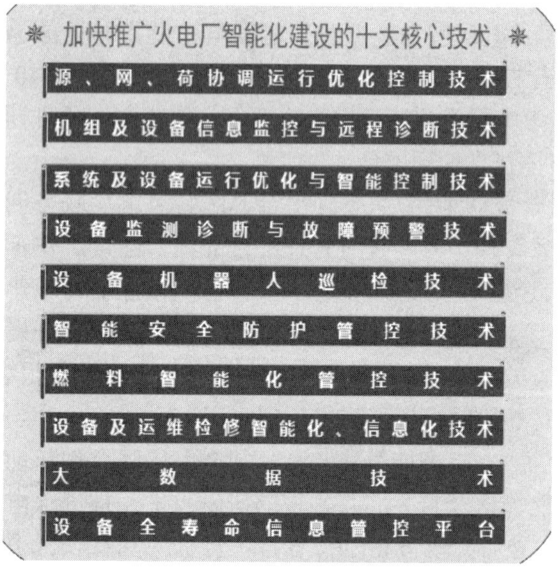

图1-19 火电厂智能化建设的十大核心技术

（1）源、网、荷协调运行优化控制技术。在这个技术领域，已完成的相关项目或实现的功能包括AGC优化、30%负荷深度调峰改造、AVC优化、NCS优化和低励限制与失磁保护配合。

（2）机组及设备信息监控与远程诊断技术。在智能DCS（ICS系统），实现了基于逻辑故障树和专家知识图谱的智能诊断。采用基于逻辑故障树的知识自动推理分析方法，推理故障工况未来演变路径并进行预警，已整理和编制“300种典型的故障逻辑树”，建立基本覆盖全厂典型故障的诊断专家库，减少人员分析判断确认环节，实现实时对比分析诊断。基于大数据分析和神经网络算法自学习，整理出1000多条各工况下标准参数和期望区间，可对设备状态进行诊断和报警。

（3）系统及设备运行优化与智能控制技术。在智能DCS（ICS系统），实现了氧量优化闭环控制、冷端优化闭环控制、减温水优化闭环控制、吹灰优化闭环控制、基于煤质软测量的燃烧优化、基于LSTM神经网络算法的喷氨优化、高加水位优化，基于广义预测控制GPC

的主汽温和主汽压控制优化，机组整机一键启动 APS。重要子系统例如 AGC、高加系统一键启停，重要辅机例如给水泵、引风机、磨煤机等一键启动 APS 功能，重要在线定期性能试验例如真空严密性试验一键操作功能均已投入使用。

(4) 设备监测诊断与故障预警技术。在智能 DCS(ICS 系统)，实现了重要控制回路性能打分、阀门性能打分、结焦打分、设备健康度打分监测，大型转机 3D 可视化监测与故障预警、润滑油系统可视化监测，基于变化率突变的故障报警、基于大数据学习的标杆值对标差异报警、基于逻辑故障树的专家诊断和故障预警等功能。

(5) 设备机器人巡检技术。目前已经安装并投入运行的巡检机器人包括汽机锅炉房智能巡检机器人、输煤廊道智能巡检机器人。热力管道内智能巡检机器人正在研制和调试。

(6) 智能安全防护管控技术。目前已经投运的应用成果包括基于 UWB 技术和室内高精度人员定位的安全管控系统、智能门禁和全景监视系统、智能视频识别跑冒滴漏技术的全厂工业摄像头智慧大脑分析系统。正在研发和调试的系统包括智能视频识别人员的不安全行为和不安全状态，电力视频安全识别专用 AI 芯片。

(7) 燃料智能化管控技术。目前已经投运的应用成果包括基于物联网技术的燃料无人采制样、储存、输运管控系统，基于次红外技术的皮带上煤质实时化验系统，基于 3D 激光动态扫描仪的柔性导轨式盘煤机器人和数字化煤场，输煤廊道巡检机器人和无人输煤系统。规划的项目包括基于机械臂的无人值守化验室、无人斗轮机。

(8) 设备及运维检修智能化、信息化技术。目前已经投运的应用成果包括基于设备二维码的移动 EAM 系统 APP、基于设备运行参数实时远程监控的“数字东胜”APP，正在研发和调试的系统包括基于检修作业标准化的智能检修管控系统。

(9) 大数据技术。目前已经投运的应用成果包括基于 Hadoop 大数据架构的智慧管理平台，基于大数据分析的燃烧优化控制，基于大数据自学习的标杆值偏差报警。

(10) 设备全寿命信息管控平台。目前已经投运的应用成果包括基于二维码的设备全寿命周期管理。正在研发和调试的系统包括智慧仓储和设备出入库管理。

1.5.2 广义人工智能技术导向

国电东胜公司提出以“iiVAR”技术为主流的广义人工智能技术，在智慧电厂建设中应用，应用成果包括：

(1) i(Integrated Circuit)，智能芯片、传感器和智能设备。目前已经投运的应用成果包括高级应用控制器(智能 DPU)、DSP、嵌入式服务器 AI 芯片。规划的项目包括边缘计算芯心 FPGA、智能 SoC 芯片、异构多核芯心、5G 无线通讯芯片、5G 智能传感器、微型智能传感器。

(2) i(IoT)，泛在物联网和通信技术，目前已经投运的应用成果包括 UWB 室内高精度人员定位、短距离打卡式定位技术 ZigBee、RFID、LTE 电力无线专网、光纤有线通讯、二维码、工业 WiFi、GPS 定位、基于北斗卫星信号的时钟同步技术、网络信息安全、数据安全、移动互联安全、物联终端安全等。规划的项目包括 5G 通讯、基于室内区域定位的 LoRa、多模多制式现场通信。

(3) V(VR)，三维建模、可视化和虚拟现实技术。目前已经投运的应用成果包括全厂三维全景建模、锅炉受热面脏污可视化监测。规划的项目包括锅炉 3D 运行监测、锅炉四管防磨防爆与管道寿命可视化、锅炉高温腐蚀可视化、声波测温与炉膛温度场可视化、锅炉燃烧火焰图像智能识别与实时展示、结焦图像智能识别。

(4) A(Artificial intelligence, AI), 狭义人工智能算法、机器学习算法和大数据分析技术。目前已经投运的应用成果包括基于 Faster R-CNN 算法智能识别跑冒滴漏，基于聚类算法和次红外的煤质六大成分实时测量，基于广义预测算法控制主汽温和主汽压、其于 CNN 预测控制减温水调门，基于 LSTM 预测控制优化喷氨，基于大数据自学习的燃烧优化，基于大数据自学习的标杆值偏差报警。

(5) R(Robotics), 机器人和无人技术。目前已经投运的应用成果包括汽机锅炉房智能巡检机器人、输煤廊道智能巡检机器人、柔性导轨式 3D 激光盘煤机器人、汽车煤机械臂采制、燃料自动储存和机械手取样、皮带上煤质实时化验(无人化验)、智能 DCS 无人监盘技术(一键故障闭环处理、一键闭环运行优化)。规划的项目包括变压站智能巡检机器人、卸煤沟 3D 激光盘煤机器人、中压开关室智能巡检和操作机器人、热力管道内智能巡检机器人、基于机械臂的无人值守化验室、无人斗轮机。

1.5.3 “云-网-边-端-芯”的上下游产业价值链导向

电网公司基于打通上下游产业价值链和生态空间导向的角度，提出“云-网-边-端-芯”，应用成果包括：

(1) 云计算或云服务。目前已经投运的应用成果包括基于大数据和微服务架构的国网云平台和一体化软件开发平台，具备“微服务”功能，“APP”在同一平台不同电厂之间可以快速移植，共享和兼容性较好。

(2) 网络通信。目前即将实施和已经投运的应用成果包括 5G 高速无线通信、4G LTE 无线宽带通信、UWB、WiFi、蓝牙、总线、硬接线、LoRa、ZiGBee、RFID。

(3) 边缘计算。目前即将实施和已经投运的应用成果包括电流指纹技术、设备跑冒滴漏视频识别技术、智能视频识别电力专用 AI 芯片、人脸图像识别和快速定位技术、边缘大脑、min 数据中心、mini 电力大脑、电力数据中心切片。

(4) 设备端或应用端。目前即将实施和已经投运的应用成果包括移动智能终端、智能执法仪、智能安全帽、智能手持式检测设备、智能巡检机器人、智能门禁、高性能服务器、智能电子密码锁、全景摄像头、各种 APP。

(5) 芯片。目前即将实施和已经投运的应用成果包括 DSP、ISP、CPU、DPU、GPU、FPGA、ASIC、NPU、MCU、液晶芯片、触控芯片、指纹识别芯片、射频芯片、5G 芯片、NB-IoT 芯片、光芯片、物联网芯片。

1.5.4 “六型电厂”的特征导向

国电电力提出打造“六型电厂”特征的绿色燃煤电站，应用成果包括：

(1) 安全型电厂。目前已投运的应用成果包括“铠甲式外挂”主机安全防护，网络安全审计，Hyper-DP 备份和还原，AI 视频识别跑冒滴漏，基于逻辑故障树的设备故障专家诊断预警，基于大数据自学习的标杆值偏离报警，大型转机可视化监测、诊断、智能报警，基于室内人员高精度定位的安全管控系统，即将实施的项目包括 AI 识别人的不安全行为。

(2) 高效型电厂。目前已经投运的应用成果包括数字东胜 APP、移动 OA 办公、APS 一键启停、光声光谱技术在线监测变压油中气体、基于二维码的 EAM 系统 APP、皮带上煤质实时化验、无人采制样系统。

(3) 环保型电厂。目前已经投运的应用成果包括脱硫运行优化、水平衡分析、废水零排放、喷氨优化、智慧水务。

(4) 低碳型电厂。目前已经投运的应用成果包括氧量优化、冷端优化、配煤掺烧、基于设备健康打分的状态检修、锅炉排污废水回收至热网除氧器、空预器改造、高加水位优化、减温水调门优化。

(5) 灵活型电厂。目前已经投运的应用成果包括 AGC 优化、基于脱硝入口烟气温度提升的深度调峰和低负荷弹性运行、智能吹灰、基于煤质软测量的锅炉燃烧自适应调节、预测控制和自抗扰控制主再热汽温。

(6) 智慧型电厂。目前已经投运的应用成果包括无人盘煤与数字化煤场、输煤廊道智能巡检机器人与无人输煤系统、无人采制化、汽机锅炉房智能巡检机器人、无人监盘、高级运营管控和决策支撑中心、基于 Hadoop 架构的大数据中心。

1.5.5 “九个自”的特征导向

在华北电力大学刘吉臻院士提出的智慧电厂“五个自”特征的基础上，国电东胜公司提出智慧电厂应具备“九个自”特征或能力，应用成果包括：

(1) 自分析。目前已投运的应用成果包括机组性能在线实时分析、耗差分析、软测量、基于光声光谱技术在线监测变压油中气体在线检测、皮带上煤质实时化验、基于 ICS 的四大平衡(电、热、水、煤)分析。

(2) 自诊断。目前已投运的应用成果包括基于逻辑故障树与专家知识库的设备故障诊断与预警、大型转机可视化监测与诊断、设备健康度打分、阀门性能打分、控制回路品质打分、锅炉结焦打分。

(3) 自趋优。目前已投运的应用成果包括一键(或者无人)闭环运行优化，包括喷氨优化、氧量优化、风粉调平与一次风优化、二次风门自优化、基于无人盘煤和数字化煤场的配煤掺烧优化推荐。

(4) 自管理。目前已投运的应用成果包括汽机锅炉房智能巡检机器人、AI 视频识别跑冒滴漏、无人输煤系统、室内高精度人员定位与报警推送、操作员的实时操作考评、给水泵再循环门内漏自动处理、磨煤机断煤自动处理、磨煤机满煤堵塞自动处理、磨煤机热风调门连杆脱落自动处理、给煤机皮带打滑自动处理、一次风机 RB 或出力降低自动处理、一次风机入口导叶连杆脱落自动处理、送风机动叶连杆脱落自动处理、引风机动叶连杆脱落自动处理等。

(5) 自恢复。目前已投运的应用成果包括一键或闭环故障处理，包括吹灰优化、基于 CNN 预测控制的减温水调门优化。

(6) 自学习。目前已投运的应用成果包括基于大数据自学习的燃烧优化、基于大数据自学习的标杆值偏差报警、基于深度神经网络学习的智能视频识别跑冒滴漏、基于深度神经网络学习的智能视频识别人的不安全行为和不安全状态。

(7) 自适应。目前已投运的应用成果包括基于煤质(水分和低位发热量)软测量的燃烧优化调整；基于广义预测控制和自抗扰控制技术的模型辨识，应用于主再热汽温优化、主再热汽压优化、AGC 优化、AVC 优化、NCS 优化。

(8) 自组织。目前已投运的应用成果包括基于二维码和 EAM 移动端的智能两票推送、整机一键启停 APS、辅机 APS 一键启停、在线性能试验一键操作、设备全寿命周期管理。

（9）自提升。目前已经投运的应用成果包括一键或闭环运行优化、冷端优化、高压加热器水位自优化。

1.5.6 一线员工实际使用体验导向

基于智慧电厂建设项目的经济价值和社会价值，结合一线员工实际使用体验，国电东胜公司对已完成项目进行打分和推荐评级：

（1）智能DCS(ICS系统)推荐“三大三小”的项目创新。

ICS系统三大创新：①AGC优化(97分)；②APS主机和辅机一键启停(93分)；③基于逻辑故障树和专家知识图谱的智能诊断、报警(100分)。

ICS系统三小创新：①结焦、阀门性能、控制回路性能、设备健康度打分(90分)；②一键运行闭环优化、基于软测量的自适应闭环运行优化、一键故障闭环处理(95分)；③大型转机的油膜、振动等三维可视化监测(85分)。

（2）机器人、无人技术和人工智能算法技术的应用项目评分和推荐。

① 人工智能算法识别生产现场跑冒滴漏(98分)；②柔性导轨式3D激光无人盘煤机器人和数字化煤场(96分)；③输煤廊道能巡检机器人和无人输煤系统(93分)；④汽机锅炉房智能巡检机器人(87分)；⑤基于次红外技术的皮带上煤质实时化验(81分)；⑥火焰图像智能识别与燃烧工况辨识(98分)。

（3）泛在电力物联网和三维可视化的应用项目评分和推荐。

① 全厂三维可视化(84分)；②设备二维码与全寿命周期管理(88分)；③基于UWB的室内高精度人员定位(82分)；④锅炉四管防磨防爆可视化监测(95分)；⑤锅炉受热面脏污可视化监测与智能吹灰(97分)；⑥工业WiFi(80分)。

（4）基于Hadoop大数据架构的一体化智慧管理平台IMS的应用项目评分和推荐。

① 大数据架构和大数据中心(89分)；②基于微服务和云平台的一体化管控平台(93分)；③智慧管控中心(91分)；④日利润系统(88分)；⑤燃料与财务一键结算系统(98分)。

1.5.7 国电电力的战略目标导向

国电电力提出智慧电厂建设目标是“两提升、一打造、一推进”，应用成果包括：

（1）提升价值创造能力。智慧电厂的价值创造能力，是指通过智慧企业建设，赚取以前赚取不了的利润。例如国电东胜公司通过AGC优化项目，于2017年和2018年共获得电网公司基于《两个细则》的净奖励额为税后3950万元。整机一键启动APS项目节省开机费用24.4万元/次。智能巡检机器人和智能视频识别危险的项目创造经济效益236万元/年。

（2）提升全要素生产力。提升全要素生产力是指减人提效。智能DCS项目减少副控监盘操作员1名/每台机。智能巡检机器人和智能视频识别危险项目减少巡检人员0.4×5=2人/每台机，减少管理人员2人/每台机，合计减少4人/每台机。实时经营报表和日利润系统预计减少一般管理人员4人。燃料全过程智能化建设实现无人采制样，减少采制样人员约8人，直接节省人力成本约80万元/年。

（3）打造企业竞争优势。打造企业竞争优势的发力点是实现“六型电厂”。

（4）推进建设具有全球竞争力的世界一流综合性电力上市公司战略目标早日实现。

1.5.8 国电东胜公司的目标导向

国电东胜公司智慧企业建设的终极目标是无人值守、精准预测、基于“四不动、一动”

的少人管理；最终实现生产区“无人值守”，管理上快速响应，流程打通，实现“精准预测”；仅需少量专业管理人员，基于“四不动、一动”实现管理业务的“少人管理”。

(1) 无人值守。目前已投运的应用成果包括汽机锅炉房智能巡检机器人，基于神经网络深度学习算法的智能视频识别跑冒滴漏和无人巡检系统，输煤廊道智能巡检机器人和无人输煤系统，基于柔性导轨式3D激光盘煤机器人与无人盘煤系统，基于机械臂的汽车来煤燃料无人采制样系统，燃料自动储存和机械手自动取样系统，基于次红外的皮带上煤质实时化验和入炉煤无人化验系统，基于一键故障闭环处理和一键闭环运行优化的智能DCS无人监盘技术。即将实施的项目包括升压站智能巡检机器人、中压开关室智能巡检和操作机器人、热力管道内智能巡检机器人和热网无人巡检系统、基于机械臂的无人值守化验室、无人值守斗轮机、基于神经网络深度学习算法的智能视频识别人的不安全行为和不安全状态、智能危险识别的电力专用AI视频芯片。

(2) 精准预测。目前已投运的应用成果包括日利润系统，基于逻辑故障树和专家知识库的智能诊断、预警与故障全寿命周期管理，基于斜率快速变化的故障诊断与预警系统，基于LSTM算法的喷氨预测控制优化，基于CNN算法的减温水预测控制优化，基于煤质软测量和大数据分析的燃料优化，基于设备二维码和智能仓储的设备全寿命周期管理。即将实施的项目包括基于热力学微观机理和在线仿真的故障诊断与预警、四管可视化防磨防爆与四管剩余寿命预测、热力管道内智能巡检机器人和热力管道剩余寿命预测。

(3) 基于“四不动、一动”的“少人管理”。

① 不动眼。基于先进算法的智能识别。目前已投运的应用成果包括智能算法识别跑冒滴漏，即将实施的项目包括智能算法识别人的不安全行为和不安全状态、智能危险识别的电力专用AI视频芯片。

② 不动脚。机器人代人巡检。目前已投运的应用成果包括汽机锅炉房智能巡检机器人、输煤廊道智能巡检机器人，即将实施的项目包括升压站智能巡检机器人、热力管道内智能巡检机器人。

③ 不动手。基于先进传感器和方法的先进测量技术。目前已投运的应用成果包括基于次红外技术的皮带上煤质实时化验、基于柔性导轨式的3D激光盘煤机器人、AGC优化、氧量闭环自优化、冷端闭环自优化、基于LSTM算法的喷氨优化、基于CNN算法的减温水闭环自优化、故障闭环自处理，即将实施的项目包括声波测温、中压开关室智能巡检和操作机器人、基于机械臂的无人化验室、无人值守斗轮机。

④ 不动脑。目前已投运的应用成果包括实时性能计算和耗差分析、煤质软测量、基于逻辑故障树和专家知识图谱的故障诊断和智能报警、基于斜率变化算法的智能预警、基于大数据自学习算法的标杆值偏差预警、基于软测量和大数据分析的燃烧优化、基于清洁因子的闭环吹灰优化。即将实施的项目包括四管可视化防磨防爆与四管剩余寿命预测、热力管道剩余寿命预测。

⑤ 只动嘴。目前规划项目包括智能发电助手，智能运行优化推荐的语音识别。

1.5.9 智慧电厂的社会价值判断依据

国电东胜公司提出的智慧电厂社会价值判断依据是“三个减少、三个不能减少”：

(1) 减少人的重复体力劳动。目前已投运的应用成果包括基于机械臂的汽车煤燃料无人采制样系统、燃料自动储存和机械手自动取样系统、智能视频识别跑冒滴漏和无人巡检系统、基于次红外技术的皮带上煤质实时化验、柔性导轨式3D激光盘煤机器人、汽机锅炉房智能巡检机器人、输煤皮带智能巡检机器人和无人输煤系统。即将实施的项目包括智能算法识别人的不安全行为和不安全状态、智能危险识别的电力专用AI视频芯片、热力管道内智能巡检机器人和热网无人巡检系统、中压开关室智能巡检和操作机器人、基于机械臂的无人化验室、无人值守斗轮机。

(2) 减少人的重复脑力劳动。目前已投运的应用成果包括基于ICS的实时性能计算和耗差分析、氧量优化、冷端优化、AGC优化、减温水闭环优化、APS主机和辅机一键启停、基于斜率快速变化的智能预警、基于大数据自学习算法的标杆值偏差预警、结焦打分、重要辅机性能打分、日利润系统、燃料与财务一键结算系统、基于员工职业生涯动态积分的智慧人力资源管理。即将实施的项目包括智能报表、智慧经营、智慧党建、智慧纪检。

(3) 减少专家级的脑力劳动。目前已经投运的应用成果包括基于逻辑故障树和专家知识图谱的故障诊断和智能报警、大型转机3D可视化监测与故障诊断系统、基于软测量和大数据分析的燃烧优化、基于清洁因子的闭环吹灰优化、阀门性能打分、控制回路品质打分。规划的项目包括锅炉三维可视化防磨防爆和泄漏预警系统。即将实施的项目包括四管可视化防磨防爆与四管剩余寿命预测、热力管道剩余寿命预测、火焰图像智能识别与燃烧工况辨识。

(4) 不能减少创意性很强的活动。

(5) 不能减少随机性很强的活动。

(6) 不能减少监督。

1.5.10 火力发电行业创新导向

智能发电平台ICS在火力发电行业的开拓性的创新意义包括：

(1) 架构和层级管理创新。SIS的功能和作用可逐步被取代，SIS可被取消，传统电厂信息系统管理三层级(DCS、SIS、MIS)可精简为两个层级(ICS、IMS)，电厂生产运营管理更加高效。

(2) 平台和体系创新。智能DCS(ICS)相比传统DCS，ICS更加平台化和操作系统化，具有开放性。在这个平台上，可根据用户需求，灵活、定制化开发各种功能应用APP，满足个性化的智能发电控制和管理的需求。传统DCS只是一款功能软件，无法灵活开发或由不同厂家提供各种功能应用APP。

(3) 功能创新。ICS能实现传统DCS无法实现的"四大一键"功能，包括一键启停(主机和重要辅机)、一键诊断(出发电系统体检报告)、一键闭环运行优化和控制优化、一键闭环故障处理。

(4) 数据库和硬件创新。采用Hadoop大数据架构，采用适用于大数据架构的高性能智能DPU、高性能控制器、高性能服务器，组成高性能服务网，局部取代传统的实时数据库，更有利于深度神经网络自学习、大数据分析等先进技术的应用。开发新增功能所采用的硬件由传统的PLC外挂机变为底层计算和控制一体化的一体机和加强机。摒弃了各种外挂式结构，无缝整合各类智能应用，构建智慧工业生态圈。

第 2 章　智能发电

2.1　引言

目前，新一代大型燃煤火力发电企业的发展共识是由基于数字化和信息化的火电厂 3.0 向更加智能化和智慧化的火电厂 4.0 转型升级。燃煤火电厂智能化的核心是发电业务，随着工业互联网、工业 4.0、人工智能、大数据、智能硬件等先进理念和前沿技术在工业控制领域的深入应用，燃煤火电厂底层控制系统也顺应时代的需求，由传统监视控制为主的 DCS 软件，升级为监测、分析、诊断、报警、控制和优化一体化的智能发电运行控制操作系统 ICS (Intelligent Control System) 或智能发电平台。智能发电平台建设是智慧电厂建设的核心任务。

智能发电运行控制系统(ICS)是面向发电生产运行过程的新一代智能化控制系统，通过建立生产实时数据统一处理平台，采用数据分析、智能计算以及智能控制技术，实现生产过程的自动化、智能化高效运转。在 DCS 底层系统，将性能计算、优化指导、诊断预警等功能与运行控制过程无缝融合，有效提升运行和控制环节的智能化水平，深入挖掘实际生产数据中蕴含的信息、特征和规律，实现发电过程的系统性优化和功能增效。

现代发电过程正快速向大型、综合、复杂和精细化方向发展，越来越依赖于控制系统对其进行可靠、高效、智能化的运行控制，传统 DCS 逐渐力不从心。传统 DCS 存在的问题包括：

(1) 传统 DCS 仅实现生产过程基本控制，优化分析结果无法从 SIS 或 MIS 层面回送到 DCS 以形成闭环。SIS 系统中的诊断、预警和优化算法的结果无法实时传递到一线操作人员，对机组运行状态的判断极大地依赖于人的经验。

(2) 传统 DCS 中大量数据未进行深度挖掘、提炼和分析，生产控制环节仅停留在数字化和信息化阶段，数据利用率低，无法提供科学的运行优化辅助指导和决策支撑功能，机组运行经济性有待进一步提升。

(3) 现代智能技术与方法应用不多，缺乏高性能的先进控制算法，系统不具备复杂工况下的适应能力。缺乏高可靠的故障诊断和事故预警，设备运行状态与监测还停留在基础阶段，发电机组运行的安全性还不够高。传统 DCS 的设备启停控制极大依赖于人的操作，人员劳动强度大。

(4) 在控制网络大型化和复杂化，并且信息安全要求趋严的背景下，传统 DCS 网络信息安全无法可靠保证。

智能发电平台 ICS 以数字化、自动控制为前提，以网络、信息技术为基础，构建包含数据分析环境、智能计算环境、智能控制环境、开放的应用开发环境这四大支撑环境为基础的软件操作系统，支持“智能检测”“智能监控”“智能诊断”“智能报警”“智能分析”“智能控制”这六项业务的实施以及以工业互联和智能为核心的产业协同模式，满足机组智能化、一体化运行控制的需求。

当前，智能发电平台的大部分功能已成功在国电东胜电厂 1、2 号机组投入工程示范应用。基础 DCS 系统采用的是北京国电智深控制技术有限公司 EDPF-NT+分散控制系统的最新版本，版本号为 V3.4。表 2-1 示出评价 DCS 性能的主要技术指标，包括系统结构及网络、实时数据库、组态软件、人机界面、控制器、I/O、可靠性、工程实施、信息安全 9 类、共 28 项。通过主要技术指标的比较分析，EDPF-NT+分散控制系统 V3.4 的性能优于国外 DCS 的有 11 项，同等的有 17 项。

表 2-1 EDPF-NT+分散控制系统 V3.4 版本的主要性能指标

内容	EDPF-NT+分散控制系统 V3.4	国外 DCS
系统结构及网络	柔性域管理技术、100 个域×254 个站	优于
	高可用性实时工业以太网、负荷率<10%	同等
实时数据库	分布式实时数据库	同等
	系统容量 254×7800 点	同等
组态软件	图形化组态软件	同等
人机界面	支持多语言的人机界面	优于
	画面刷新时间<1s、操作响应时间<2s、画面数据刷新时间<0.5s、深入到板卡级的系统自诊断系统	优于
控制器	冗余配置、CPU Pentium 500MHz/1.6GHz、最快处理周期 10ms，乘法运算 6250 次/ms、控制处理能力 9999 个控制页/每 DPU	同等
I/O	全密封、抗强电保护、跨站 SOE 分辨率≤1ms、含电气的专用卡件	优于
	模拟量输入精度：小信号优于 0.1%、环境温度-20~65℃ 湿度 10%~95%	同等
	外观工业设计水平	同等
可靠性	系统多重冗余(网络、DPU、电源、重要 I/O)、可利用率>99.95%、CE 认证	同等
工程实施	本地工程实施能力、后续服务、备品备件及时性	优于
信息安全	独立的 DCS 信息安全监控系统	优于

在传统 DCS 最新版本 V3.4 的基础上，通过新增高级应用服务器、高级应用控制器、分析引擎服务器、高级应用网、高级值班员站等硬件设施，升级智能计算引擎、大数据分析引擎、先进算法通过算法容器“宏封装”至 DPU 等软件功能，打造了燃煤火电行业首款智能发电运行控制系统 ICS，商标名为 iSol，岸石。运行实践表明，智能发电平台具备智能检测、智能监控、智能分析、智能诊断、智能报警和智能控制六大功能，能够实现火电厂安全、高效、环保、灵活、智能运行，同时带来显著的直接经济效益。

2.2 架构设计

2.2.1 技术架构

整个火电站底层软件操作系统依托硬件、网络和软件，为各业务功能提供数据分析挖掘、智能控制两大序列技术服务，开放的应用开发环境通过标准化服务机制接入第三方提供的技术服务和定制化功能。图 2-1 示出智能发电平台技术构架，智能发电平台 ICS 以生产运行和实时数据为主要监控范围，将泛在感知、数据分析挖掘、先进控制和智能控制等技术与燃煤火力发电产业相融合，结合电厂虚实系统平行互动控制，构建数据归集、知识推理和决策控制的智能化数据加工体系，实现对复杂电厂对象的高效运行控制。

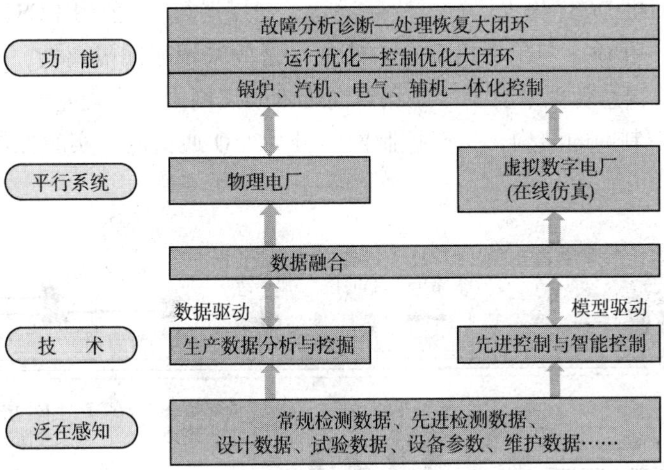

图 2-1　智能发电平台技术架构

为确保智能发电平台的高实时、高可靠和高可用，其处理的数据主要是结构化数据，应用的人工智能技术应主要是轻量化技术。图 2-1 示出泛在感知实现对电厂生产运行全过程相关数据和信息的收集、整理、准备，包括常规检测数据、先进检测数据、设计数据、试验数据、设备参数、维护数据等。数据分析挖掘、先进控制和智能控制是两大智能化技术序列，分别用于以感知数据为基础实现数据驱动的应用功能与模型驱动的应用功能，或相互融合解决综合问题。

物理电厂与数字虚拟电厂平行系统通过对两大序列技术及应用功能的运行、试验互动，实现对实际系统的主动控制和监管。虚实平行系统实现生产数据到生产信息和生产知识的转化，其技术支撑包括生产信息全集成、实时数据库管理系统，以及数据分析环境、智能计算环境、智能控制环境、开放的应用开发环境这四个底层软件开发和功能支撑环境。

两大智能化技术序列与虚实平行系统的融合为实现锅炉、汽机、电气、辅控一体化，运行优化—控制优化大闭环，故障分析诊断—处理恢复大闭环等的协同工作模式提供技术保证，使机组能够不断适应环境与需求变化，满足安全、高效、低碳、环保、灵活运行和自动启停的要求。

在设计与实施过程中，智能发电平台 ICS 的应用功能应根据电厂的实际条件和实际需求、结合相关技术成熟度确定实施，各应用功能应有明确的优化目标。通过智能检测、智能监控、智能诊断、智能报警、智能分析、智能控制这六大功能的多层次、多方位融合，实现人员与生产信息和生产知识的交互，实现机组级控制性能、经济环保性能、设备寿命损耗的多目标综合优化。先进控制与智能控制逻辑宜在智能控制器中实现，并与常规控制器中的常规控制逻辑进行相互切换，确保控制回路的高可靠投入。对于传统燃煤火电厂由 DCS 升级至 ICS 的过程，可逐步取消常规控制逻辑，过渡到直接采用先进控制与智能控制逻辑进行优化控制。

2.2.2 网络架构

DCS 系统控制范围包括全厂锅炉工艺系统、汽机工艺系统、汽轮机数字电液控制系统、水处理系统、输煤系统、除灰系统、脱硫系统、脱硝系统、公用系统等。ICS 智能发电平台包括主机 DCS、辅机 DCS(化水运行、灰硫运行、输煤运行)、公用 DCS、厂级 DCS 监控系统。辅机 DCS、公用 DCS 与单台机组的主机 DCS 之间采用域间隔离器，实现逻辑隔离。智能发电平台 ICS 与智慧管理平台 IMS 采用单向物理隔离网闸，实现基于硬件的单向硬隔离。图 2-2 示出生产控制网的结构，生产控制网络分为 I/O 通信网、实时控制网和高级应用服务网。

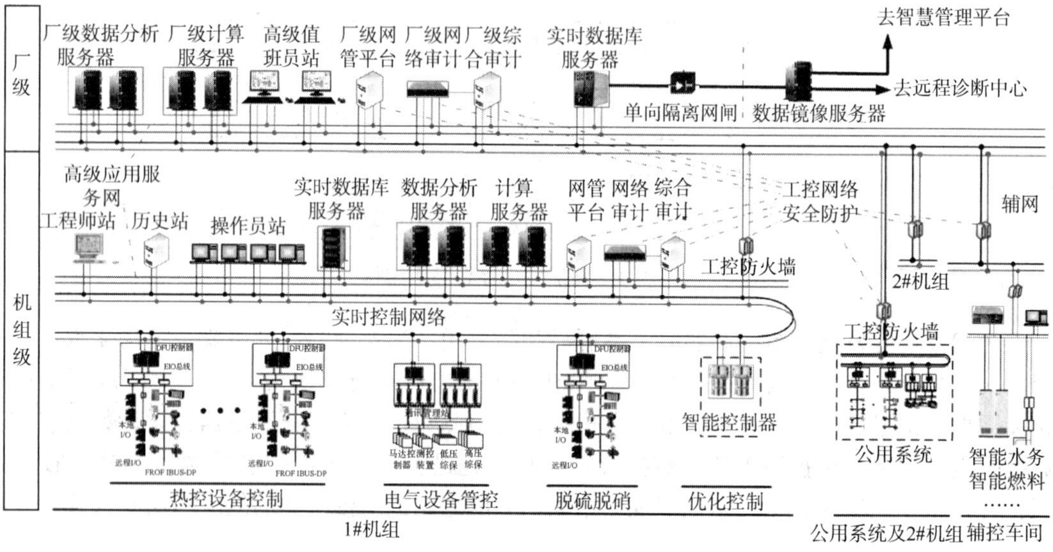

图 2-2 生产控制网的结构图

I/O 通信网的功能要求包括：①实现 DCS 过程控制器与 I/O 模块之间的信息交互；②保证各 I/O 模件、外设仪表和设备与 DPU、MMI 数据通信的可靠性；③各 DPU 的 I/O 通信网络互相独立；④采用串行通信方式时，速率宜不低于 1Mbit/s；采用并行通信方式时，速率不低于 256kbyte/s；⑤保证控制处理器在其运算处理周期内，与不超过最多允许数量的所有的 I/O 模件完成数据通信；⑥采用现场总线技术的系统可增加现场设备级通信网络；⑦现场总线设备级通信网络应采用符合国际电工委员会现场总线国际标准的网络结构和协议，连接现场总线智能仪表、智能执行机构、智能配电设备和先进测量设备。

实时控制网的功能要求包括：①保证 DCS 的各过程控制站(DPU)、各人—机接口站(MMI)之间数据通信的可靠性；②通信网络节点间距离小于 80m 可采用通信电缆(双绞线)，大于 100m 距离应采用光纤；③宜采用符合国际电工委员会或国际标准化组织的国际标准通信协议；④网络节点的通信速率应达到 100Mbit/s；⑤冗余的实时控制网宜采用同时工作的方式，当发生单一数据通信网络故障或错误时，不应引起系统数据通信网络的故障或错误；⑥每台单元机组通信网络应设置单独的网络或网段，单元机组公用系统也应设置单独的网络或网段。

高级应用服务网的功能要求包括：①高级应用服务网独立于实时控制网，专门用于在计算服务器、大型实时数据库、人机界面站等之间传输大数据量的高级应用实时数据；②高级应用实时数据应与实时控制数据分流，确保实时控制网高实时、高可用；③网络节点的通信速率应达到 1000Mbit/s；④设计 ICS 厂级通信网络，包含实时控制网和高级应用服务网；⑤各类服务器上运行的应用功能如需使用历史数据，应通过高级应用服务网与实时数据库交互。

2.2.3 设计理念

图 2-3 示出引入高级应用控制器(智能 DPU)、数据分析服务器、智能计算服务器(GPU 并行计算引擎)、高级应用服务网、高级应用服务站、大型实时历史数据库、高级值班员站、工控域防火墙、网络监控及综合审计服务器、算法容器和宏算法封装等先进装备和技术应用，将传统 SIS 的大部分功能下沉至底层 DCS，打造新一代的智能发电运行控制系统 ICS。与传统的 DCS 一样，ICS 处于生产监控一区的信息安全级别。智能发电运行控制系统 ICS 集成了传统火电厂生产控制一区的分布式控制系统 DCS 的全部功能和生产管理二区的厂级监控信息系统 SIS 的大部分功能，实现了智能控制层级和智能生产监管层的智能化、平台化、一体化管理。ICS 的研发和工程应用有助于实现燃煤火电机组更加低碳环保、灵活高效和安全经济的生产运行控制。

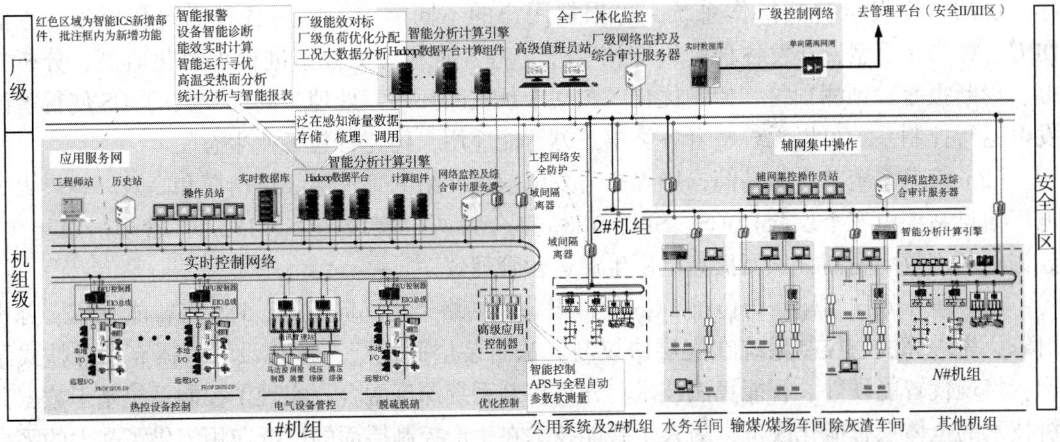

图 2-3 ICS 的硬件设施和网络架构图

表 2-2 示出 ICS 与传统 DCS 在目标和定位、特征、数据库、软件平台、硬件平台、智能算法和新模块功能开发这七个方面的对比。通过七个大方面的升级，将先进的软硬件架构、人工智能算法、大数据分析、机器学习、专家知识图谱、自动优化控制等理念或技术充分应用到 ICS，在传统 DCS 功能的基础上，新增机组一键启停、能耗在线监测、故障诊断、早期预警、自动优化和故障闭环处理等先进功能，提升火力发电机组长周期安全稳定和高效经济运行的核心能力，助力实现火电厂生产运营的最高境界“无人电厂”。

表 2-2 ICS 与传统 DCS 的主要指标对比

指标	传统 DCS	ICS
目标和定位	保障机组安全运行和基础控制	在保证安全运行前提下，实现高性能精准控制、高效率运行、智能分析诊断
特征	直接数字控制为主，有限开放	生产信息全集成、智能分析计算、高度开放平台
数据库	规模有限的数据存储，基础存储和人工查询	海量数据存储，高效交互接口，数据深度挖掘
软件平台	常规监控和组态工具	常规监控，新增支撑机理计算与数据分析深度融合的人工智能引擎和机理分析引擎，形成智能监控平台
硬件平台	常规控制器，操作员站、工程师站等上位机	增加高级应用控制器、高性能服务器、高级应用服务网、高级值班员站等
智能算法	无智能算法	智能算法用于机组诊断与智能报警
新模块功能开发	不支持灵活定制化开发	提供接口和封装，允许在 ICS 平台定制化开发新功能和新模块

相比传统的 DCS 只能控制和简单报警的单一功能，ICS 在架构、技术和功能方面的升级包括：

（1）ICS 平台化、操作系统化。相比传统 DCS，ICS 更趋于平台化，可根据用户需求，灵活、定制开发各种功能，满足个性化智能发电管理的需求。作为一个类似手机 Android 操作系统的燃煤发电智能操作系统，可根据用户的不同需求，应用各种高级传感器、智能 DPU、算法和模型，开发各种高级应用 APP，将实时和历史数据进行可视化监测、分析挖掘、诊断报警、预测预警、控制优化、主动干预式闭环故障处理。高度开放的 ICS 使得智能发电运行控制系统可以无缝整合各类第三方智能应用，构建智慧工业生态圈。

（2）信息系统整合与精简，燃煤火力发电信息网络的管理层级更精简和高效。燃煤火力电厂信息系统由三个层级（DCS、SIS、MIS）整合为两个层级（ICS、IMS），管理层级更少，数据的利用效率更高，从而提高电厂生产运营管理效率。

（3）摒弃外挂结构。与传统 DCS 硬件设备和网络架构不同的是，ICS 将智能 DPU、分析引擎、先进算法与控制系统在底层协议与算法封装层面进行一体化设计，摒弃了外挂式结构，将现代智能硬件、智能算法技术与先进控制系统深度融合，实现了控制系统基于数据分析技术的全体系智能化改进，为人工智能技术在生产控制层面的广泛应用提供了强大的平台基础。外挂机变一体化加强机，ICS 的硬件系统摒弃了各种外挂式结构，所有算法、程序、数据架构都是底层一体化。

（4）国内外首次将传统火电 DCS 升级为内嵌智能分析计算引擎的智能发电运行控制 ICS 系统，且为自主知识产权。将人工智能技术与先进控制系统深度融合，实现了燃煤火电机组控制系统基于数据分析技术的全体系的智能化改进。ICS 主体架构全部国产自主知识产权，保证了复杂信息技术条件下的工业生产控制安全，为人工智能技术在生产控制层面的广泛应用提供了强大的平台基础。

图 2-4 示出，ICS 的硬件设施和网络架构，ICS 相比传统 DCS，新增了智能分析计算引擎与高级应用服务网。基于高级应用服务网，在 ICS 中实现了传统 DCS 不具备的底层协议与算法封装的一体化设计、并行计算管理、多类服务节点协同。基于微型集群架构和智能分

析计算引擎，在ICS中实现了传统DCS不具备的数据抽取统计、可视化分析、大数据预处理与清洗、机器学习、深度学习和组态式调用、全流程运行优化等先进技术和强大功能应用。

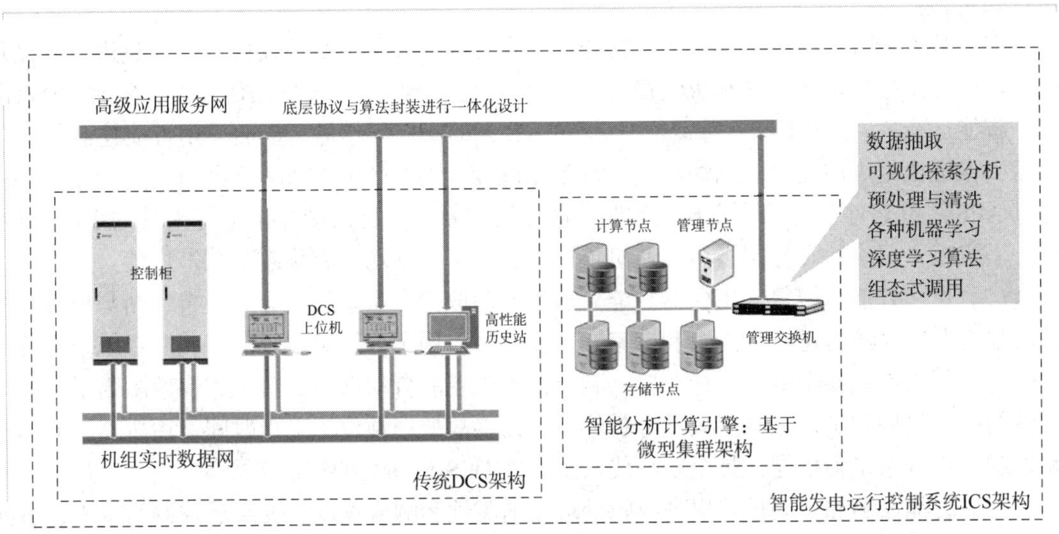

图2-4　ICS的智能分析计算引擎与高级应用服务网

2.2.4　应用效果

智能发电平台ICS的设计目标是构建一套新型的工业控制体系，能够将工业领域的专有知识注入到人工智能模型中，并将其与先进控制系统深度集成，形成一系列融合智能算法的发电生产运行新型控制体系。图2-5示出ICS应用于生产运行控制，具有大范围泛在感知和全局寻优计算能力，通过智能监测、智能诊断、智能报警、智能分析、智能控制等功能，能大幅提升机组发电效率，降低机组故障率，同时降低污染物排放。

图2-5　智能发电运行控制系统ICS的系统首界面

随着信息网络传输技术、安全审计、芯片、储存、服务器、数据库、算法封装、网络架构等技术的快速升级进步，ICS作为一款全新的产品，实现了工程应用。ICS在功能设计和软硬件架构实施过程中，解决了担心底层算法多，算力不够用，蓝屏死机；担心储存容量不够，数据标签数量不够用，数据溢出；担心传输通道带宽不够，延迟卡涩，使用流畅性差；

担心网络信息安全风险等诸多问题。经过国电东胜公司 1 号机 ICS 为期 1 年半的工程实践应用证明，并未出现蓝屏死机、卡涩延迟和网络安全风险等问题。ICS 相比传统 DCS 的主要应用效果包括：

（1）减人增效，减少手动干预，防止人为误操作，降低人员劳动强度。通过进一步提升机组运行控制的自动化水平和机组稳定性、安全性，降低运行人员操作强度，实现“少人值守，智能运行”，正常工况下每运行值减少 1~2 人的操作工作量。全面采用智能控制优化功能后，保证机组煤质变化、锅炉燃烧、设备工况变化时，不对机组控制性能产生大的影响。通过 APS 一键启停、自动优化控制和闭环故障处理系统，有效减少了运行人员的手动干预，提升了机组主要参数和控制指标，使机组在全负荷工况下均具有优越的调节性能。

（2）更加智能、智慧，用机器智能算法和控制取代专家亲临指导。报警诊断与根源分析模块建立典型故障的逻辑分析树和专家知识库，并应用于计算机逻辑分析判断系统。实现了生产分析严重依赖某个专家运行经验，到机器人工智能自动诊断的转变，有效阻断了不安全事件的持续发展和扩大，减少人员分析环节，给事故处理预留了宝贵时间。用机器智能算法和控制取代专家亲临指导，是全新一代人工智能 DCS 最伟大的特征。

（3）智能监测和早期预警提高故障处理的前瞻性和响应速度，变事后控制为事中、事前控制。采用智能算法，实时监控火电厂关键生产参数的变化趋势。基于大数据分析的神经网络算法计算参数标准值，在参数变化趋势超限及偏离标准值时，发出预警，实现“早预警、早处理”。在 ICS 中应用锅炉实时结焦评分系统后，锅炉结焦程度的恶化能够被及时、快速发现，以便运行人员采取相应措施进行处理，有效控制锅炉结焦的恶化。

（4）可视化监测让人员监盘更轻松直观。利用 3D 建模，实现汽轮机、引风机、送风机等大型转机的可视化监测诊断，给出诊断结果和有针对性的调整建议。三维可视化让人与设备的感官距离更近，有利于快速反映故障或缺陷的详细位置。

（5）降低发电能耗水平，提高发电过程的清洁水平。基于大数据分析技术和发电机组运行控制系统的融合，真正实现生产过程“能效大闭环”，在运行优化分析和最优操作指导运行的情况下，可实现 2~3g/kW·h 的煤耗降低目标。

（6）降低故障的不良影响，避免减少机组非停，最大程度避免设备损坏，缩短机组非计划降出力时间，节省检修及维护费用，提高火力发电的经济效益。依靠典型故障诊断专家库和逻辑故障树，可实现大范围参数智能监测与预警，辅助运行人员全面解读生产数据信息。在无须提高运行人员经验和反应速度的前提下，大幅提升对故障工况的预测、识别、定位、处理能力，显著提高机组的监控品质。预计能为机组每年至少减少 1~2 次非停事故，以及各种设备损坏造成的电量损失、设备维修费用，估计可减少 650 万元/年的损失。

ICS 相比传统 DCS 的创新性包括：

（1）功能创新，新增了四大“一键”。一键启停（主机和重要辅机），一键诊断（给出能耗和故障的体检报告），一键闭环运行优化和控制优化，一键闭环故障处理。

（2）平台和体系创新，ICS 更加平台化和操作系统化。传统 DCS 只是一款软件，无法灵活开发各种功能的由不同科技公司提供的功能 APP。ICS 是一个操作系统，具有开放性，可根据用户需求，灵活、定制化开发各种功能 APP，满足个性化的智能发电控制和管理的需求。在底层控制层面提供“算法容器”和“宏算法封装”功能，统一接口规范和运行环境，实现统一组态调试环境、统一调用、冗余机制、实时高效运行，方便在高级应用服务器上嵌入第三方应用 APP，并提供融会贯通的数据交互和界面统一展示。

(3) 架构和层级管理创新。SIS 的功能和作用可逐步被 ICS 取代，SIS 可以被弃用，燃煤火电厂信息管理三层级(DCS、SIS、MIS)精简为两个层级(ICS、IMS)，电厂生产运营管理更加高效率。

(4) 数据库和硬件创新。可在底层采用 Hadoop 大数据架构和时序数据库，采用适用于大数据架构的高性能智能芯片、智能控制器和服务器，局部取代传统的实时数据库，更有利于深度学习算法、大数据应用、人工智能自学习等先进技术的应用。开发新增功能所采用的硬件由传统的 PLC 外挂机变为底层计算和控制一体化的一体机和加强机。摒弃了各种外挂式结构，无缝整合各类智能应用，构建智慧工业生态圈。

2.3 基础设施与支撑环境

智能发电平台 ICS 在生产信息全集成和实时数据库管理的基础上，以工业大数据分析环境、智能计算环境、智能控制环境和开放的应用开发环境这四大底层支撑环境为智能应用提供基础支撑。

2.3.1 硬件和软件配置

智能发电运行控制系统(ICS)以分散控制系统(DCS)为核心，扩展智能变送器和智能执行机构、智能优化算法库、高级值班员工作站、开放应用服务器等资源，实现发电过程的智能检测、智能控制与智能运行监控，为发电厂控制与运行优化、状态监测及诊断预警提供可靠的软硬件平台。

图 2-6 示出智能控制系统(ICS)，包括底层硬件系统和核心软件系统。ICS 的底层硬件系统是在传统 DCS 控制系统的硬件基础上，增加高级应用控制器、冗余高性能实时历史数据站、基于 GPU 并行计算的智能分析引擎和计算服务站、高级值班员站、网络管理审计服务器、厂级接口站、高级应用服务网、域间隔离器和工控域防火墙等一系列智能设备，以大幅提升系统计算能力和功能协同能力，为智能控制算法、海量生产数据深度分析提供算力支撑和运行环境。

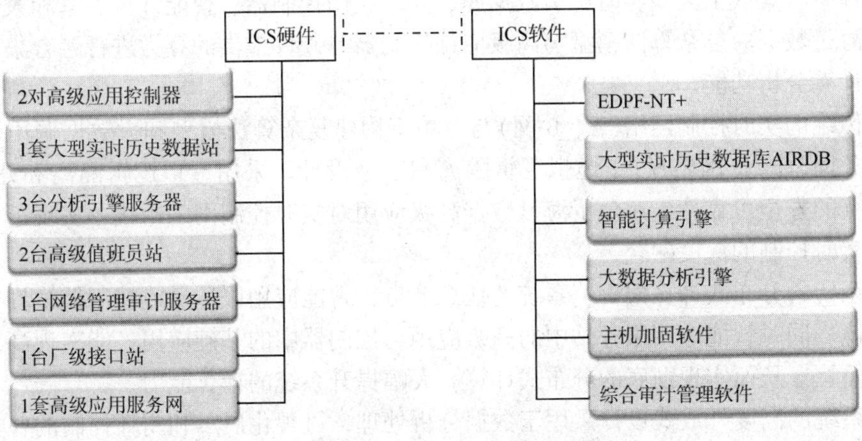

图 2-6 ICS 的底层硬件和软件配置

为实现上位机与控制器间数据传输解耦和全方位的分布式计算功能，设计专用于海量数据交互和计算的高级应用服务网（C、D 网）。高级应用服务网是独立于实时控制网（A、B 网）之外的冗余数据网络（C、D 网），能有效保证现有实时控制网络的稳定性，不会因高级应用对大量生产历史数据和操作监控数据的访问导致实时控制网（A、B 网）的通信负荷增加。

基于 GPU 并行计算的智能分析引擎和并行计算服务器，在上位机中增加计算功能，采用多核并行计算流的方式，能有效支持神经网络深度学习，复杂系统多目标、多约束寻优等高级应用。同时，建立算法调度机制和报警处理功能，提供标准计算模块和高级应用算法模块，统一的图形化组态运行环境，快速实现功能组态、协同计算、在线仿真和便捷调试。

ICS 系统配置冗余的高性能历史站，采用主从冗余的工作模式，保证主服务器在故障、重启情况下，立即切换为冗余服务器，不影响历史数据的采集和查询。两个服务器之间无扰切换，满足采集数据不丢失、检索业务不中断、检索返回的数据不变化的需求。以高性能历史站为核心，可实现机组生产过程实时数据的高速采集、压缩、结构化梳理、高效率存储和调用。实时历史数据库具有 30 万以上标签点容量，最小数据周期为 0.1s，硬盘容量应能够满足至少存储 12 个月数据的要求。

图 2-6 示出 ICS 核心软件子系统包括传统 DCS 的运行控制核心软件模块 EDPF-NT+、大型实时历史数据库 AIRDB、智能计算引擎、大数据分析引擎、主机加固软件和综合审计管理软件等。

ICS 的核心软件系统构建了全厂统一监控平台和生产大数据融合处理平台这两大平台。ICS 的全厂统一监控平台整合了主机 DCS 系统、辅机循环水和城市热网一网等公用系统 DCS、化学辅控运行 DCS、灰硫辅控运行 DCS 和燃料辅控运行 DCS。生产大数据融合处理平台可同时采用智能计算引擎和大数据分析引擎这两个引擎，实现数据的分析处理。

ICS 软硬件设计的功能特点包括：

（1）底层硬件和软件高度平台化和一体化集成，数据、算法、算力的有机整合。基于 ICS 的全厂统一监控平台，贯通了多台机组的 DCS、公用 DCS 和三大辅控运行的 DCS，将全厂各机组的工况分析计算结果、机组之间的小指标对标、能效对标在高级值班员站（相当于厂级的值长站）集中展示，并可后续深度开发全厂负荷分配调度模块。基于 ICS 的生产大数据融合处理平台集成了大型实时历史数据库、高级应用控制器、智能计算引擎和大数据分析引擎，将海量数据、复杂算法模型与高级应用控制器等硬件提供的算力进行融合集成，实现高性能的计算分析功能。

（2）传统的实时控制网络（A、B 网）与专用于构建复杂算法模型和大数据调用计算的高级应用服务网（C、D 网）进行了虚拟逻辑隔离和冗余设计。采用虚拟逻辑隔离和冗余设计，提升了系统的安全可靠性，避免了海量数据高级应用对实时控制网的干扰，实现了大数据计算处理与实时控制的深度融合。

（3）系统的分布式计算架构。系统的任意节点，智能应用服务站或控制器，均可独立配置运算环境。同时智能应用服务站中的高级应用与控制器中的基础应用，能实现高效协同配合与统一监控，从而实现彻底的分布式计算，大幅提升系统的计算能力。

（4）系统的高度开放式设计。用于数据分析处理、可视化展示和闭环控制的各类第三方智能应用 APP，可快速进行安全封装和无缝整合进入 ICS，且不占用系统实时点标签资源。

通过高度开放的应用开发环境，赋能用户，围绕 ICS 建立良好的智能发电应用生态圈，使 ICS 的智能应用更加丰富、更有成效。

(5) 构建与控制系统深度融合的多源、异构大数据融合处理平台。实现了基于数据分析技术的全体系智能化改进，进一步提升网络安全防护能力。整套 ICS 的网络安全防护能力达到发电生产监控系统安全等级保护三级要求。

2.3.2 生产信息全集成

图 2-7 示出生产信息全集成网络架构，包括机组级和全厂级的生产信息全集成，对全厂现场总线设备、智能设备产生的生产实时数据、环境数据、工业物联数据、设备资料信息等泛在感知信息进行统一高效的处理、存储和发布，实现泛在物联、泛在感知。通过高效实时信息集成与标准化管理，为各自动化系统和功能的互联互通、生产过程深度分析、运行控制多目标优化与决策支持提供统一的数据基础，为实现全厂锅炉、汽轮机、电气监控管理(ECMS)、辅控(化学运行、灰硫运行、燃料运行)、仿真、现场总线控制一体化(FCS)、控制与监控一体化提供支撑。

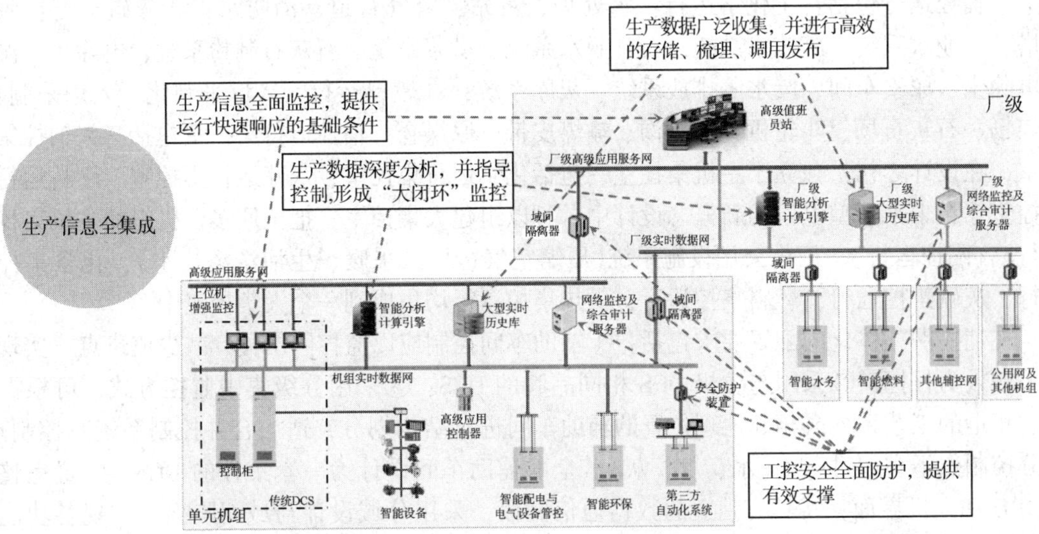

图 2-7 ICS 的生产信息全集成网络架构图

厂级网络上构建全厂生产数据统一处理平台，消除数据孤岛，实现发电生产现场全范围数据聚合，为全厂一体化监控和深度数据分析挖掘提供基础。厂级网络上设置高级值班员站，依托厂级数据进行计算分析和结果展示。在厂级网络上设置接口站，通过单向隔离装置向数据镜像服务器传送生产实时数据，数据镜像服务器向智慧管理平台 IMS 或上级的远程诊断中心提供数据服务。

现场总线控制系统(FCS)对现场总线通信主站、从站和组态环境的要求包括：①现场总线通信主站应为 ICS 一体化的模件，不应通过外部协议转换部件或第三方通信模件与 ICS 控制器通信；②能够对现场总线通信从站的状态、I/O 数据、通信参数、诊断数据进行采集、解析，并组态进入系统数据库；③现场总线通信从站的 I/O 及状态、诊断数据应与常规 I/O 信号共享同一个系统数据库；④现场总线设备的组态环境应与 ICS 其他部分的组态环境是一体的，不采用独立于ICS的外挂式组态工具。

发电厂电气监控管理系统(ECMS)、电力网络计算机监控系统(NCS)均基于ICS实现，构成热控电气一体化控制系统。NCS通过使用综合测控装置、通信接口设备、自动准同期装置、监控系统等，实现对电厂升压站所有电气设备的监测、控制、保护和信息管理，并与ICS的AGC、AVC等功能模块接口通信。基于监控画面模板化组态、在线统计计算功能以及电气遥信、遥测、遥调、遥控、电度信号的接入，ECMS能完成发变组的监测、厂用电系统相关设备的监测及向其他网络计算机监控系统传送信息等各种功能。

ECMS通过多协议控制分站，下接测控继保单元，上接ICS网络，热控电气一体化控制。ECMS的多协议控制分站的功能和配置要求包括：①多协议控制分站应是ICS一体化的模件，同时具有通信协议转化与控制逻辑功能；②支持MODBUS-RTU、MODBUS-TCP协议，支持IEC101、103、104、CDT等多种电力规约，支持Profibus、CAN、61850等协议，支持电度表协议，支持协议库管理机制，可以方便加载和调用；③具有100Mbps网口、1000Mbps网口、DI、DO、Profibus总线接口、CAN总线接口、GPS接口、串口，串口可选择RS232、RS485和RS422方式；④具有冗余功能。

辅控运行包括：①化学运行：水处理、氢站、氢气管道、消防水；②灰硫运行：脱硫塔、工业水系统、工艺水系统、石膏脱水系统、供浆系统、石灰石制粉系统、电除尘、湿式电除尘、尿素车间、废水零排放系统、灰库系统；③燃料运行：入厂采制化、入炉采制化、煤场、石灰石场、斗轮机、卸煤沟、输煤皮带、原煤仓。辅控运行集控室包括三大辅控集控室，在设计之初是独立于主机集控室，包括化学运行集控室、灰硫运行集控室、燃料运行集控室。在未来新型电厂的新概念设计中，可以组建大集控室，把全厂多台机组的主机集控运行(含网控运行)，厂内公用设施系统(压缩空气、厂区采暖、生活洗浴热水)，化学集控运行，灰硫集控运行，燃料集控运行，供热集控运行均集成到一个大集控室中。

辅控网一体化的配置要求包括：①辅助车间控制应以监控网络化、减少值班点、实现减人增效为目标；②采用与主机DCS相同品牌的DCS；③采用分级集中监控方式，可根据性质相近的工艺系统或相邻地理位置的辅助车间进行结构划分，适当合并控制系统及控制点，分控制点不宜超过三个(水、煤、灰)。全部辅助车间设计为一套集控的DCS，配置完整的DPU和人机界面；④具有独立的数据通信网段，采用分域设计与域间隔离，实现各功能子系统相互独立、数据有效隔离，通信网络应冗余配置。

高级值班员站设置于厂级网络，是进行全厂数据综合分析与对标的上位站，以全厂运行数据为分析基础，实现全厂和机组指标统计、参数关联性分析、工况分析、能效对标、全厂负荷分配等功能，对结果进行数据可视化展示，同时向单元机组运行人员提供专家诊断、趋向展示及优化运行的操作指导，提高全厂机组运行效率与水平。

高级值班员站的指标统计功能包括：①对运行数据进行实时和历史统计，可通过筛选、图表、曲线、棒图、罗列、立体、比对标准值、公式计算等方式方法，给出运行数据的统计指标并展示；②能动态计算并展示各台机组主要参数的越限次数、越限持续时间、越限幅度等信息；③能动态计算并展示各台机组主要自动控制回路的投入率、控制品质汇总等信息；④能动态计算并展示各台机组主要设备的启停次数、运行时间汇总等信息；⑤能动态计算并展示各台机组主保护投入率、动作次数汇总等信息；⑥能动态计算并展示各台机组各项运行小指标信息，并可按日、月报和指定时间段进行筛选统计。

高级值班员站的工况分析功能包括：①按照负荷、环境温度、各种典型的辅机组合方式进行工况划分；②根据工况分类，按照不同指标提供主要影响因素及其权重；③按工况分类，从稳定性、经济性、环保性、综合评价等方面进行评价并给出指导建议，至少应包含如下信息：机组的当前运行工况、重要参数的实时数值、当前工况的稳定性指标、当前工况的经济性指标、当前工况的环保性指标、当前工况的综合性指标、当前工况与历史最优工况的比较。

高级值班员站的能效对标功能包括：①同型机组对标：根据参数对标，分析两台同型机组差距，生成耗差分析结果；②同期对标：与去年同期对比，分析机组差距，生成耗差分析结果；③环比对标：与上月对比，分析机组差距，生成耗差分析结果；④与集团最优值对标：与集团最优值的对比，分析机组差距，生成耗差分析结果；⑤与自寻优值对标：与近期自寻优运行工况的对比，分析差距，生成耗差分析结果；⑥与标准值对标：与机组设计标准值对比。

高级值班员站的硬件配置要求包括：①采用塔式服务器；②处理器和内存应适应高级值班员站功能要求；③配置独立显卡，适应数据可视化展示要求；④应配置可热插拔的冗余电源系统和冗余风扇散热系统；⑤存储系统宜采用独立的磁盘冗余阵列（RAID），存储技术可为 RAID1，存储容量应不低于 500G；⑥配置四块网卡，至少包含两块千兆网卡，千兆网卡用于接入高级应用服务网，另外两块网卡用于接入实时控制网。

2.3.3 实时数据库管理系统

燃煤火电厂每台机组有 2 万多个测点，秒级采集，每天产生 20 亿条左右的实时数据。按照全厂 2 台机组，还有辅控系统和公用系统，每天共计产生 50 亿条左右的实时数据。海量实时数据的采集、传输、存储、计算分析、挖掘统计需求，对实时数据库管理系统的数据监测、监督管理等提出了极高的要求。实时数据库管理系统的搭建过程，包括基本配置、硬件配置、采集功能、数据库存储、数据库管理、数据库应用、数据镜像服务器应用等方面。

（1）实时数据库管理系统的基本配置要求包括：①配置高性能、高可用、升级便捷、维护方便的数据库服务器；②采用分布式架构设计和开放式的体系设计，其配置应满足智能发电平台高级应用服务的数据需求；③支持网络服务器或多服务器结构；④采用容错或冗余配置的数据库服务器系统；⑤采用冗余配置的服务器系统应能采用热备或集群的工作方式进行故障自动转移；⑥标签总量应能根据机组规模进行配置，系统可组态的标签量不低于实际试用标签数量的 2.0 倍；⑦数据磁盘的在线存储时间应不低于 6 年；⑧支持单精度浮点型、双精度浮点型、16 位无符号整型、16 位有符号整型、32 位无符号整型、32 位有符号整型、64 位无符号整型这 7 种基本数据类型。

（2）实时数据库管理系统的硬件配置要求包括：①采用机架式服务器；②处理器应适应数据库系统功能要求；③内存应满足所采集的标签点的容量要求和冗余要求；④配置可热插拔的冗余电源系统和冗余风扇散热系统；⑤存储系统宜采用独立的磁盘冗余阵列（RAID），存储技术宜为 RAID10 或 RAID5，存储容量应不低于 2T，且满足冗余要求；⑥配置四块网卡，至少包含两块千兆网卡，千兆网卡用于接入高级应用服务网，另外两块网卡用于接入实时控制网；⑦实时数据库服务器具备高扩展性、兼容性，满足未来系统扩展建设要求；⑧实时数据库服务器配置光纤通道板卡（HBA 卡），用于快速存储数据；⑨实时数据库服务器采

数据分析环境的软件和硬件配置要求包括：

(1) 数据分析环境对来源于现场设备监测或检测的生产运行类数据进行采集、存储、分析、决策、可视化展现。生产运行类数据具有如下特点：①数据类型包括生产实时数据和静态数据，静态数据主要包含设计数据、设备参数、运行环境数据、试验数据、离线检测数据、缺陷记录等；②数据存储在生产控制区，所支撑的应用均在生产控制区内；③数据规模每年在百 GB 级别，适用于轻量级数据分析框架；④数据结构相对稳定，对事务性的要求不高；⑤各数据之间存在着复杂关系，需要采取在线(实时、半实时)或离线等方式挖掘。实时在线分析有较高的实时性要求。

(2) 服务器可支持集群式管理与调度，满足高可用性、高可靠性、高可扩展性、高可维护性的要求。

(3) 数据分析环境是智能发电平台基于数据应用的分析决策中心，为智能检测、智能监控、智能诊断、智能报警、智能分析、智能控制提供以数据为基础的全局数据计算分析服务。

(4) 数据分析环境的硬件配置要求包括：①采用机架式服务器；②处理器和内存适应数据分析服务器功能要求；③配置 GPU；④配置可热插拔的冗余电源系统和冗余风扇散热系统；⑤存储系统宜采用独立的磁盘冗余阵列(RAID)，存储技术可为 RAID1，存储容量应不低于 1T；⑥配置四块网卡，至少包含两块千兆网卡，千兆网卡用于接入高级应用服务网，另外两块网卡用于接入实时控制网；⑦可根据需要配置为集群方式。

数据分析环境可实现的功能包括数据预处理、数据理解与探索分析、建模与辨识、模型评估与部署、智能报表等。

数据分析环境所能支持的数据预处理功能要求包括：①以实时数据库为基础，实现生产数据高效安全调用；②以数据可视化交互技术为基础，对任意测点、任意工况、任意时间范围的生产数据进行组合与筛选，如负荷、磨煤机组合运行组合方式、煤质、环境温度等指定条件下的机组相关数据，从而实现对机组全工况数据的深度梳理，为后续分析工作打下坚实基础；③提供完备的数据预处理方法，具备脏数据处理、缺失值处理、错误数据处理等主要功能，实现数据清洗、集成、变换、规约等，生成高质量的数据样本。

数据分析环境所能支持的数据理解与探索分析功能要求包括：①提供多种统计方法，对生产过程数据进行深度解析和交互式展现。②提供数据降维、相关性分析等方法，确定机组关键参数间的相关性程度。③对于相关性较高的数据项组合，提供进一步分析的工具，验证目标变量及其影响因子间的关联性真伪，给出数据关联性的详细信息。例如影响目标变量(如机组效率)的正向、负向、无关因子，可进行因子影响程度量化。④应提供高效的数据可视化技术和交互式分析场景，直观、快速、准确的展现数据关键特征和重要信息。

数据分析环境所能支持的建模与辨识功能要求包括：①建模过程是对目标变量及其影响因子间关系的精确量化；②提供完整、便捷的数据建模环境；③提供可视化建模工具，实现建模过程可视化的应用；④针对火电厂热力系统的特点配置成熟的建模算法，如深度神经网络、大数据学习、多层感知器、支持向量机、深度玻尔兹曼机等，实现分类、回归、聚类、关联规则等数据建模功能；⑤采用工况数据筛选方法获得满足激励条件的过程数据样本，实现控制回路模型的参数化和非参数化模型辨识；⑥具有高性能、可容错的分布式并行计算能力，减少训练时间，快速获得数据分析结果，满足一定规模的数据训练计算需求。

数据分析环境所能支持的模型评估与部署功能要求包括：①提供完善的模型验证环境，验证数据可由数据准备工具便捷获得；②可提供模型在线发布功能。

数据分析环境所能支持的智能报表能要求包括：①能按照生产实际需求，实现对于任意测点、任意时间段、任意特定条件的组合报表生成，满足工业现场基于数据挖掘的智能化报表的需求；②基于机器学习算法生成报表相关测点的预警区间，当报表测点数据超出预警区间时，报表测点可进行变色标记显示。

2.3.5 智能计算环境

图 2-9 示出智能计算环境，包括提供计算资源，配置硬件资源，综合调度数据、算法、算力，配置计算任务和组态，知识推理这五大功能，通过流式计算和知识计算等，助力实现智能控制和全程自趋优运行。

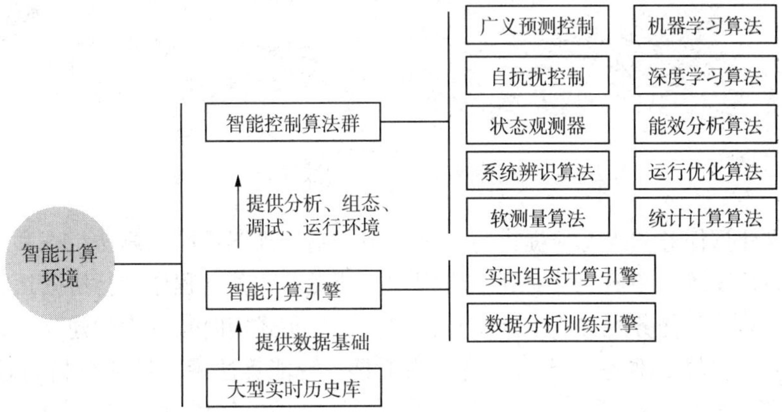

图 2-9 智能计算环境的结构图

（1）提供计算资源。智能计算环境为复杂的监控级实时分析计算任务提供强大的智能计算引擎，包括实时组态计算引擎和数据分析训练引擎。为了满足人工智能领域的计算要求，可配置为 CPU 工作站或 GPU 工作站，满足多核并行计算流的方式。智能计算引擎为智能算法提供分析、组态、调试和运行的环境，支持复杂智能算法和复杂程序的多任务并行计算与高效实施执行。智能计算环境也可用于资源需求较大，不适合在智能控制环境中运行的实时控制任务。图 2-10 示出基于神经网络建模的数据分析训练引擎，可用于基于大数据深度神经网络自学习的故障预警。

（2）配置硬件资源。灵活配置计算服务器硬件资源，基于单机或集群模式，实现计算任务的运行配置和维护，支持多个计算任务的并行实时执行、在线调整。

（3）综合调度数据、算法、算力。数据基础来自于大型实时数据库和历史数据库。系统软件支持分布式实时数据库的建立与访问，支持计算任务的图形化组态、运行和维护，支持在统一的数据库访问和任务调度执行机制下独立程序直接插入式运行。图 2-9 示出的智能控制算法群包括，广义预测控制、自抗扰控制、状态观测、系统辨识、软测量等先进控制类算法，机器学习、深度学习、能效分析、运行优化、统计计算等数据挖掘类算法。通过智能计算环境提供建模分析工具，对被控对象和扰动影响进行辨识和建模，供优化控制算法和控制器参数整定使用，实现生产数据、智能算法和服务器算力的综合调度。

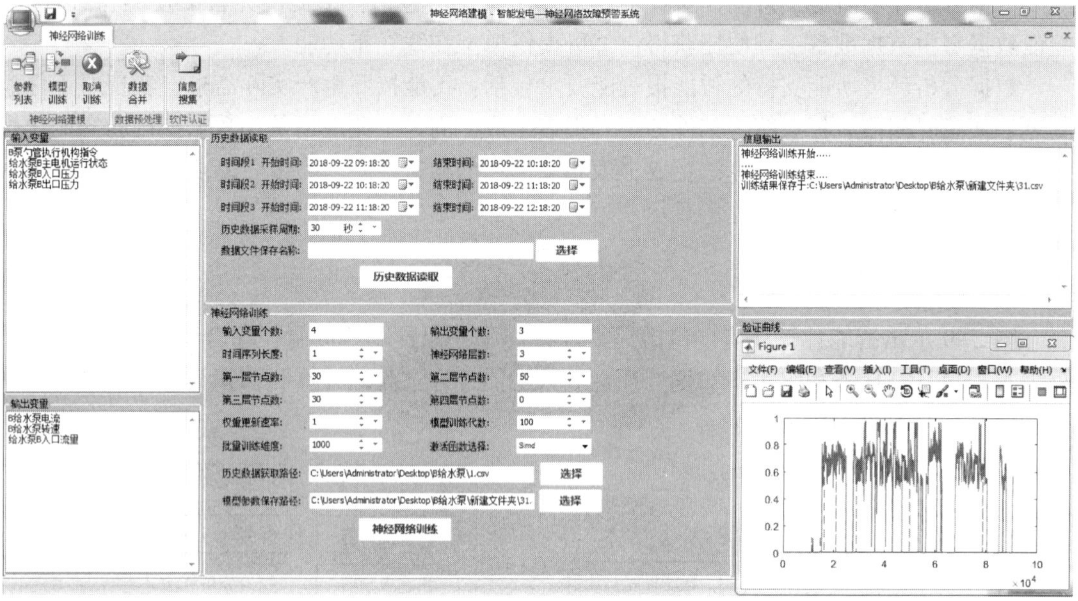

图 2-10　基于神经网络建模的数据分析训练引擎

（4）配置计算任务和组态。提供与高级应用控制处理器相同的算法组态和运行环境，提供独立程序的开发运行环境，并对高级应用控制处理器和独立程序进行协同运行控制。提供面向工程实现的计算任务配置或组态工具，包括：分布式实时数据库的建立与访问工具、计算任务组态工具、数据准备工具、模型训练工具、智能算法库、性能分析与运行优化算法库、软测量算法库等。

（5）知识推理。提供知识表达与推理工具，实现生产过程知识表达与推理分析。推理过程将知识结构与生产历史数据有机整合，给出可靠推理结果。

智能计算服务器的功能要求包括：①采用机架式服务器，处理器和内存应适应智能计算服务器功能要求；②根据计算强度需求进行选型配置，一般应支持集群式架构，配置 GPU 并支持 GPU 多核并行计算；③配置可热插拔的冗余电源系统和冗余风扇散热系统；④存储系统采用独立的磁盘冗余阵列（RAID），存储技术可为 RAID1，存储容量应不低于 1T，支持冗余配置；⑤配置四块网卡，至少包含两块千兆网卡，千兆网卡用于接入高级应用服务网，另外两块网卡用于接入实时控制网；⑥根据需要配置为集群方式；⑦提供与智能控制器相同的算法组态和运行环境，满足高资源需求下的组态式应用软件开发运行要求，同时可提供第三方独立程序的开发运行环境，并对二者进行协同运行管控。

2.3.6　智能控制环境

智能控制环境的功能要求包括：

（1）图 2-11 示出智能控制环境下的智能控制策略组态和调试界面。智能控制环境为先进控制与智能控制提供所需的组态、调试、运行、维护环境。

（2）智能控制器应具有与常规控制器相同的运行调度环境，并能满足先进控制策略和智能控制策略的高实时、高可靠性执行的需求。

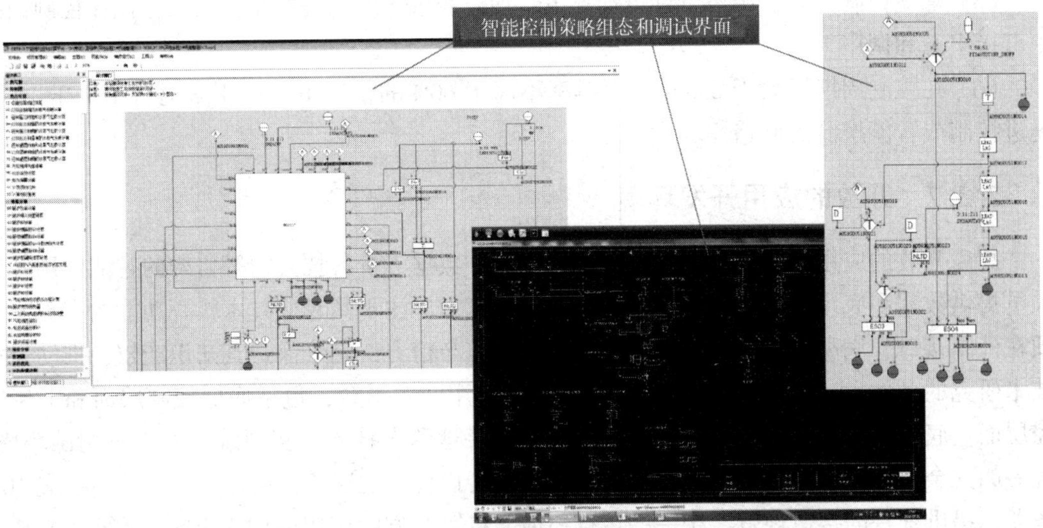

图 2-11 智能控制环境下的智能控制策略组态和调试界面

(3) 提供资源配置工具，将智能分析和计算的结果导入控制过程中，并采用先进控制方法提升控制品质，改善生产运行效果。

(4) 算法组态配置环境应统一、便于应用。采用图形化组态方式，实现先进控制策略和智能控制算法的设计、添加、编辑、删除、调用、配置、编译、转换等维护操作，支持在线编辑、在线下装、与参数同步。在高级应用控制器硬件资源上，各种算法能在统一的图形化组态环境下相互配合，完成控制回路组态，并在统一的运行调度环境下高实时、高可靠地执行。

(5) 提供内嵌基本算法库，包含数学运算、逻辑运算、热力学参数计算、统计计算等基础算法。提供内嵌先进控制算法库，包含广义预测控制(GPC)、自抗扰控制(ADRC)、神经网络控制等算法，并可通过辨识方法得出控制过程模型。提供内嵌运行优化算法库，包含锅炉排烟热损失、锅炉气体未完全燃烧热损失、汽轮机内部功等能效计算算法，以及氧量定值优化、滑压曲线优化、冷端优化等寻优算法。提供内嵌软测量算法库，至少包含氧量、再热蒸汽流量、煤质化学成分等算法。智能控制环境还能集成定制化算法，将多个算法组成的逻辑控制加密封装成特定算法，满足控制功能与控制性能的优化要求。

(6) 支持先进控制策略和智能控制算法的多任务并行实时执行、在线维护，能够集成第三方按标准规范开发的定制化算法。

智能控制器或高级应用控制器的功能要求包括：

(1) 配置实时计算能力优于常规控制器的智能控制器，硬件资源适应先进控制计算和智能计算要求，且冗余配置，以给智能发电平台先进控制和智能算法提供一个高可靠、高实时运行和维护的环境。

(2) 具有与常规控制器一致的扫描周期和负荷率要求、网络接口方式与可靠性设计，可在高实时性和高可靠性的条件下实现高性能控制。

(3) 满足高级应用算法开发、封装要求和应用要求。

(4) 第三方先进控制功能采用智能控制器实现，不宜采用外挂的第三方控制器设备。

（5）常规控制器在资源裕量许可情况下，加载经选择的先进控制算法库，供在控制回路中直接组态和调用。

（6）在控制周期不大于250ms，负荷率不高于60%的情况下，应正常运行不少于10个先进控制或智能控制的回路。

2.3.7 开放的应用开发环境

高度开放的应用开发环境为高校、科研院所、数据分析科技公司等机构的智能应用开发人员提供数据和底层算法的集成运行环境，使第三方专注于其专业技术核心功能的实现，无须在外围接口、底层环境和数据支持方面浪费资源与精力，充分保护其知识产权，推动先进技术研究的良性发展。图2-12示出高度开放的应用开发平台，包括底层控制层面和上层监控层面。底层控制层面采用算法容器和宏算法封装这两大技术，实现统一的组态调试环境，统一的冗余机制，实现高效的程序开发和调试下装运行。上层监控层面包括：①高级应用服务器，提供统一的接口规范，统一的运行环境，将第三方的应用内嵌入ICS；②第三方独立应用，通过应用外置，统一图形化组态，实现统一监控。

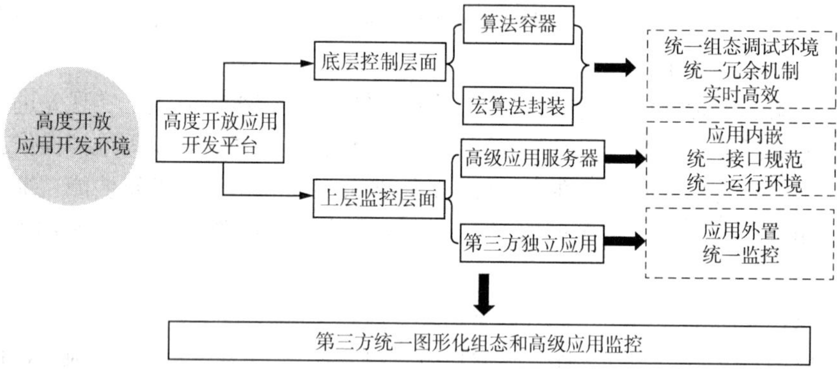

图2-12 高度开放的应用开发环境结构图

开放的应用开发环境的功能要求包括：

（1）智能发电平台具有高度开放的应用开发环境，提供数据、算法、应用程序的多层次开放性。

（2）具有将第三方应用程序转换为智能发电平台中算法的标准化服务和接口。支持第三方核心计算程序的调用和维护，实例化的算法接口与对应的应用程序共同构成可图形化组态的定制算法。定制的算法应具有与常规算法一致的组态、运行与维护方式，使得第三方专有技术可以在智能发电平台上得到规范、可靠的应用。

（3）支持宏算法封装。提供将多个普通算法块组成的控制逻辑加密封装成特定算法块的工具，封装后的算法应具有与常规算法一致的组态、运行与维护方式，有利于保护第三方开发者的技术成果，并能以简洁方式对技术成果进行重复使用。

（4）提供计算服务器本地读写分布数据库的API接口程序和与系统计算任务相协调的调度执行机制，实现独立应用程序在数据分析环境和智能计算环境中的直接插入式运行，可以更为简便、灵活地使用第三方专有技术。

应用服务器的功能要求包括：①采用虚拟化集群技术，具备应用发布功能、一定的计算功能等；②满足智能分析计算引擎的运行需要。

2.4 智能检测

智能检测功能模块是指针对常规检测方法难以实现在线、准确检测的，且与机组和设备运行相关的关键参数，采用先进可靠的检测技术与信息融合技术，实现快、准、稳在线检测和获取。智能检测为燃煤火电机组在煤种多变、环境多变、工况多变的条件下，在安全、稳定、节能、环保的综合目标下，实现优化运行、优化控制以及精细化管理提供充分、有效的基础信息。图 2-13 示出 ICS 的智能检测业务功能，包括检测参数类别、先进在线检测技术、参数软测量、检测设备技术要求四个部分。

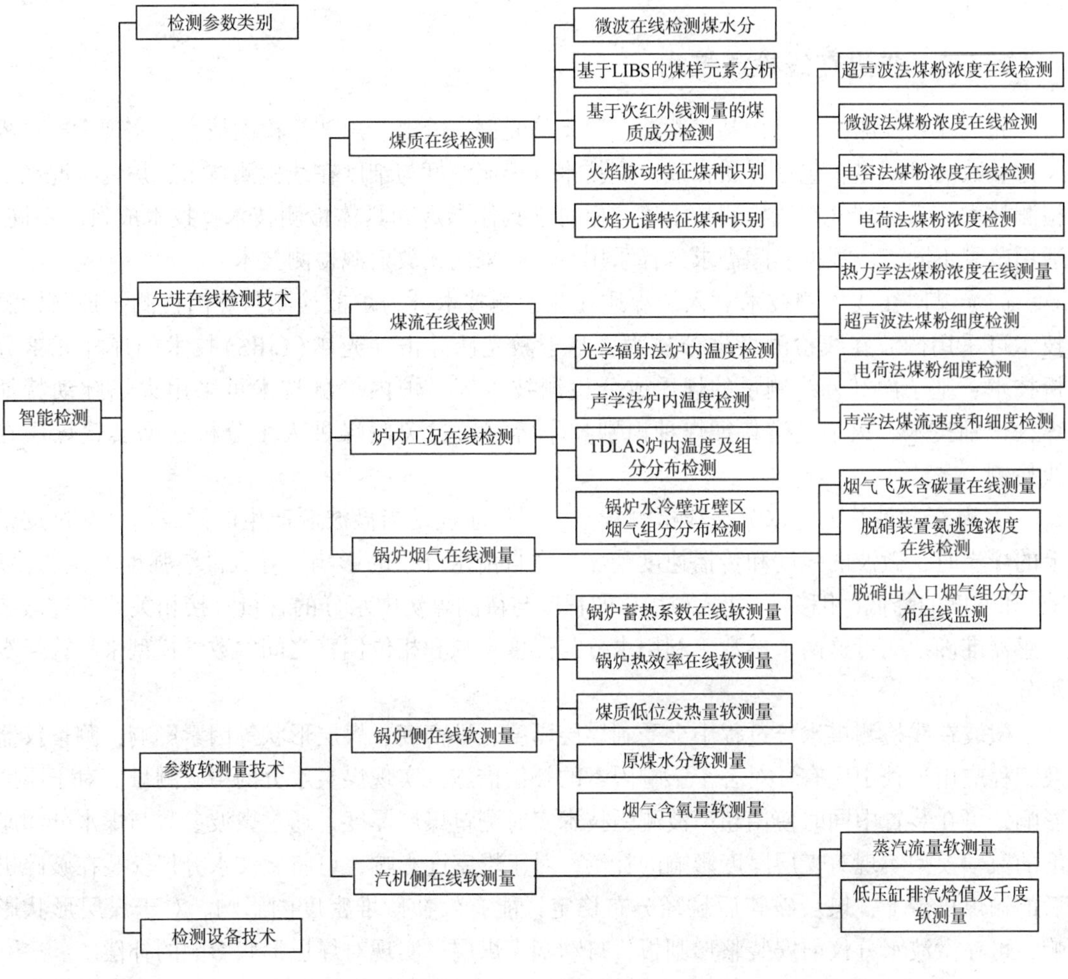

图 2-13 ICS 智能检测业务功能的结构图

2.4.1 检测参数类别

锅炉燃烧相关参数检测难度大、重要性高，是先进在线检测技术的重点应用领域，主要的检测参数类别有：①煤质在线检测，包括煤的工业指标、元素指标，工业指标含水分、灰分、挥发分、固定碳，元素指标含碳、氢、氧、氮、硫；②煤流在线检测，包括磨煤机出口一次风煤粉浓度、速度、流量、煤粉细度；③炉内工况在线检测，包括炉内温度场、动力场、烟气组分、结渣积灰等；④尾部排放在线检测，包括飞灰含碳、粉尘、氧量、一氧化碳等。

软测量参数是指机组智能控制、智能分析功能需要利用锅炉蓄热系数、低压缸排汽焓等无法直接测量的关键监测参数，采用软测量与信息融合技术计算得到。软测量参数主要包括：①用于改善锅炉控制性能的关键参数，包括锅炉蓄热系数、燃煤低位发热量、燃煤水分、炉膛出口氧量等；②用于改善汽机性能分析的关键参数，包括蒸汽流量、低压缸排汽焓及干度等。

2.4.2 先进在线检测技术

先进在线检测技术是指基于微波、激光、光谱、静电、声波等检测技术，实现发电过程关键参数的可测量，包括煤质在线监测技术、煤流浓度与细度在线检测技术、炉内工况在线检测技术、锅炉烟气在线检测技术等。但对于具体参数和具体检测技术，技术成熟度不同、适用范围不同，应根据实际需求选择采用，一般采用无放射源检测技术。

(1) 煤质在线检测技术。入炉煤质在线检测技术分为炉前检测与炉内检测。炉前检测技术可采用微波在线检测煤水分技术、基于激光诱导击穿光谱(LIBS)技术的煤样元素分析技术、基于次红外线测量的煤质成分检测技术等。炉内检测技术可采用火焰脉动特征煤种识别技术、火焰光谱特征煤种识别技术等，通过关联煤种人工分析数据实现煤质在线检测。

① 基于微波法的煤水分在线检测技术。工作原理是当微波源产生的微波信号穿过皮带上的煤炭时，微波的强度和传播速度受煤炭中自由水分子的影响，导致微波强度的减弱(衰减)和速度的降低(相移)，衰减和相移的程度与待测煤炭中水分的含量直接相关。通过微波传感器准确地测量这两个参数，利用水分与强度衰减和相位偏移之间的数学模型来计算煤炭水分。

微波在线检测煤水分过程中会受到煤层厚度、堆密度、煤层形状等因素影响，测量仪器及工程应用过程中应有针对各个影响因素的补偿措施，实现煤炭水分的精确测量。对于厚度影响，可在装置中同时使用超声波测距技术实时测量煤层厚度，通过微波参数与煤水分和厚度的数学模型实现对煤层厚度影响的补偿。对于堆密度影响，可将微波水分仪安装在破碎机后的输煤皮带上，煤炭破碎后粒径分布稳定，能有效补偿堆密度的影响。对于煤层形状影响，可在微波水分仪前安装整形刮板，自动刮平煤层，实现对煤层形状影响的补偿。

② 基于激光诱导击穿光谱(LIBS)的煤样元素分析及煤质在线检测技术。工作原理是通过脉冲激光瞬间烧蚀煤样，使其局部电离，形成等离子体，其烧蚀物质产生的等离子体在膨胀和冷却过程中发出特定频率的辐射光谱，包含了煤炭组成元素及其含量信息。通过处理这些光谱信息，得到各检测量的定量分析模型，从而实现煤质参数的定性和定量分析。

基于 LIBS 的煤质在线检测分析系统应由煤炭自动取样、连续制样及激光诱导击穿光谱检测装置组成，应实现检测速度快、自动化程度高、避免人为因素、提高采样率的功能，在给煤足够的情况下，检测频率不低于 3min/次，并可根据实际运行情况调整。可将 LIBS 煤质在线检测系统安装在输煤皮带上，并通过与运行上煤控制数据关联，推算出炉内燃用煤质信息；也可将 LIBS 检测系统安装在给煤机皮带上，获得与燃烧器对应的实时煤质信息。

检测分析系统实现煤炭的全元素指标检测，测量性能应基本达到表 2-3 的要求。

表 2-3　元素分析静态测量性能基本要求

分析指标	测量范围/%	静态测量精密度/%	静态测量准确度/%
C	40.0~85.0	≤1.0	≤1.2
	45.0~65.0	≤0.8	≤1.0
H	0.5~12.0	≤0.3	≤0.4
	5.0~8.0	≤0.2	≤0.3
O	5.0~35.0	≤1.2	≤1.5
N	0.3~1.5	≤0.3	≤0.4
S	0.2~5.0	≤0.15	≤0.2
Al	0.6~8.0	≤0.5	≤0.6
Si	1.0~12.0	≤0.6	≤0.6
Fe	0.6~6.0	≤0.2	≤0.3
Ca	0.3~4.0	≤0.4	≤0.4
Ti	0.2~1.0	≤0.15	≤0.15
Na	0.3~3.0	≤0.3	≤0.3
K	0.3~3.0	≤0.3	≤0.3

检测分析系统通过多元素多源优化和软测量可实现煤炭工业指标（灰分、硫分、发热量）检测，测量精度及范围应基本达到表 2-4 的要求。

表 2-4　燃料特征分析动态精密度

分析指标	测量范围	分析仪动态精密度（95%置信概率）
灰分（Aar）/%	<15.0	≤1.2
	15.00~30.00	≤1.5
	>30.0	≤1.8
硫分（Sar）/%	0.2~5.0	≤0.2
发热量（Qnet. ar）/（MJ/kg）	>12.00	≤0.62
如配置水分测量单元		
水分（Mar）/%	<10	≤1.2
	≥10	≤1.6

③ 基于次红外线的煤质成分在线检测技术。工作原理是在次红外线频段内，存在一些特殊频段对煤炭不同成分的吸收度特别高。当一定量的特殊频段的次红外光照在煤炭上，根

据返回的光量减少值来表征该成分的含量，利用六个频段用于煤炭六大成分，即发热量、水分、灰分、挥发分、固定碳、含硫量的测定。

基于次红外线的煤质在线检测系统由测量部分、换算模型处理、数据处理与人工智能自学习系统组成。性能指标要求包括：能在50ms内，准确测定煤炭的六大成分值，并对环境光源的影响进行修正。检测系统的初始误差应达到发热量误差小于1.9%、水分误差小于1.5%、灰分误差小于0.4%、挥发分误差小于0.8%、含碳量误差小于0.3%、全硫误差小于1.59%；运行三个月后的测量误差应达到发热量的误差小于0.5%、水分误差小于0.3%、灰分误差小于0.1%、挥发分误差小于0.2%、含碳量误差小于0.1%、全硫误差小于0.1%；运行六个月后的整体测量误差应基本可忽略。

④ 基于火焰脉动特征的煤种识别技术。工作原理是采用光电器件或CCD图像传感器采集燃烧器火焰光学信息，利用火焰脉动频率在时域和频域提取特征参数，对煤粉火焰信号的方差、偏度、峰值、时域零点穿越次数和闪烁频率、功率谱密度的熵和形状因子等参数通过模糊逻辑推理、主成分分析、神经网络、支持向量机等数据分析算法实现煤种类型的识别。

煤种识别系统的光学采样探枪安装于煤燃烧器的观火孔或附近，经压缩空气和冷却水冷却，伸入炉膛获取煤粉火焰光学信号。每层燃烧器配置1套采样装置，将光学信号转换为电信号送至处理识别系统识别煤种信息，并与煤种人工分析数据关联获得与燃烧器实时对应的煤质信息。

⑤ 基于火焰光谱特征的煤种识别技术。工作原理是利用炉内燃烧器火焰光谱的强度与频率特征，以及碱金属元素含量与比例对煤种的标识意义，获取核心特征参数，结合由光谱信息同步计算得到的火焰温度，辅以特征数据的方差信息，采用神经网络、支持向量机等数据分析算法实现煤种类型的识别。

火焰光谱采集装置可利用现有锅炉火检系统的光学采集装置适当改造实现，不需另行配置冷却系统。每层燃烧器配置1~2处采集装置，将火焰光学信号通过光纤引至光学切换与光谱检测装置，转换后经处理识别系统识别煤种信息，并与煤种人工分析数据关联获得与燃烧器实时对应的煤质信息。

（2）煤流浓度与细度在线检测技术。工作原理是采用超声波、微波、电容、热力学法等非接触测量技术，实现对磨煤机出口一次风输粉管道中的煤粉浓度与质量流量的在线检测，采用声学、激光、电荷等非接触测量技术实现对煤粉细度的在线检测。

① 超声波法煤粉浓度在线检测技术。工作原理是利用超声波在煤粉空气两相介质中传播时会发生吸收、散射和耗散产生衰减，衰减系数与煤粉体积分数存在线性关系的测量原理进行煤粉浓度测量。在输送煤粉管道的两个对应表面上装设超声波传感器，第一对与流向成45°布置的传感器用来测定超声波脉冲沿两个方向的传输时间，第二对传感器用来测定垂直于流向传输的超声波衰减，其衰减受空气紊流和煤粉浓度两者影响，经紊流效应校正后获得煤粉浓度测量值，并根据流速计算质量流量。在实际测量中，可布置多对传感器而取其平均值，标准差应在4%以内。

② 微波法煤粉浓度在线检测技术。工作原理是利用煤粉气流流经管道时引起介电常数和磁导率随煤粉浓度变化而变化的原理，通过测量在管道内传播的微波振幅衰减实现对煤粉浓度的测量。在输粉管路中用法兰装接一段测量管，沿煤粉流动方向按一定角度对应倾斜布

置微波发生器和微波接收器。微波在测量管内与煤粉管颗粒碰撞时会引起波束衰减，通过测量其衰减值即可反应煤粉的浓度，并可推算质量流量。

③ 电容法煤粉浓度在线检测技术。工作原理是利用电容传感器探头板间绝缘系数随固体浓度改变而改变的原理，通过对系统电容与绝缘系数的测量计算，实现对流经探头板间煤粉浓度的测量。在输粉管路中用法兰装接一段电容传感器测量管，包括一段非金属管道和紧固在管道外壁的一对铜质电极板，布置在圆筒形屏蔽保护罩内，当非金属管道中有煤粉气流通过时，介电常数发生改变，引起极板间电容改变，经过信号放大与实时计算获得煤粉浓度测量值，并可推算质量流量。

④ 电荷法煤粉浓度在线检测技术。工作原理是煤在破碎过程和输送过程中，煤粉粒子之间的相互碰撞、磨擦、分离，煤粉粒子将带有一定量的电荷并产生一定的电荷场，所带的电荷量与固体颗粒的许多物理、化学性质有关，包括颗粒尺寸、形状、速度、体电导、介电系数、化学成分等。放置在流场中的金属电极与带电颗粒相互感应，在金属电极表面上产生等量异号电荷，随着颗粒的移动及浓度的变化，致使金属电极上的感应电荷也在不断变化，变化感应电量在一定程度上反映了粉尘浓度的大小。

电荷法煤粉浓度在线测量装置的感应电荷检测探头有 3 种方式，分别是棒状、内环状、外环状。棒状、内环状方式既包含了感应电荷又包含了摩擦电荷，外环状探头只检测感应电荷。环状测量装置覆盖全管道截面，不因煤粉流偏移影响，测点代表性好。电荷法测量粉尘浓度响应时间极短、无时滞，但风速和粉尘粒径对测量有明显影响，工程应用时应对煤粉粒度进行现场标定、对风速的变化进行补偿，以保证测量的准确性。

⑤ 热力学法煤粉浓度在线检测技术。工作原理是基于能量守恒定律、连续性方程、动量定律，在一定假设基础上进行简化并建立相应数学模型，实现煤粉浓度在线检测。可分别采用能量法、压差法和温度法等，利用空气和煤粉混合前后风粉速度、压力、温度的不同变化，通过联立求解热力学偏微分方程组，求得相应的煤粉质量分数。利用电厂现有的风粉通道上的温度、压力和压差等测点信号进行测量计算，只要测点位置合理，不需另外安装传感器。经过数据处理与建模运算，即可测得磨煤机出口一次风管中的煤粉浓度，并可推算质量流量。

⑥ 超声波法煤粉细度在线检测技术。工作原理是在一定超声波频率范围内，其声速基本保持稳定，颗粒相的浓度影响到其振幅衰减系数和声速，颗粒相的粒径影响到其振幅衰减系数，因此，振幅衰减系数是超声波频率，颗粒相浓度和颗粒相粒径的函数，声速是颗粒相浓度的函数。通过其他路径求解出声速，振幅衰减系数将是颗粒相粒径的函数。选择合适频率的超声波探头相对安置，测量超声波经过煤粉后的衰减系数，在已知煤粉浓度的情况下，即可得到颗粒相的当量直径，即煤粉的细度。

⑦ 电荷法煤粉细度检测技术。工作原理是在弯管处由于颗粒尺寸不一，会引起煤粉的分层现象。粗颗粒位于弯管的外侧，细颗粒位于弯管的中部。将一个电荷检测探头安装在弯管的外侧弯曲处，另一个探头安装在弯管处管道的中部，通过比较这两个探头的信号得出颗粒的尺寸。电荷法煤粉细度测量装置易受现场复杂电磁环境的干扰，且粒径和粒径分布之间的函数关系比较复杂，现场标定有一定工作量。

⑧ 声学法煤流速度和细度在线检测技术。工作原理是基于声学法，包括插入式和非插入式。插入式测量是检测由粉煤颗粒与一种专门安装的结构碰撞所产生的振动。非插入式测

量是检测粉煤流扰动所产生的气动声音，声谱反映了磨煤机出口煤的流速和煤粉粒度分布的变化。非插入式的检测系统由一些安装在磨煤机出口、磨煤机输出管道和燃烧器管道上的声波传感器组成，并记录和分析声谱的变化。

（3）炉内工况在线检测技术。锅炉内部像是一个“黑匣子”，难以实现炉膛燃烧的可视化和数字化，不能满足锅炉精细化调整的需要，也制约了智慧电厂建设的发展。炉膛内工况在线检测技术的工作原理是采用光学辐射法、声学法等进行炉内燃烧温度场测量与重建；采用可调谐二极管激光吸收光谱(Tunable Diode Laser Absorption Spectroscopy，TDLAS)技术实现炉内燃烧断面的温度与组分分布检测；采用矩阵分布与烟气取样实现炉膛近壁区组分测量。

① 光学辐射法炉内温度在线检测技术。工作原理是利用火焰辐射图像反映的炉膛温度场分布信息，在火焰图像所携带的辐射能水平和炉膛煤粉燃烧温度分布之间建立一个数学关联模型，实现炉内温度场在线测量与重建。通过在炉膛中适当位置设置的 CCD 火焰图像检测探头多角度、多方位同时摄取炉膛内部某个时刻的瞬时火焰图像，借助于光学理论、计算机图像处理技术和三维重建技术计算描绘出整个炉膛内部的三维温度实时分布情况。

② 声学法炉内温度在线检测技术。工作原理是利用声波在特定介质中的传播速度与介质温度间的单值函数关系来实现对炉内燃烧温度场的测量与重建。当声波穿越距离固定时，只要测出穿越时间即可求得声波在该烟气中的传播速度与声波穿越路径上的平均温度，并通过还原算法重建温度场。图 2-14 示出在炉膛测量平面内布置多套声波收发装置组成一张测温路径网，当一个声波发射器发送一个声音信号时，处于同一壁面上的测点之外的所有接收器进行同步接收。图 2-15 示出一个测量周期内得到不同路径上的数据，经信号处理单元分析后重建出二维平面上温度分布图，并计算得到炉膛平均烟气温度，以指导配煤掺烧和燃烧调整，预防管壁超温和炉膛结焦。

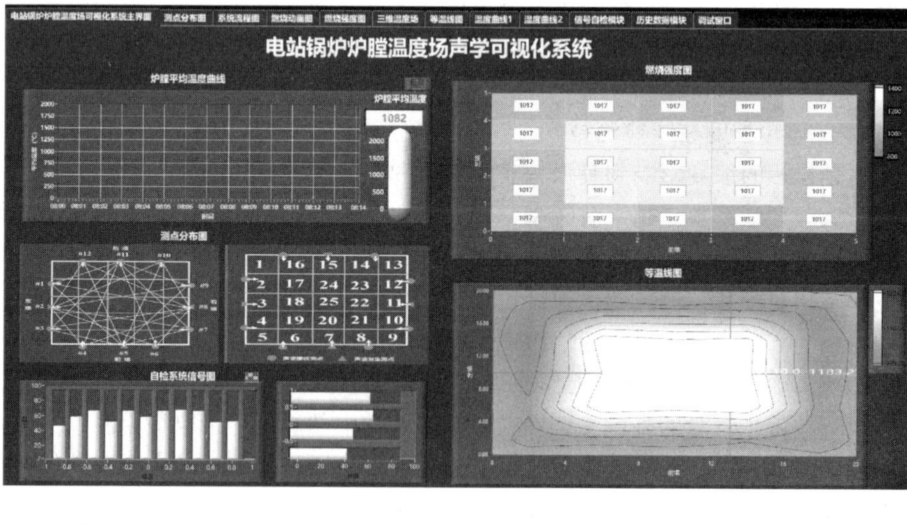

图 2-14　声波测温的收发装置布置和算法重构得到炉膛断面温度场的原理图

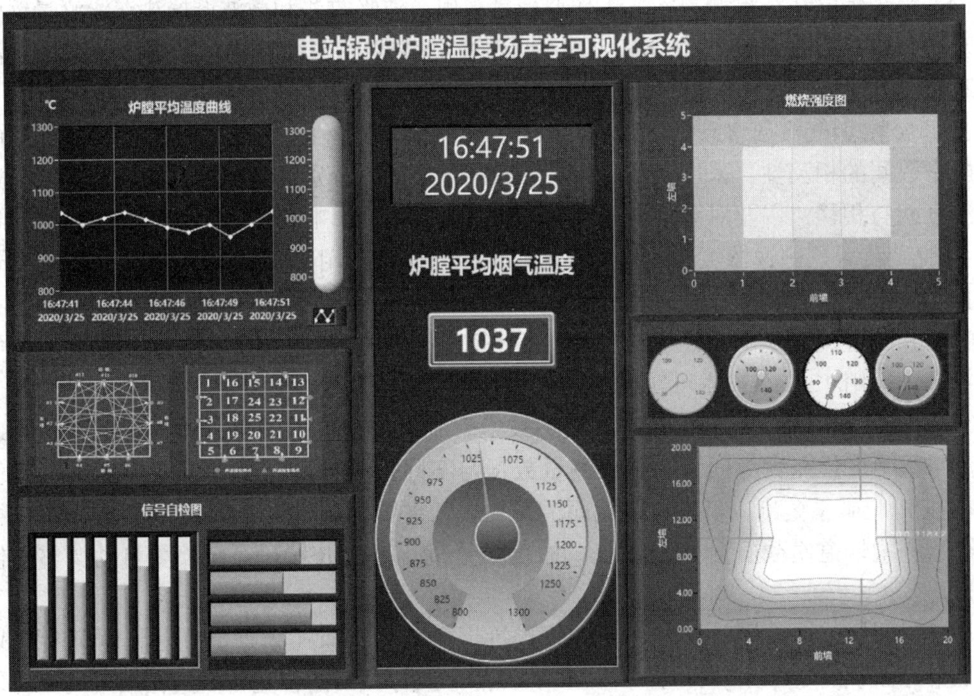

图 2-15　声波法测量得到炉膛平均烟气温度

③ TDLAS 炉内温度及组分分布在线检测技术。工作原理是利用特定波长的激光在穿过炉膛过程中会被相应气体选择吸收减弱，吸收比率与特征气体浓度、激光传播路径及环境条件(温度、压力)有关。通过测量激光经过被测气体后的能量衰减，实现路径上对应气体组分平均浓度与温度的测量。激光发射器与接收器成对使用，激光从发射器射出，穿过炉膛后由炉膛对侧接收器接收，形成一条激光测量路径，每条路径可以同时测量 O_2、CO、CO_2、H_2O 等气体组分的平均浓度和温度。在锅炉的一个或多个层面上采用网格形式布置多条路径，利用网状分布的采集数据逆推反算出炉膛内的组分、温度等分布特性，生成炉膛测量截面的气体浓度与温度剖面分布图。基于 TDLAS 的锅炉 CT 技术为燃烧优化控制提供了温度和气体组分浓度的断面和三维变量，可有效防止火焰中心偏离；防止炉膛结焦，防止水冷壁和过热器爆管；减少低负荷炉膛灭火，增强深度调峰能力。

④ 锅炉水冷壁近壁区烟气组分分布在线检测技术。工作原理是锅炉高温腐蚀的原因主要是水冷壁附近形成的较强还原性气氛，空气分级技术将燃烧所需的空气分级送入炉膛，炉膛下部呈欠氧燃烧，进一步加剧了高温腐蚀的倾向性。在锅炉容易腐蚀的区域安装水冷壁近壁区烟气组分测点，实现对水冷壁易腐蚀区烟气中 O_2、CO 场分布的测量与直观显示，定性评估炉膛水冷壁高温腐蚀风险，为一次风风粉调整和二次风配风调整提供依据，实现锅炉低 NO_x 燃烧与防止高温腐蚀协调控制。

以燃烧核心区且煤粉火炬尾迹容易到达的区域为主体区域，布置矩阵式分布的烟气取样测点。可根据已掌握的高温腐蚀情况，在水平方向布置若干个烟气取样测点，垂直方向烟气取样测点的布置位置与煤粉燃烧器喷口位置相对应，并在燃烧器上部与燃烬风之间的区域增加 1~3 个烟气取样位置。

（4）锅炉烟气在线检测技术。工作原理是采用微波吸收法和微波谐振法在线测量锅炉烟气飞灰含碳量，采用 TDLAS 技术实现脱硝装置氨逃逸浓度在线检测。采用分布在线检测实现 SCR 出入口烟气主要组分测量，提高测量的准确性。

① 微波法烟气飞灰含碳量在线检测技术。工作原理是利用飞灰中碳的含量与飞灰的等效介电常数间的相关性，采用微波吸收法和微波谐振法，分别通过测量被测通路上飞灰造成的微波衰减与相移，以及对微波谐振腔频率与品质因素的影响程度来测量飞灰中的碳含量。

② 脱硝装置氨逃逸浓度在线检测技术。工作原理是利用 TDLAS 可调谐激光器的窄带宽和波长随注入电流改变的特性，通过精确调制可调谐激光器的电流，可扫描被测气体的某个特定吸收峰，得到该气体吸收的二次谐波，计算出气体的浓度。通过射流泵自动抽取烟气并高温伴热，采用 TDLAS 技术可实现烟气中氨逃逸浓度的在线检测。

③ 脱硝出入口烟气组分分布在线检测技术。脱硝出入口的测点存在直管道不够长、烟道紊流严重、取样点少等问题，导致测量数据与实际数据有一定偏差或取样点不具有代表性。在 SCR 脱硝系统出入口烟道横截面，安装烟气主要组分 NO_x、O_2 的浓度场分布在线检测系统，测量烟道横截面上 NO_x 和 O_2 的浓度场分布，为 SCR 脱硝系统喷氨自动调整提供控制依据。

对于矩形烟道，采用“网格取样”方法进行烟气监测，取样布点位置是将测定断面划分为若干个等面积的矩形小块，各块中心即为测点。取样截面的位置尽量选在烟气气流均匀而稳定的管段上，应避开弯头、阀门和变径管等容易产生涡流的阻力构件。此外，由于水平管道中气流速度分布和粒状物浓度分布不如垂直管道内均匀，所以选择取样断面时，应优先选取垂直管段。在所选断面上的测点位置与数量设置取决于烟道形状及被测断面的大小，通过多个取样孔的合理布置，解决不同负荷阶段烟气分布不均匀以致无法准确反映整个烟道烟气化学成分含量变化的问题，提高烟气在线连续监测仪表测量的准确性，并为喷氨支管阀门的调整提供依据。

2.4.3 参数软测量技术

参数软测量技术是指对难以测量或者暂时不能测量的重要变量，选择另外一些容易测量的辅助变量，通过构成某种数学关系来推断或估计，以软件来代替硬件传感器，实现发电过程关键参数的在线检测。参数软测量的技术原理包括热力学机理、神经网络、支持向量机等算法或这些算法的集成，进行算法建模与可测量的数据结合，得到不能直接测量得到的重要参数，包括锅炉侧的锅炉蓄热系数、锅炉热效率、煤质低位发热量、原煤水分、烟气含氧量，汽机侧的蒸汽流量、低压缸排汽焓值及干度等。

（1）锅炉侧在线软测量的重要参数包括锅炉蓄热系数、锅炉热效率、煤质低位发热量、原煤水分、烟气含氧量等。

① 锅炉蓄热系数在线软测量。工作原理是利用相关系数和主元分析等方法选取辅助变量，利用粒子群优化等算法对建模过程中的核函数和惩罚因子进行选择，采用支持向量机算法针对历史样本数据进行训练得到锅炉蓄热系数的软测量模型，利用训练得到的模型进行锅炉蓄热系数的在线测量。锅炉蓄热的辅助变量可选取汽包压力、汽机主汽压力、省煤器出口给水温度、机组发电机功率、一级过热器减温器进口温度、汽机第一级压力和低温过热器壁温等。

② 锅炉热效率在线软测量。工作原理是利用现场生产数据计算出各工况下离散的热效率值，作为软测量模型的训练样本和验证样本，利用偏最小二乘法等对共线性参数进行降维与特征提取，通过样本点验证、软测量模型的敏感度分析等方法验证模型有效性，将模型运用于实时数据，实现锅炉热效率的在线实时软测量。锅炉热效率的辅助变量可选取炉膛出口烟温、一次风温、一次风量、二次风温、二次风量、给煤量、给水量、主汽流量、机组负荷和烟气含氧量等。

③ 煤质低位发热量软测量。工作原理是根据锅炉总输入热量与锅炉有效吸热量、锅炉各项热损失之间的平衡关系，求解得到煤质低位发热量。煤质低位发热量的辅助变量，对于一次再热机组可选取：主蒸汽温度、主蒸汽压力、再热蒸汽温度、再热蒸汽压力、高压缸排汽温度、高压缸排汽压力、省煤器入口水温、给水泵出口水温、给水流量、再热蒸汽流量、排烟温度、冷风温度、总风量、过热减温水流量、再热减温水流量、燃油量、机组功率、给煤量、炉膛漏风率；对于二次再热机组可选取：主蒸汽温度、主蒸汽压力、一级再热蒸汽温度、一级再热蒸汽压力、超高压缸排汽温度、超高压缸排汽压力、二级再热蒸汽温度、二级再热蒸汽压力、高压缸排汽温度、高压缸排汽压力、省煤器入口水温、给水泵出口水温、给水流量、一级再热蒸汽流量、二级再热蒸汽流量、排烟温度、冷风温度、总风量、过热减温水流量、一级再热减温水流量、二级再热减温水流量、燃油量、机组功率、给煤量、炉膛漏风率。

④ 原煤水分软测量。工作原理是根据磨煤机输入总热量与带出和消耗总热量的平衡关系，求解得到原煤水分。原煤水分的辅助变量可选取：磨煤机入口一次风温度、磨煤机出力、磨煤机电流、磨煤机电压、磨煤机出口风粉混合温度、磨煤机入口一次风流量、密封风温度。

⑤ 烟气含氧量软测量。工作原理是根据锅炉氧量、锅炉总热量、锅炉总风量之间的函数关系，实现对锅炉排烟含氧量的软测量。烟气含氧量的辅助变量，对于一次再热机组可选取：主蒸汽温度、主蒸汽压力、再热蒸汽温度、再热蒸汽压力、高压缸排汽温度、高压缸排汽压力、省煤器入口水温、给水泵出口水温、给水流量、再热蒸汽流量、排烟温度、冷风温度、总风量、过热减温水流量、再热减温水流量、燃油量、机组功率、给煤量、炉膛漏风率；对于二次再热机组可选取：主蒸汽温度、主蒸汽压力、一级再热蒸汽温度、一级再热蒸汽压力、超高压缸排汽温度、超高压缸排汽压力、二级再热蒸汽温度、二级再热蒸汽压力、高压缸排汽温度、高压缸排汽压力、省煤器入口水温、给水泵出口水温、给水流量、一级再热蒸汽流量、二级再热蒸汽流量、排烟温度、冷风温度、总风量、过热减温水流量、一级再热减温水流量、二级再热减温水流量、燃油量、机组功率、给煤量、炉膛漏风率。

(2) 汽轮机侧在线软测量的重要参数包括蒸汽流量、低压缸排汽焓值及干度。

① 蒸汽流量软测量。工作原理是根据汽轮机某段通流部分输入输出的蒸汽压力和温度关系，构建以弗留格尔公式为基础的蒸汽流量软测量模型，实现对蒸汽流量的计算。蒸汽流量的辅助变量可选取：汽机某一通流段的入口蒸汽压力、入口蒸汽温度、出口蒸汽压力、出口蒸汽温度。

② 低压缸排汽焓值及干度软测量。利用汽轮机低压缸各级抽汽、低压缸排汽参数，根据汽轮机机理和热力学相关定律，建立汽轮机低压缸排汽焓软测量模型，实现对低压缸排汽焓值及干度软测量。低压缸排汽焓值及干度的辅助变量可选取：次末级抽汽压力、次末级抽汽温度、末级抽汽压力、末级抽汽温度、汽轮机排汽压力。

2.4.4 检测设备技术要求

检测设备的技术要求包括：

(1) 互联互通能力。应遵循标准通信协议，可实现与其他智能设备和上层网络之间的数据通信。

(2) 故障自愈和自限能力。对于功能性故障(轻故障)应能自我检定并恢复。设备性故障(重故障)应能进行自我约束，将故障状态限定在预先定义的安全范围内。

(3) 计算分析能力。可进行一定程度的计算和数据分析，如分类、回归等数据分析。

(4) 数据处理能力。可对测量信号进行调理(如滤波、放大等)、显示、自动校正和自动补偿等，并将本身工作状态进行分析、存储和上传。

(5) 在线标定能力。在线分析仪表、炉内检测设备具备在线标定功能。

(6) 可靠性要求。在机组不同温度、烟气成分的运行工况下，与烟气或校正气接触的探头等都应满足连续可靠运行的要求。

2.5 智能监控

智能监控功能模块是指采用三维可视化、大数据分析、物联网、人工智能、热力学机理模型、定量化经验建模分析等技术，实现对设备及系统的状态监测、性能监测，提高监控效率。图 2-16 示出 ICS 的智能监控业务功能，包括基础监控、高级监控、联动监控三个部分。

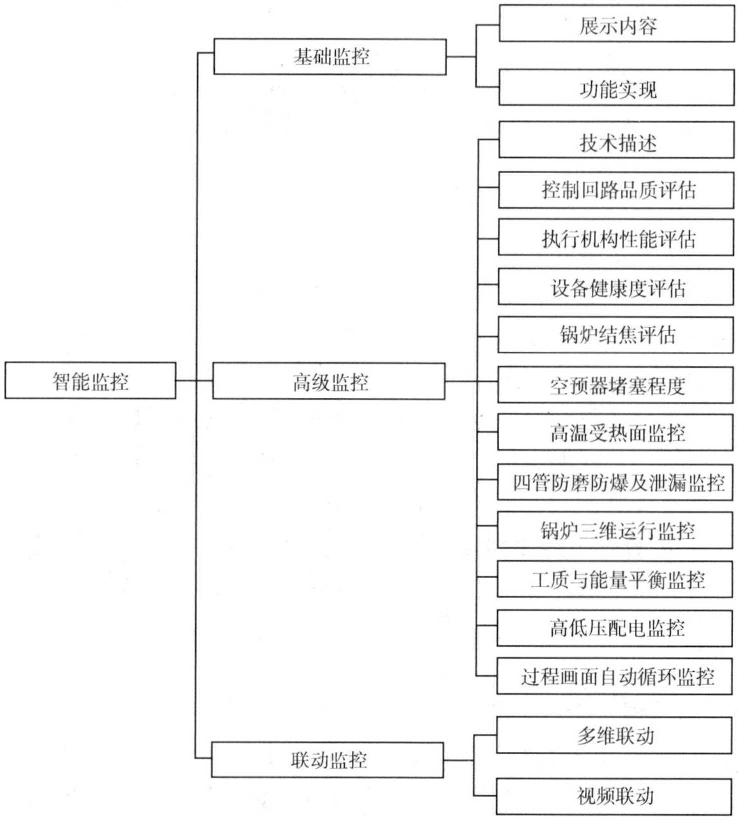

图 2-16 ICS 智能监控业务功能的结构图

2.5.1 基础监控

ICS 基础监视的主要功能是厂级生产过程监视、负荷调度、厂级性能计算和经济分析、主机和主要辅机故障诊断、设备寿命计算和分析、设备状态检修和计算分析等。与该网络通信的过程控制系统包括各机组的 DCS、辅控运行控制网络系统及电网控制系统等。同时，ICS 基础监视系统也为全厂管理信息系统提供所需的关于生产过程的全部信息。ICS 基础监视的技术要求包括：

（1）预留与电网调度之间的通信接口，以便条件成熟时，根据各机组运行状态，进行负荷最优分配，向各单元机组发出负荷指令。

（2）打通与 NCS 的通信接口，互换数据，NCS 将升压站的有关信息送至 ICS。通过相关通信接口，ICS 得到各单元机组的有关参数和设备状态。

（3）预留电网报价辅助决策系统，通过网络接口将实时成本有关数据、机组运行出力有关数据及报价辅助决策系统所需的其他实时数据送至该系统，以实现负荷预测及发电报价等功能。

ICS 基础监控的内容包括：

（1）以过程画面、曲线、表格等方式展示实时生产过程数据。

（2）不同颜色展示电力设备的运行、停运、故障、检修、离线等状态。

（3）展示电力系统和设备的指标和参数。

ICS 基础监控的功能和技术要求包括：

（1）监控画面应满足工艺过程和运行要求，按层次结构或树型结构组织，可方便和快捷地查阅到需要监控的画面，及时监视、处理异常工况和故障，画面显示的实时数据刷新周期应不大于 1s。

（2）能对系统中任何一个实时模拟量数据(原始输入信号或中间计算值)组态实时趋势显示，实时趋势曲线上点的时间分辨力应达到 1s，存储和显示时间不小于 30min，能选择显示实时趋势曲线上任何一个点的数值和时间标签。

（3）能对历史数据库中的任何模拟量数据组态历史趋势显示。历史趋势曲线的时间分辨率最高宜达到 1s，并可按照需要以不同档次的时间分辨率显示，能够选择显示历史趋势曲线上任何一个点的数值和时间标签。

（4）具备工艺系统、设备、参数的报警、操作和调整等功能。

（5）设计专门的报警显示画面，可按照一定的规律(如按工艺系统、设备等)组织报警画面。

（6）报警显示应按时间顺序排列，最新发生的报警应优先显示在报警画面的顶部或底部。

（7）应用不同的颜色区分报警的级别、报警确认状态、当前报警状态。

（8）组态的报警信息应完整，能够提供该报警点在数据库存储的信息，供运行和维护人员分析故障。

（9）具有 SOE、事故追忆、操作、事件等记录查询功能，高速 SOE 的时间分辨率不低于 1ms。

2.5.2 高级监控

ICS 的高级监控是指采用机理建模计算、数据分析、物联网等技术，实现设备信息的泛在感知和实时计算分析、展示，进一步提高监控效率和生产安全性。高级监控的内容包括控制回路品质评估、执行机构性能监控、设备健康度评估、锅炉结焦评估、空预器堵塞程度评估、高温受热面监控、四管防磨防爆与泄漏监控、锅炉三维运行监控、工质与能量平衡监控、过程画面自动循环监控等。

(1) 控制回路品质评估。工作原理是采用控制指标评价相关算法，通过对控制回路动态数据的分析，量化当前控制系统的控制性能(比如计算系统输出方差)。根据预选设定好的基准来对当前的控制性能进行评价，该基准可以是最小方差或者其他用户自定义的标准，该标准应为现有的控制设备可能达到的最好性能。实时计算并监控机组主要控制回路的调节品质状态，并将其量化成具体得分，给出指标评价结果，供运行和检修人员直观查看。根据分析结果找出其中品质差的原因，比如不当的控制器参数调整、设备故障、低效或无效的前馈补偿等。图 2-17 示出 ICS 中控制回路品质和阀门性能的在线监测图。ICS 中的控制回路品质评分模块应覆盖全厂所有单变量控制回路和重要复杂回路，包括锅炉主控、汽机主控、燃料主动、炉膛压力调节、汽包水位调节、风量调节、热一次风母管压力等。图 2-18 示出通过实时监测机组控制回路品质，给出量化评价，并可进行 PID 参数自动整定。

1#机组控制回路品质监测

	状态	分值	指标评价	PID自整定		状态	分值	指标评价	PID自整定
燃料主控	自动	85	优秀	参数整定	锅炉主控	自动	85	优秀	参数整定
A引风机	手动	85	优秀	参数整定	汽机主控	自动	85	优秀	参数整定
B引风机	手动	83	良好	参数整定	A给水泵	自动	80	良好	参数整定
A送风机	手动	86	优秀	参数整定	B给水泵	自动	85	优秀	参数整定
B送风机	手动	85	优秀	参数整定	C给水泵	手动	85	优秀	参数整定
A一次风机	自动	80	良好	参数整定	给水旁路阀	手动	80	良好	参数整定
B一次风机	自动	85	优秀	参数整定	#1高加水位调阀	自动	85	优秀	参数整定
A给煤机	自动	85	良好	参数整定	#2高加水位调阀	自动	80	良好	参数整定
B给煤机	自动	80	良好	参数整定	#3高加水位调阀	自动	80	良好	参数整定
C给煤机	自动	85	优秀	参数整定	除氧器水位调阀	手动	85	优秀	参数整定
D给煤机	自动	80	良好	参数整定	凝汽器水位调阀	自动	80	良好	参数整定
E给煤机	手动	85	优秀	参数整定	#5低加水位调阀	自动	85	优秀	参数整定
一级过热减温	自动	80	良好	参数整定	#6低加水位调阀	自动	79	良好	参数整定
一级过热减温旁路	手动	80	优秀	参数整定	#7低加水位调阀	自动	85	优秀	参数整定
二级过热减温	自动	78	合格	参数整定	发电机氢温调阀	自动	86	优秀	参数整定
A侧再热喷水减温	手动	75	合格	参数整定	A侧喷氨流量调阀	自动	80	良好	参数整定
B侧再热喷水减温	自动	85	优秀	参数整定	B侧喷氨流量调阀	自动	80	良好	参数整定

图 2-17 ICS 中控制回路品质和阀门性能的在线监测图

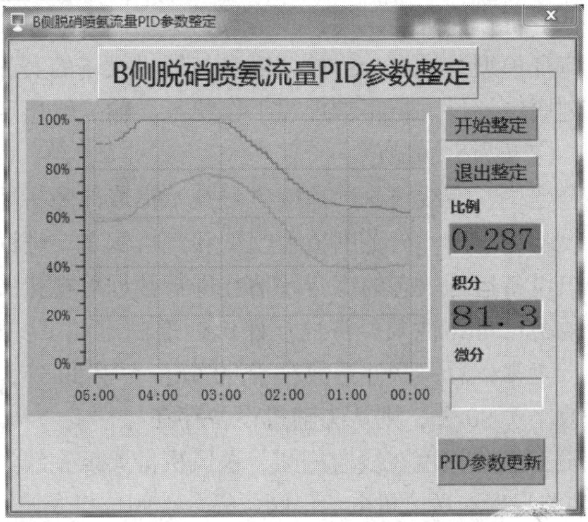

图 2-18　ICS 中脱硝喷氨流量 PID 参数自整定

(2) 执行机构性能监控。工作原理是根据执行机构以往故障的现象和运行人员的经验，建立执行机构性能判断专家库。采用专家知识库，对机组主要执行机构(调门)的工作状态实时计算并监控，如卡涩、连杆、反馈杆脱落、线性度劣化等，给出分类提示。系统对自动回路品质、执行机构状态、控制系统状态进行全面实时监测和预警，评估结果实时在 DCS 画面上展示，供检修和运行人员参考，进行辅助决策和消除故障隐患。图 2-19 示出 ICS 中执行机构性能的在线监测图。在 ICS 执行机构性能评分模块中，已经实现在线性能监控的执行机构包括高主门、高调门、中调门、给水泵勺管、高压旁路调门、给水旁路阀、高加水位调阀、低加水位调阀、除氧器水位调阀、凝汽器水位调阀、发电机氢温调阀、氢侧冷油器调门、定冷器出口温调门、喷氨流量调阀、减温水调阀、再热段至辅汽调门、引风机导叶、磨煤机热一次风调门、磨煤机混合风调门等。

图 2-19　ICS 中执行机构性能的在线监测图

（3）设备健康度评估。工作原理是采用机理与数据驱动混合建模、机器学习与知识推理等技术，构建设备运行特征模型。通过分析模型输出与辅机设备的实际输出之间的关联度信息，实现对辅机设备的健康度评价。把正常理想工作状态，输入输出定为健康值 100 分，偏离标准输入输出的偏差，定义为生病减值。

通过机理与数据混合建模、在线仿真、深度学习技术提取故障特征，实现机组设备的健康度全面监测与诊断。设备健康度评分范围覆盖锅炉和汽机侧重要辅助系统和设备。设备健康度可以从多个维度给出设备运行状态的综合评估并进行数据可视化展示，使运行人员能够实时掌握设备整体运行情况、可靠性及经济性。评价标准制定如下：总关联性系数大于 90 分，则认为辅机设备运行正常；总关联性系数小于 90 分，大于 80 分，则认为辅机设备健康状态及格；总关联性系数小于 80 分，则认为辅机设备存在异常。

图 2-20 示出 ICS 中送风机健康度在线监测图。送风机健康度在线监测原理是，将送风机入口压力、入口温度、油路温度、送风机电流、阀位指令、阀位指令偏置作为输入变量，按照关联模型得到送风机阀位反馈、出口压力、二次风风量、后轴承温度、中轴承温度、前轴承温度、出口温度、油路温度的理想输出变量，并与实际输出变量进行对比分析，得到送风机的健康度分值。ICS 中重要辅机健康度评分模块中，已经实现在线健康度监测的设备包括空预器、送风机、引风机、一次风机、给水泵、高压缸本体、高压加热器、低压加热器、磨煤机等。

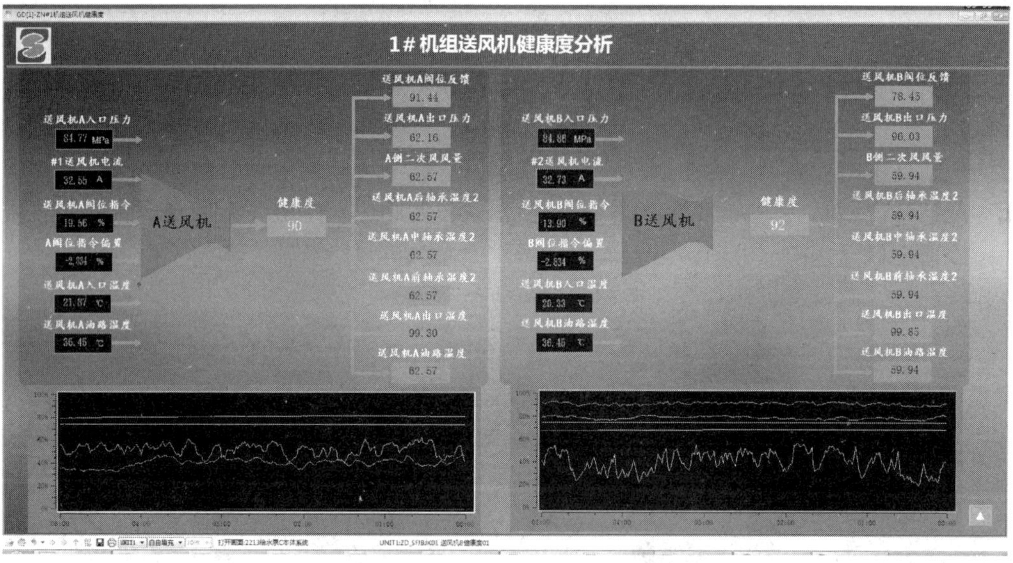

图 2-20　ICS 中送风机健康度在线监测图

（4）锅炉结焦评估。工作原理是构建受热面污染程度模型，根据模型分析及运行经验制定锅炉结焦评分指标，确定分级、评分标准。按照预警分数 0～100，对结焦程度进行划分：1 级正常（0～25 分），2 级轻度结焦（25～50 分），3 级严重结焦（50～75 分），4 级危险结焦（75～100 分），4 级结焦威胁锅炉安全。依据分级、评分标准，确定不同负荷段下蒸汽温度、烟气温度等参数与结焦评分的函数关系，形成公式嵌入后台程序，实现锅炉结焦评分的实时趋势、小时均值显示及预警功能。每个等级应有定量化的炉膛结焦特征和推荐优化措施。根据炉膛结焦定量化分级指导运行人员开展吹灰、除焦、防焦等工作。

(5) 空预器堵塞程度评估。工作原理是构建空预器堵塞程度模型，根据模型分析及运行经验制定空预器堵塞程度指标，确定分级、评分标准。按照预警分数 0~100 对堵塞程度进行划分：1 级正常(0~20 分)，2 级轻度堵塞(20~40 分)，3 级中级堵塞(40~60 分)，4 级重度堵塞(60~80 分)，5 级严重堵塞(80~100 分)。每个等级均有定量化推荐处理措施。

(6) 高温受热面三维可视化监控。采用机理建模、数据分析等技术，实现对锅炉高温受热面汽温、壁温的动态校核计算与实时展示。高温受热面实时监测的内容包括：①锅炉高温受热面各关键管段的壁温，动态计算显示应力、超温和管内氧化加剧报警值；②动态计算炉内各受热面吸热偏差，实时显示烟气侧吸热偏差曲线；③实时显示受热面的积灰、结渣情况；④实现超温统计、热偏差甄别、强度和氧化寿命的监测、积灰状态监测、预警与优化调整指导；⑤结合高温管屏三维动态模型直观展现受热面结构和温度分布；⑥高温管屏三维动态模型应具备以下功能：锅炉轮廓、管组、管屏与管道的模型显示，汽温、壁温计算与展示，温度场颜色与模型叠加和不同测值(壁温、结焦等)云图的切换显示。

实践证明，高温受热面三维可视化监控采用先进算法监测受热面异常，并给出预警和优化指导，能有效提升锅炉运行可靠性。应用效果包括：减少受热面超温爆管概率、延长高温部件的使用寿命、延缓管内氧化皮生成速度、延长锅炉本体平均检修周期。

(7) 四管三维可视化防磨防爆与泄漏监控。工作原理是以锅炉四大管道(水冷壁、省煤器管道、过热器管道和再热器的管道，简称四管)管理为核心，建立四管防磨防爆、寿命预测与泄漏监控的专家系统。图 2-21 示出锅炉四管三维可视化防磨防爆与泄漏监控专家系统，包含设备管理、检修管理、运行管理、设备检测、统计分析和预警等功能模块。

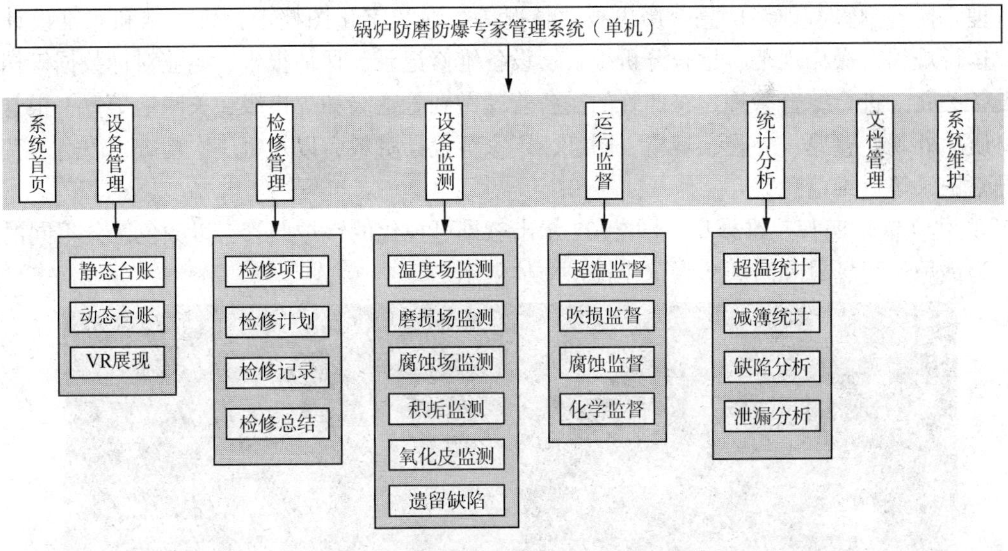

图 2-21　锅炉四管防磨防爆专家管理系统

四管泄漏的原因包括长期过热、短期过热、水汽侧的氧腐蚀、碱性腐蚀、高温腐蚀、低温腐蚀、吹灰腐蚀、飞灰腐蚀、向火侧腐蚀、应力腐蚀裂纹、蠕变、石墨化、磨损、灰粒磨损、氢损伤、吹灰冲蚀、掉渣冲蚀、点蚀、热疲劳、腐蚀疲劳、机械疲劳、异种金属焊接质量等。

造成材料组织与性能变化的主要原因可分为 6 类，包括超温、磨损、腐蚀、疲劳、焊口、设计制造安装缺陷，具体原因包括：①在超温监测过程中，部分锅炉测点的分布相对较少，造成对壁温的监测偏差大。过热器、再热器超温的主要原因是高温状态下形成的氧化皮脱落堵塞，造成管件的短时超温。水冷壁超温的主要原因是水冷壁结垢。②磨损监测中，长期飞灰磨损会造成管壁变薄，强度降低，高发于高温段省煤器、过热器和再热器的进口处。实际使用过程中，吹灰磨损是造成受热面爆管主要原因，尤其是吹灰器卡涩数小时的情况，很容易造成管件泄漏。磨损爆管一般发生在过度吹灰的特定受热面管道。③高温腐蚀主要集中在过热器、再热器管道高温区域。硫酸盐在附着层中呈熔融状态，形成反应速度很快的熔盐型腐蚀。经过低氮燃烧改造后，锅炉水冷壁高温区形成还原性氛围，造成腐蚀减薄现象。低温腐蚀主要集中在省煤器管道，低于硫化物露点温度，形成硫酸氢铵和灰混合后的黏稠附着物，造成省煤器管道腐蚀减薄。腐蚀爆管跟灰特性和长周期的运行环境有关，具有突发性，一旦发生，受热面将出现大面积损伤。④对于焊口管理，焊口的焊接质量存在焊缝未完全融合、焊口裂纹等现象。异型焊接在高温高压工作环境下运行，容易应力撕裂，造成泄漏与爆管。焊口由于数量多、位置分布不规律，造成监测难度大。通过对焊口进行数字编号和精确定位，密切监视焊口附近的金属温度变化规律，将焊接质量监测与金属温度的突变规律相结合。

四管三维可视化防磨防爆与泄漏监控实时监测的内容包括：

① 实时获取 DCS 的汽水、烟气的温度和压力，负荷，壁温等测量数据，自动对监测点进行超温、超压统计，包括持续时间、最高幅度和平均幅度。从多个维度掌握锅炉状态，为运行提供实时预警，为锅炉检修提供科学指导，实现机组安全经济运行。

② 建立锅炉四管、异种钢焊口、压力容器、支吊架的三维设备数字化台账，包括设备档案、运行管理记录、历次检修检查记录、超温超限记录、减薄记录、泄漏爆管点记录、焊缝管理、换管割管、预警信息、历史技改情况等。在数字化图档中，将二维和三维设计图纸、运行规程、操作规范、检查分析报告、设备维修记录、评估报告、同业对标数据等档案与设备关联，进行综合管理。将四管的设备管理做到管道级和焊口级，关联锅炉每一根管子的材质、外观、壁厚、外径、规格、图纸、厂家等设计资料，以及每一次检查、改造、变更与异常记录等运维信息。

③ 建立锅炉四管三维模型。图 2-22 示出三维可视化的锅炉四管，以颜色区分不同的管道，为锅炉运行场景和防磨防爆工作提供立体展示。

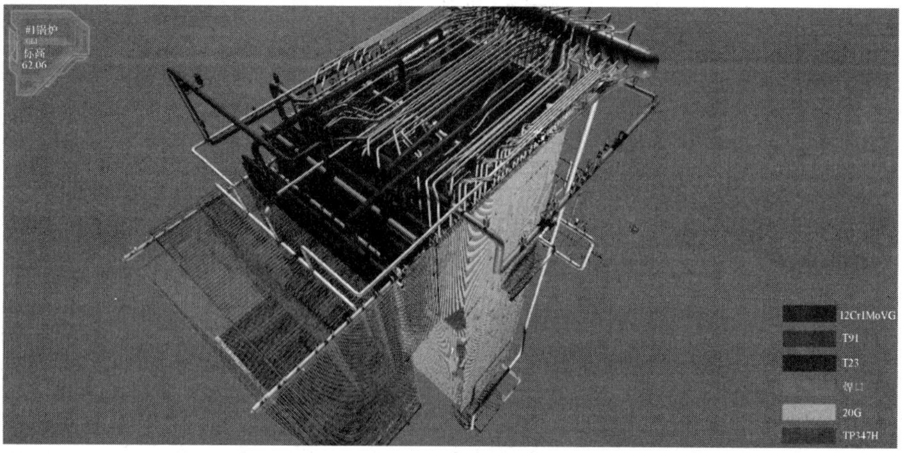

图 2-22　三维可视化的锅炉四管

④ 结合四管运行时间和健康状态，利用检修规程建议和趋势分析，制定锅炉防磨防爆的预警规则。智能预警规则是根据积累的炉管设计参数、大量历史数据和实时运行数据，利用大数据分析和 CFD 模拟，建立锅炉四管当量应力和最小残余寿命的计算模型，从而对锅炉管道的健康水平进行量化评价和危险预警。管道最小残余寿命计算模型需要的数据包括汽水温度、CO 浓度、锅炉负荷、燃煤煤种、烟气温度、蒸汽温度、颗粒浓度、烟气速度、水质、焊口记录等。

⑤ 基于锅炉四管数据库，锅炉防磨防爆专家管理系统对管道的蠕变损伤、疲劳损伤、磨损、腐蚀、积垢、超温风险、氧化皮脱落风险以及当量金属温度、当量应力、管件残余寿命做出三维直观的数据展示和预警。通过实时采集壁温测点，并结合温度场计算模型，实时显示集箱出口处的温度分布情况。图 2-23 示出搜集集箱出口处每一排、每一根的温度数据，并将温度信息以热力图的形式进行展现。炉管超温风险管理模型为：

$$S=f(n,\ \mathrm{d}T,\ t) \tag{2-1}$$

式中，S 为累积超温风险；n 为炉管壁温超温次数；$\mathrm{d}T$ 为超温幅度；t 为超温持续时间。

式(2-1)中超温风险指标 P 与 n、$\mathrm{d}T$、t 均为正相关的变化关系。累积超温风险随超温次数、超温幅度、超温持续时间的增加而增大。基于各炉管超温次数、超温最值、超温时长等数据的统计和展示，可协助锅炉防磨防爆管理人员判断锅炉设备超温爆管的风险。

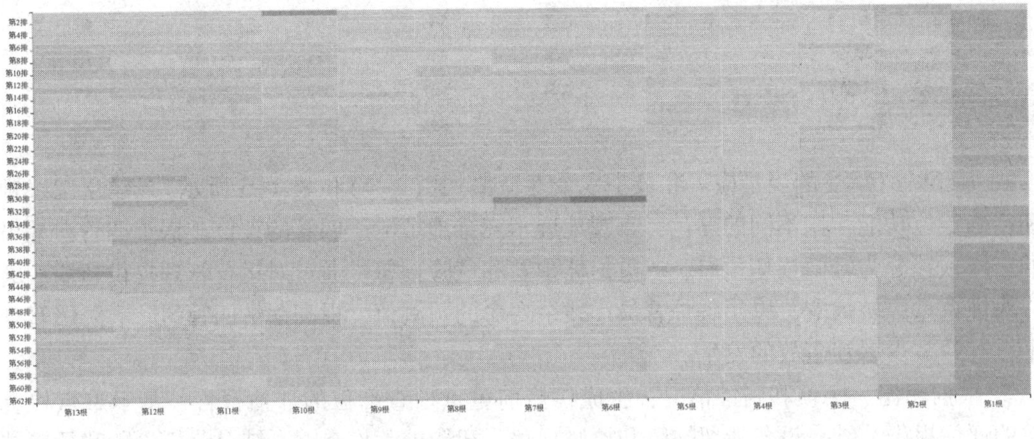

图 2-23 锅炉四管的温度场分布

氧化皮脱落风险预测模型基于材料氧化动力学方程：

$$d_{ox}^2=2k_pt \tag{2-2}$$

$$k_p=A\times e^{-Q/(RT)} \tag{2-3}$$

式中，d_{ox}为氧化皮厚度；t 为时间；k_p为与温度相关的比例常数；Q 为材料的活化能常数；A 为 Arrhenius 常数；R 为气体常数；$R=8.314\mathrm{J/(mol \cdot K)}$。

基于式(2-2)和式(2-3)，以及不锈钢、低合金钢等不同材料的氧化规律表达式和 Armit 图，提出氧化皮脱落在线监测模型。基于管道内外壁之间的温差、沿部件筒体周向的温差、内压作用下的应力集中系数和温差作用下的应力集中系数，提出当量应力值模型。疲劳当量应力值模型基于三维有限元弹性分析建立，蠕变当量应力值模型基于三维有限元非弹性分析建立。锅炉四管残余寿命的计算模型为：

$$T_n = T_{n-1} - K \times \Delta T \tag{2-4}$$

式中，T_n 为本轮（第 n 轮）评估后的残余寿命；T_{n-1} 为上轮（第 $n-1$ 轮）评估后的残余寿命；ΔT 为在线寿命评估时间间隔；K 为该时间段寿命损耗倍数。

锅炉寿命的损耗倍数 K 与累积疲劳损失、累积蠕变损失和破坏时间有关。基于 Miner 法则，确定累积疲劳损失。基于 Robinson 法则，确定累积蠕变损失。基于 Lason-Miller 方程，确定破坏时间。式(2-4)示出锅炉管道的残余寿命与温度、应力造成的损失、累积的破坏时间以及材料特性这四个因素相关。表 2-5 示出锅炉防磨防爆专家管理系统的实时监视参数，包括管束的编号、位置、管径、壁厚、残余寿命、当量温度和当量应力。

表 2-5　锅炉防磨防爆专家管理系统的实时监视参数

	机组	部件	排号	根号	标高	残余寿命（h）	当量温度（℃）	当量应力（MPa）	管径	壁厚
1	1#机组	末级过热器	8	15	8	17309	575	35.2	42	4.8
2	1#机组	屏式过热器	8	12	8	17319	582	35.2	42	4.7
3	1#机组	屏式过热器	4	18	4	18201	579	37.9	42	4.9
4	1#机组	屏式过热器	4	9	4	18203	583	37.8	42	4.8
5	1#机组	屏式过热器	7	1	7	18502	575	35.2	42	4.8
6	1#机组	屏式过热器	9	19	9	18782	586	36.9	42	4.9
7	1#机组	屏式过热器	9	8	9	18795	579	36.5	42	4.8
8	1#机组	屏式过热器	8	20	8	18809	578	37.0	42	4.8
9	1#机组	屏式过热器	8	7	8	18835	583	37.1	42	4.8
10	1#机组	屏式过热器	9	15	9	24754	581	36.9	42	4.7
11	1#机组	屏式过热器	9	12	9	29865	582	36.9	42	4.8

⑥ 基于炉管承受的当量应力和最小残余寿命值［式(2-4)和表 2-5 所示］，建立三级预警和精确定位功能，用不同的颜色，直观地展示三维虚拟电厂四管的评价。锅炉四管泄漏风险的三级预警分为轻微损坏预警、严重损坏预警和危险预警。通过对运行管理提供超温、磨损、腐蚀重点区域提醒，以及各炉管最小残余寿命的预测值，提高锅炉四管的防磨防爆管理水平，有效减少爆管事故的发生。

⑦ 根据超温、磨损和腐蚀情况，生成检修前重点检查部位的评估报告。基于重点检查部位的评估报告，结合设备遗留缺陷和检修规程，智能推荐检查点。结合分析诊断和预警结果，基于检修规程标准、历史遗留缺陷、锅炉超温和减薄情况，智能快捷地生成检修计划，降低炉管检查漏项和缺项的情况。标准化、流程化的锅炉检修计划和规范作业，为电厂合理安排检修时间和检修位置提供了精确的参考和指导，减少盲目检修的次数和定期割管的数量。通过有目的、有针对地安排壁厚测量，修正预测数据，逐步完善锅炉四管的历史曲线和全寿命周期管理。

（8）锅炉三维运行监控。锅炉三维运行监控的内容包括：

① 在锅炉折焰角下方，布置声波测温装置，利用声速与气体温度的函数关系求出相应位置的平均温度，然后通过一定的数学算法，采用成析成像技术重建炉膛燃烧温度场，实现锅炉折焰角下方水平截面温度场的实时测量与显示。

② 实时在线监测炉膛内燃烧场的空间温度分布状态，实时提供温度场分布图、区块平均温度、独立通道温度、区块温度变化趋势等。提供历史数据火焰图像追忆功能，将炉内燃

烧状况记录下来，作为档案提供事故调查及运行故障诊断。

③ 从锅炉燃烧机理出发，利用 CAD 和 CAE 技术，为特定锅炉量身打造数值模型，进行大量变负荷、变煤质、变配风下的燃烧数值模拟，利用炉膛燃烧温度场、燃烧调整试验数据对模拟数据进行验证和校验，形成数值模拟数据库。利用大数据分析方法，对模拟数据库、温度场数据进行智能分析和寻优，建立多种优化模拟，形成锅炉燃烧优化专家系统。

④ 通过燃烧数值模拟模型，以三维图像的方式向运行人员展示当前锅炉燃烧状态下的特征面(锅炉宽度、深度、高度三方面)烟气温度、速度、NO_x 浓度、SO_2浓度的分布图。

⑤ 智能燃烧优化专家系统可根据锅炉的负荷和煤种，实时优化锅炉配风、配煤、燃烧运行方式，指导锅炉燃烧调整，达到燃烧区域温度均衡，提高锅炉运行效率，降低发电煤耗，降低 NO_x 排放，实现锅炉的经济环保运行。

⑥ 智能燃烧优化专家系统可实时指导运行人员实现平衡燃烧、优化燃烧，控制受热面超温、减小再热器汽温偏差，防止由于火焰中心偏斜导致的水冷壁结焦、爆管等问题的发生。

(9) 工质与能量平衡监控。工质与能量平衡监控是指整合全厂数据，进行水、热量、电、燃料“四大平衡”的集中监测，采用数据可视化方法对工质与能量平衡情况进行展示，提升监测效果。“四大平衡”的内容包括：

① 图 2-24 示出通过对发电厂的各主要环节的电能消耗的试验和统计，查清平衡器内电能的消耗情况和技能潜力，实现电厂电平衡监控。

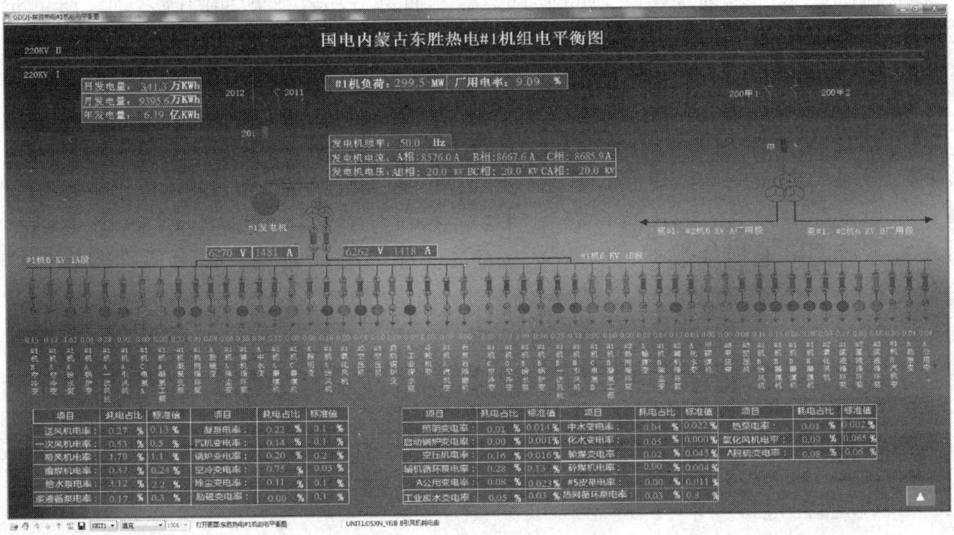

图 2-24 ICS 中的电平衡图

② 按照热力学第一定律，在规定的平衡期内和发电厂热平衡系统的边界内，通过科学实验与理论计算对全厂热力系统总的热量输入、输出及各项热损失之间的数量关系进行平衡分析。查清各生产环节热量的输入、有效利用及损失情况，实现电厂热平衡监控。图 2-25 示出依据能量守恒定律的火力发电厂热平衡系统，包括给水系统、抽汽系统、供热系统、过热器、再热器以及排汽系统等的总体热量分布情况以及利用率。

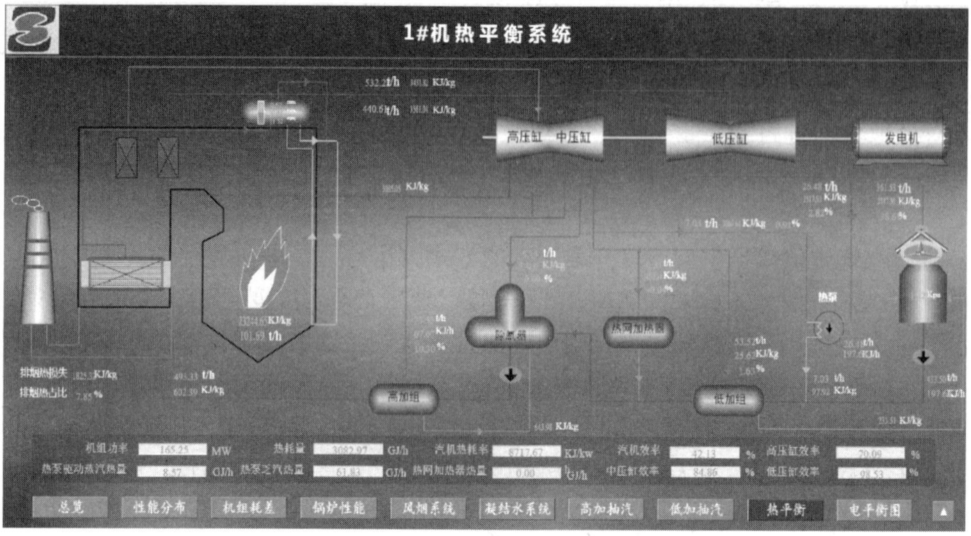

图 2-25　ICS 中的热量平衡图

③ 研究发电厂水的输入、输出和损失之间的平衡关系。通过对发电厂各种取、用、排、耗水的测定，查清发电厂用水状况，找出节水潜力，制定切实可行的节水控制措施和规划，实现电厂水平衡监控。

④ 以发电厂所用燃料为研究对象，研究入厂燃料量和发电、供热所用燃料量、非生产用量以及燃料储存量、各项损失之间的平衡关系。通过分析在平衡期内的各项实际测量、查清入厂燃料量、生产用燃料量、非生产用燃料量、燃料储存量及损失量，实现燃煤火电厂燃料平衡监控。

（10）高低压配电监控。在高低压开关柜及变压器前端设备内植入传感器，建立高低压开关设备、变压器的智能监控系统，实现的功能包括：①监控电气回路的运行数据，自诊断和预警设备质量状态；②实时监控高压柜内主要元器件及变压器的质量状态和回路运行状态；③根据系统的电能损耗数据、DCS 系统的其他能源测量数据，提出精确的能耗评估系统，解决能耗异常。

（11）过程画面自动循环监控。使用批处理工具，实现主要 DCS 过程监视画面的滚动式循环播放，提高监盘效率。可根据实际需要选择需要循环播放的画面，设置画面停留时间。

2.5.3　联动监控

ICS 的联动监控包括多维联动和视频联动：

（1）多维联动。在基础监控界面采用数据可视化技术，借助多种图形显示手段，嵌入三维监控操作窗口，以参数、云图等方式动态展示复杂设备及部件的运行状态。运行人员可变换角度、层次、尺寸查看细节，监控复杂设备和包含大量监测测点部件的内部结构、监测部位。与实时数据融合联动展现，使运行人员快速了解设备及部件的动态运行数据，及时定位报警发生的位置，准确分析判断故障产生的原因。

（2）视频联动。将先进的视频图像分析技术与智能发电平台相结合，实现控制平台与视频系统联动，智能识别非法闯入、介质泄漏、设备异位等非正常情况，警示给运行人员，必要情况下可紧急自动联动必要设备，保障生产安全。

2.6 智能诊断

智能诊断功能模块是指基于模式识别、机器学习和专家系统等方法，实现对工艺系统、设备运行状态和控制系统的在线监测及故障诊断，可进一步给出故障处理操作指导，或进行故障自动处理，实现设备和功能故障自恢复，提高监控效率和生产安全性。图 2-26 示出 ICS 的智能诊断业务功能，包括设备状态监测与诊断、控制系统诊断、总线设备管理三个部分。

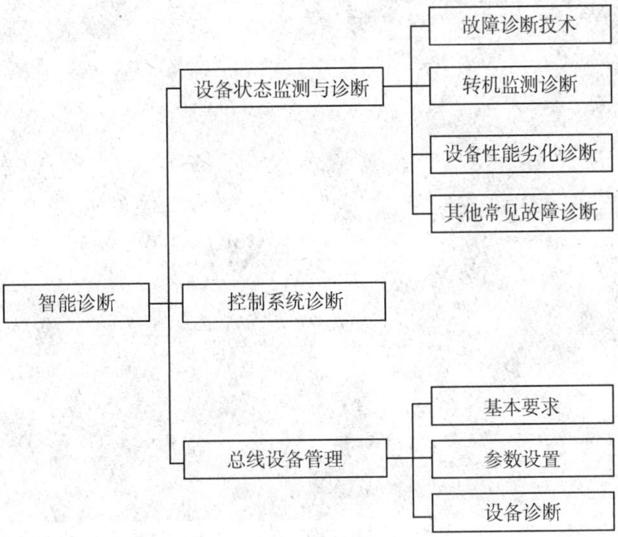

图 2-26 ICS 智能诊断业务功能的结构图

2.6.1 设备状态监测与诊断

设备状态监测与诊断的内容包括：故障诊断技术、转机监测诊断、设备性能劣化诊断、其他常见故障诊断四个部分。

（1）故障诊断技术包括：基于先进监测技术的故障诊断、基于机理建模的故障诊断、基于数据分析的故障诊断、基于专家系统的故障诊断、基于人工智能的故障诊断这五大技术。

① 基于先进监测技术的故障诊断。采用频谱、电磁、射线、红外探测等技术，监测出设备状态变化规律和故障特征，用以状态识别和故障定位。

② 基于机理建模的故障诊断。建立基于多种典型性工况下的设备特征模型，利用故障所对应的征兆，实现对异常工作状态的快速诊断，对运行设备进行全方位的诊断管理。

③ 基于数据分析的故障诊断。通过数据分析相关算法，对火电厂设备长周期的数据样本进行学习和统计分析，分析设备劣化趋势，判断设备是否存在早期异常，并对出现异常的部件进行诊断和分析异常原因。

④ 基于专家系统的故障诊断。将运行专家的专业知识和丰富经验、运行规程、设备设计资料等表达和固化为专家知识库或专家知识图谱。专家故障知识库应有足够多的故障识别

规则，保证各种故障类型判断的准确度，通过推理分析方法，进行设备故障识别诊断，并给出严重程度和维修建议。智能诊断及根源分析功能在极短时间内自动推理出故障发生的初始原因及演变过程，直观展示给运行员，避免了人的情绪、经验、反应时间等方面的限制，体现了机器独立分析、判断、决策的智能特点。图 2-27 示出基于逻辑故障树和专家知识图谱的 AGC 切除故障诊断和根源分析，当 AGC 异常退出时，系统快速诊断，给出根源及发展演变路径。从现象往根源追溯分析，依次是 AGC 退出、负荷指令跟踪退出、协调方式退出、锅炉主控退出、汽包压力品质坏，最终确认原因是汽包压力波动，偏离设定的理想正常区间。

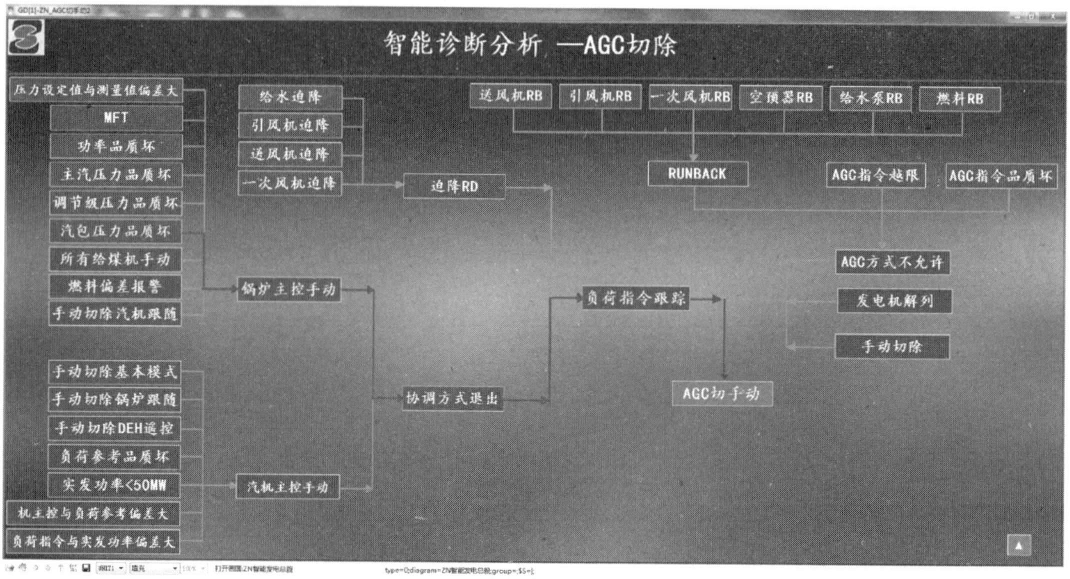

图 2-27　ICS 中基于专家知识图谱的 AGC 切除故障诊断和根源分析

⑤ 基于人工智能的故障诊断。采用如 BP、LSTM 等神经网络算法，对设备相关的历史数据进行学习，构建不同工况下的设备运行模型，对故障发生前系统记录的相关数据进行建模与特征分析。在下次相同特征出现时，将设备实际运行参数与模型输出进行多维比对，进行识别和诊断，实现设备故障诊断。

（2）转机监测诊断的对象包括：汽轮机和大型重要辅机。

① 在实时在线状态监测方面，利用 TSI 系统的数据，进行汽轮发电机组振动和轴系各种动静间隙的实时计算，以透视的方式实时监视汽缸内高速转动的各转子的运行状态。图 2-28 示出 ICS 中汽轮机的可视化监测与诊断画面，展示了各转子的高精度动态间隙变化，包括各轴颈处的油膜厚度，盘车状态下的大轴顶起高度，各轴封间隙，各隔板汽封间隙等。根据间隙变化和振动情况，以不同的颜色表示汽机的不同状态。基于轴径油膜厚度、中心偏移距离、顶起高度、通信状态等以及相关的汽轮机振动分析诊断结果，进而依据专家系统给出有针对性的调整建议。

在智能故障诊断方面，根据建立的汽轮机专家故障知识库，分析汽机常见的不平衡、不对中、油膜涡动、气流激振、部件脱落、松动和碰摩等故障。通过 TSI 系统参数收集，建立汽轮发电机振动模型，依靠各种信号分析结果，自动计算常见振动故障的可信度，结合影响故障的转速和负荷等因素，确定故障的严重程度，将故障严重程度和变化趋势直接实时显示。

在运行指导和故障处理方面，根据振动、转速、负荷和温度等之间的内在联系，自动给予机组启动、停止或继续运行的建议。通过监测汽机转速及对高频扭振信号的分析，及时预警运维人员采取可靠措施。通过扭振监测模块，及时发现次同步故障及故障的先兆，并提前预警，准确指导运维人员正确及时调整运行参数。通过可视化监测油膜厚度、中心偏移距离及转子顶起高度，精确调整各轴瓦的载荷分布及偏心率，避免油膜形成不良或断油而导致的烧瓦事故。实践证明，采用图 2-28 所示的汽轮机可视化监测与诊断系统，能延长主机大修时间 1~3 年，有效降低非停、降负荷和恶性事故的发生几率。

图 2-28 ICS 中汽轮机的可视化监测与诊断画面

② 大型重要辅机可视化监测诊断的对象包括六大风机（送风机、一次风机、引风机）、锅炉给水泵、凝结水泵、循环水泵等设备。大型转机监测诊断的功能包括实时在线状态监测、智能故障诊断。实时在线状态监测的工作原理是采用超声波、红外探测等技术，通过采集大型转机机械设备的振动、运转等数据，实时监视大型转机的运行状态。智能故障诊断的工作原理是根据转机专家故障知识库给出分析诊断结果，及时报告机械设备的运转情况，并提供维护检修建议，协助设备管理人员，做出科学的检修计划决策。图 2-29 示出 ICS 中引风机的可视化监测与诊断画面，展示了风机轴承振动、运行及健康状态、通信状态等以及相关的振动分析诊断结果，进而依据专家系统给出有针对性的调整建议。

(3) 设备性能劣化诊断是指通过数据分析相关算法，对火电厂设备的数据样本进行学习和统计分析，对设备进行早期诊断，分析设备劣化趋势。设备性能劣化诊断的对象包括：磨煤机出力下降诊断，SCR 及空预器堵塞情况诊断，水泵、风机出力下降诊断，凝汽器换热效果下降诊断，汽轮机效率下降诊断，除尘效率下降诊断，吸收塔喷淋堵塞诊断等。

① 磨煤机出力下降诊断。通过磨煤机的运行状态参数，按照实际给煤量进行分工况数据分析，对典型工况下的磨煤机出力特性建模，进行磨煤机出力下降情况的诊断分析。

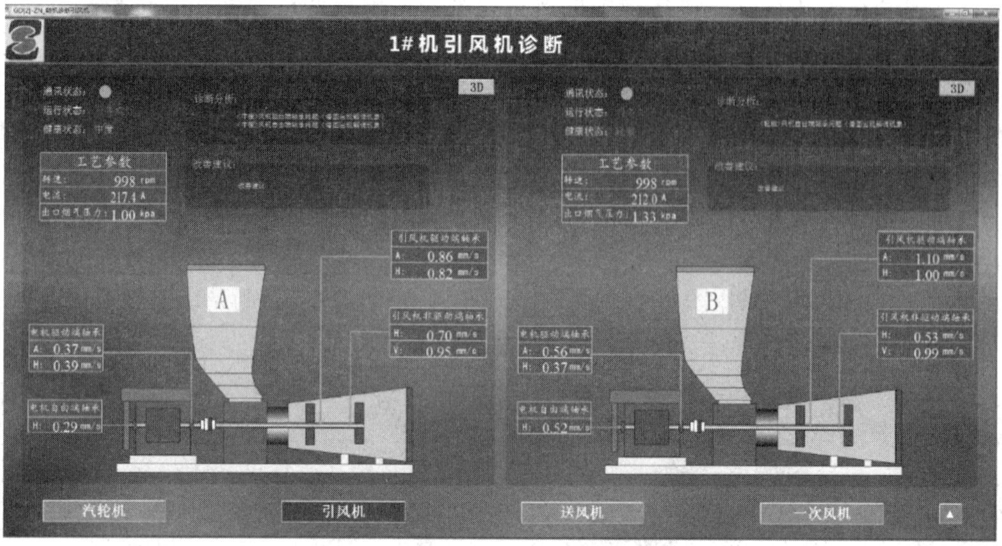

图 2-29　ICS 中引风机的可视化监测与诊断画面

② SCR 及空预器堵塞情况诊断。通过对空预器在不同运行方式下的烟气压差、温降等指标进行统计分析，对 SCR 及空预器的堵塞情况进行状态监控和在线诊断。

③ 水泵、风机出力下降诊断。对水泵全压和扬程、各风机进行在线监测，实时反映水泵、风机的出力能力，对相应设备典型工况下的能耗进行长周期统计和数据分析，诊断水泵、风机的运行性能下降问题。

④ 凝汽器换热效果下降诊断。按照影响凝汽器运行状态的边界影响因素，开展全景历史数据的工况划分，统计可比工况下的凝汽器真空、端差等换热性能指标，综合进行凝汽器换热性能诊断。

⑤ 汽轮机效率下降诊断。对高、中、低压缸效率进行在线计算，基于典型工况设备性能长期跟踪方法，诊断各缸效率下降问题，进一步分解分析导致汽轮机效率下降的原因。

⑥ 除尘效率下降诊断。通过对除尘器运行方式和运行状态、燃煤灰分进行分类和工况划分，对除尘器进出口粉尘浓度、除尘效率进行典型工况统计和长周期数据分析，综合诊断电除尘运行性能的劣化情况。

⑦ 吸收塔喷淋堵塞诊断。对喷淋塔及相关辅机设备运行状态进行分析，建立能耗状态与脱硫效率之间的对应关系，综合判断喷淋塔堵塞状况，提醒运行人员采取干预措施。

（4）其他常见故障诊断是指在各类设备监测数据的基础上，采用或组合采用先进监测技术、机理建模、数据分析、专家系统、神经网络等方法，对常见故障进行识别和诊断，进一步给出故障处理操作指导，或进行故障自动处理。其他常见故障诊断的对象包括：制粉系统、风烟系统、汽水系统、汽轮机及辅助系统等。

① 制粉系统，包括磨煤机满煤、给煤机断煤、给煤机皮带打滑、磨煤机油站故障、磨煤机相关调门连杆脱落等。

② 风烟系统，包括风机失速、风机油站故障、密封风机故障、风机执行机构连杆脱落等。

③ 汽水系统，包括水泵倒转、给水泵油站故障、闭冷水系统故障、高加泄漏、低加泄漏、凝结水泵变频器故障、辅机循环水系统故障等。

④ 汽轮机及辅助系统，包括主机润滑油系统故障、EH 油系统故障、定冷水系统故障、汽轮机高中压调门门杆断裂、汽轮机高中压调门伺服阀堵塞、汽轮机进水或进冷气等。

2.6.2 控制系统诊断与总线设备管理

控制系统远程诊断和故障分析功能实现控制系统的软件故障(包括系统软件和应用软件)、硬件故障(如控制器、卡件、网络、电源等)的实时在线监测和诊断，给出解决方案，提高控制系统的安全可靠性。图 2-30 示出控制系统的一键自检功能，能给出控制系统和工艺系统的异常状态提示。

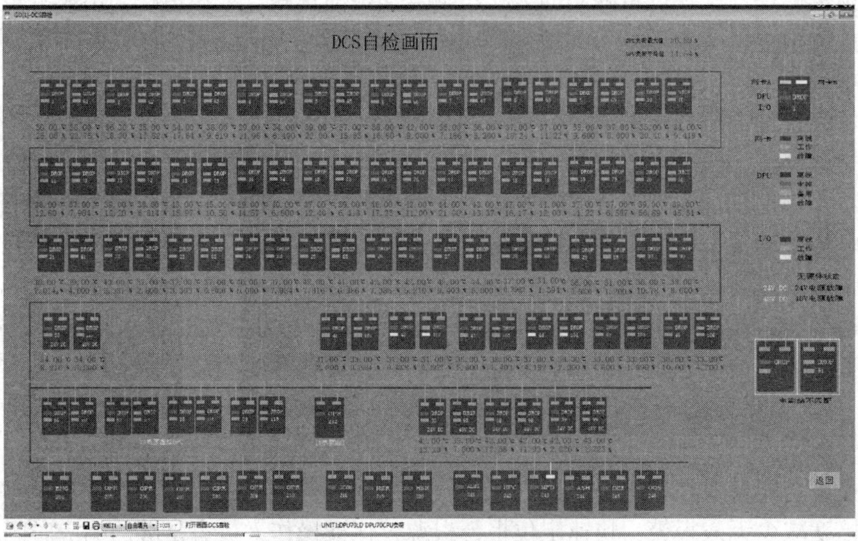

图 2-30 ICS 的自检结构图

对建设有集团级控制系统状态监测中心的场合，各厂应与监测中心实现实时信息交互，使控制系统状态评价、卡件寿命预估、故障代码分析、横向对标、硬件应急响应或其他疑难问题，通过监测中心专家的在线技术支持，实现预测式、快速响应处理。

总线设备管理的基本要求包括：①具备总线设备管理软件，可完成总线设备的组态、参数查询和设定等管理功能；②具备在线导入和更新通用站说明(GSD)、电子设备描述(EDD)或设备类型管理器(DTM)文件的功能；③根据业主需求选择适宜的内部软模块及各项输入、输出特性进行组态，下载到主站卡中；④可对现场总线被控设备(执行器、阀门定位器、变送器、变频器、阀岛、分析仪表、电气马达启动及高压保护器等)进行参数设置，例如标签名、标定、校准和调试智能化参数(传感器调整、零点满度调整)等。

总线设备管理的设备诊断功能要求包括：①具备对总线设备状态监测报警功能，并可汇总输出；②总线设备状态分析监测应至少包括：总线通信主站、光口和光缆、从站设备的运行状态、通信状态；③具备对总线设备状态分析和故障诊断功能，并传回诊断信息；④针对不同类型设备有参数错、过力矩、传感器故障、设备需维护、工程值冲突、配置错、无通信、设备不可用、电机过热、通信故障、输出故障、综合故障、运行时间、开关次数、气源丢失等诊断信息；⑤在设备静态信息基础上，提供对现场总线数据进行筛选和分析的功能，完成图形化的设备状态指示，协助运行人员了解设备动态、实现状态检修。

2.7 智能报警

2.7.1 背景介绍

报警作为集控运行人员监视发电机组运行状态的核心功能，在传统 DCS 中仅停留于实现基于参数上下限超限的简单报警功能，导致大量的缺陷或故障漏报、迟报，给火电集控运行带来了巨大的安全隐患。在新一代 ICS 中，可基于复杂先进算法或多种机理模型，开发智能报警和预警模块，实现设备缺陷的无死角覆盖、提前预警、根源追踪，不仅减轻一线运行人员的监盘负担，也有助于设备维护人员快速定位缺陷，提前隔离检修设备，避免工况和设备状态的恶化。

基于燃煤智慧电厂智能发电平台 ICS，搭建智能报警模块，开发基于斜率变化算法、设备健康度打分算法、基于大数据学习的期望值偏离算法、神经网络算法、逻辑故障树和专家知识库诊断、物理机理模型的智能报警应用，以提升机组提前发现缺陷和预警故障能力，提高火力发电的主动安全性。本章节的分析有助于了解燃煤火电厂底层智能操作系统 ICS 平台的最新智能诊断报警技术开发和应用，通过多种模型匹配不同的复杂运行工况，提升燃煤发电机组快速智能诊断、提前预警、精准报警的主动安全能力，及时提示并指导运行人员操作，避免工况的进一步恶化，实现更安全、更高效、更智能的底层控制。

2.7.2 报警管理

智能报警功能模块是指综合采用机理建模、数据分析、人工智能等先进技术，优化报警能力，大幅度减少无效报警，快速定位报警根源，保证操作人员有足够的响应时间，并能够提供适当鉴别信息和做出指导，提高机组的监控品质。图 2-31 示出 ICS 的智能报警业务功能，包括基本要求、报警管理、报警展示、智能预警、报警技术五个部分。

智能报警的基本要求包括：①报警设置应确定明确的设置准则；②报警设计应确保报警功能可靠、高效、易用，满足火电机组实际需求；③报警的展现方式和负荷量不超过运行人员的处理能力；④设置报警管理中心，对报警项进行配置与维护、监控与评价，实现报警功能的优化。

智能报警的报警配置包括：①支持对报警项进行报警确认、报警恢复、报警挂起等功能，挂起状态下，发生报警将不会推送到前台显示；②支持用颜色变化、声音、闪烁、语音区别不同类型报警项，报警声音可根据需要进行调节和屏蔽；③支持对报警数据进行修改，可支持报警数据批量的导入导出操作；④具有报警配置功能，可对报警点属性、报警窗口属性、报警发生时的文字、声音属性等进行设置；⑤支持对报警项进行备注，比如报警原因、报警处理记录等信息；⑥可支持设定标签、分类，能够快速索引指导报警处理流程及应急预案；⑦支持实时报警超时未处理提醒；⑧具有维护记录，可按照行为、时间、人员进行追溯；⑨应具有跟报警有关数据的归档、打印等功能。

智能报警的报警监控与评价功能包括：①具有报警统计分析功能，如报警活动的频率、类型、优先级、异常报警及班、值内统计信息；②支持应用数据可视化的方法对报警总体状态和特征进行直观、多维展示，如柱状图、饼图等图表；③支持多种报警统计查询方式，如高频报警、顽固报警、反复报警、洪水报警；④设定多种采样条件，有效避免无效数据的干

图 2-31 ICS 智能报警业务功能的结构图

扰；⑤支持设定多种查询条件，按照日期、类型等条件检索历史数据；⑥支持对测点、类型、级别、所属工艺系统的过滤查询。

图 2-32 示出智能报警的报警增强展示功能，包括列表展示、光字牌展示。

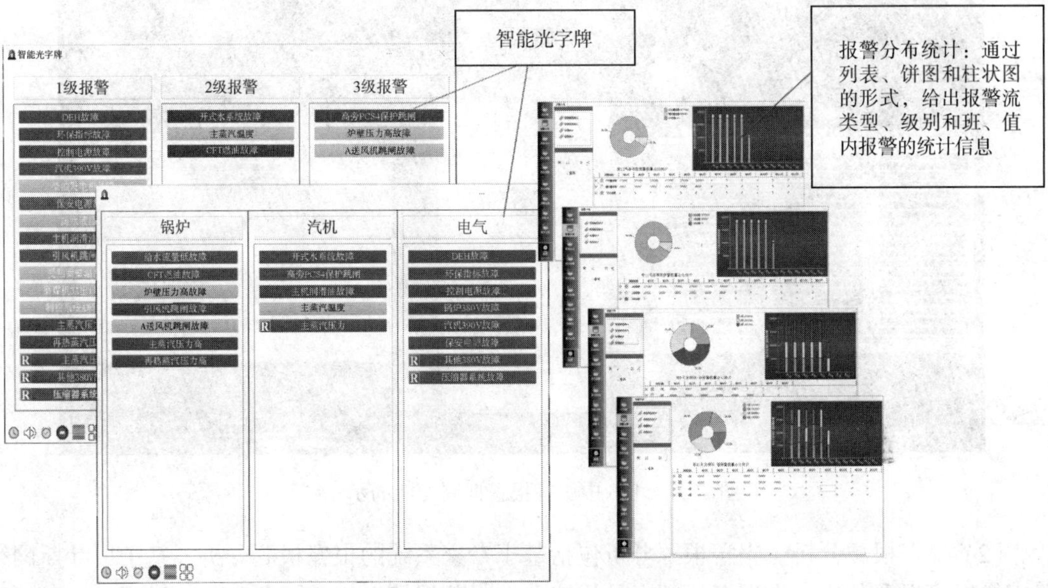

图 2-32 ICS 智能报警业务的报警增强展示功能

（1）列表展示。①可实时按照列表方式显示系统发送的报警、自诊断等信息；②可根据时间先后使用滚动方式刷新报警项信息，并可根据需要取消滚动；③支持用户根据需要在列表界面进行报警项分类、过滤显示；④支持按照报警项发生时间、报警等级等进行排序显示；⑤支持显示每一条报警的时间、描述、实时状态、来源等信息；⑥支持在列表显示窗口进行报警项检索。

（2）光字牌展示。①具有弹出光字牌报警功能；②支持对光字牌窗口大小、行列数、起始位置、颜色、报警文本属性、报警灯属性等进行配置；③支持按照报警项类别、所在工艺系统等进行分类显示；④支持按照报警项发生时间、报警等级等进行排序显示；⑤可对每一报警项提供关联信息展示，如相关测点和画面；⑥支持展示报警项某段时间的报警次数统计和上一次报警发生的时间；⑦支持对反复报警项进行标记，提醒运行人员注意。

2.7.3 报警技术

报警技术包括滋扰报警抑制，报警根源分析，多变量联合报警，斜率变化报警，智能音频、视频报警，报警增强展示等。

（1）滋扰报警抑制。滋扰报警通常不代表出现故障，振荡报警和重复报警是其主要形式，其危害是对运行人员的正常操作造成干扰。工作原理是通过异常报警的特征分析，采取滤波信号处理、延迟统计分析、死区统计分析、系统和设备运行状态相关的报警限值设定、优先级调整、多变量关联分析等措施抑制或消除滋扰报警。具备手动抑制和自动抑制两种功能。在传感设备故障和检修的情况下，可通过手动抑制消除不必要报警，并可设置抑制时间、注明抑制原因。自动抑制在系统和设备不同运行工况下进行附加判断条件，消除滋扰报警。图 2-33 示出滋扰报警抑制功能通过消除滋扰因素，有效抑制了无效和滋扰报警，提高报警的准确度及可靠性，帮助一线集控运行人员聚焦重要信息。

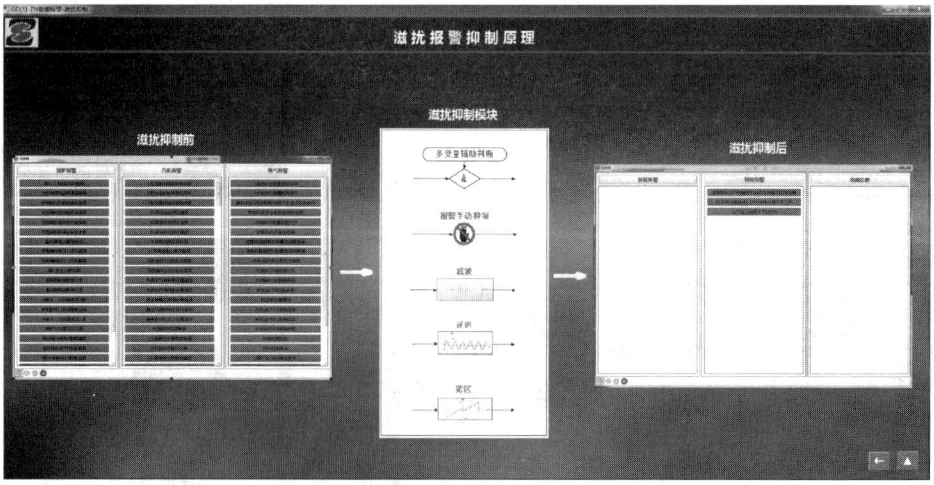

图 2-33　ICS 中滋扰报警抑制功能的示意图

（2）报警根源分析。报警根源分析包括基于专家系统的报警根源分析、基于贝叶斯网络建模的报警根源分析，有助于运行人员快速自动判断报警发生的根源和演变过程。

① 基于专家系统的报警根源分析，工作原理是将专家的专业知识和丰富经验、运行规

程、设计资料等构建成故障知识库。当关键报警项出现时，可根据故障知识库结构，启动自动推理过程，结合历史数据，快速定位报警根源，判断故障报警事件发生的初始原因并提示运行人员。图 2-34 示出基于根源分析、故障诊断、故障推演和故障处理的故障全寿命周期管理，从时间的维度和因果图可视化的角度，展现了故障的过去(根源分析、故障追溯)，故障的现在(故障诊断、预警报警)，到未来(预测演化、故障处理)的全过程闭环。基于热力学微观机理，利用生产实时数据和历史大数据，实现在线仿真和虚拟电厂，从而实现故障的预测演化。实现故障全寿命周期管理的设计理念，让 ICS 拥有超过普通运行人员的“可怕智慧”，让一线集控运行人员有些担忧自己的工作饭碗会在有朝一日让位于人工智能。

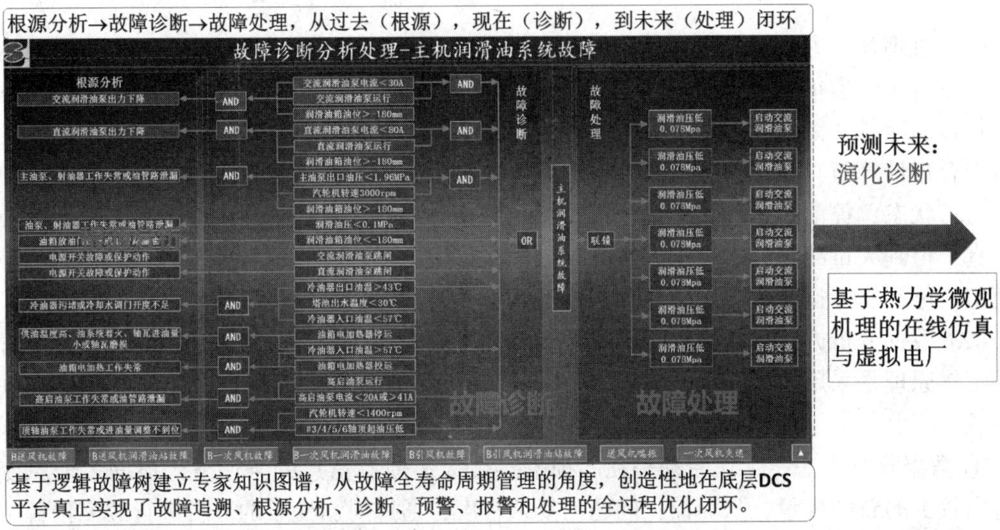

图 2-34　ICS 中故障全寿命周期管理的示意图

② 基于贝叶斯网络建模的报警根源分析。工作原理是利用贝叶斯网络模型，建立报警系统条件概率模型，采用定性知识网络推理和定量机器学习相结合的方法计算事件概率，来推理和识别报警根源。

(3) 多变量联合报警。工作原理是针对同一故障的不同表现或者具有一定因果关系的多个变量，通过统计关系方法，判断故障模式，减少报警个数。针对具有因果关系的报警，可通过时延相关性分析的方法将多个具有因果关系变量的报警改为各种故障模式下的故障源报警。建立充分反映过程变量之间关联性的模型，确定变量相互影响下的正常工作区，进行报警限值判断和综合生成报警，消除误报和漏报。

(4) 斜率变化报警。工作原理是采用速率计算算法实现对重要辅机设备的相关温度测点、振动测点以及脱硝环保等参数异常进行报警。对辅机的启动阶段和稳定运行阶段进行时间划分，设置不同的温升率报警。

(5) 智能音频、视频报警。工作原理是结合智能视频及智能音频系统，根据智能视频的泄漏、火焰、异常闯入等识别结果，以及智能音频的异常振动、管道泄漏等识别结果，及时为运行员给出提示信息，实现对生产现场的智能报警。

(6) 报警增强展现。工作原理是采用统计分析和数据可视化方法，通过列表和光字牌综合展现报警的全面信息，对报警相关信息进行分析和智能化增强展示。在报警增强展现功能中，要着重统计并展示：①高频报警：统计一段时期内次数最多的报警项；②反复报警：统计一段时期内次数超过规定次数的报警项；③顽固报警：统计一段时期内持续时间过长报警项；④洪水报警：统计瞬间报警洪水的次数、时间及其他信息。

2.7.4 智能预警

智能预警是指采用机理建模、数据分析、人工智能等方法，根据设备运行状况或参数本身的变化趋势，在故障发生的早期或是潜在阶段，提前发现异常并发出故障预警，便于消除系统运行的潜在隐患。智能预警的原理包括机理建模方法、数据分析方法、人工智能方法等。

(1) 机理建模方法是指采用精确的热力学机理建模，得到生产过程的 1：1 镜像热力学模型，进行在线虚拟电厂仿真计算，在设备劣化或故障早期发现运行异常并预警。根据质量、热量、能量平衡及物质平衡的矩阵运算得到关键参数的合理计算值，比较实际运行的参数值与合理计算值，如偏差较大则发出预警。在镜像热力学模型上进行加速计算，预测机组未来运行状态，提前对运行人员给予预警提示和指导操作。在镜像热力学模型上进行故障模拟仿真，得到大量故障样本数据。在此基础上采用机器学习方法进行模型训练，得到故障预测模型。可在实际运行中采用故障预测模型进行预警。

(2) 数据分析方法包括数据降维方法、特征工程方法、统计分析方法、相似度聚类方法等。工作原理是采用机器学习方法分析历史数据，计算参数运行的合理区间，超出则进行预警。

① 数据降维方法。工作原理是在不损失参数太多原有信息的条件下，根据多个原变量构造出较少的新的变量，从而简化问题的复杂程度，通过对新变量的分析进行故障预警。

② 特征工程方法。工作原理是通过研究设备故障发展过程，选择特征参数，并找出其随故障发展变化的规律。该规律可通过故障模拟实验或者故障机理的研究来实现。设置不同特征变量在设备正常运行情况下所处的数值范围以及在故障发展初期的阈值。当特征参数在运行的过程中超出了所设立的故障阈值，可以认为设备即将出现故障，并发出预警。该方法适用于设备异常特征比较明显的情况。

③ 统计分析方法。工作原理是选择与设备运行状态密切相关的特征参数，根据长周期历史数据分析设备状态和特征参数的相关性，建立故障概率模型。可使用设备的特征参数值和概率分布来判断当前的状态并且预测未来故障，实现故障预警。该方法需要对设备的历史运行数据进行分类，尤其要对故障的发展程度进行分类。要求对故障机理充分理解。准确判定设备在不同状态下的概率分布需要大量的历史故障数据，包括故障发展阶段的数据以及故障发生后的数据。

④ 相似度聚类方法。工作原理是利用电厂中海量的历史数据，在充分考虑电厂设备动态变化的多耦合性基础上，采用多元状态估计方法建立电厂设备的动态估计模型，生成相似度曲线，根据设备相似度的变化来判断并发布潜在故障的早期预警。

(3) 人工智能方法包括基于正常工况的参数预警、基于正常工况的设备状态预警、基于故障样本的设备故障预警、基于专家系统的故障树推理预警等。

① 基于正常工况的参数预警。工作原理是采用如 BP、LSTM 等神经网络法，对正常运行参数的大量历史数据进行学习，估计出不同工况、不同条件下参数正常运行的合理区间，

在实际参数超出合理区间时提醒运行人员，避免情况进一步恶化。针对工艺系统运行参数测点、设备出口参数测点等类型参数，可采用神经网络参数预警。

② 基于正常工况的设备状态预警。工作原理是采用如 BP、LSTM 等神经网络方法，对设备相关的历史数据进行学习，构建不同工况下的设备运行模型，将设备实际运行参数与模型输出进行多维比对，实现设备故障早期预警。可进行预警的设备包括重要辅机（如磨煤机、风机、凝结水泵等）、相对独立的各分系统等。

③ 基于故障样本的设备故障预警。工作原理是采用如 BP、LSTM 等神经网络方法，对故障发生前系统记录的相关数据进行建模与特征分析，在下次相同特征出现时提前识别并预警，具有较高的故障辨识度。基于故障样本的神经网络预警适用于故障较频繁发生的情况，如锅炉结焦、给煤机断煤等。

④ 基于专家系统的故障树推理预警。工作原理是基于专家经验组态逻辑故障树，在特定工况触发时根据故障树与相关参数实时值、设备状态，推理故障工况未来演变路径，并进行提前预警。基于专家系统的故障树推理预警适用于工艺系统运行异常的情况。

2.7.5 报警模型

在智能发电平台 ICS，图 2-35 示出开发智能报警应用的算法，至少包括三类、八种模型。三大类模型包括专家经验梳理的经验模型、基于大数据分析和机器学习的纯数据统计回归分析模型、基于热力学和控制学的物理机理模型。智能发电平台 ICS 是国内首次在生产实时运行控制层面实现成体系化的智能报警功能，智能报警准确提示并指导运行人员操作，扭转劣化或危险工况。

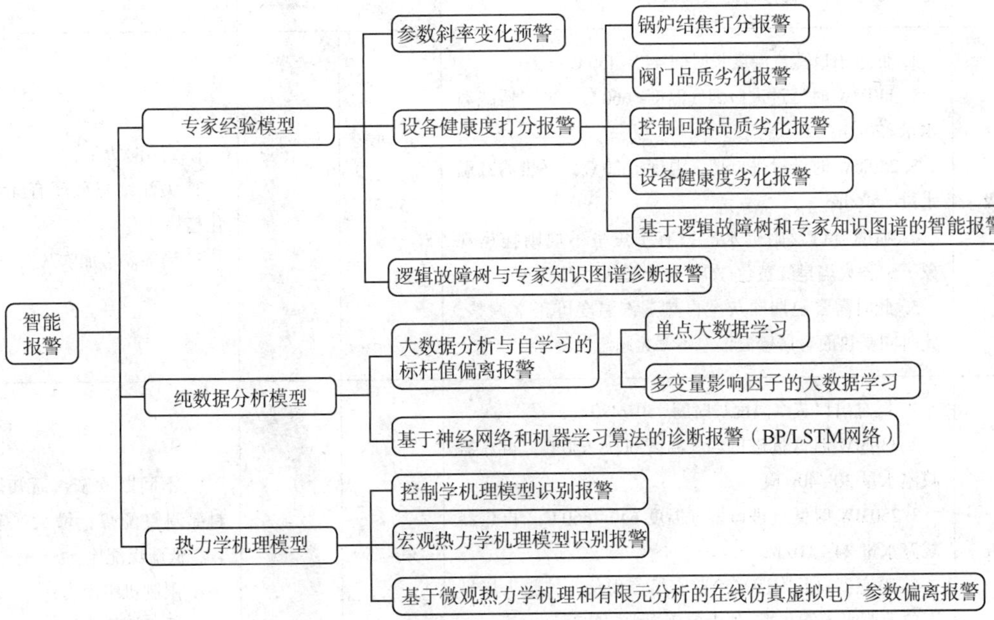

图 2-35 基于 ICS 的智能报警模型分类

（1）专家经验模型包括：①斜率变化 Peak 算法；②锅炉结焦打分算法；③阀门性能、控制回路品质和设备健康度打分算法；④逻辑故障树和专家知识图谱算法。

① 采用Peak算法，对参数变化的斜率报警。对辅机的启动阶段和稳定运行阶段进行时间划分，设置不同的温升率预警，不仅能消除辅机启动阶段的滋扰报警，还能在辅机启动阶段温升异常时发出报警，实现精准预警。

② 锅炉结焦打分算法，与阀门、控制回路品质和设备健康度打分算法的原理相同，都是基于高级技术人员的经验梳理，将多个参数与分值强行关联。表2-6示出将炉膛结焦程度从不结焦到严重结焦，赋值0~100分，分为绿、黄、橙、红四个颜色等级，每个等级均有定量化的特征描述和推荐优化措施。1级结焦程度用绿色代表，基本不结焦，赋值0~25分。2级结焦程度用黄色代表，轻度结焦，赋值25~50分。3级结焦程度用橙色代表，严重结焦，赋值50~75分。4级结焦程度用红色代表，结焦已经威胁到锅炉运行安全，赋值75~100分。

表2-6　锅炉结焦程度定量化分级与优化措施推荐

结焦等级	依据	预警数值	颜色	控制措施
1级	1. 低过出口蒸汽温度长时间<440℃； 2. 330MW时低过进口烟气温度<650℃，再热器减温水量<20t/h； 3. 250MW时低过进口烟气温度<605℃，再热器减温水量<17t/h； 4. 165MW时低过进口烟气温度<550℃，再热器减温水量<10t/h； 5. 喷燃器口及附近水冷壁干净无挂焦现象炉膛火焰呈红黄色(如早晨升起的太阳颜色)	0~25		无需采取措施，按规定定期吹灰
2级	1. 低过出口蒸汽温度长时间440~450℃； 2. 330MW时低过进口烟气温度<660℃，再热器减温水量<30t/h； 3. 250MW时低过进口烟气温度<620℃，再热器减温水量<24t/h； 4. 喷燃器口及附近水冷壁有干焦呈不规则挂焦现象，炉膛火焰呈红黄色(如早晨升起的太阳颜色)； 5. 此时需要定期吹灰主再热蒸汽温度可正常调整，此时同受热面金属壁温偏差不大无超温风险	25~50		1. 定期吹灰； 2. 关注结焦程度有无恶化趋势； 3. 局部需增加吹灰次数
3级	1. 低过出口蒸汽温度长时间450~470℃； 2. 330MW时低过进口烟气温度660~680℃，再热器减温水量30~40t/h； 3. 250MW时低过进口烟气温度640~660℃，再热器减温水量24~31t/h； 4. 喷燃器口及附近水冷壁有熔焦现象，炉膛火焰呈亮白色刺眼不能久视(如中午直视太阳的颜色)； 5. 主、再热蒸汽温度控制困难，低过及高再金属壁温控制困难，同受热面温度测点偏差大	50~75		1. 不间断吹灰，通知燃料部调整配煤，增大工程煤、低硫煤配比； 2. 限制机组出力； 3. 适当倒换磨组

续表

结焦等级	依据	预警数值	颜色	控制措施
4 级	1. 低过出口蒸汽温度长时间大于 470℃； 2. 330MW 时低过进口烟气温度大于 680℃，再热器减温水量>40t/h； 3. 250MW 时低过进口烟气温度大于 660℃，再热器减温水量>31t/h； 4. 喷燃器口及附近水冷壁有熔焦顺着水冷壁及贴壁风往下流，炉膛火焰呈亮白色刺眼不能久视(如中午直视太阳的颜色)； 5. 8 层高再密集管排上开始结焦，形成大块开始阻碍烟气流向，甚至形成烟气走廊	75~100		1. 立即降低机组负荷； 2. 通知燃料部调整配煤，增大工程煤、低硫煤配比； 3. 限制机组出力； 4. 适当倒换磨组； 5. 必要时低负荷掉焦

③ 采用逻辑故障树和专家知识自动推理分析方法，不仅可以追溯过去，找到故障的根源，还能够根据知识库正向推理，推理故障工况未来演变路径，并对即将发生的未来恶劣工况给出预警提示，避免工况进一步恶化。图 2-36 示出将运行规程、设备设计资料、高级运行人员的专业知识和丰富经验采用逻辑故障树和知识图谱的方法表达，转化成逻辑故障知识库，并固化成软件代码，形成专家系统，然后逻辑组态，仿真机调试通过，最终下装至主机 ICS。

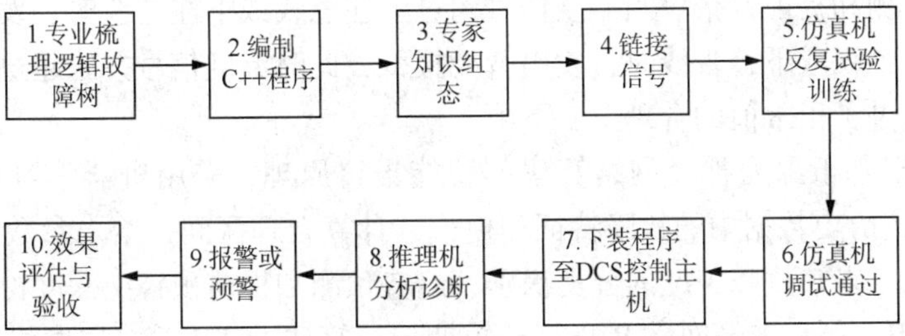

图 2-36 基于逻辑故障树和专家知识库诊断报警模块的开发流程图

基于高性能历史站的历史数据和实时数据，依靠专家知识库和知识推理机，在极短时间内自动推理出报警信息产生的初始原因、故障根源及未来发展演变过程，为运行人员提供全面的特征信息解读，减少人员分析判断确认环节，实现传统 DCS 实时监视功能，向及时诊断报警和推理预警，进一步故障根源自动定位，最终设备故障闭环处理和系统运行优化的“三大递进的先进功能”逐步迈进。

图 2-37 示出基于逻辑故障树和专家知识图谱模型的 B 磨煤机满煤智能诊断报警应用。相比别的报警模型，基于逻辑故障树的智能报警在及时发出报警信号的同时，还能快速追溯故障根源，方便运行人员快速定位和隔离缺陷设备，避免设备缺陷更进一步劣化，避免缺陷对运行工况的负面扰动，同时方便检修人员快速开展现场的设备检修作业，及时恢复设备健康，提高设备可用系数。

(2) 纯数据分析模型包括：①大数据分析与自学习的期望值偏离算法；②机器学习或神经网络算法，包括聚类算法、反向传播算法 BP 和长短期记忆算法 LSTM 等。

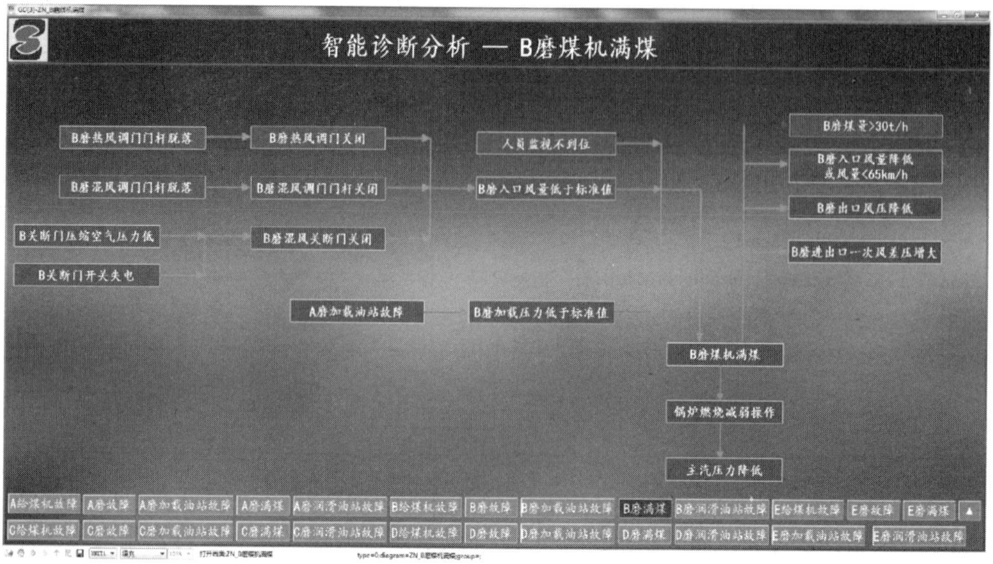

图 2-37　基于逻辑故障树和专家知识图谱模型的 B 磨煤机满煤智能诊断报警应用

基于大数据分析的原理，学习历史数据，计算出参数在不同负荷或运行状态下的合理区间或期望值。当参数偏离期望值或合理上下限时，及时发出预警，实现对未来故障工况的分类识别、趋势预测和提前预报。当温度信号超过上注意线或下注意线时，发出软报警；当温度信号超过上警告线或下警告线时，发出智能报警，此时温度信号并未超过传统的报警值或跳机值，只是超过了正常值的合理上、下限。

图 2-38 示出基于深度神经网络算法的智能报警原理，采用机器学习算法（BP、LSTM 等）提取机组大量历史数据中的故障特征和模式，计算合理区间，给出参数动态期望值及合理上下限，实现对未来故障工况的分类识别、趋势预测和提前预警。深度神经网络算法包括反向传播算法 BP、循环神经网络 RNN、长短期记忆算法 LSTM 等。以磨煤机运行状态异常为例，将给煤量指令、入口风压、热风门开度、冷风门开度、入口一次风量、入口一次风温六个参数作为输入变量，将磨煤机电流、分离器出口压力、进出口压差三个参数作为输出变量，神经网络设备状态异常预警的原理是通过神经网络自学习，将六个输入变量与三个输出变量强行关联匹配，形成复杂的多维函数关系，提取出设备正常运行中的数据特征。当磨煤机电流、分离器出口压力、进出口压差这三个考察值的实时值出现时，通过神经网络算法和六个实时输入参数计算出正常状态下的三个考察值的理想值或期望值，将实时值与理想值（期望值）进行多维度对比，如果偏差超限，则及时报警，说明磨煤机运行状态异常。

基于神经网络算法的智能报警适用于磨煤机、三大风机（一次风机、送风机、引风机）、其他大型辅机系统（给水泵、浆液循环泵等）、自成体系的各分系统（脱硝系统等）等。基于神经网络算法的智能报警特点是：①有多个输入变量，也有多个输出变量，输入变量与输出变量之间肯定有直接的相互作用关系；②多个自变量和多个因变量之间函数关系复杂，无法通过简单大数据分析或数据统计回归拟合得到函数曲线；③通过多层神经网络可强行匹配多个输入变量和多个输出变量的关系，得到正常状态的数据特征，即复杂多维空间数据指纹，一旦实际输出变量与理想输出变量的偏差超限，发出设备状态异常的报警。

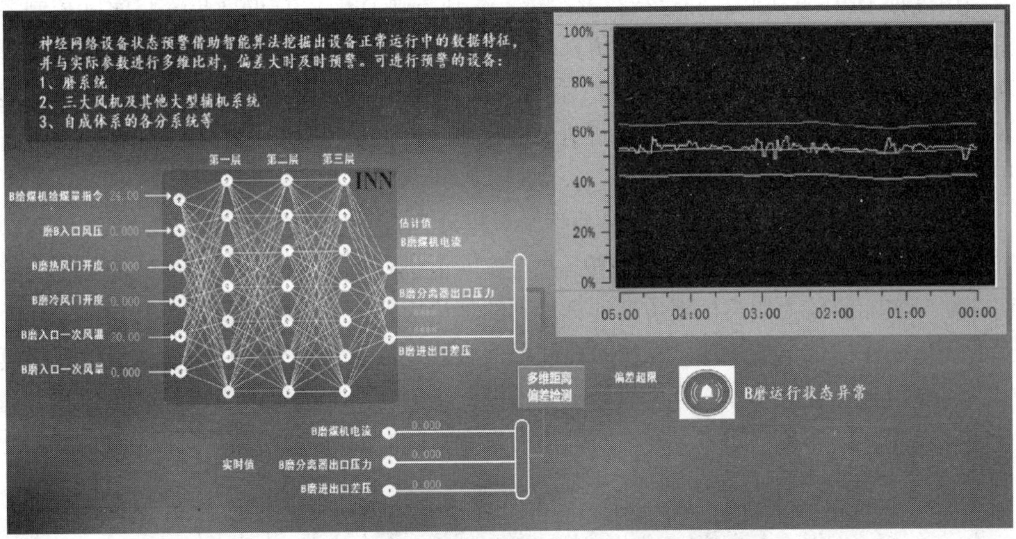

图 2-38 基于深度神经网络算法的智能报警原理

（3）物理机理模型包括：①控制学机理模型；②热力学宏观机理模型；③基于热力学微观机理模型和有限元分析的在线仿真虚拟电厂。图 2-39 示出基于控制学机理模型的信号识别报警。基于小波变换算法，识别特定信号模式的改变、参数异常振荡和参数劣化。

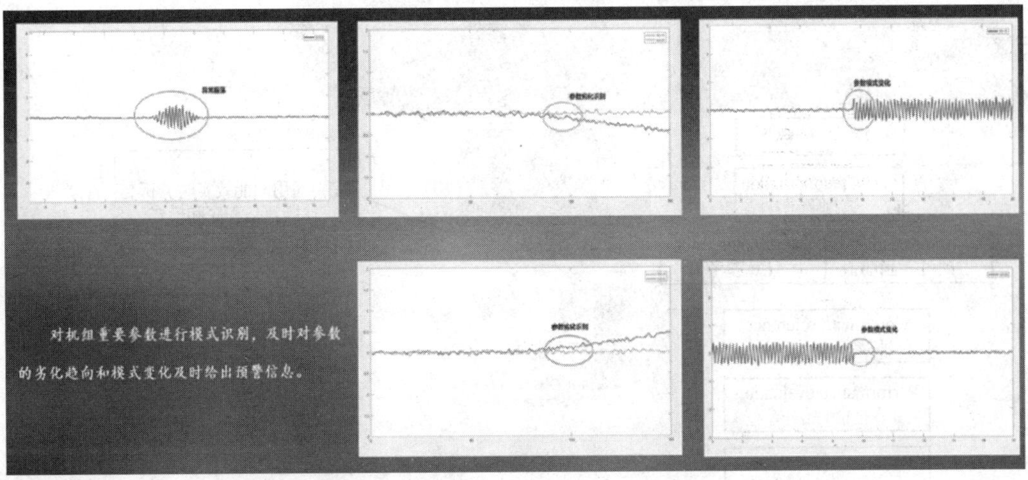

图 2-39 基于控制学机理模型的信号识别报警

构建宏观热力学机理模型，计算特定负荷或工况下的最佳氧量、最佳背压，如果实际氧量或背压偏离最佳值一定幅度，则进行报警提示。基于宏观热力学机理，还能计算得到受热面清洁因子，各受热面吸热量分配比例，锅炉热效率，汽机热耗率，乏汽干度，汽轮机高、中、低压缸的内效率，汽轮机高、中、低压缸功率之间分配比例，发电煤耗等不能直接测量得到的参数，将这些参数的理论计算值与标杆期望值或设计值进行对比，如果偏差超过一定幅度，则进行报警。

全激励在线仿真是指在仿真机的数据总线和实际 DCS 的数据总线之间加入一个接口程

序，采用虚拟 DPU 方式装载和运行控制逻辑，达到与硬 DPU 一样的效果，将实际控制系统的组态结果和人机界面的组态结果向仿真软件映射。基于全厂电力生产的热力学微观机理模型和经验曲线模型，进行在线运行参数的虚拟电厂仿真计算，给出工艺系统与设备运行能效的目标值与实际值的对比结果。将诊断结果转化为运行人员优化操作的指导建议，并进行实时控制层面的直观展示。

图 2-40 示出采用精确的全厂级热力学微观机理建模，进行在线虚拟电厂仿真计算，给出工艺系统与设备运行能效理论应达值，并与实际值进行对比诊断。在设备性能劣化或故障早期，发现实际值较大偏离机理仿真计算得到的理论应达值，则预警设备运行异常，并为运行人员优化操作提供指导建议，在实时控制层面直观地展示。在全厂热力学微观机理建模过程中，需要用到各管道尺寸、管道热导率等参数，采用有限元或有限容积分区、分段，基于能量守恒定律，计算各空间节点处工质的热力学参数随时间的演化。

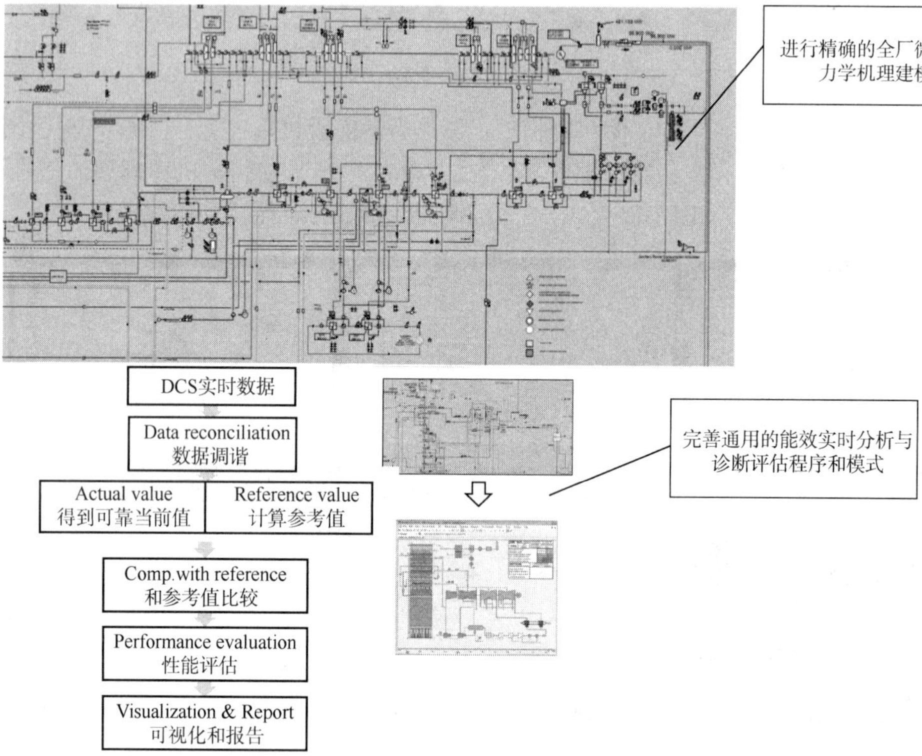

图 2-40 基于微观热力学机理的在线仿真虚拟电厂

2.7.6 智能报警应用效果

图 2-41 示出某设备启动故障时的温度测点随时间的变化，通过温升速率异常的提前预警，比常规的温度上限阈值报警，可提前 3min 发现故障。基于参数变化速率异常的预警模型，原理简单，容易部署，且效果显著，在国电东胜公司 1 号机组得到了大规模使用，共增加了 6300 多条数值变化率异常的预警。

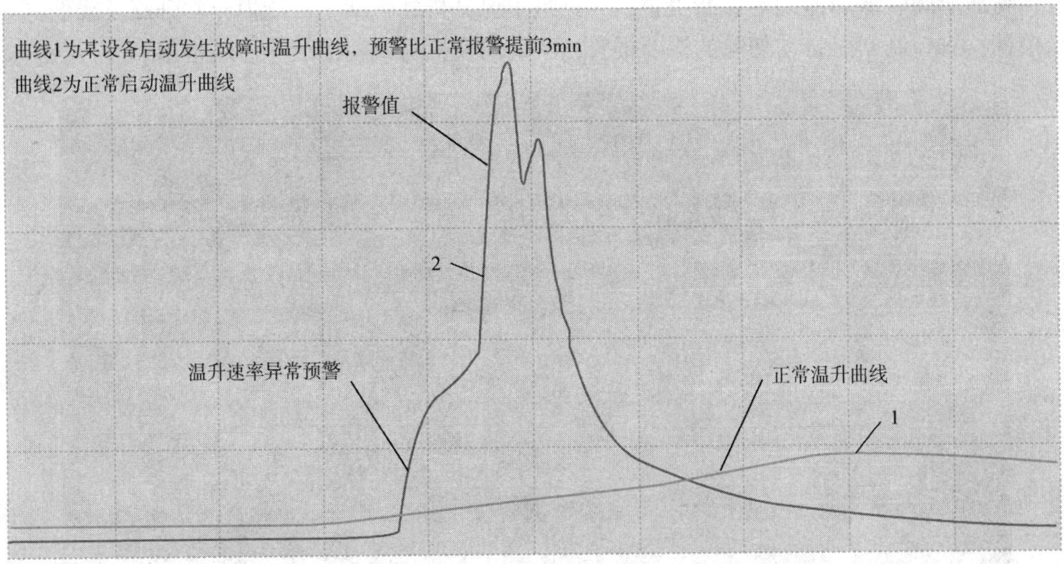

图 2-41　某设备的温度测点变化速率快预警

图 2-42 示出基于斜率变化 Peak 算法，成功提前预警主变压器绕组温度异常变化，相比常规数值高限报警，提前 3min 发现故障，避免了工况恶化。2019 年 1 月 23 日 13：44：03，1#机主变绕组温度出现上升的趋势，13：44：45 智能光字牌发出 1#主变绕组温变速率快预警。发现预警后，运行人员及时采取措施，将负荷 167MW 降至 120MW，及时有效地遏制了温度继续上升的趋势，避免了一次机组非停。查明原因是主变压器绕组温度计电流变送器输出故障。

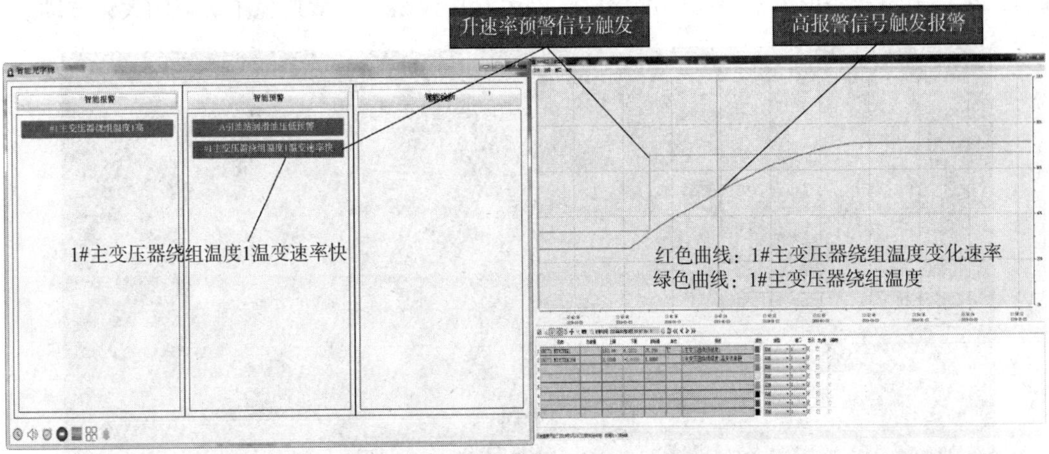

图 2-42　基于斜率变化超限的主变压器绕组温升率预警

图 2-43 示出在 ICS 中，已经部署的基于逻辑故障树和专家知识图谱的故障诊断报警功能应用大约有 300 项，分为：①风烟系统，包括风机喘振及失速、风机跳闸等诊断报警；②制粉系统，包括磨煤机满煤、断煤、磨煤机事故跳闸、给煤机事故跳闸等诊断报警；③给水系统，包括给水泵倒转、给水泵事故跳闸、凝结水泵事故跳闸等诊断报警；④高低加系统，

包括高加泄漏、低加泄漏等诊断报警；⑤机组工况分析，包括主汽压力异常升高及降低等诊断报警；⑥控制回路自动切除的诊断报警；⑦调门及执行机构的故障诊断报警。

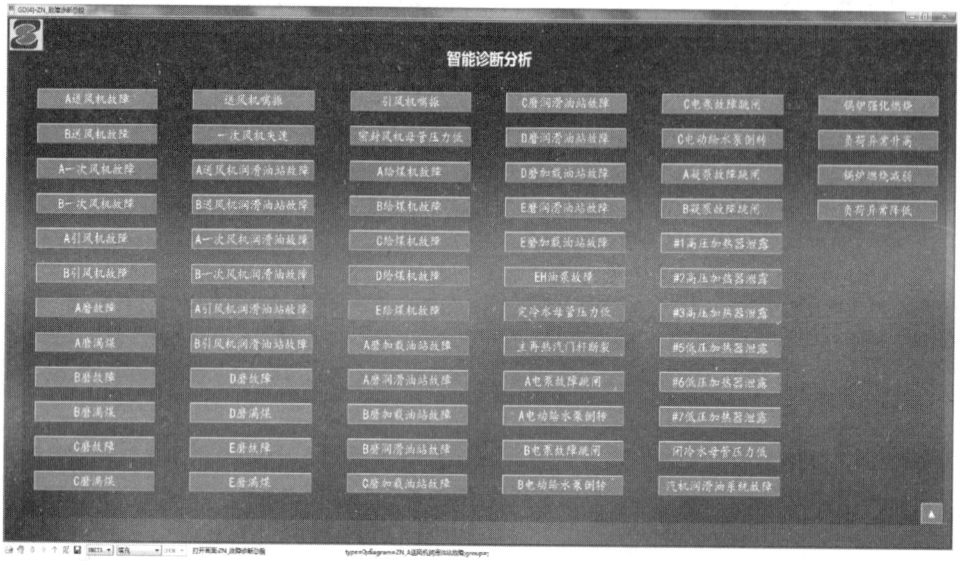

图 2-43　基于逻辑故障树和专家知识图谱模型的智能诊断报警应用模块

2018 年 7 月 20 日 18 点 14 分，智能光字牌发出 C 磨煤机断煤报警信号。运行人员链接到如图 2-44 所示的 C 给煤机故障智能诊断报警页面，发现故障根源诊断为煤仓下部落煤管堵塞。随即运行人员又切换至 C 磨煤机操作画面，发现 C 给煤机的煤量指令为 45t/h，但实际反馈煤量仅为 38t/h，并且反馈值还有继续下降的趋势，运行人员判定为 C 给煤机断煤。随后，运行人员第一时间启动备用磨煤机，停运 C 磨煤机，有效避免了负荷的大幅波动。

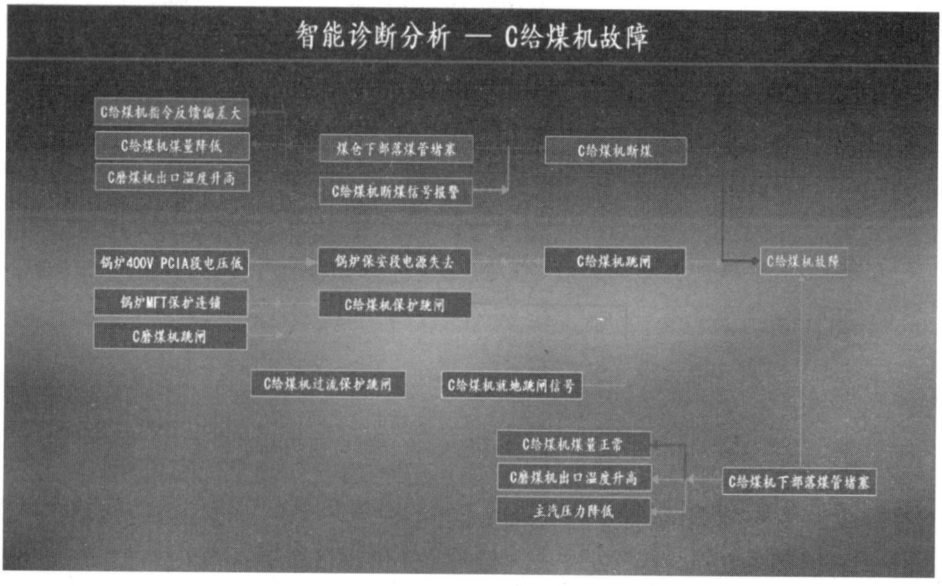

图 2-44　ICS 中基于逻辑故障树和专家知识库的 C 给煤机断煤故障诊断报警

基于大数据分析和神经网络建模，给出期望值或期望区间，可覆盖全部工艺系统及设备状态参数，该模型已经在国电东胜公司 1 号机组大规模应用，已训练完成 1000 多条各工况下的标准参数和期望区间。发生异常时，将运行参数与标准值或期望区间对比，实现异常参数的报警。目前已完成部署的预警监测参数包括磨煤机出口风压、重要辅机电流、空预器出口烟温烟压、给水流量、总风量、高低加疏水温度及压力、高低加出口水温、抽汽温度及压力、脱硝系统出口 NO_x 浓度等。基于标准值、偏差上限和偏差下限形成的期望区间偏离分析，风机电流参数的预警如图 2-45 所示。

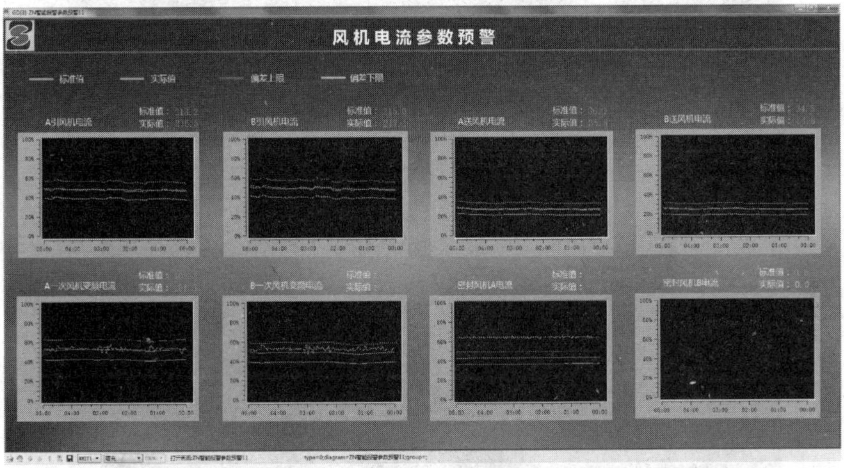

图 2-45　ICS 中基于标准值、偏差上限和偏差下限分析的风机电流参数预警

2018 年 7 月 31 日 10 点 08 分，机组正常运行中，ICS 发出预警信号，C 给水泵转速与标准值偏差大。运行人员通过智能光字牌，链接到图 2-46 所示的 C 给水泵智能预警曲线，发现 C 给水泵转速有瞬间突降现象，由 5000 转突降至 4300 转，之后该情况又相继出现几次。运行人员停运 C 给水泵，联系热工技术人员进行处理。检查发现，转速测点信号线存在虚接的情况，处理后 C 给水泵转速恢复正常。

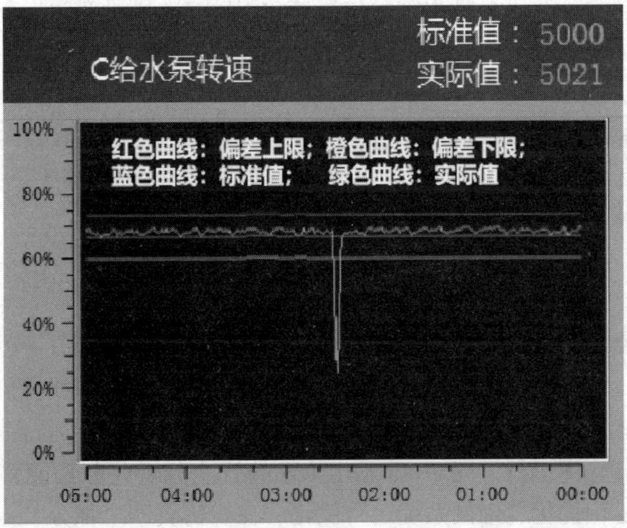

图 2-46　基于大数据分析模型的智能预警及时发现给水泵 C 运行异常

2018 年 7 月 26 日 14 点 37 分，机组正常运行中，ICS 发出预警信号，磨煤机 D 出口一次风压与标准值偏差大。运行人员通过智能光字牌，链接到图 2-47 所示的 D 磨煤机出口一次风压智能预警曲线，发现实际值(绿色曲线)超出预警上限(红色曲线)。检查发现 D 磨煤机入口风压低于正常值，但尚未达到报警下限，分析可能是 D 磨煤机入口风管堵塞造成。联系检修人员进行就地检查和处理，解决 D 磨煤机入口风管堵塞的问题，D 磨煤机入口风压恢复正常值，出口风压实际值与期望值偏差大预警信号消失。

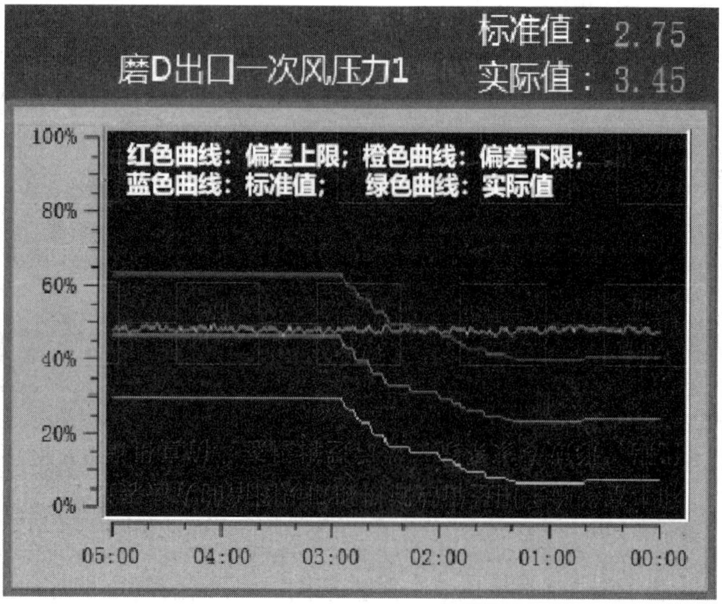

图 2-47　基于大数据分析模型的智能预警及时发现 D 磨煤机出口一次风压异常

基于 ICS 的智能报警功能模块基本完成部署，应用 1 年半后，实际效果较好。

(1) 智能预警 23 起，正确率 100%，包括磨煤机出入口压力异常、给水泵转速异常、B 引风机前轴承温度异常、给水泵推力轴承内温异常、B 一次风机变频指令与反馈异常等。

(2) 智能诊断报警 16 起，正确率 100%，包括磨煤机断煤 12 次、给水泵再循环内漏 1 次、AGC 异常切除 3 次。

(3) 基于三大原理的智能报警系统投运后，预计能为每台机组每年减少 1~2 次非停损失，保守估计能为 2 台发电机组的火电厂减少 400 万元/年的停机损失。

2.8　智能分析

智能分析功能模块是指采用机理建模、数据分析、机器学习等方法，实时处理生产运行中产生的大量数据，计算出机组安全、经济、环保等各项指标，在线评价机组运行状态；进行智能寻优，计算参数的最优标杆值，并实时给出当前偏差，指导运行消差或投入自动校正回路，使机组实现自趋优运行。图 2-48 示出 ICS 的智能分析业务功能，包括实时性能计算与耗差分析、机组运行优化、辅网系统运行优化、在线仿真四个部分。

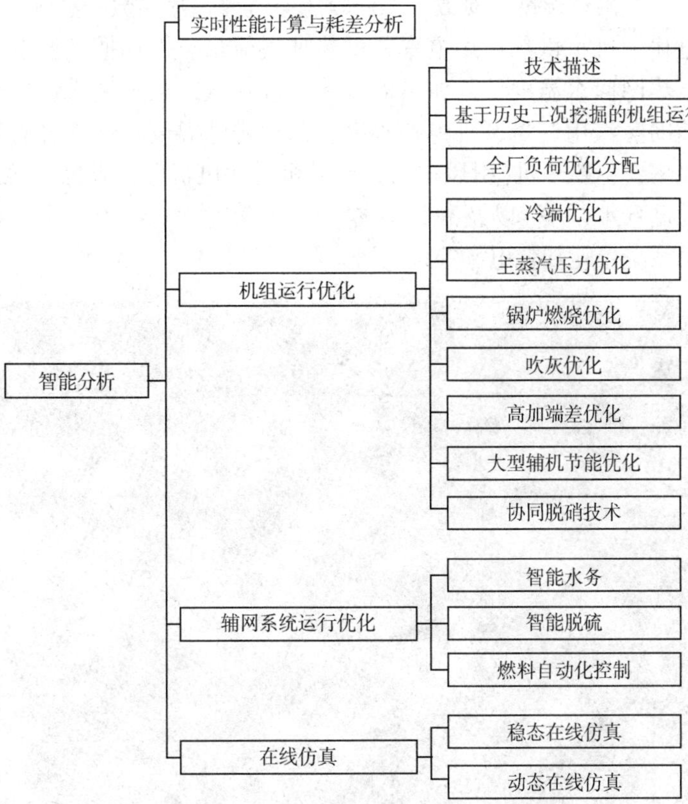

图 2-48　ICS 智能分析业务功能的结构图

2.8.1　实时性能计算与耗差分析

实时性能计算与耗差分析是指以实时生产数据为依据，通过对电厂设备及系统参数进行实时监测、数据挖掘计算、热力学机理分析、标杆值寻优，全面、直观反映机组运行状况，寻找生产数据中的规律和特性，在生产实时控制层面计算并给出机组的各项性能指标和能损分布及大小，明确机组的节能降耗潜力，给出最优的过程控制目标值，使运行人员在这些结果的支持与指导下合理调整运行参数和运行方式，达到提高机组效率、降低煤耗的目的。实时性能计算与耗差分析功能模块具备指标统计分析、工况分析与能效对标等工具，通过实时与定期小指标统计、数据归类统计、特定工况分析、能效对标统计等功能，实现厂级、机组级、设备级多层次、立体式、全方位能效计算和监测，使一线运行人员在 ICS 中直观掌握机组能效状况，有明确的调节依据和方向，并为后续能效寻优和先进控制打下基础。

(1) 性能计算及分析应包括机组级和厂级两个层面，建立机组热力设备及系统的性能数学模型，在线实时、准确地计算、分析、评价发电厂技术经济指标和设备的性能指标，实现对机组全方位的性能在线监测。

图 2-49 示出在 ICS 中主机的实时性能计算与能耗分析指标，包括：发电煤耗、供电煤耗、汽轮机热耗率、机组热效率、锅炉效率、管道效率、排烟热损失、漏风率、机组补水率、高压缸效率、中压缸效率、厂用电率，凝结水过冷度、空冷风机频率、进口温差、冷却

空气入口温度、冷却空气出口温度、对数平均温差、空气侧传热系数、蒸汽侧传热系数，机组供热比、机组热电比、机组供热厂用电率、供热抽气流量、供热抽气温度、供热抽气压力、热网回水流量、热网回水温度，各加热器端差、过热器减温水流量、再热器减温水流量、燃料发热量、辅助蒸汽用气量、机组补水率、锅炉排烟温度、烟气含氧量、飞灰含碳量、空气预热器漏风率，主要辅机(引风机、一次风机、送风机、磨煤机、增压风机、电动给水泵、凝结水泵、循环水泵等)以及制粉系统、空冷系统、电除尘、除灰系统、输煤系统、脱硫系统、脱硝系统单耗和耗电率等。

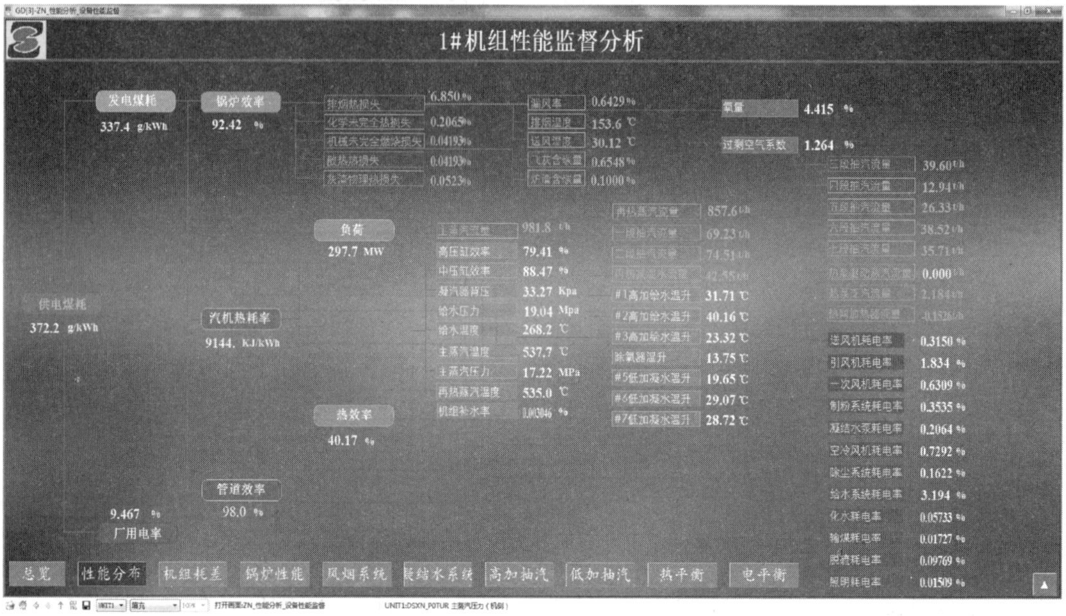

图 2-49　ICS 中的实时性能计算与能耗分析

厂级性能计算指标包括全厂供电煤耗率、全厂发电煤耗率、全厂供电量、全厂发电量、全厂厂用电率、发电机电压品质、全厂燃煤量、全厂补给水量、全厂汽水品质指标、全厂辅助用气量等。

环保性能计算和分析的指标包括：

① 烟气系统：实测/折算净烟气二氧化硫浓度、实测折算净烟气氮氧化物浓度、实测/折算净烟气烟尘浓度、净烟气含氧量、净烟气湿度、净烟气温度、净烟气压力、净烟气流量、污染物排放小时平均浓度、污染物产生率和污染物排放率等。

② 脱硫系统：脱硫监测计算和分析的项目宜包括烟气脱硫(FGD)入口温度、FGD 入口压力、FGD 出口温度、FGD 出口压力、FGD 入口/出口烟气流量、实测/折算 FGD 入口二氧化硫浓度、实测/折算 FGD 出口二氧化硫浓度、实测/折算 FGD 入口含氧量、实测/折算 FGD 出口含氧量、实测折算 FGD 入口粉尘浓度、实测/折算 FGD 出口粉尘浓度及脱除效率等。

③ 脱硝系统：选择性催化还原(SCR)进口烟气压力、SCR 进口烟气温度、SCR 进口烟气流量、SCR 出口烟气压力、SCR 出口烟气温度、SCR 出口烟气流量、实测/折算 SCR 进口 NO_x 浓度、实测/折算 SCR 出口 NO_x 浓度、SCR 出口 NH_3浓度、SCR 进口/出口氧气浓度、

脱硝剂流量（稀释前）、SCR 反应器旁路挡板开度、SCR 进出口烟气压差、SCR 氨气压力、SCR 氨气温度及脱除效率等。

（2）在线机组耗差分析是指通过对影响机组安全性、经济性的关键性指标进行偏差在线计算，定量给出参数偏差对基准煤耗的影响，并给出消除偏差的运行调整指导建议或系统自动进行耗差消差。耗差分析通过对能效指标的发展变化趋势进行预测，给出预警。

图 2-50 示出在 ICS 中的耗差分析指标，包括：①汽轮机效率总耗差：高压缸效率、中压缸效率、汽轮机各级间效率；②蒸汽参数总耗差：主、再热汽温，主、再热汽压；③高压加热器给水系统总耗差：1~3 号高加上、下端差，锅炉给水温度，除氧器压损；④低压加热器系统总耗差：5~7 号低加上、下端差；⑤锅炉系统总耗差：锅炉效率、排烟热损失、排烟温度、烟气含氧量、飞灰含碳量等；⑥锅炉减温水总耗差：过热器减温水流量、再热器减温水流量；⑦汽机冷端总耗差：凝汽器背压、凝结水过冷度；⑧厂用电率、再热器压损、燃料发热量、辅助蒸汽用汽量、机组补水率等。

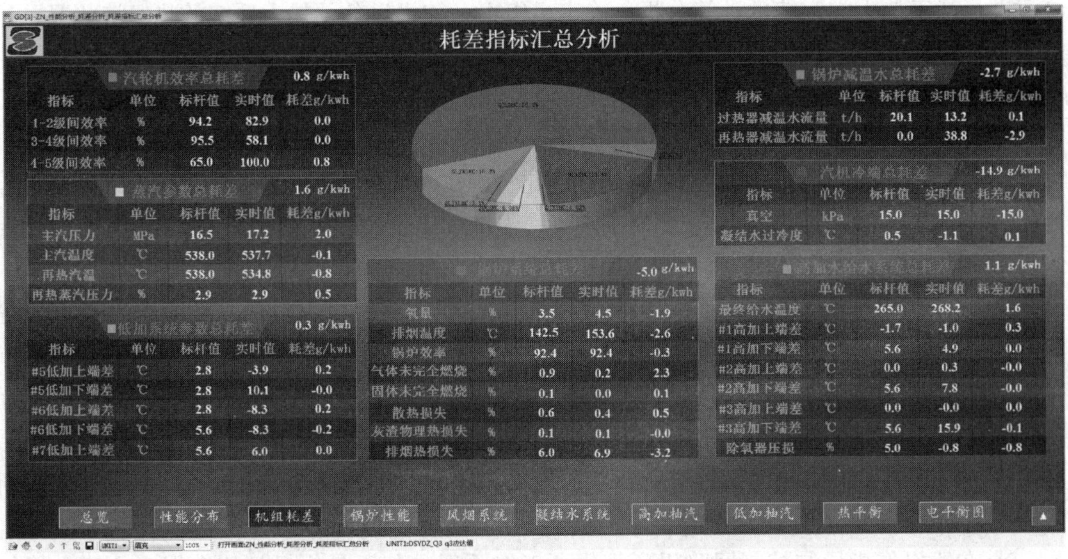

图 2-50 ICS 中的耗差指标分析

2.8.2 机组运行优化

机组运行优化的工作原理是指以实时能效计算为依据，采用机理建模、机器学习以及智能寻优算法计算变工况下机组主要参数的最优标杆值、最佳运行方式，为运行人员给出操作指导或闭环控制设定，使机组逐步实现自趋优运行，实现机组能耗，排放，设备寿命损耗等多目标优化。图 2-51 示出机组运行优化和操作指导功能，包括：基于机理建模的机组或工艺系统运行优化、基于大数据挖掘和工况分析的机组或工艺系统运行优化、全厂负荷优化分配、冷端优化、主蒸汽压力优化、锅炉燃烧优化、吹灰优化、高加端差优化、大型辅机节能优化、脱硝优化、氧量优化、磨煤机运行优化、脱硫耗电优化、供热系统优化、操作员的行为实时监督与考评管理等。

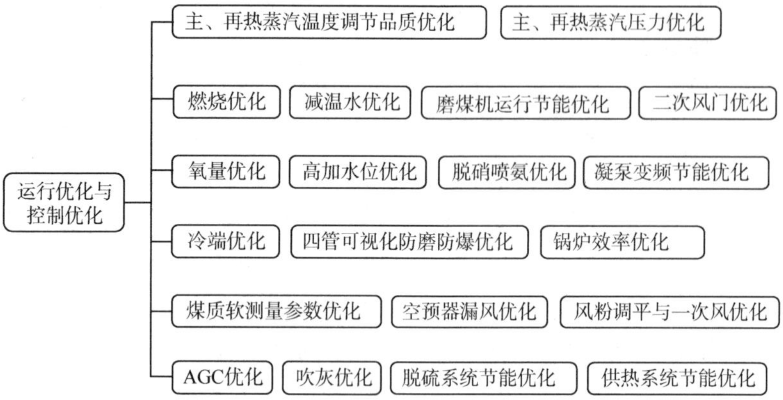

图 2-51　ICS 中的运行优化与控制优化

（1）基于机理建模的机组或工艺系统运行优化。工作原理是通过对机组热经济性及运行参数进行基于热力学定律的计算分析，确定机组主、辅机设备及热力系统的热经济状况，运用热经济诊断分析原理对当前的运行参数、运行方式进行计算，定量给出其对经济性的影响，并给出基于机理建模计算的最优标杆值及消除偏差的指导建议或指导值。

（2）基于大数据挖掘和工况分析的机组或工艺系统运行优化，包括基于历史工况挖掘的机组运行优化、在线操作指导与控制回路闭环优化、操作人员行为在线考评。工作原理是对机组运行的海量数据进行挖掘，根据机组负荷、环境温度、煤质等不可控条件进行工况划分，按优化目标筛选出最优运行状态，继承和应用历史数据中的运行经验，实现机组运行优化。

① 基于历史工况挖掘的机组运行优化，工作原理是根据机组负荷、环境温度、煤质等不可控边界条件进行机组运行工况划分，按照稳态或准稳态工况判定方法提取历史数据库中有效运行数据，按优化目标筛选出各工况下的历史最优运行工况，建立其关键参数的历史标杆值数据库。将当前工况与历史最优运行工况进行智能匹配，对比当前运行工况与相应的历史最优运行工况，给出较优指标对应的参数最优标杆值，作为指导机组运行的基础，并更新标杆值数据库。

② 在线操作指导与控制回路闭环优化，工作原理是基于最优标杆值数据库，建立机组运行在线操作指导系统，将最优运行标杆值及相应的操作有效应用到生产实际，实时指导生产一线的运行操作行为，实现标准化最优操作。通过最优标杆值数据库，实时计算各个可控参数在不同边界条件下实际值与标杆值的偏差，对机组运行经济性(供电煤耗)影响的大小，定量描述各项偏差，使有关生产人员及时准确地掌握机组当前运行工况，提示并指导运行人员及时调整。在指导值稳定可靠的条件下，可将其与过程控制回路实现自动化闭环优化，实现机组自趋优运行。

③ 操作人员行为在线考评，工作原理是对火电厂运行操作进行大量的统计与分析，总结出每一项操作行为所影响的状态参数变化量集合。该集合参数与标杆值进行耗差计算，其结果即为该操作行为对煤耗的综合影响，以此量化运行操作效果，对接个人绩效 KPI 考评，进而实现对运行操作的科学评价。

（3）全厂负荷优化分配，工作原理是系统依据电厂内所有机组的供电煤耗特性和各台机组的运行工况，以全厂运行机组供电煤耗量最少、排放量最小为目标，对中调负荷指令进行机组间的负荷优化分配，实现节能调度及负荷经济分配。在接收电网调度下发的全厂各机组总负荷指令或计划负荷曲线后，全厂负荷分配系统应根据各台机组的煤耗率、脱硫效率、负荷响应速率、调节余量和上网电价等，自动合理地进行全厂机组最优化负荷分配。全厂负荷优化分配模块的功能包括：

① 根据各机组在多个负荷点的煤耗值，自动拟合出各机组煤耗特性曲线，作为机组最优经济负荷分配的基础。

② 在充分优化机组供电煤耗的同时，充分考虑机组效率、热耗率、频率响应和其他损失，在保证机组安全运行的前提下，降低机组负荷调节频率，提高机组稳定性。

③ 根据机组主辅机状态自动设定负荷上下限，并具有避免长期停留在临界负荷附近的能力。

④ 设定负荷调节不灵敏区，避免机组的频繁调节。

⑤ 对电网调度实时发送的全厂负荷指令，在满足负荷响应快速性要求的同时实现机组间负荷的经济最优分配。

⑥ 在电网调度实时指令未及时送达时，系统根据已经接收到的电网调度负荷调度计划，在满足负荷响应快速性要求的同时实现机组间负荷的经济最优分配。

（4）冷端优化，工作原理是对由汽机真空变化带来的机组功率增量与循泵系统、空冷风机群运行方式改变带来的功耗增量进行比较，以综合收益最高为目标，优化最佳真空定值和冷端系统设备的运行方式。

① 对于湿冷机组，循环水泵的优化运行通过对循环水泵耗功与汽机功率增量收益进行平衡计算，确定汽机真空最优值，确定循环水泵的最优运行方式或给出变频循环水泵的最优运行转速。

② 对于间接空冷机组，冷却塔内配水及淋水设备的优化运行，以冷却塔出塔水温的应达值与实际值偏差做为调节依据，自动给出最优运行方式。间接空冷机组的运行优化应通过机理模型计算，在线确定和监测系统的防冻边界，从而在防冻边界范围内进行最优真空经济性优化，保障机组同时兼顾安全性与经济性。

③ 对于直接空冷机组，运行优化是通过机组实时排汽焓及排气量、凝汽器真空在线估计、冷却空气的平均流量、空冷翅片管束的迎面风速及空冷风机的耗功，结合汽轮机末级变工况计算原理，对空冷风机耗功与汽轮机功率增量收益进行自动平衡计算，给出真空最优值，给出空冷风机的最优运行方式或变频空冷风机的最优运行转速。空冷机组的冷端优化还应考虑冬季冷却管束的防冻问题。

（5）主蒸汽压力优化，工作原理是以减小机组稳态运行时汽轮机主蒸汽调节阀的节流压损为目标，同时兼顾机组正常控制调节(包括 AGC 控制、一次调频控制等)性能。通过对汽轮机前主蒸汽压力设定值的修正，减小汽轮机进汽节流损失，达到提升机组效率的目的。通过试验、机理分析和数据挖掘等方法，获取机组调节余量、汽轮机节流损失、主蒸汽压力、真空、负荷等对象之间的关联和约束。设计以节流损失为目标、调节余量为约束、真空为修正的负荷-主蒸汽压力关系曲线，实现基于主汽调阀压损和真空修正的主蒸汽压力优化控制。主蒸汽压力优化模块的功能包括：

① 在各个纯凝负荷工况下，通过改变主汽压力以进行汽轮机性能试验，充分考虑高中压缸效率、高中压缸可用能、给水泵能耗等指标，通过计算汽轮机热耗率确定最优主汽压

力，并拟合不同电负荷下的最优主汽压力，获得机组经济运行的定滑压曲线。

② 主蒸汽压力滑压曲线应根据真空、供热蒸汽流量等相关参数进行修正。

③ 对于阀门开度较大影响机组负荷调节能力的控制方式，提供凝结水节流、高加旁路、供热抽汽节流等蓄热利用措施，以补充调门控制余量，在提升机组效率的同时提高机组AGC的调节性能。

（6）锅炉燃烧优化，工作原理是在锅炉安全稳定运行、排放要求满足标准的前提下，以锅炉效率最优为目标，根据环境温度、负荷、煤质等边界条件划分不同工况，在各工况下通过机理建模、历史工况寻优等方法优化调整SOFA风、辅助二次风、一次风压、风箱差压、氧量、磨组运行方式、配煤、磨入口一次风量等参数，实现锅炉效率、炉膛出口NO_x、炉膛出口烟气温度偏差等综合最优的燃烧工况。在线燃烧优化功能的技术要求包括：

① 完成一次风速热态均匀性测量及调整，采用防堵靠背管对同磨出口的4根一次风管风速进行热态测量，当偏差超过规定值时通过可调缩孔进行调平。

② 完成一次风量标定，通过实测磨出口粉管一次风速并计算磨入口通风量，对比表盘风量和实测风量，进而标定各台磨煤机的DCS风量，对可调缩孔进行调整、解体和粉管吹扫，将各粉管间风速偏差调整在5%以内。

③ 完成煤粉细度试验，在一次风管风速调平基础上，在制粉系统正常出力不变的情况下，进行煤粉取样，筛分煤粉细度，将煤粉细度调至规程推荐的范围内。

④ 进行排烟温度及空预器进出口氧量的测量与标定，在电厂习惯运行方式下，对空气预热器进出口氧量进行标定。

⑤ 对排烟温度进行网格法测试，对DCS排烟温度测点进行标定。

在线燃烧优化模块的功能包括：

① 应用神经网络、支持向量机等智能算法，建立锅炉燃烧模型，实现重要参数监控；

② 应用遗传算法、粒子群算法等多目标优化算法，给出基于数据分析的锅炉历史最优燃烧方式；

③ 应用有效、成熟的入炉煤质、风粉浓度以及炉内温度和气体组分浓度在线测量技术，支持主再热蒸汽温度、锅炉积灰结焦和污染物（主要为氮氧化物NO_x）排放控制优化功能；

④ 基于炉内智能检测技术、CFD计算流体力学技术以及可视化技术实现炉内温度场与组分浓度场的三维展示（CT展示）功能；

⑤ 实现风煤比调整、磨煤机负荷分配、配风方式优化等功能，提高燃烧效率、减少污染物排放，并解决燃烧过程中的火焰中心偏斜、气流冲刷墙面，炉膛出口两侧烟温偏差大等导致水冷壁磨损爆管、对流受热面局部过热及高温蒸汽爆管的安全隐患；

⑥ 基于智能检测数据和DCS历史、实时数据资源，采用基于燃烧机理模型的CFD数值模拟及先进机器学习算法，获取不同煤种、不同工况下炉内燃烧的全局最优工况，在线指导锅炉燃烧运行优化。

锅炉燃烧优化的效果包括：

① 图2-52示出在ICS中，以三维可视化的方式展示锅炉实时燃烧状态和重要参数，包括负荷、锅炉燃烧效率、过剩氧量、总风量、总煤量、燃烧过程的温度分布等；

② 图2-53示出在ICS中，基于大数据学习的历史状态参数和实时燃烧分析，给出实时燃烧优化调整的四套推荐方案，即给出最优方案、次优方案、次次优方案、次次次优方案。

在每套方案，均有该历史记忆状态下的各给煤机煤量、一次风门开度、动叶调节挡板开度、燃烧器摆角、上层燃尽风开度、下层燃尽风开度、二次风门开度等具体数值，指导运行操作人员按照推荐的参数进行燃烧优化调整。

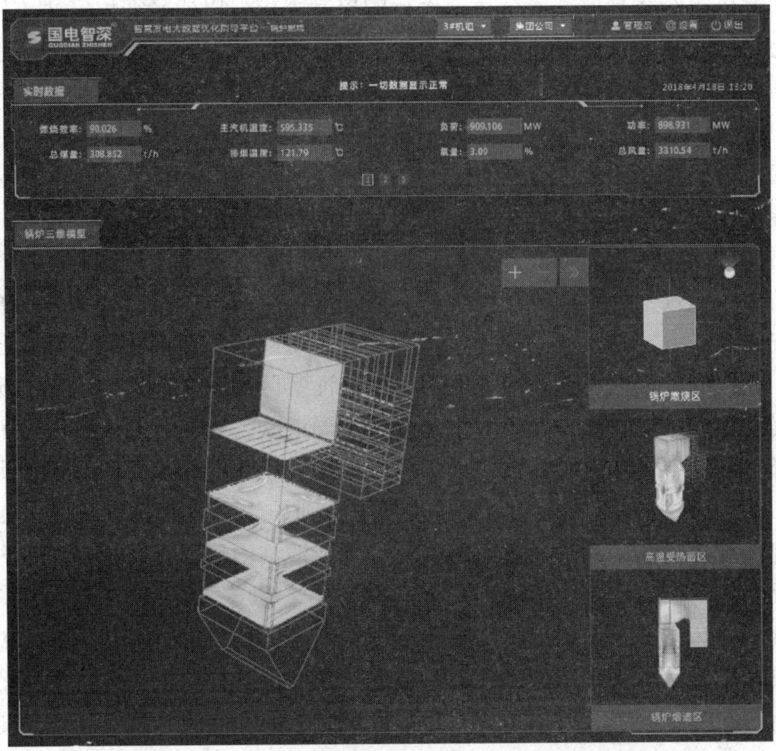

图 2-52 ICS 中锅炉燃烧状态实时分析与三维可视化展示

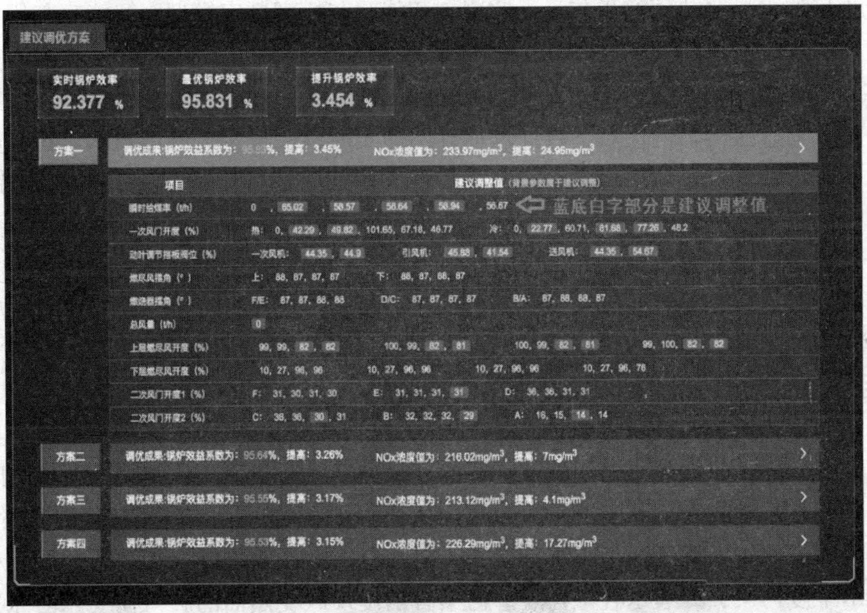

图 2-53 ICS 中燃烧优化调整的四套方案推荐

（7）吹灰优化，工作原理是以传热效率、蒸汽消耗、管壁磨损综合最优为目标，通过试验、机理分析、数据挖掘和模型计算等方法获取锅炉受热面的实时积灰程度，通过安全性、经济性分析权衡吹灰带来的收益和支出，确定当前工况下锅炉各受热面下的吹灰方案，实现按需吹灰，满足机组经济高效、安全稳定运行的控制需求。以能量守恒定律、传热学和工程热力学原理为基础，综合软测量模型、工质侧参数、烟气侧参数，逆烟气的流程逐段进行各受热面的污染率或脏污因子计算，建立起炉膛污染模型、对流受热面污染模型和空气预热器污染模型。积灰或结渣的在线监测系统采用污染率或脏污因子表征受热面的积灰污染状态，以锅炉运行状态为条件，根据吹灰净收益，确定最佳吹灰频率和不同负荷下的临界污染因子，给出运行操作指导和相关吹灰指令，实现锅炉吹灰控制的优化。

燃煤电站锅炉用煤的灰分和硫分含量较高，容易形成水冷壁、过热器、再热器和空预器等受热面的沾污和积灰，严重的积灰或结渣对锅炉的安全经济运行有很大的影响。传统的锅炉吹灰系统按照事先设定的吹灰周期工作，即定时定量吹灰。但锅炉在实际运行过程中，由于煤质变化、燃烧调整和大小修技改等原因，受热面实际的积灰速度与原先的预测往往不能吻合，甚至偏差很大。按照锅炉设计时设定的吹灰周期吹灰往往并不合理，从而造成吹灰不足或过于频繁。吹灰不足导致受热面污染进一步加剧，积灰或结焦导致机组带大负荷的能力受限，且 AGC 调节响应速率下降。吹灰过于频繁，则导致受热面管壁减薄，四管泄漏的风险加剧。因此，有必要基于锅炉受热面的脏污程度或清洁因子，在智能发电平台 ICS 上，搭建定量化和智能化的按需吹灰智能控制系统。

锅炉受热面的污染类型包括炉膛水冷壁区域的高温结渣，屏式过热器、高温过热器、高温再热器区域的高温粘结灰，尾部竖井烟道低温过热器的干松积灰，空气预热器的硫酸氢铵粘结灰。智能吹灰控制系统的目标是，基于在线监测参数，实时计算分析锅炉受热面的污染程度，在保证机组经济性和安全性的前提下，通过制定合理的吹灰控制策略，实现变“定时定量”为“按需适量”的智能吹灰闭环控制系统。智能吹灰控制系统的功能模块包括关键参数的在线软测量技术、受热面的积灰污染监测、智能吹灰模糊判定模型、智能吹灰优化控制策略、吹灰控制优化指令队列。

① 关键参数的在线软测量技术。为了提高受热面的脏污程度监测精准度，需要对煤质等难以通过仪器直接测量的参数进行计算估计，即实时软测量。软测量技术是污染监测计算的基础，同时一些软测量结果可供运行人员参考，以优化运行控制。图 2-54 示出锅炉受热面污染评价的在线软测量数据来源，包括煤质低位发热量、收到基水分、灰分、高温烟气温度、烟气含氧量、再热蒸汽流量。依据直吹式制粉系统的能量平衡和质量平衡原理，回归分析与数据拟合相结合，得到原煤水分。计算锅炉总热量，基于煤量，实时计算低位发热量。基于 53 种火电厂常用煤质，回归分析水分、灰分与低位发热量之间关系，求得灰分。

② 受热面的积灰污染监测。受热面污染的监测内容包括过热器、再热器、省煤器和空预器的清洁因子。通过各个对流受热面工质侧的进出口温度、压力、流量及烟温测点，计算出传热温差及实际传热系数，采用清洁因子的变化来反映受热面的积灰状况，清洁因子是受热面的实际传热系数与理想状态的传热系数的比值。图 2-55 示出基于受热面污染情况监视指标，清洁因子或脏污因子或污染置信度，受热面分为红、黄、绿三种颜色，红表示严重污染，黄表示中度污染，绿表示轻微污染。污染置信度反映受热面的脏污程度，也称为脏污因子，脏污因子基于清洁因子反算得到。脏污因子大于 80 分，则显示红色，严重污染，应加

强吹灰。脏污因子大于 60 分，小于 80 分，则显示黄色，中度污染，应适度吹灰。脏污因子小于 60，则显示绿色，轻微污染，可以不吹灰，或者短时间程序吹灰。基于受热面污染程度分级，自动调用分区内的吹灰器对锅炉受热面吹灰，从而实现除尘和除结焦。图 2-55 示出屏式再热器吹灰置信度为 78%，大于 60%，小于 80%，说明屏式再热器受热面为中度污染，应调用屏再长吹进行程控吹灰。

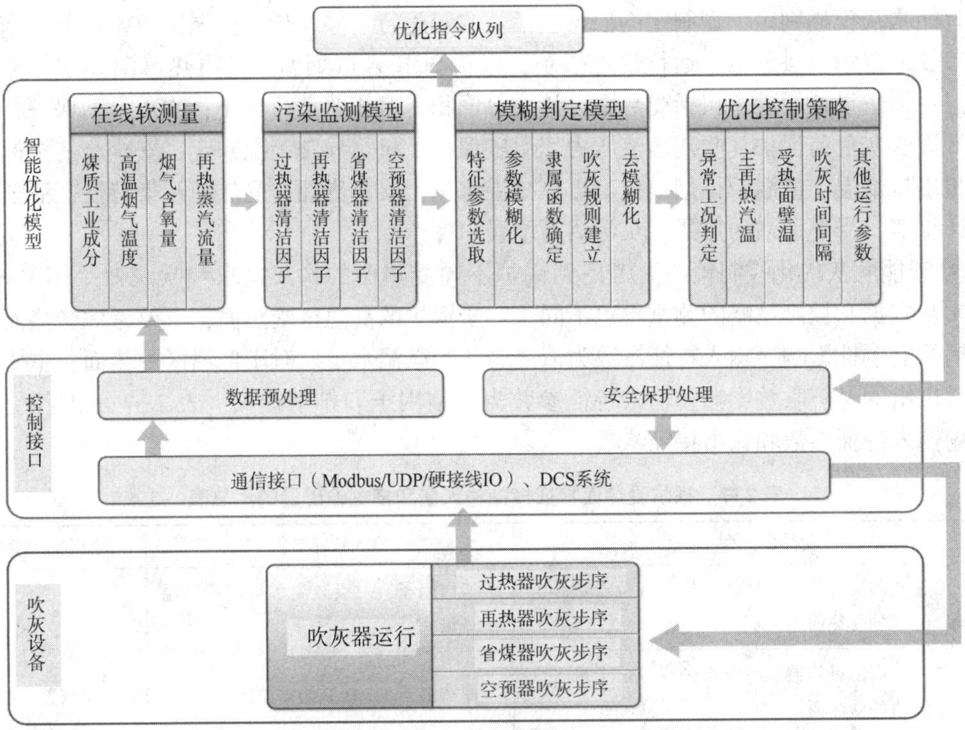

图 2-54 ICS 中锅炉受热面污染监测与吹灰器运行的控制策略

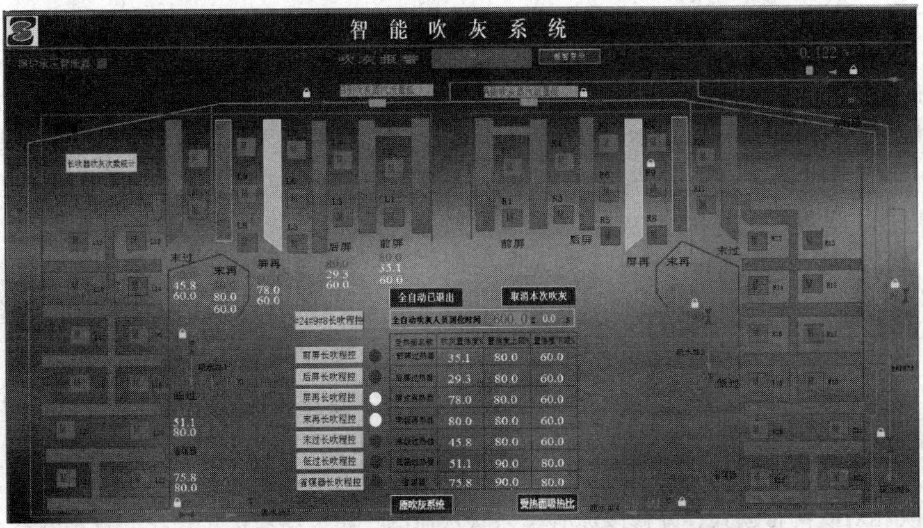

图 2-55 ICS 中智能吹灰系统的受热面污染置信度和吹灰枪程控画面

③ 智能吹灰模糊判定模型。智能吹灰模糊判定模型构建的基础是实时判定受热面的吹灰需求度，吹灰需求度计算考虑了多方面因素，除受热面本身的污染程度外，综合了锅炉运行汽温、减温水流量、排烟温度、SCR 入口烟温等运行情况。吹灰需求度计算采用具有权重倾向的“多层模糊控制理论”，针对每个受热面所处区域和积灰特性，单独编制吹灰控制策略。基于多层模糊控制理论的吹灰策略权衡了受热面污染状态和锅炉安全性、经济性以及调节需求，形成“智能吹灰模糊判定模型”。

智能吹灰模糊判定模型制定的依据包括：吹灰运行经验，包括汽温、偏差调节，烟气温度调节，减温水流量调节；运行规程限制，包括 SCR 入口烟温，主再热汽温异常，金属管壁超温；锅炉设计因素，包括受热面设计换热面积，容积热负荷大小；吹灰启动保护，包括最低允许吹灰负荷保护，吹灰蒸汽压力、温度保护，机组异常工况判定；安全经济指标，包括炉膛出口烟温、壁温，排烟损失、再热减温水量，吹灰汽耗；受热面污染特性，清洁因子实时计算值，受热面沾污形式，灰污沾污增长速度。

④ 智能吹灰优化控制策略。考虑到锅炉不同受热面的吹灰需求和吹灰效果不尽相同，制定吹灰判据和控制策略的侧重点也不同。对于锅炉的高温区受热面，主要考虑受热面挂焦后对锅炉安全性影响，输入特征参数为清洁因子和减温水量。对于低温区受热面，主要考虑吹灰对机组的经济收益影响，输入特征参数为清洁因子和排烟损失。表 2-7 示出各受热面的模糊输入特征参数和输出特征参数。

表 2-7 锅炉受热面特征模糊输入量和模糊输出量的汇总表

受热面类型		输入特征参数	输出特征参数
高温区	前屏过热器、后屏过热器等位于炉膛上部的受热面	清洁因子、一级减温水与再热减温水流量	吹灰置信度
	高温过热器、高温再热器等位于水平烟道的受热面	清洁因子、二级减温水流量	
低温区	低温过热器、低温再热器、省煤器等位于尾部烟道的受热面	清洁因子、排烟损失	

图 2-56 示出智能吹灰系统的前屏长吹程控界面，前屏长吹的单吹程控序列包括：打开 A、B 侧蒸汽阀，吹灰疏水阀；打开吹灰电动总阀；吹灰调阀投自动；吹灰调阀压力设定 1.0MPa；吹灰调阀压力设定 1.8MPa；进 L1 吹灰器，退 L1 吹灰器；进 R1 吹灰器，退 R1 吹灰器；进 L2 吹灰器，退 L2 吹灰器；进 R2 吹灰器，退 R2 吹灰器；进 L3 吹灰器，退 L3 吹灰器；进 R3 吹灰器，退 R3 吹灰器；进 L4 吹灰器，退 L4 吹灰器；进 R4 吹灰器，退 R4 吹灰器；进 L24 吹灰器，退 L24 吹灰器；进 R24 吹灰器，退 R24 吹灰器；关闭总调阀，压力设定为 0MPa；关闭吹灰电动总阀；关闭 A、B 侧蒸汽阀。智能吹灰系统的控制类型包括自动模式、手动模式、顺启模式、复位请求、单步请求、跳步请求等。

⑤ 吹灰控制优化指令队列。根据吹灰器所在的位置及影响的受热面，形成吹灰控制优化指令队列，将现有 48 只吹灰器分为 7 个组，分别为分隔屏、后屏、屏再、高再、高过、低过、省煤器。将原来的一个大顺控变为 7 个小顺控，与吹灰器分组相匹配。每一个小顺控包含单吹和对吹两种模式，并修改原有单只吹灰器的逻辑，新增优化指令的触发因素。根据受热面布置情况，对长吹吹灰器画面进行重新设计，使吹灰器的位置准确，影响范围可见，

有利于运行人员操作。

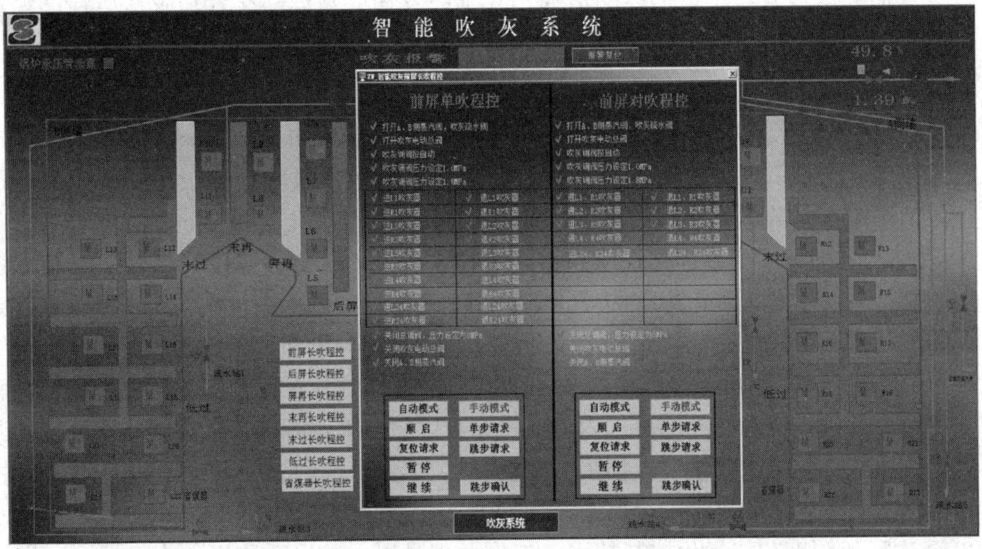

图 2-56　ICS 中智能吹灰系统的前屏长吹程控界面

智能吹灰系统的实施效果包括：

a. 实现定制化、独立化和精细化的分区域“最优化”吹灰。采用不影响生产的污染监测模型生成技术，基于长周期趋势的识别算法能有效防止外界干扰。基于清洁因子构建的受热面污染在线监测模型，提高了变工况下受热面污染监视的可视化、实时性和精确性。通过受热面污染监测模块显示的受热面污染程度，将吹灰资源更为细化地配置到各个受热面上。基于煤质软测量，优化吹灰频率，实现煤质变化时的动态吹灰优化，提高了机组的整体吹灰收益。

b. 首次实现了智能吹灰与主机 DCS 的一体化。实现了真正意义上的按需适量吹灰闭环自动控制，整个吹灰过程首次实现了“无人吹灰”。

c. 改善主、再热汽温在吹灰过程中控制不稳的状况。提出了全新的吹灰器分组方式，简化操作，突出重点吹灰部位。优化吹灰后，各个区域受热面的吹灰在空间和时间上的分配都趋于相对独立，最大限度地减少了连续吹灰过程中对锅炉主、再热汽温的欠温情况，可有效维持汽温的稳定性。

d. 优化锅炉受热面吸热分配比例，减小减温水用量。实时在线监测锅炉炉膛出口烟温、各受热面节点平均烟温、过热器及再热器的各级减温水流量、受热面各节点汽温等参数，以辅助指导不同区域受热面的吹灰，从而使锅炉吸热配比尽可能地适应锅炉燃烧方式调整。通过吹灰优化，可以实现不同负荷的受热面吸热量的理论最优分配，以提升主、再热汽温平均温度，提高汽温调节裕量，减小锅炉再热减温水流量。

e. 减少受热面过吹造成的管壁减薄。当受热面积灰速度较慢，或者积灰程度较轻时，系统应适当减少吹灰频率。在受热面确实有吹灰需要的情况下，管壁外层有积灰层的存在，一定程度上也能够减少高压吹灰蒸汽对管壁的损伤。根据污染程度进行吹灰，而不是传统的“定时定量盲吹”，可有效地缓解受热面过吹造成的管壁减薄现象。

（8）高加端差优化，工作原理是端差能很好地反映高加的运行情况，水位的变化会影响到端差的变化，保持最佳水位可以减少高加上端差和下端差，使高加对给水充分发挥加热作用。建立高加系统端差与能损指标的模型，基于联合调度与分配各高加水位定值的优化方法，协同各级高加疏水调节，减小各高加水位的波动，实现整个高加系统的经济运行。

（9）大型辅机节能优化，工作原理是对于大型辅机变频调速（或动叶调节）与阀门（或挡板）节流调节组成的工艺系统，在技术条件许可情况下，以减小节流损失、降低大型辅机运行电耗为目标，实现以变频调速（或动叶调节）为主要调节手段的控制。大型辅机节能优化的对象包括凝结水泵的深度变频优化、一次风机深度节能优化等。

① 凝结水泵的深度变频优化控制技术，工作原理是以除氧器水位为目标、凝结水系统压力为约束、凝结水系统节流损失为修正的凝结水泵深度变频控制策略，实现基于边界条件约束下的凝结水泵的深度变频优化控制。通过试验、机理分析和数据挖掘等方法获取凝结水系统压力、除氧器水位调节阀、凝结水泵变频出力、凝结水流量、负荷等对象之间的关联和约束。在边界条件允许和受控的范围内，通过全开除氧器上水阀门，依靠凝结水泵变频调节除氧器水位，减小凝结水系统节流损失，降低凝结水泵运行电耗。在兼顾机组正常调节控制性能和特殊工况下，实现机组安全稳定控制能力。

② 一次风机深度节能优化控制技术，工作原理是以一次风系统压力为目标、磨煤机出口风量或风速为约束、磨煤机系统节流损失为修正，构建一次风机深度节能控制策略，实现基于边界条件约束下的一次风机深度节能优化控制。通过试验、机理分析和数据挖掘等方法获取不同磨组组合方式下的一次风系统压力、磨煤机冷热风调节挡板、磨煤机出口温度、磨煤机出口风量或风速、负荷等对象之间的关联和约束。在边界条件允许和受控的范围内，通过全开磨煤机热风进口调节挡板，依靠一次风机压力控制来满足系统必要需求，减小一次风系统的节流损失，达到提升机组效率的目的。在兼顾机组正常调节控制性能和特殊工况下，结合机组燃用煤种和磨煤机运行组合，进行区分控制，实现机组安全稳定控制能力。

（10）脱硝优化，工作原理是综合应用 NO_x 分区测量、入口 NO_x 软测量、喷氨格栅均衡控制与总量控制、氨逃逸监测等先进技术，结合预测控制及智能前馈等先进算法，构建 NO_x 排放控制优化功能，实现基于喷氨控制的 SCR 出口 NO_x 浓度优化控制。喷氨优化的技术要求包括：

① 结合锅炉燃烧优化控制的结果，在降低 SCR 入口 NO_x 浓度的前提下，进一步提升基于喷氨控制的出口 NO_x 浓度优化控制效果，最终在控制机组 NO_x 达标排放的同时有效减少氨的过量喷入，降低氨逃逸率。

② 通过入口 NO_x 软测量技术，预测入口 NO_x 浓度，作为喷氨前馈的重要参数，参与到喷氨总量的闭环控制中，解决入口 NO_x 测量滞后的问题。

③ 采用先进控制算法对 SCR 出口 NO_x 浓度进行控制，同时用氨逃逸对主回路进行校正。并基于数据自动学习，逐步达到与燃烧器组合、燃料变化时的快速判断调整，实现 SCR 系统的智能、精细控制。

④ NO_x 分区测量采用低故障率、结构简单的 NO_x 分区测量装置和分析仪表，进行 NO_x 的准确测量。SCR 出口烟道分区宜在 12 个以上，每区 1 个取样探头，采用同时取样、分时轮测的方式进行测量，数据更新时间宜在 10min 以内。

⑤ 入口 NO_x 软测量采用根据其与锅炉燃料量、风量以及燃烧工况等之间的因果关系，采取动态多元线性回归或机器学习算法进行递归拟合，得到较准确和及时的软测量结果。

⑥ 智能喷氨格栅均衡控制是指通过出口 NO_x 的实时测量值，结合出口 NO_x 的历史数据，建立基于喷氨扩散模型、催化剂性能场模型的最佳出口 NO_x 均衡控制模型。

⑦ 采用较可靠的氨逃逸监测技术和趋势预警算法，降低空预器堵塞概率。

智能发电平台 ICS 中运行优化的高级功能是在实时能效计算结果基础上，采用寻优计算得到当前工况下的最优操作目标及运行方式，辅以先进控制算法进行高品质调节，形成工业生产过程的“能效大闭环”运行。基于热力学机理建模、数据挖掘、自寻优算法，“能效大闭环”在提供制粉、燃烧、最佳氧量、汽温、汽压、吹灰、喷氨、空冷以及 NO_x 排放等一系列智能操作指导的时候，按照既定规则直接执行程序闭环控制，在 ICS 中“消除了部分人为操作”，有助于实现真正的“无人监盘”。“能效大闭环”过程控制既实现了控制性能优化，又减小或消除了机组、设备的运行能耗偏差，使机组运行效率时刻保持最优。图 2-57 示出 ICS 中氧量、背压、一次风压和总风量的运行寻优闭环控制。

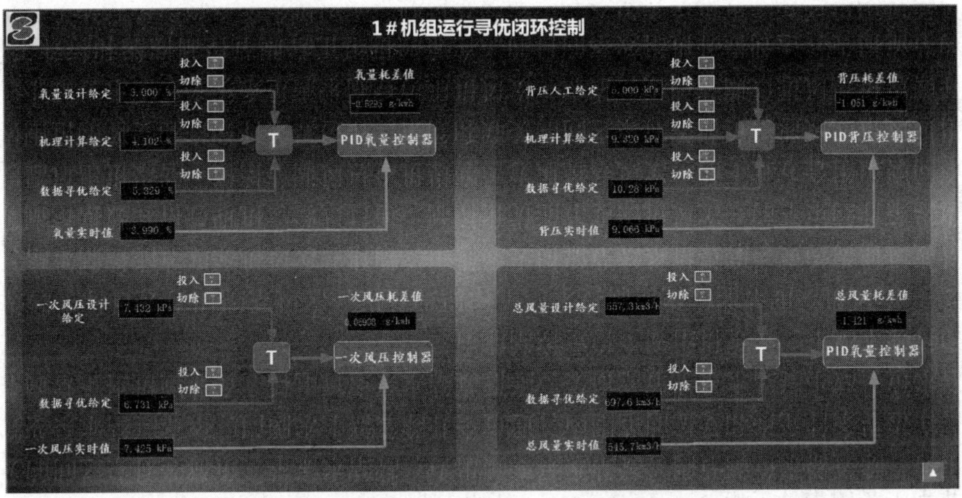

图 2-57 ICS 中氧量、背压、一次风压和总风量的运行寻优闭环控制

2.8.3 辅网系统运行优化

辅网系统运行优化，工作原理是综合应用数据分析、图像识别、非接触检测、多传感器融合、全厂定位、机器人、无人机等技术，实现对辅网系统运行优化，保障辅网系统运行的安全、高效、经济和环保。辅网系统运行优化的功能模块包括智能水务、智能脱硫、燃料运行智能控制和智慧热网。

(1) 智能水务，工作原理是对电厂各水系统情况进行全面调查分析，通过加装水量、水质等检测仪器仪表，实现对电厂各水系统的实时数据采集监测，从而建立智能水平衡系统。智能水平衡可根据工况、季节进行智能化的调节管控，为电厂节水减排和智能水务提供了可行的解决方案。智能水务的功能包括：

① 通过对电厂耗水量、循环水浓缩倍率等关键指标进行分析，并结合有关算法，建立评价体系，增加水的梯级利用级数，减少废水零排放处理水量，合理调配水资源，提高全厂水务自动化水平。

② 采用智能报警算法，实现各个水处理系统、设备故障报警功能。

③ 在厂级水务控制系统的基础上，将数据传输至集团水务管理中心，实现远程系统监控、故障分析、诊断。

④ 水处理设备智能运行，实现制水及废水处理运行根据各系统用水量(尤其是机组用水量)自动启停调节。

⑤ 根据水系统性质，将水系统模块化，包括预处理模块、除盐模块、机组用水模块、循环水模块、废水处理模块等，对每个模块进出水量、水质及设备重要参数进行监督分析。

(2) 智能脱硫，工作原理是以环保达标和节能降耗为目标，采用性能寻优操作指导方法，实现对脱硫系统的节能优化运行指导，提供最优运行方案，降低成本，提高效率。智能脱硫的功能包括：

① 采用数据分析、机器学习、机理建模等技术，实现脱硫系统的设备健康分析、智能诊断、智能报警、智能控制与优化运行，以提高脱硫系统的安全可靠性。

② 采用无线网络、射频、红外和超声波定位、图像识别等相关技术，实现脱硫系统运行就地各环节实时有效监控。

③ 在厂级脱硫控制系统的基础上，将数据传输至集团公司环保管理中心，实现远程系统监控、故障分析、诊断。

(3) 燃料运行智能控制，工作原理是以高速数据网络为基础，应用 RFID 射频识别、三级电子编码等物联网技术，通过 DCS 控制技术与物联网技术的交叉融合，实现 DCS 控制系统对燃料运行管理的应用。燃料运行智能控制的功能和效果包括：

① 实现燃料运行各环节的无人值守设备的自动化控制，包括运煤车辆出入厂及过衡系统、采样系统、制样系统、样品存取系统等关键环节的无人值守，不仅提高了工作效率，还在将人员从繁重的劳动、高粉尘污染的工作环境中解脱出来的同时，彻底避免了燃料管理诸多环节中人为因素的干扰。

② 利用 DCS 控制系统完善的历史记录、事故追忆、操作记录等功能，结合视频监控、门禁管理、GPS 授时等系统对人员操作进行记录、追忆，降低人员违规操作的风险，提高燃料运行管理的安全性。

③ 将煤样制备与管理各环节所有的元素进行统一管理、定位、识别、判断并加以分析、统计，形成统一的燃料智能化管理平台。提高自动化与信息技术应用，解决燃料信息不实、不真、不准、管理效率不高的问题。

④ 使燃料管理形成集成布置、集中管控燃料业务流程。将燃料入厂管理、计量、采制样、存储、煤场等各环节设备控制系统集成统一智能监控平台，实现对各设备运行情况的实时监控，并在设备发生异常时可以通过报警信息迅速做出响应。解决燃料管控难度大、风险高的问题。在燃料管理提升方面，实现了从管人到管设备的实质性跨越。

(4) 智慧热网，工作原理是在换热站传感器信号数字化、电动调阀自动化和互联网远程控制的基础上，通过监控中心统一搜集数据，采用优化算法和模型分析数据，形成优化结果和建议，并根据建议远程自动控制换热站电动调节阀的开度，以使热网的运行效率达到最高效，能耗最低，且满足用户用热要求，无投诉。智慧热网的功能包括：

① 监控中心、热源点、换热站通过局域网相互沟通连接。换热站内监控视频全部上传至调度中心，监控中心通过局域网可在线监视换热站的运行状态和运行参数。水电表数据、观测点的用户室温能自动采集，并传输至监控中心服务器。监控中心可远程控制一网回水的电动调阀，调整换热站供回水温度、压力在最优范围内运行，对超出范围的温度、压力、液位等信息数据，在监控中心系统界面实时提示警告，并短信通知相关人员。

② 换热站自控系统能通过控制回路，结合实时的环境温度通过优化算法，得出最优的供热温度，根据监控中心后台监控软件数据分析得到的协调优化建议，远程自动优化调节换热站参数。

③ 对采集的供热信息数据形成历史报表和曲线，为管理者分析决策提供依据。管理人员和片区运维人员能通过办公电脑及手机远程查询所辖供热数据。

2.8.4 在线仿真

在线仿真包括稳态在线仿真和动态在线仿真。

(1) 稳态在线仿真，工作原理是构建详细完整的全厂热力学仿真模型，基于此模型实现机组的各种变工况运行仿真分析。依据仿真模型进行全厂能量、流量、热量的平衡，直观找出隐藏和潜在的参数变化，实现全厂煤耗分析、性能计算、设备状态分析、运行优化分析。稳态在线仿真的技术要求包括：①为减少测量误差的干扰，实现基于统计学标准的测点数据校验；②根据不同的初始条件，迅速完成大规模的热平衡计算；③具备变工况仿真功能，进行机组设备任意运行方式的高精度仿真模拟。

(2) 动态在线仿真，工作原理是构建与真实物理生产过程系统并行运行的 1∶1 虚拟镜像系统，预测实际机组未来运行状态，提前对运行人员给予提示，指导运行人员的操作。动态在线仿真的技术要求包括：①虚拟镜像系统包括虚拟生产控制系统、虚拟过程模型系统、在线仿真应用等部分；②动态在线仿真系统可进行初始工况设置和事故工况重演；③动态在线仿真系统的仿真模型应与就地设备及工艺系统的各项特性保持一致，并能够根据生产运行实际数据进行模型参数的递推式修正，最大程度保证模型的精准程度；④可通过在线仿真系统进行控制策略的仿真运行研究，试验并选择最佳的控制方案和控制参数，验证方案或参数安全可靠性，之后再进行实际的操作步骤执行；⑤可通过在线仿真系统进行模型加速计算。

2.9 智能控制

智能控制运用智能控制技术与先进控制技术，发展具有模型自学习、工况自适应、故障容错能力的控制算法和控制策略，实现环境条件、设备条件、燃料状况、机组工况变化下，机组全范围、全过程的高性能控制。通过协同协调控制系统、顺序控制系统、锅炉燃烧管理系统、汽机电液调节系统等实现机组、工艺系统自启停控制，减轻运行人员的工作量，降低误操作，提高机组的自动化控制水平。图 2-58 示出 ICS 的智能控制业务功能，包括机组自启停、工艺系统自启停、控制优化三个部分。

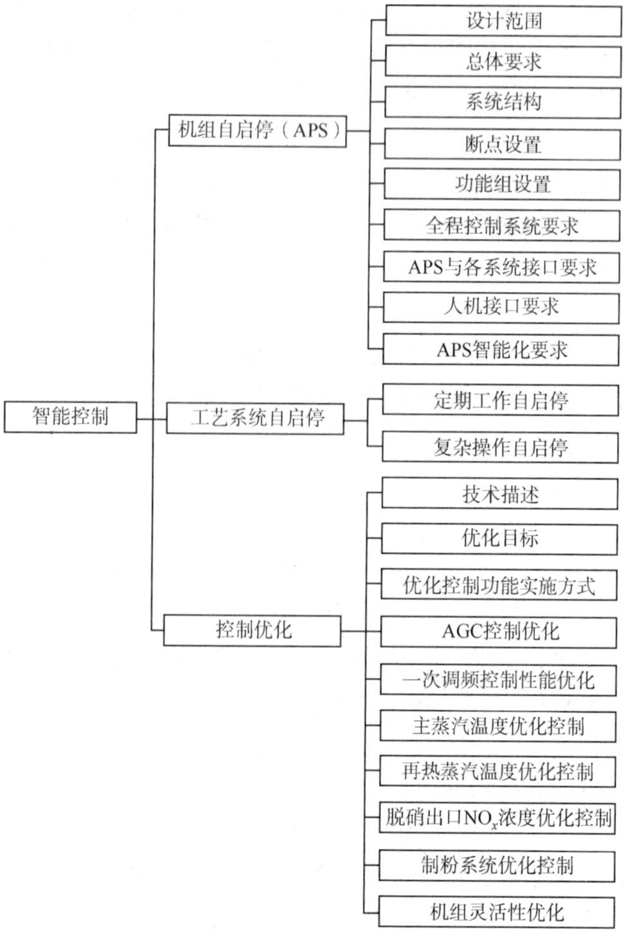

图 2-58　ICS 智能控制业务功能的结构图

2.9.1　机组自启停(APS)

机组自启停(Automatic Procedure Start-up or Shut-down，APS)是基于运行操作流程优化的智能发电技术，将生产设备的数字化、生产数据的信息化、生产控制的智能化与机组顺序控制系统(SCS)、模拟量控制系统(MCS)、锅炉炉膛安全监控系统(FSSS)、汽轮机数字式电液控制系统(DEH)、燃料控制等系统功能有机融合，通过机组各设备层的状态评估及故障诊断，控制层机组级与各子功能组级的运行状态评估，最佳启停策略搜寻和匹配，各子功能组的有序调度，各设备的故障自愈，实现机组和主辅设备在启动、停止及各种常用生产运行工况间的自动、灵活、快速、稳定切换功能，实现机组及主辅设备在生产过程全自动化的自适应、自学习、自寻优功能，最终实现规范和指导操作流程，降低运行人员的操作强度和风险，防止人为误操作，提高机组自动化水平、经济性和安全性。

APS 自动启停控制是智慧电厂的重要功能，有助于实现无人值守、少人管理的智慧电厂建设目标。有必要构建基于智能发电平台 ICS 的主辅机一键启停模块，基于操作票、运行规程和面向对象的设计原理，实现重要主辅机设备的运行标准化和自动化操作，最终实现机组一键启停、故障自动处理和机组性能的自动闭环优化。本章节的分析有助于了解燃煤火力发电机组的 APS 一键启停功能在老机组的首次技术改造和成功应用，通过分析 APS 一键启停技术的应用场景，展示 APS 技术的应用效果，推动燃煤火电行业向基于智能 DCS 平台的高集成、高自动化、自管理、自趋优和自恢复方向发展。

APS 技术在 ICS 上进行逻辑组态，并通过相关的逻辑发出各个设备或系统的启动或停运命令，由子系统协调控制完成。APS 功能是燃煤发电机组最高级自动控制技术之一，具有高度的复杂性，是 ICS 中所有常规控制子系统的统领。APS 技术能实现机组全过程自动启动和停运的综合管理和控制。图 2-59 示出 APS 技术能有序地管理、控制和整合机组数据采集 DAS、模拟量控制 MCS、顺序控制 SCS、锅炉炉膛安全监控 FSSS、协调控制系统 CCS、汽机旁路控制 BPC、汽轮机数字电液控制 DEH、汽轮机控制系统 TCS、给水全程控制 FWCS、燃烧器负荷程控系统 BCS、汽机紧急跳闸 ETS、升压站内设备的网络终端控制 NCS、电气设备控制 ECS、电压自动调节系统 AVR 等分子控制系统，并按预先设定的程序控制机组内各设备的启动、停止和运行状态，最终实现机组的自动启动或自动停运。

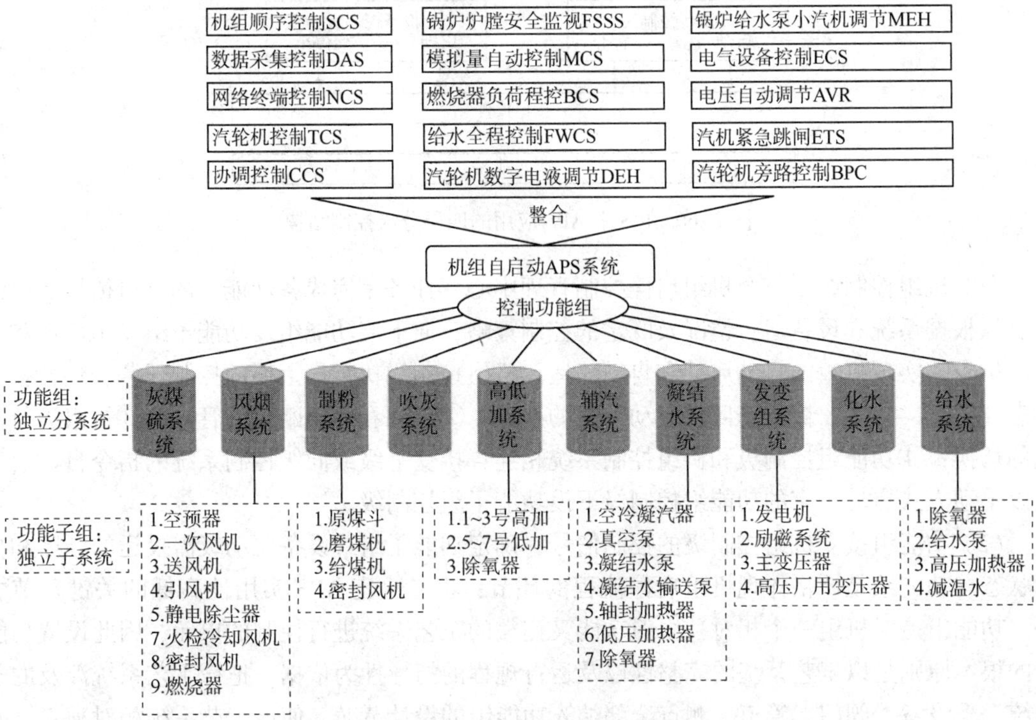

图 2-59 ICS 中 APS 技术的分子控制系统和功能组架构

APS 包括机组自动启动和自动停止两部分，涵盖启动、并网、带负荷、升负荷、降负荷、停机、停炉、投盘车等整个机组启停各个阶段的控制。根据机组的不同工况，包括冷态、热态、温态、极热态，采用相应的上层控制逻辑，通过 DCS 系统数据高速公路，发控制指令到相应各个子系统。APS 一键启停的技术基础是电气和热控一体化控制 ETIC(Electrical-Thermal Integrated Control)，将电厂所有设备纳入统一的协同控制平台。

APS 的控制逻辑设计思想是基本不考虑人员参与调节，完全靠自动化系统解决。运行人员的作用只是高级分析、运行隔离和检修隔离。从宏观整个机组到微观单个设备，图 2-60 示出 APS 的分级控制，包括机组控制级、功能组控制级、功能子组控制级和设备驱动级这四层结构。APS的顺序控制采用四层结构来实现，是为了有效降低控制系统处理规模、减少不同被控对象及其控制系统之间的耦合。APS系统结构要求包括：

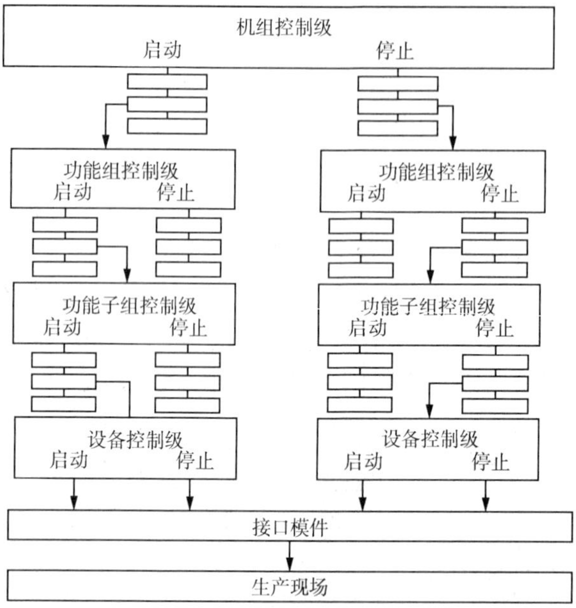

图2-60 ICS中APS应用的四层分级控制结构

（1）机组控制级是整个机组启停控制管理中心，任务是完成各功能组的有机衔接。机组控制级根据系统和设备运行情况及既定的控制策略，向下层功能组及功能子组发出启动和退出的指令，实现机组的自动启动和自动停运。机组控制级执行最上层的控制任务，包括：①冷态、温态、热态、极热态四种启动方式的选择；②启动和停止断点的管理；③机组运行方式的切换；④功能组控制级和机组控制系统相连，接受上级或同级控制系统的指令自动启动或以手动方式启动，有的功能组控制级下设功能子组控制级。

（2）功能组接受机组控制级的控制信号，确定功能子组或设备驱动级需投运的顺序和投用状态。功能组是严格体现机组启停流程的环节，也是决定APS实用性高低的关键环节之一。功能组是对机组一个相对独立但功能又完整的工艺系统进行控制的单元，因此设置功能组的根本原则是以工艺系统的完整性以及运行规程的指导性为依据，把该工艺系统涉及的子系统、子设备、阀门、管道、测点全部纳入功能组的设计范畴，使该工艺系统相对独立，开始于一个稳定的工况也结束于一个稳定的工况。具有APS控制功能的机组至少包括如下典型的功能组：凝结水补水功能组、闭冷水系统功能组、循环水功能组、汽机油系统功能组、风烟系统功能组、高压调节阀预暖功能组、制粉系统功能组、辅助蒸汽功能组、除氧器加热功能组、凝结水上水冲洗功能组、锅炉上水功能组、高加投运功能组、低加投运功能组、并网功能组、电(汽)动给水泵启动功能组。

（3）功能子组接受来自功能组的控制信号，确定设备驱动级投运的顺序和投运状态。功能子组的设计原则是以某个重要设备为核心，以该设备的启动或停止为目标，组织其相关的辅助设备成为一个相对独立的小系统，完成该设备及相关辅助设备的启停。功能子组涉及的独立子系统包括空预器、给水泵、磨煤机、送风机、引风机、除氧器、燃烧器、电除尘、发电机、励磁系统、主变压器等。

(4) 设备驱动级是最小控制单元，其与现场设备直接相连，既接受功能组或功能子组来的顺序控制命令，与生产过程直接联系，也要接受设备的联锁保护、启停允许、手动操作等命令。性能要求包括：①接受生产过程的各种模拟量和开关量信号，并进行信号处理和分配；②进行限值报警、状态等的监视、计算及判定；③单个设备的控制包括开环控制和闭环控制；④过程和设备的保护及联锁；⑤所有执行机构以及控制操作信号的产生和转化等：⑥每个控制单元必须能够完成联锁逻辑，逻辑单元一定要标准化，便于单元控制逻辑和整体控制系统通过接口快速组网。

机组自启停(APS)的技术要求包括：

(1) 必须针对机组特点进行设计，在机组启动和停运过程中，提高操作的规范性、安全性以及机组运行效率。新建机组如需实施 APS，宜在主机招标阶段提出 APS 的控制要求。为使机组自启停控制系统具有实用、安全和较优的控制程序，APS 实施前应由电厂、APS 组态实施单位、设计单位、主机厂家等对 APS 控制范围、控制步序等进行充分讨论，确定 APS 工艺控制范围和每个设备详细的控制步骤、每个步序的反馈结果和目标参数等。

(2) 确定机组自启停控制系统结构，依据机组启动和停运的过程，应通过划分合理功能组，将复杂的启动和停运过程进行分解。机组整机自启停控制系统启动控制范围从凝补水系统启动开始到主要辅机启动完成且机组至少带 50%负荷为止，条件具备时可延伸至 100%负荷。停机控制范围从机组当前负荷开始，终点为汽轮机盘车投入，锅炉风烟系统自动停运为止。

(3) 严格的一键启停功能 OBS(One Button Start-up and Shut-down)对于燃煤火电机组并非必需且也很少被使用。另外设备性能、机组整体设计等各方面也存在一些问题，制约真正 OBS 一键启停的实现，基于有限断点的程序自启停 APS 功能灵活，更适用于燃煤火电生产工艺流程。

机组自启停控制系统采用断点的形式，每个断点应具有程序执行、中断及恢复功能，按设备的运行情况选择断点内功能组或特殊功能组的执行步序，实现对各设备、系统子功能组的调度工作。机组自启停 APS 一般采用断点控制方式，每个断点开始执行均需人工确认。APS 断点设置主要以机组主设备启停控制说明书为依据，并结合机组设备实际情况和运行人员的经验和需求综合设置。图 2-61 示出燃煤火电机组 APS 启动过程一般设置五个断点，包括：机组启动准备断点、锅炉上水冲洗及真空建立断点、锅炉点火升温断点、汽机冲转断点、机组并网断点。APS 停运过程一般设置三个断点，包括：降负荷断点、机组解列断点、机组停运断点。

机组启动准备断点包括开冷水系统启动、闭冷水系统启动、辅机油站系统启动、润滑油系统启动、密封油系统启动和定冷水系统启动这 6 个功能组。辅机油站系统启动的功能组包括 A、B、C、D、E 磨煤机的油站启动功能子组，A、B 送风机油站启动功能子组，A、B 引风机油站启动功能子组，以及 A、B 一次风机油站启动功能子组。

锅炉上水冲洗断点包括凝结水补水箱上水、排汽装置上水及冲洗、除氧器上水启动、除氧器加热启动、锅炉上水启动和锅炉底部加热启动这 6 个功能组。

锅炉点火升温断点包括风烟系统启动、火检风机启动、锅炉疏水系统启动、置二次风门吹扫位、启动炉膛吹扫、启动等离子系统、密封风机及一次风机启动、置二次风门点火位、

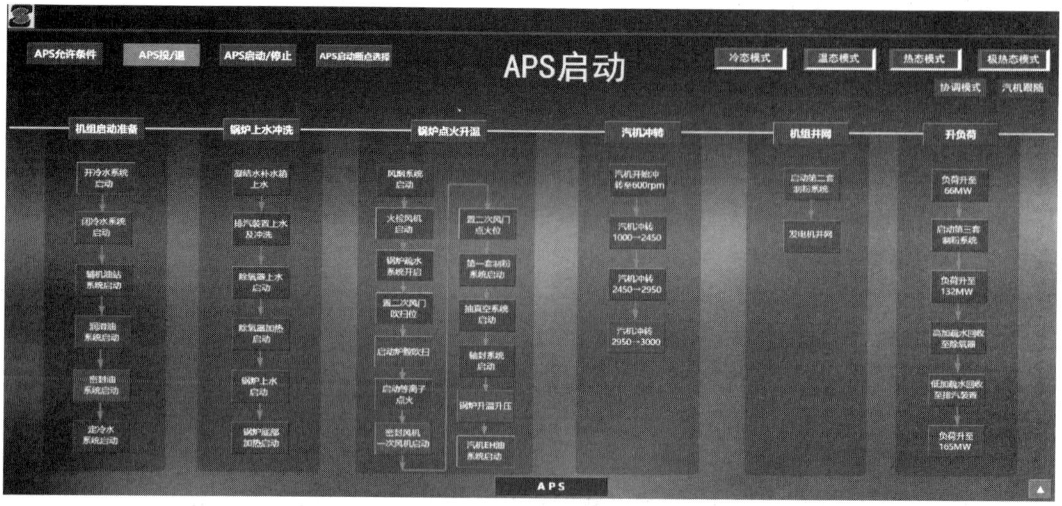

图 2-61　ICS 中燃煤火电机组 APS 启动的流程图

第一套制粉系统启动、抽真空系统启动、轴封系统启动、锅炉升温升压和汽机 EH 油系统启动这 13 个功能组。其中，风烟系统启动功能组包含 A 空预器启动、B 空预器启动、建立风烟通道、A 引风机启动、A 送风机启动、B 引风机启动和 B 送风机启动这 7 个功能子组。

汽机冲转断点包括汽机开始冲转至 600r、汽机冲转至 1000~2450r、汽机冲转至 2450~2950r 和汽机冲转至 2950~3000r 这 4 个功能组。机组并网断点包括启动第二套制粉系统和发电机并网这 2 个功能子组。

升负荷断点包括升负荷至 66MW、启动第三套制粉系统、升负荷至 132MW、高加疏水回收至除氧器、低加疏水回收至排汽装置和负荷升至 165MW 这 6 个功能组。其中，升负荷至 132MW 的功能组包含高加疏水回收至除氧器，以及低加疏水回收至排汽装置这 2 个功能子组。

（4）通过完善的全程控制系统设计，实现功能组和模拟量调节的无缝衔接，实现机组启动和停运过程的全过程控制。针对一些特殊工况设计特殊功能组，实现复杂过程的协调控制。

（5）机组自启停控制系统的逻辑组态应采用规范化和模块化的逻辑组态方式。机组自启停控制系统的人机接口应具有自身模式与状态控制、系统功能组状态监控等功能。操作画面具有在机组启动和停运过程对运行人员指导的作用。

（6）自启停控制系统的调试分为仿真测试，静态试验和动态投运三个阶段。在系统调试过程中应按照先下层后上层的顺序，依次投入各工艺系统，投入机组各启动和停运过程，实现机组启动和停运过程的自动控制。

（7）APS 智能化要求。根据机组启动时所处状态（冷、温、热、极热态）及启动的初始条件，规划功能组和子功能组调用策略与投入时机，即功能组及子组的并行投入、顺序投入、投入时间，最大程度的缩短启动时间，降低启动能耗。采用泛在感知与智能融合技术，全面监测评估机组运行状态，通过机组各设备层的状态评估及故障诊断，控制层机组级与各子功能组级的运行状态评估，实现最佳启停策略搜寻和匹配。功能组的条件判断信号除了可通过常规的现场测量元件采集的信号外，也可通过软测量等先进算法辅助判断出工艺系统的运行状态，增强功能组的容错鲁棒性，提高系统容错性。APS 具备从退出到恢复时的自动断点判断功能，实现 APS 恢复运行后安全的断点续传，提高 APS 的易用性。

要实现 APS 功能，模拟量控制系统 MCS 必须完成全程自动调节。MCS 中重要的七个全程控制系统包括：给水全程控制系统、风烟全程控制系统、燃料全程控制系统、除氧器水位全程控制系统、负荷全程控制系统、主汽压力全程控制系统、汽温全程控制系统。

① 给水全程控制系统。给水全程控制要实现从锅炉上水、冲洗、点火启动、升温升压、并网带负荷、由低负荷逐渐升至满负荷的机组启动过程以及由高负荷降到低负荷、机组解列、锅炉灭火后冷却降温降压的机组停运过程的全程自动控制。给水全程控制包括给水调节、锅炉启动控制和功能组回路。给水调节包括给水流量调节、给水泵出口流量调节、给水差压调节、给水泵再循环门调节、分离器水位调节、汽包水位调节、水煤比调节等功能。锅炉启动控制包括锅炉启动过程中的开式冲洗、循环冲洗、热态冲洗、分离器水位控制、BCP 循环流量控制等回路。功能组包括给水泵的并/退泵控制功能组、给水管路切换控制功能组、给水泵启停顺控、MEH 顺控启停等。给水调节回路需要有自适应工况变化及控制方式自动切换的功能以及被调量调节设定值自动计算功能。

② 风烟系统全程控制系统。风烟系统全程控制包括送风机控制、引风机控制、二次风门控制等功能组。具有 APS 功能的机组，其风烟系统控制必须是全程自动、无须人为干预的系统。送、引风机控制需要配合风烟系统功能组完成风机的启停控制。送、引风机控制需要设计风机自动并列与解列功能，风机并列/解列过程中要采取措施保证炉膛压力的稳定。可采用变速率风机出力平衡调节来减少压力的波动，当炉膛压力波动大时，则降低速率甚至暂停。

③ 燃料全程控制系统。燃料全程控制系统包括油燃烧器的投退控制、燃油量和煤量控制，实现锅炉从点火初期到机组进入协调控制(CCS)方式的燃料全程自动控制，以及降负荷过程中燃料全程自动控制。首台给煤机启动时，维持合适的给粉浓度，保证点火初期燃烧的稳定性。燃烧稳定一段时间后将给煤机给煤率降到一定值，保证锅炉合理的升温速率。非首台给煤机启动时，维持合适的给粉浓度，保证点火初期燃烧的稳定性。燃烧稳定后，给煤机控制投自动，接受燃料主控的指令。在首台给煤机投自动之前，燃料主控跟踪各台给煤机指令的最大值。其他给煤机投自动时，各台已投自动的给煤机给煤率需要进行重新分配，给煤率重新分配过程应不对总给煤率和锅炉燃烧造成明显扰动。根据锅炉启动冷热状态，自动选择合适的启动燃料目标和燃料增加速率。锅炉升温、升压过程中，需要严格控制锅炉应力，必要时增加锅炉应力的燃料闭环控制。为适应不同的煤质，需要对燃料量进行热值校正。需要设计磨煤机台数管理功能组，完成机组升、降负荷过程的磨煤机自动投入/退出控制功能。

④ 除氧器水位全程控制系统。除氧器水位全程控制包括凝结水主、副调节阀控制，凝结水再循环阀控制，凝结水泵控制，凝结水母管压力控制和除氧器水位单、三冲量控制等。

⑤ 负荷全程控制系统。负荷全程控制包括机组并网带初负荷、升负荷、正常带负荷、参与电网调峰和从满负荷减负荷到停机等控制功能，所有过程自动完成。机组升负荷过程由燃料自动控制和汽轮机自动控制共同完成，可采用机组升负荷控制功能组对升负荷进行管理。机组并网带初负荷暖机过程由 DEH 完成，待汽机汽缸膨胀充分后，DEH 可切换到遥控方式，由机组升负荷控制功能组完成升负荷过程。正常带负荷调节参与电网调峰，由 CCS 完成，需要设计磨煤机台数管理功能组，完成机组升降负荷过程中磨煤机的自动启停。停机

过程包括正常停机、滑参数停机和紧急停机三种方式。不同的停机方式降负荷的速率不同。

⑥ 主汽压力全程控制系统。通过协调汽机旁路控制系统、汽轮机压力控制回路、锅炉主控回路等，实现机组冲转前锅炉升温升压阶段、汽机冲转阶段、机组并网、升负荷以及降负荷过程中的主蒸汽压力全程控制。在锅炉点火升温升压阶段、汽机冲转阶段、机组并网带初负荷阶段由汽轮机旁路控制系统控制主汽压力，满足机组不同启动状态下升温升压的要求。机组升负荷过程中，由锅炉主控控制主蒸汽压力，实现机组升负荷过程中对主蒸汽压力定—滑—定的要求。降负荷过程的压力控制与升负荷过程相反。

⑦ 汽温全程控制系统。锅炉点火升温阶段，由燃料和旁路控制系统共同实现汽温的自动控制过程。机组并网转干态之前，控制机组负荷的升速率，通过一级减温、二级减温控制主蒸汽温度为设定值，通过燃烧器摆角或调温挡板、再热器减温水将再热蒸汽温度控制在设定值。机组转干态后给水和锅炉给煤量协同调节稳定分离器入口过热度在正常的范围内，有效防止屏过温度超温的现象。对于直流炉，汽温调节始终以维持燃水比为粗调，减温水为精调。针对超超临界特性，采用减温喷水阀作为联络信号，始终使燃料—给水平衡，使一、二级减温水喷水阀在有效的调节范围内，从而使主汽温度始终受控。主蒸汽温度和再热蒸汽温度的设定值是机组负荷指令的函数。

APS 与各系统接口的技术要求：

① APS 作为基于 MCS、FSSS、SCS、DEH、MEH、ECS、BPS 之上的机组级管理、调度系统，应实现与这些底层控制系统的无缝连接。

② APS 与 DEH 接口。APS 要求 DEH 能够投入 ATC 控制。在 APS 自动启机过程，DEH 应将在 APS 的调度下自动完成汽机复位、挂闸、冲转、低速检查、中速暖机、3000r 定速、并网带初始负荷、升负荷到 30%，然后投入协调。在 APS 停机过程，DEH 应配合 APS、CCS 完成机组减负荷、解列、汽机遮断等工作。

③ APS 与 MEH 接口。MEH 与 APS 的接口主要在 MEH 与汽泵功能组、MEH 与 MCS 中实现。汽泵功能组接收 APS 来的启动指令后，发出汽泵前置泵启动、进出口阀开关指令，然后复位小汽机、小汽机冲转、暖机，直到小汽机冲转完成，交付 MCS 遥控。MCS 自动完成并泵功能。

④ APS 与旁路接口。旁路系统在 APS 自启停过程中也起着十分重要的作用，在锅炉点火后、汽机冲转前，旁路系统根据启动方式(冷态、温态、热态、极热态)自动给定主汽压力，配合锅炉完成升温升压。在汽机冲转时 DEH 系统自动闭锁旁路关闭，旁路系统退出。

⑤ APS 与 SCS 接口。SCS 系统是 APS 自启停投入的重要基础，SCS 功能组接受来自 APS 的启动指令，根据大量的条件判断、时间延时、逻辑联锁、互动等完成各相应设备、子系统、系统的启动与自动退出，并向 APS 反馈执行信息与动作情况，最终实现整个机组的全面自启停、自动控制。

⑥ APS 与 MCS 接口。MCS 接受 APS 指令，同时将根据机组各工况、各系统设备的投切情况、运行状态，与取自工艺系统的温度、压力、流量、负荷等过程参数做综合判断，实现自动调节系统的自举(手自动切换)功能。根据各启动方式和不同的阶段按主设备厂商提供的参数、曲线和以往的经验曲线、参数实现模拟量调节系统的定值自动给定、自动调节。

⑦ APS 与 FSSS 接口。在风烟系统启动与锅炉点火、升温升压、并网等阶段，FSSS 应接受来自 APS 的指令，自动完成炉膛吹扫、油系统检漏、锅炉点火、油层投切管理、磨组

等一系列的工作，来满足锅炉不同时间段和负荷段的要求。

⑧ 人机接口。机组控制级的操作和控制信息应该设计在总画面中，应包括启动模式总画面和停止模式总画面。功能组级的操作和控制信息应该设计在断点详细画面和功能组、功能子组、子回路控制画面中。单个设备控制级应该设计在与功能组、功能子组步序相联系的层次中。APS 的总画面和详细画面可定义为主画面类型，功能组、功能子组、子回路控制画面可定义为弹出式窗口。APS 的断点画面中应该包括断点的启动条件和完成条件、各个步序的指令和反馈条件、断点的操作指令。APS 功能组画面应该包括功能组的启动条件和完成条件、各个步序的指令和反馈条件，功能组的操作可不设跳步功能按钮。

2.9.2 工艺系统自启停

以机组自启停 APS 功能为基础，在控制范围、控制深度、智能化程度等方面进一步完善，实现工艺系统“智能全程自动控制技术”。建设并应用了生产运行过程中主要辅机设备及子系统(统称为工艺系统)的一键启停投退，包括给水系统、磨煤机、风烟子系统、高低加子系统、凝结水泵、AGC、真空严密性试验等一键启停、切换及定期试验。辅机一键启停功能实现了辅机设备由减出力到停运退备，由启动到并入运行及其他复杂操作的全过程自动控制。工艺系统自启停包括定期工作自启停、机组运行期间设备自启停。

(1) 定期工作自启停。工作原理是根据设备的运行时间和顺序，按照设备轮换管理要求，在保证机组工艺安全的前提下定期自动启停相关设备，实现长期运行设备的定期轮换，可采用系统提示与运行人员确认的方式实现。工艺系统定期工作自启停包括定期切换工作、定期试转工作。

一键定期切换工作任务包括：送风机油泵定期切换、引风机油泵定期切换、引风机冷却风机定期切换、一次风机油泵定期切换、火检冷却风机定期切换、等离子载体风机定期切换、等离子冷却水泵定期切换、密封风机定期切换、主机润滑油排烟风机定期切换、密封油排烟风机定期切换、真空泵定期切换、定子冷却水泵定期切换、闭式循环水泵定期切换、凝结水泵定期切换等。

结合智能规划方法，在保证机组工艺安全的前提下实现长期未运行设备的定期试转和相关系统与设备的定期试验，可采用系统提示与运行人员确认的方式实现。一键定期试转工作任务包括：凝结水泵定期试转、密封油备用油泵定期试转、真空严密性定期试验、柴油机定期运行试验、真空泵定期试转等。图 2-62 示出在运机组的真空严密性定期试验采用 APS 技术，实现一键启停操作。通过将真空严密性定期试验的规则和逻辑写入 ICS，构建应用模块 APP，进行试验一键自动程控操作和

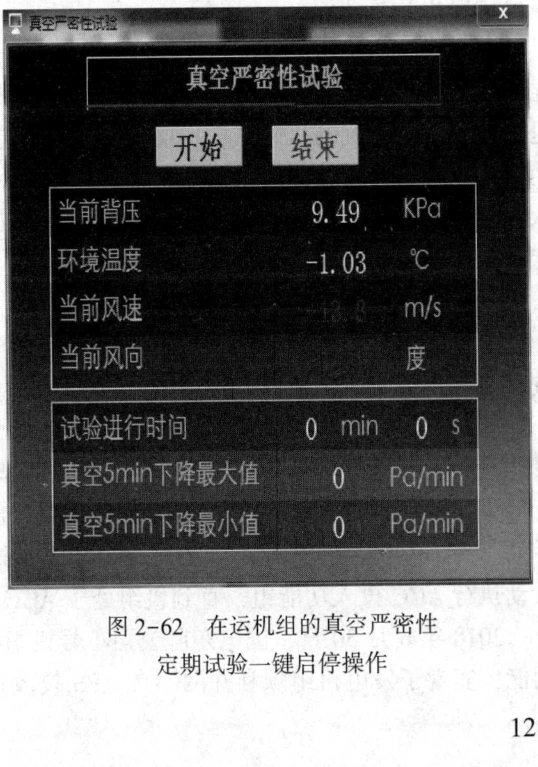

图 2-62 在运机组的真空严密性定期试验一键启停操作

真空 5min 下降最大值的结果自动统计。

（2）机组运行期间设备自启停。工作原理是在机组全工况运行过程中，以尽可能简化或减少运行人员操作为原则，基于安全联锁闭锁逻辑和程控逻辑，实现复杂、频繁的重要辅机设备自动化启停功能。已经实现自动投入和退出的设备或系统操作包括制粉系统磨组自启停、给水泵泵组自启停、六大风机自启停、高压和低压加热器自启停、凝结水泵变频切工频、AGC 自动投切。

① 制粉系统磨组自启停。根据电厂的负荷与煤质实际情况，合理制定好升负荷过程启动磨组的所有负荷区间，并结合锅炉效率最优原则，实现磨组自动启动功能。在全工况运行方式下，到达启动磨组负荷区间时应具备自动提示运行人员进行启动磨组功能信号，待运行人员确认后自动执行该磨组的启动过程，直至该磨组投入自动。根据电厂的负荷与煤质实际情况，合理制定好降负荷过程停止磨组的所有负荷区间，并结合锅炉效率最优原则，实现磨组自动停止功能。在全工况运行方式下，到达停止磨组负荷区间时应具备自动提示运行人员进行停止相关磨组信号，待运行人员确认后自动执行该磨组的停止过程，直至该磨组停止并完成吹扫。

② 给水泵泵组自启停。根据给水泵设备和工艺系统实际情况，合理设计全负荷段自动并退泵功能。根据电厂的负荷与各给水泵出力情况，结合给水系统厂用电率最优原则，合理制定升(降)负荷过程中并(退)给水泵泵组的负荷区间，条件满足时提供给水泵泵组自动启动(停止)的提示，待运行人员确认后启动自动并入(退出)功能，直到该给水泵投入自动(停运)。并泵过程中应保持总给水流量控制平稳，并泵完成后应实现各运行泵流量平衡。

③ 六大风机自启停。根据工艺系统以及风机设备本体的情况，合理设计风机异常情况下的自动退出并入功能组。待判断单侧风机出现异常情况，需要进行停运时，应具备自动提示运行人员进行停止相关风机的信号，待运行人员确认后自动执行该风机的退出功能，直到该风机停止。

④ 高压和低压加热器自启停。根据高低加系统工艺的实际情况，合理设计满足不同工况的高低加系统自动投入退出功能。当某一加热器系统出现异常时，具备自动提示运行人员退出该加热器系统的信号，提示信号包含正常退出及紧急退出。待运行人员选择确认后，自动执行该加热器系统的退出功能，直到加热器水侧出入口电动门已全关。当运行人员手动确认某一加热器系统正常时，具备自动触发该加热器系统自动投入的功能，直到加热器水位稳定在目标水位。

⑤ 凝结水泵变频切工频。根据凝结水工艺系统实际情况，合理设计满足不同工况下的凝结水泵变频自动切换至工频功能。待凝泵变频器出现异常情况时，具备自动提示运行人员进行凝泵变频切换至另一个凝泵工频的信号，直到另一凝泵工频运行。

⑥ AGC 自动投切。根据现场运行过程实际情况，合理设计满足不同工况下的 AGC 自动投切功能。当机组实际运行中出现异常工况，需要解除 AGC 时，具备自动提示运行人员进行退出 AGC 的信号，待运行人员进行手动确认后开始执行 AGC 退出，直到所有给煤机处于手动。待工况稳定后，具备自动提示运行人员进行 AGC 投入的信号，待运行人员确认后，自动执行 AGC 投入功能组，直到机组处于 AGC 方式。

2018 年 6 月 30 日，国电东胜公司 1 号机组在大修后的冷态启动全过程采用 APS 自启动功能，实现了发电机组顺利并网。在 APS 技改过程中，共编写启动操作指令上万条，修订启动操作票89份，绘制启动流程图17份，编制保护控制逻辑图227份。实践结果表明APS的成功实施可显著增加机组控制系统的自动化水平，最大限度地减少运行人员的操作强度和人员数量，实现减员增效。APS一键启停技术改造是第一次在国家能源集团范围内，在运行10年的燃煤发电老机组改造成功，并在大修后的冷态启机过程中得到了实际验证。APS技术的应用效果包括：

a. 减人。APS控制系统在1号机组大修后的启机过程中正式投运，极大降低了运行人员的工作强度，可减少运行人员工作量20%。减少了运行人员参与工作的人数，每个值减少1人，5个值共减少5人，共节约人力成本60万元/年。

b. 减少启动时间。一定程度上减少了每次启机的时间。锅炉上水冲洗断点较之前缩短了25%的时间，锅炉点火升温断点较之前缩短了20%的时间，汽机冲转断点缩短了30%的时间，机组并网断点较之前缩短了40%的时间，升负荷断点缩短了15%的时间。共缩短整机启动时间26%，每次冷态启动可缩短3h。

c. 降低了运行人员的操作失误率。APS技术大幅度降低了运行人员的操作失误率，降低约70%。

d. 降低了厂用电率和煤耗，节省了开机费用。按每年有3次启机计算，共降低了总厂用电率0.1%，节约经费6.5万元/年；减少了煤耗135t，节约经费6.75万元/年。总节约经费73.25万元/年，节省开机费用24.4万元/次。

2.9.3 控制优化

控制优化的目标是促使火电机组适应环境多变、煤质多变、工况多变的条件，克服火电机组大迟延、大惯性、强耦合的控制难点，满足生产过程控制性能提升、经济性能改善和安全运行需要。控制优化的工作原理是采用机理分析、机器学习等多种方法建立工艺过程动态模型，深化工艺过程机理分析与应用，并结合预测控制、自抗扰、自适应等先进控制策略，优化机组主要工艺过程的运行控制性能，提升机组AGC和一次调频控制品质，实现机组在不同工况下的快速、深度、稳定调节。在控制优化技术在ICS中应用，至少包含负荷响应与调节能力优化、重要参数运行品质优化、灵活性控制优化等功能。

(1) 负荷响应与调节能力优化控制。图2-63示出基于阶梯式广义预测控制和精准能量平衡的智能协调控制，其工作原理是融合经典DEB400直接能量平衡和前馈控制策略，以阶梯式广义预测控制为核心设计协调控制方案；基于煤质软测量感知入炉煤变化，对负荷指令静态前馈进行校正，实现基于精准能量平衡的智能协调控制。实践证明，AGC指令重构、煤量智能前馈、GPC控制结合软测量算法，实现基于精准能量平衡的智能协调优化控制，保证良好的AGC调节响应和跟随性，能有效提高机组负荷与一次调频的控制响应能力，满足电网对机组负荷快速与准确控制的要求；扩大机组负荷自动连续调节范围，改善机组在大范围变负荷与磨煤机组启、停段主参数的调节品质，满足电网对机组深度调峰的要求。采用寻优技术，实现厂内机组负荷的经济优化调度，同时满足电网对机组负荷调节性能与电厂对整体经济性的需求。

(2) 重要参数运行品质优化控制。工作原理是采用预测、模糊、自适应等先进控制算法及其他优化控制技术，提高机组汽温、汽压等重要参数的自动调节品质，降低参数偏离与超限运行风险。采用优化技术，提高机组对煤种变化的适应能力，更好满足重要参数的自动调

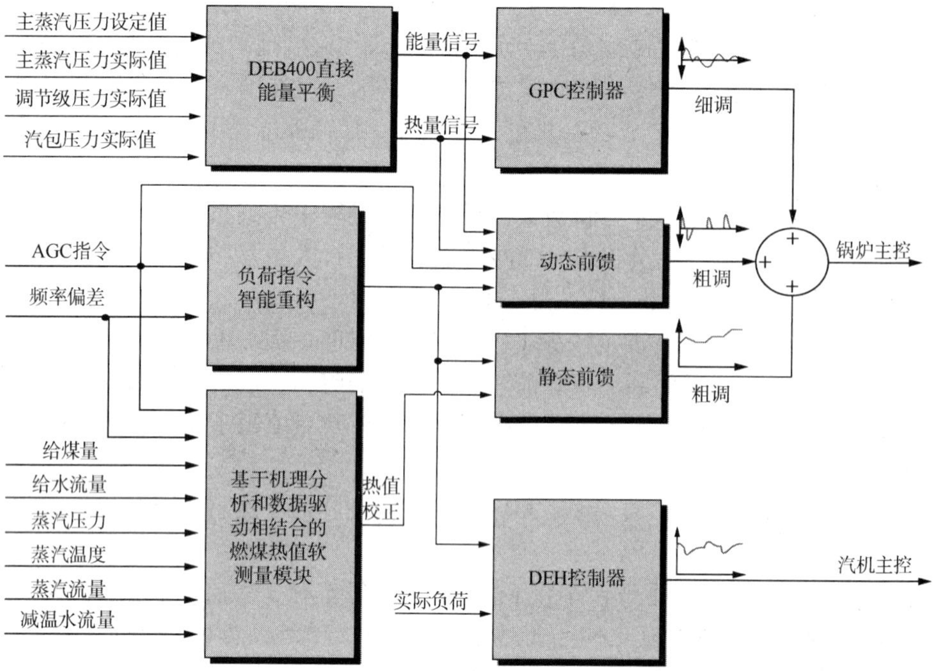

图 2-63　基于阶梯式广义预测控制和精准能量平衡的智能协调控制

节要求。采用容错优化控制技术，引入辅助判据，甄别故障信号，降低设备误停运与保护拒动风险。

(3)灵活性控制优化。工作原理是以机理与安全边界控制为基础，采用变控制策略与变参数的方法，提高低负荷段的调节精度与速度，提高低负荷下的运行稳定性。充分挖掘蓄热利用能力，提高机组负荷的快速响应能力。根据燃烧优化的结果，采用非线性、自适应的先进控制策略提高负荷调节深度。

优化控制功能的实施方式有两种，包括智能控制器与常规控制器同时投入使用，智能控制器优化控制逻辑与常规控制逻辑并存；智能控制器取代常规控制器，采用一套控制逻辑。

1）智能控制器优化控制逻辑与常规控制逻辑并存，并可相互切换投入。这种两套控制逻辑并存和切换投入的技术要求包括：①智能控制器与常规控制器同时投入使用，智能控制器与常规控制器同时读取实时数据；②设计独立的优化控制逻辑安全投退功能，运行人员可无条件切换至常规控制逻辑，并确保切换过程安全无扰动，只有在优化控制逻辑工作正常后才允许切换至优化控制逻辑；③优化控制逻辑的模拟量指令应设置合理的高低限限制，并无扰并入常规控制逻辑；④优化控制逻辑的模拟量指令投入和退出过程应有相应的跟踪和速率保护；⑤优化控制逻辑的开关量指令宜采用指令切换或脉冲的方式并入常规控制逻辑；⑥优化控制逻辑对常规控制逻辑的开关量指令应在优化控制逻辑投入运行后方能有效；⑦当需要用长指令时应在常规控制逻辑侧进行保持。

2）智能控制器取代常规控制器，直接读取现场 I/O 信号与实时数据网络的数据，采用一套控制逻辑实现优化控制。

控制优化的应用功能模块包括：机组 AGC 控制优化、机组一次调频控制性能优化、主蒸汽温度优化控制、再热蒸汽温度优化控制、脱硝系统优化控制、制粉系统优化控制、机组灵活性控制优化、减温水优化控制、风粉调平与一次风优化控制、二次风门优化控制等。

① 机组 AGC 控制优化。部分燃煤火力机组投入 AGC 负荷调度控制后，因大量燃用劣质煤种，较设计煤种的煤质偏差大，实际燃煤的发热量低、水分大，造成 AGC 响应速度慢、投入率低、调节品质差。低氮燃烧改造采用深度空气分级技术，在高温主燃烧区营造缺氧和强还原性氛围，燃煤氧化大量释放热量的过程延迟至富氧的燃尽区，也会导致负荷调节响应速度偏慢。传统 AGC 调节普遍采取粗放的锅炉侧燃料量过燃、汽机侧主汽门节流等方式，以提高机组负荷的响应速率，但经常发生机组负荷、主汽压力、主再热汽温超限等异常事件，被迫解除 AGC 进行人工手动调整，导致 AGC 投入率依然较低，且机组经济性较差、污染物排放超标、锅炉设备寿命下降。提高机组的 AGC 调节性能，一方面可提高电网对新能源发电的消纳能力；另一方面可降低电网公司对机组的两个细则考核，甚至从电网获得可观的调节性能收益。因此，有必要优化机组的机炉协调控制策略，采用凝结水节流和智能吹灰等技术，提升发电机组的 AGC 调节性能。

以国电东胜公司 2 台 330MW 亚临界空冷供热燃煤发电机组为例进行分析，机组在 AGC 优化改造前，存在的主要问题包括：a. 锅炉主控对汽压偏差校正能力不足；b. 燃料主控动作缓慢，动态迟延、惯性大；c. 负荷-煤量、负荷-汽机主控等关键静态函数设置不合理；d. 锅炉主控，燃料主控，主、再热蒸汽减温水自动控制等控制回路积分饱和严重；e. 一次风率过大；f. 主汽调门流量特性差，主汽流量特性曲线失准、汽轮机个别高调门存在流量突变；g. 锅炉常规蓄热难以满足电网的调节性能要求；h. 机组负荷高弹性运行，频繁、快速、深度调节，出现过燃现象，导致经济性能下降。

图 2-64 示出 AGC 优化的措施，包括设备层面的优化、逻辑算法和控制层面的优化、节流控制优化和基于 ICS 的智能监控优化这四个方面。设备层面的优化措施包括低温过热器受热面改造、省煤器受热面改造、省煤器输灰系统改造、空预器更换及密封改造这四个方面的设备改造。设备改造后，提高了制粉系统出口温度，降低了空预器漏风率，提高了锅炉燃烧稳定性和燃烧效率，且降低了厂用电率。设备优化后，节能效果显著，能满足以下性能要求：a. 机组低负荷稳燃；b. 低负荷下脱硝系统不退出；c. 高负荷下脱硝系统不过热；d. 负荷快速调节和快速响应电网调度指令；e. 实现机组负荷 30% 的深度调峰；f. 在低负荷下，仍能大比例(掺烧比例>30%)掺烧低热值煤泥(热值<3500kcal/kg)。

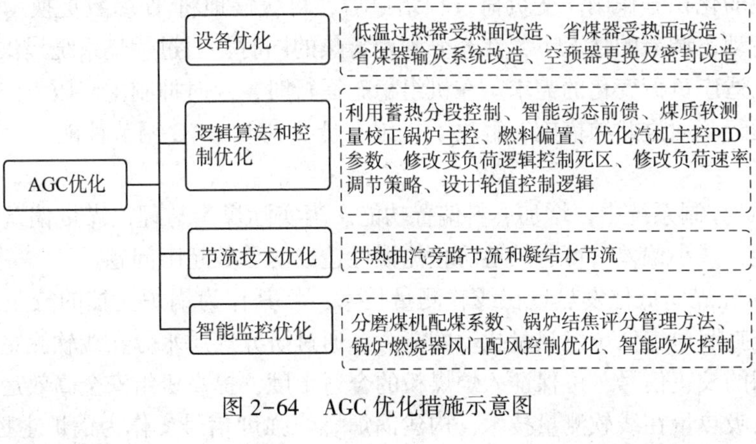

图 2-64　AGC 优化措施示意图

AGC 逻辑算法和控制层面优化的设计原则包括：a. 通过试验、机理分析和数据分析等方法获取燃料量、送风量、给水量、减温水、汽轮机调门、负荷、主蒸汽温度、再热蒸汽温度等控制对象的响应特性，并根据对象的响应特性设计合理有效的控制策略；b. 通过试验分析、历史数据分析方法获取汽机调门流量特性，优化调门重叠度和综合流量特性，改善汽机调门调节性能；c. 深入分析热力系统耦合关系，构建能量平衡的关键特性参数，基于机理本质特性建立机炉协调基础优化控制策略；d. 采用神经网络、预测控制、自抗扰控制、内模控制、智能前馈、PID 参数自整定等先进控制算法，克服时变、非线性、大迟延、大惯性、强耦合、强扰动的控制难点，并结合模型在线辨识与滚动优化，自动适应调节对象特性大范围变化，实现自适应调节；e. 综合考虑锅炉燃烧优化、机组主蒸汽压力设定值优化、燃用煤种在线辨识等方案，根据机组 AGC 协调控制需要和实际燃用煤种，优化锅炉燃烧方式和压力设定目标，完善相关控制策略，以提升锅炉响应速度、保留机组调节余量，更好满足 AGC 控制品质和机组能耗之间的关系。

AGC 逻辑算法和控制层面优化的措施包括：

a. 利用锅炉蓄热，进行分段控制，解决锅炉跟踪变化慢，参数超限的问题。在机组负荷小于 260MW 时，由于锅炉蓄热少，燃烧强度弱，燃料燃烧过程热量释放时间长。此阶段，需增加煤量、风量的变化率，以满足 AGC 调节性能的需求。机组负荷大于 260MW 时，因锅炉已具有一定蓄热能力，燃料燃烧过程热量释放时间相对较短。此阶段，可适当减小煤量、风量的变化率，以防止蓄热释放太快，造成参数超限。通过优化主蒸汽压力设定值和三阶惯性环节，模拟锅炉蒸汽压力真实变动过程，缓解制粉、燃烧、换热三个过程的滞后性对主汽压力的影响。

b. 锅炉智能动态前馈包括负荷-煤量线性前馈回路、基于能量偏差的预给煤回路、主蒸汽压力偏差拉回回路和主蒸汽压力偏差微分作用回路。在传统直接指令常用的平衡协调控制策略的基础上，对锅炉动态前馈、锅炉主控控制参数进行优化。应用带幅度校正的参数自适应负荷动态微分前馈，可提前根据负荷变化幅度，动态改变微分前馈的增益。参数自适应可根据当前机组的运行工况，自动调整微分速率，以动态适应不同工况下的锅炉燃烧特性。针对控制中的积分作用，进行动态和静态分离。引入机组变负荷信号，将锅炉主控 PID 中的 Ti 参数进行分离设置，在变负荷过程一开始，将 Ti 参数的数值设置成定负荷时数值的 3～5 倍，以迅速地弱化积分作用。变负荷过程结束后，再缓慢地将 Ti 参数更换为定负荷时的设置值。在负荷动态调节的情况下，在充分利用蓄热的同时，通过燃烧系统提供快速、适当的能量支持，以适应负荷变化的需求。在机组稳态运行时，及时抑制主汽压力波动，保障机组安全稳定地运行。通过此项措施，解决了机组在低负荷时 AGC 调节性能差，高负荷时参数超限的问题。

c. 在 AGC 控制系统中，增加燃料偏置功能。当实际煤量与理论煤量偏差较大时，通过燃料偏置功能，减小偏差，可有效地防止热惯性造成的参数超限问题。

d. 通过研究煤质低位发热量在线软测量技术，将其作为锅炉主控的校正信号，可提高协调控制系统克服原煤低位发热量扰动的能力。通过研究煤质水分在线软测量技术，将其作为一次风控制的校正信号，可保证入炉煤粉的合适干度，提高机组安全高效运行能力。通过研究锅炉有效吸热量在线软测量技术，构建锅炉燃烧强度信号，作为锅炉主控制器的反馈，改善锅炉动态响应过程。本书提出的锅炉有效吸热量是一个包含主蒸汽吸热量、再热蒸汽吸热量、过热减温水吸热量、再热减温水吸热量的综合汽水工质吸热信号，其能够表征锅炉燃烧强度，计算结果较主蒸汽压力更超前。

e. 通过优化汽机主控 PID 参数，解决调节器输出响应时间长、超调等问题。设计基于动态矩阵控制的多变量预测控制算法，作为一种间接解耦控制方法，对机组协调控制系统和多变量动态矩阵控制系统中的参数整定方法进行优化。多变量预测控制下的机组负荷控制性能有所下降，但主汽压力控制性能大幅提升，有利于维持汽机与锅炉侧的能量平衡，提升机组的运行稳定性

f. 修改变负荷限速控制的逻辑控制死区，提高负荷响应速率，改善 AGC 调节品质。

g. 修改负荷速率调节策略。当 AGC 负荷指令连续两次增加大于 10MW 时，将负荷速率由 5MW/min 切换为 8MW/min，且连续运行 30s，加快机组 AGC 调节速率，以响应 AGC 快速增加负荷的需要。

h. 设计轮值控制逻辑。对 AGC 解除时间及 AGC 变负荷次数进行统计考核，以提高火电厂 AGC 投入率。AGC 性能指标的好坏建立在 AGC 投入的基础上，所以提高 AGC 投入率至关重要。利用 NT+组态平台，以及运行各值的轮值方式，建立轮值控制逻辑，并将考核指标与轮值控制逻辑结合，实现 AGC 投入率的量化奖惩，以提高运行集控人员对 AGC 投入的积极性。

AGC 逻辑算法和控制层面优化的性能效果包括：a. 提高机组负荷响应时间、负荷调节速率、负荷调节精度；b. 提升汽压调节的响应能力，减小机组主蒸汽压力的控制偏差；c. 减小机组负荷变动及磨煤机启动、停止过程中的主要参数的动态偏差，提高稳定性；d. 提升机组在恶劣工况下的稳定能力。

节流控制优化措施包括凝结水节流，短时间利用低压加热器和除氧器的蓄热；基于抽汽蝶阀和气动旁路阀联合调节的供热抽汽旁路节流，短时间利用热网蓄热。

凝结水节流控制技术是在机组负荷需求变化时，通过改变凝泵变频指令或除氧器上水调门，主动改变凝结水流量，并根据低压加热器的自平衡特性，间接改变低加的抽汽量，从而暂时快速获得或释放一部分机组的负荷。凝结水节流控制通过在变负荷过程中破坏低压加热器原有的平衡态，导致各级低压加热器和除氧器的运行工况发生变化，各级低压加热器的抽汽量将进行重新调整和分配。凝结水节流调节过程不影响机炉侧运行参数，具有响应快、小幅度、暂时性的特点。机组采用凝结水节流控制技术，可大幅提高机组跨出死区能力，改善 AGC 考核的 K_3 指标(响应时间)。

供热抽汽节流控制技术利用热网蓄热，通过改变供热抽汽蝶阀开度，直接改变供热抽汽量，迅速改变供热负荷与发电负荷之间的分配比例，以实现机组负荷的快速响应。随后，机组在协调控制系统 CCS 的调节下，依靠增加燃料量，使机组总功率缓慢增加，再逐渐开大供热抽汽的气动旁路调阀开度，恢复供热热源的稳定。由于供热的热网管道具有非常大的热惯性，这一变化过程导致的供热热源压力的瞬间不稳定性和供热温度的降低不会反映到用户端。供热机组与纯凝机组不同的地方在于供热机组的中压缸排汽(第五级抽汽)除了进入汽轮机低压缸继续做功外，还有一部分被抽至热网加热器进行热交换。供热抽汽节流控制技术采用前馈控制方式，阀门控制基于供热抽汽流量反馈值进行控制，是提高供热机组变负荷能力的一种辅助技术手段。

本书提出了一种给原供热管路液动蝶阀增加小旁路气动调节阀的设备改造方法以及控制

算法。利用对供热管道小旁路气动调阀及原供热管道液动蝶阀的联动调整，增加机组供热抽汽蓄热的可调节性。基于供热小旁路气动调节阀开度-负荷函数，折算到锅炉主控，修正主蒸汽压力偏差函数。

在智能发电平台 ICS，开发并应用智能监控模块，以进一步提升系统的 AGC 调节性能。智能监控优化措施包括磨煤机分层配煤系数、锅炉结焦评分管理方法、锅炉燃烧器风门配风控制优化、智能吹灰控制。

a. 磨煤机分层配煤系数。针对底层 A、B 层燃烧器控制主汽压力，C、D、E 层燃烧器控制主、再热温度的特性，实施分层配煤控制。在机组协调系统平均给定煤量的基础上，增加分层配煤系数，区别于给煤量偏置，实现下排磨组给煤量的优先增加与优先减少，与现阶段分仓上煤方式有机统一，有效地解除了汽温和汽压的耦合，有助于提高 AGC 调节性能，实现汽温的优化控制。

b. 锅炉结焦评分管理系统。总结国电东胜公司锅炉运行调整的经验，首创锅炉结焦评分指标，制定评分、分级标准及相应的处置预案。依据评分、分级标准，确定不同负荷段下锅炉温度、减温水量与结焦评分的函数关系，形成公式嵌入 ICS。增加结焦评分的趋势、小时均值显示及预警功能，使锅炉结焦程度评估更加准确，结焦程度恶化后，能及时被运行人员发现，以便采取相应措施进行处理。

c. 锅炉燃烧器风门配风控制优化。总结国电东胜公司锅炉运行调整的经验，通过锅炉性能调试试验，总结出如表 2-8 所示的各负荷下锅炉最佳运行工况的最佳燃烧器风门参数，并通过 ICS 实现燃烧器风门的自动控制调整。通过燃烧器风门开度根据标杆值自动寻优调整，可有效缓解受热面结焦、燃烧火焰偏斜、氮氧化物排放超标、过热器和再热器减温水量偏高、高温腐蚀等锅炉运行中存在的问题。

表 2-8　典型负荷下的燃烧器风门最佳开度

机组负荷	燃烧器风门	风门开度值
330MW	BC、DE、EE(带有贴壁风口)	40%
	AA 风	50%
	其他辅助风	5%
	投用磨周界风	按煤量 25~55t/h，对应开度 30%~60%
	非投用磨周界风	5%
	SOFAA、SOFAB	全开
	SOFA Ⅰ、SOFA Ⅱ	20%
	风箱差压	约 0.8kPa
260MW	BC、DE、EE	30%
	AA 风	35%
	其他辅助风	5%
	投用磨周界风	按煤量 25~55t/h，对应开度 30%~50%
	非投用磨周界风	5%
	SOFAA、SOFAB	<70%
	SOFA Ⅰ、SOFA Ⅱ	10%
	风箱差压	约 0.5kPa

续表

机组负荷	燃烧器风门	风门开度值
165MW	BC、DE、EE	20%
	AA 风	20%
	其他辅助风	5%
	投用磨周界风	按煤量 25~55t/h，对应开度 20%~40%
	非投用磨周界风	5%
	SOFAA	<50%
	SOFAB	<50%
	SOFA Ⅰ、SOFA Ⅱ	5%
	风箱差压	>0. 3kPa

d. 智能吹灰模块。基于锅炉四管受热面污染情况监视，计算清洁因子或脏污因子，并将受热面的污染程度分类为红、黄、绿三种颜色。脏污因子大于 80 分，则显示红色，表征受热面严重污染，应加强重点区域吹灰。脏污因子大于 60 分，小于 80 分，则显示黄色，中度污染，应适度吹灰。脏污因子小于 60，则显示绿色，轻微污染，可以不吹灰，或者短时间程序吹灰。基于受热面污染程度分级，自动调用分区内对应的吹灰器对锅炉受热面吹灰，直到受热面污染程度转变为绿色。基于 ICS 中的智能吹灰模块，将以前的“定时定量定点吹灰”运行模式，转变为更加科学、合理的“按需适量吹灰”运行模式。防止欠吹灰，加剧炉膛结焦程度；防止过度吹灰，导致管壁减薄，加剧四管泄漏风险。

AGC 优化的实施效果包括：

a. 提升燃煤发电机组的性能指标。通过 AGC 优化措施的实施，机组 AGC 调节性能的各项指标大幅提升。目前，国电东胜公司 1、2 号机组的 AGC 性能指标，均已处于蒙西电网前 3 名。在性能验收试验中，机组负荷调节速率由 5MW/min 提升至 2. 5% Pe/min，即 8. 25MW/min。考虑到过于频繁地调节，影响高调门等设备的使用寿命，协调控制优化的实际变速率一般设置为 7MW/min。AGC 投入率达到 98%以上，在国内同类型机组中处于领先水平。

AGC 综合调节性能指标为：

$$K_p = K'_1 \times K'_2 \times K_3 \tag{2-5}$$

式中，K_1为调节速率；K_2为调节精度；K_3为响应时间。

直吹式燃煤火力发电机组的 AGC 综合调节性能指标要求为：$K_1 \geqslant 1.5\% \times P_e$ MW/min；$K_2 \leqslant 1\% \times P_e$ MW；$K_3 \leqslant 60$s。K_p值越大，说明 AGC 调节性能越好，式(2-5)表明机组具有越快的调节速率、越小的调节偏差和越短的响应时间。电网公司对网内各发电机组的 K_p 值考核，以实施经济奖惩。AGC 性能指标与控制系统的协同规律是：初始响应阶段，强调响应时间 K_3，负荷在响应初期迅速跨出与调节方向一致的调节死区；中间动态阶段，强调调节速率 K_1，调节中段快速到达新的负荷值并稳定在其附近；最终稳定阶段，强调调节精度 K_2，稳定阶段负荷波动幅度尽可能小和时间尽可能短。

相比改造前，AGC 优化可降低发电煤耗 2. 84g/kW · h，降低厂用电率 0. 484%。AGC 性能验收试验中，K_p值由小于 2，提升至 3. 4~4. 6。国电东胜公司 1 号机组 2017~2019 年按月

平均 K_p 值为 2.74，峰值为 5.13。2 号机组 2017~2019 年按月平均 K_p 值为 2.95，峰值为 5.69。2 台机组在 2017 年 3~5 月 AGC 优化改造工程实施后，均维持较高的 AGC 调节水平。

b. 获得可观经济效益和两个细则奖励。基于蒙西电网两个细则，国电东胜公司 AGC 奖励排名蒙西电网前 3 名，2017~2019 年，共获得两个细则奖励税后 4500 万元。

c. 间接经济效益和社会效益显著。负荷快速调节过程中的供电煤耗和厂用电降低，各项环保排放指标下降，改善当地大气环境。

d. 提升了电网的负荷调节品质和运行稳定性、安全性。AGC 的调节性能奖惩机制引导了蒙西电网内各电厂的良性竞争，促进了电网自动化水平的提高，使发电出力与用电负荷平衡，电网系统频率和电压稳定。AGC 调节优化功能平衡了区域联络线潮流与发电量计划值，降低了区域化的电量传输运行成本，保障了人民群众生产生活用电。

② 机组一次调频控制性能优化。工作原理包括：a. 通过试验、机理分析和数据分析等方法获取汽轮机调门、负荷、凝结水节流、高加给水旁路、机组储能等控制对象的响应特性，并根据对象的响应特性设计合理有效的控制策略；b. 结合机组主蒸汽压力设定值优化、凝结水节流调频、给水旁路调频，根据机组可提供蓄热利用的能力，完善相关控制策略，以提升机组一次调频能力，降低机组为应对一次调频考核而增加的汽机调门节流损耗；c. 针对机组各种运行方式（如 DEH 阀位方式、DEH 功率闭环、协调方式）设计相应的一次调频控制策略，包括主汽压对调门开度的修正，确保一次调频的响应与精度；d. 设计锅炉侧对汽机一次调频的支持策略，满足机组持续响应一次调频的需求；e. 采用神经网络、预测控制、智能前馈等先进算法，提升机组整体一次调频控制性能。

机组一次调频控制性能优化的性能效果包括满足电网一次调频响应速度、响应精度、响应幅度的考核要求。

③ 主蒸汽温度优化控制（图 2-65）。工作原理包括：a. 通过试验、机理分析和数据分析等方法获取减温水、燃料量、给水量、送风量、汽轮机调门等控制对象的响应特性，并根据对象的响应特性设计合理有效的控制策略；b. 改善机组工况变动时，中间点温度波动幅度及汽温左右侧温度偏差；c. 对于直流机组的主蒸汽温度优化控制，需综合考虑给水控制和减温水控制，根据机理分析或数据分析结果来调整和修正关联控制目标，并完善相关控制策略来保障减温水的控制裕量，提升主蒸汽温度的优化控制效果；d. 图 2-65 示出根据两级过热减温水调节裕量，以阶梯式广义预测控制为核心，设计按温差控制的过热汽温分段控制策略；根据各层磨煤机出力、两级过热汽温及减温水流量，基于深度神经网络估计模型实时预测两级过热汽温的未来情况，提前微修两级过热汽温的设定值，提高汽温系统调节品质。实践证明，采用神经网络、预测控制、智能前馈等先进控制算法，能有效克服时变、非线性、大迟延、大惯性、强耦合、强扰动的控制难点，提升大范围快速变负荷时主蒸汽温度的调节品质。

主蒸汽温度优化控制的性能效果包括：a. 通过减小汽温偏差、在安全运行范围内提升机组主蒸汽温度设定值，提高机组运行的平均汽温，提升机组效率；b. 对煤质煤种及磨组合的变化具备自适应能力；c. 提高主汽温控制系统的稳定性，改善机组汽温可控能力。

④ 再热蒸汽温度优化控制。工作原理包括：a. 通过试验、机理分析和数据分析等方法获取烟气调温挡板、减温水、燃料量、燃烧器摆角、给水量、送风量、汽轮机调门等控制对象的响应特性，根据对象的响应特性设计合理有效的控制策略；b. 综合考虑锅炉侧燃烧调

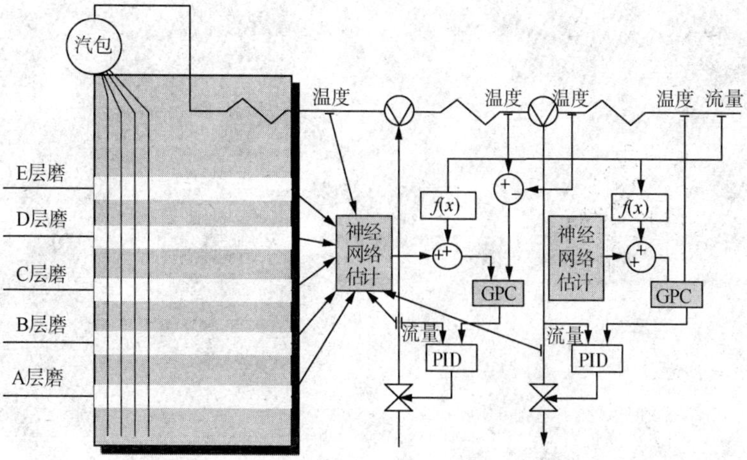

图 2-65 基于神经网络预测的智能主汽温控制

整和烟气调温挡板、燃烧器摆角控制，根据机理分析或数据分析结果来调整和修正关联控制目标，采用以烟气调温挡板、燃烧器摆角、烟气再循环为主要调节手段、以减温喷水作为最后调节手段的控制策略，降低减温喷水用量；c. 采用神经网络、预测控制、智能前馈等克服大迟延的先进算法，减小再热蒸汽温度的稳态和动态控制偏差，在机组安全运行范围内提高再热蒸汽温度和减少减温喷水量，提升机组效率。

再热蒸汽温度优化控制的性能效果包括：a. 减小再热蒸汽温度的稳态、动态控制偏差和减温喷水量，在安全运行范围内提升机组主蒸汽温度设定值，提高机组运行的平均汽温，提升机组效率；b. 对煤质煤种及磨组合的变化，具备自适应能力；c. 提高再热汽温控制系统的稳定性，改善机组汽温可控能力。

实践证明，负荷 260MW 附近，在保持 AGC 和协调控制品质的前提下，采用神经网络、广义预测控制、智能前馈等先进控制算法，能有效降低煤量波动幅度，从 10t/h 降至 4t/h；减小汽温波动和设备损耗，主汽温波动幅度从 6℃降至 2℃，再热汽温波动幅度从 7℃降至 3℃。

⑤ 脱硝系统(SCR)出口 NO_x 浓度优化控制。工作原理包括：a. 通过试验、机理分析和数据分析等方法获取喷氨量、进出口 NO_x 浓度、风量、燃料量、机组负荷等控制对象的响应特性，根据对象的响应特性设计合理有效的控制策略；b. 基于锅炉燃烧优化结果和喷氨优化控制，在降低炉膛出口 NO_x 浓度的前提下，进一步提升基于脱硝系统出口 NO_x 浓度的优化控制效果；c. 综合应用 NO_x 分区测量、入口 NO_x 软测量、喷氨格栅均衡控制与总量控制、氨逃逸监测等技术，采用预测控制及智能前馈等先进方法，实现 SCR 出口 NO_x 浓度优化控制。

图 2-66 示出基于 LSTM(长短期记忆神经网络)深度学习的技术，以总煤量、总风量、氧量、入口 NO_x 浓度、喷氨流量、入口烟气流量、入口烟气流速、反应器入口温度等八个参数作为输入变量，给出脱硝出口 NO_x 浓度的模型预测值。基于脱硝出口 NO_x 浓度实际值与模型预测值的对比，可提前控制喷氨量，实现预测控制。相比之前的简单 PID 控制，LSTM 神经网络模型应用于脱硝优化的预测控制，可有效提高出口 NO_x 浓度的控制精度，有效减少执行机构的动作频率；有效减少氨气的使用量，提高经济效益；有效提高喷氨阀的自动投入率，减轻操作人员的工作负担；有效减少误报警，提高报警准确度。

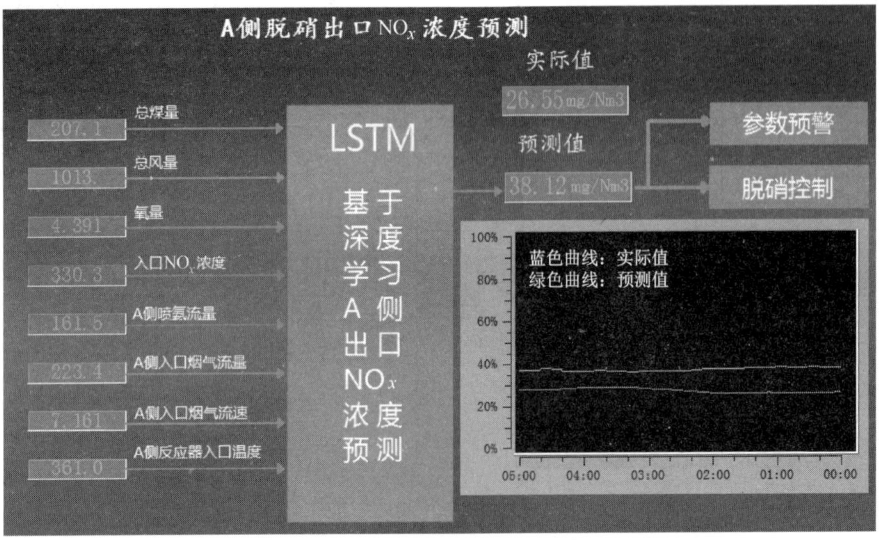

图 2-66　基于 LSTM 深度神经网络预测的脱硝系统优化控制

脱硝系统优化控制的性能效果包括：a. 以机组环保监测点的 NO_x 浓度满足排放要求为目标，通过减小 SCR 出口 NO_x 控制偏差来降低机组排放超标的概率，同时减少氨的过量喷入，降低氨逃逸率；b. 对煤质煤种及磨组合的变化，具备自适应能力；c. 提高脱硝出口 NO_x 浓度控制的稳定性，改善出口 NO_x 可控能力。

⑥ 制粉系统优化控制。工作原理包括：a. 通过试验、机理分析等方法获取磨煤机冷热风挡板开度、给煤量、磨出口温度、磨入口一次风流量的磨煤机控制对象的响应特性，根据磨煤机的响应特性与耦合特性，设计合理有效的控制策略；b. 采用多变量解耦控制、预测控制等技术，结合入炉煤水分软测量，使风量控制响应快速、平稳，使出口温度控制能克服大迟延和入炉煤水分扰动的影响；c. 通过入炉煤水分对磨出口温度进行定值的优化，支持改善负荷响应控制。

制粉系统优化控制的性能效果包括：a. 实现磨出口温度与磨入口风量的解耦控制，减小磨出口温度与磨入口一次风量的稳态、动态控制偏差；b. 提高给煤量变动情况下磨出口温度与磨入口一次风量的控制性能，提高制粉系统对负荷变化的响应能力。

⑦ 机组灵活性控制优化。工作原理包括：

a. 通过试验、机理分析和数据分析等方法获取燃料量、给水量、送风量、汽轮机调门、负荷、主蒸汽温度、再热蒸汽温度、凝结水节流、高加给水旁路、机组储能等控制对象的响应特性，并根据对象动态特性在深度调峰区间内对协调控制回路、给水控制回路、汽温控制回路、风量控制回路、一次风压力控制回路、炉膛压力控制回路等主要回路进行变负荷速率、控制器参数、控制策略等全方位优化。

b. 对于深度调峰优化控制，综合考虑低负荷稳燃和水动力循环的安全性、脱硝装置全负荷投入、汽轮机低负荷冷却、设备运行周期和寿命衰减、供热机组热电解耦等问题，结合锅炉燃烧优化、机组低负荷控制回路优化、主要辅机低负荷安全控制优化，提升机组深度调峰能力，提升宽负荷下机组负荷响应速率以及主汽压力、主再热汽温、排烟温度、炉膛压力等重要参数的稳定性，提升机组在低负荷段运行的安全性和经济性。

c. 机组快速调峰控制性能的优化宜结合机组主蒸汽压力设定值优化、凝结水节流、给水旁路、供热抽汽节流综合考虑，根据机组可提供蓄热利用的能力，完善相关控制策略，以提升机组快速调峰能力。

d. 在深度调峰负荷调整范围内，进行燃烧优化调整实验，得出最优磨组运行方式、配煤比例及配风方式、升负荷速率等重要参数，实现机组低负荷稳定燃烧。

e. 直流炉通过优化给水全程控制回路，实现给水控制干湿态自动转换功能、给水主给水阀门与旁路阀门自动切换逻辑，针对不同状态应分别设计不同的控制策略，确保机组负荷、压力、汽温的响应速度与稳定控制。

f. 低负荷运行时，制粉系统发生故障时应投油或投等离子稳燃；对水冷壁流量分布进行重点核算，在偏差过大的管壁加装温度测点，实现超温报警；监视重要辅机的运行安全性，如磨煤机振动、风机失速、喘振等。机组具备最小给煤量、总风量、给水流量的安全限幅功能，实现相关参数限值报警。

g. 在超低负荷下，锅炉排烟温度低，易出现结露、堵灰等问题，应在排烟温度极低时，采用暖风器或省煤器旁路烟道等措施，避免空预器堵塞，减轻空预器低温腐蚀。

机组灵活性控制优化的性能效果包括：a. 提高机组的全程自动控制能力；b. 提高机组负荷调节深度；c. 提高低负荷段机组负荷调节的速度和精度；d. 保证机组在低负荷工况下的安全运行。

智能发电平台 ICS 中控制优化的顶级功能是自动闭环故障处理，这也是在 ICS 上最大胆的尝试，有助于实现真正的“无人监盘”。目前，已经实现的自动闭环故障处理功能包括：磨煤机断煤自动处理、磨煤机满煤堵塞自动处理、磨煤机热风调门连杆脱落自动处理、给煤机皮带打滑自动处理（如图 2-67 所示）、一次风机 RB 或出力降低自动处理、一次风机入口导叶连杆脱落自动处理、送风机动叶连杆脱落自动处理、送风机出口挡板门故障关闭自动处理、引风机动叶连杆脱落自动处理、给水泵再循环门内漏自动处理、给水泵液力耦合器联轴器脱开自动处理、热网循环水泵断轴自动处理、高压加热器泄漏自动处理、定冷水泵断轴自动处理等 39 个模块。

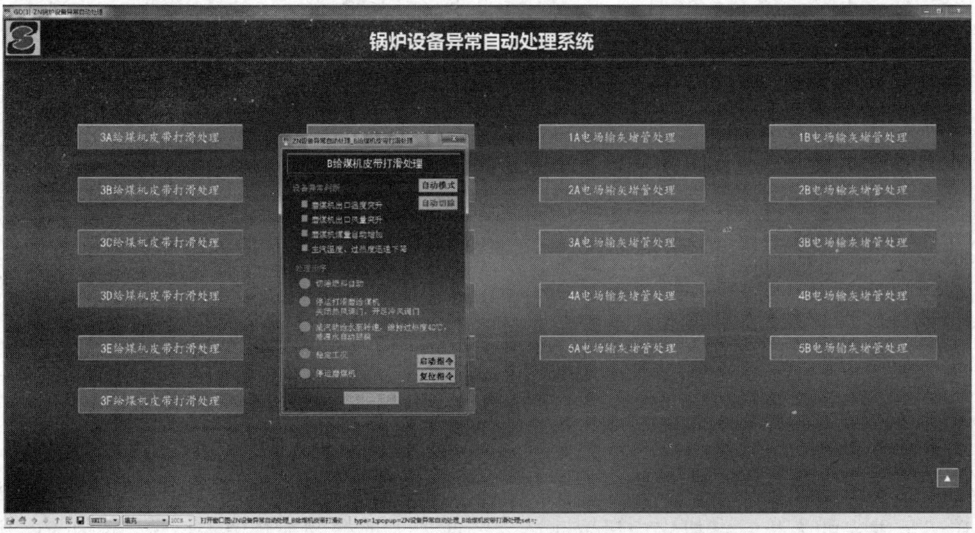

图 2-67　ICS 中 B 给煤机皮带打滑的自动闭环故障处理

2.10 工控安全

智能发电平台 ICS 以可用性优先为原则，根据自身架构与软硬件特点，结合发电生产业务网络信息安全需求，部署适用有效的网络安全防护体系，满足国家和行业相关标准要求。基于先进的生产控制(简称工控)网络安全技术，构建多层次、密集型、软硬件全覆盖的网络安全防护体系，层层主动监管，整体协作，达到电力行业网络安全等级保护三级要求，以保障工控系统的信息安全。

2.10.1 生产控制网络安全结构

生产控制网络按照国家网络安全等级保护要求，接入网络的终端应进行合法性检查，对网络数据进行详细记录并可溯源分析，网内主机终端需进行安全防护，充分考虑智能发电平台的业务多样性，细化安全单元，严控边界防护，整体提升生产控制网络主动防御能力。图2-68 示出生产控制网络的网络安全架构，包括：①实时数据网络采用冗余技术设计网络拓扑结构，提供主要网络设备、通信线路的硬件冗余，避免关键节点存在单点故障；②高级应用服务网是独立于实时数据网络的各人机接口站和计算服务器之间的专用通信网络，人机接口站支持冗余高级应用服务网的接入；③绘制完整的网络拓扑结构，有相应的网络配置表，包含设备 IP 地址等主要信息，实时监测当前运行情况是否相符；④厂内同属控制区的各单元机组主控、公用系统、辅控系统、总线系统、厂级控制系统、高级应用系统之间应设置单独的网络或网段。

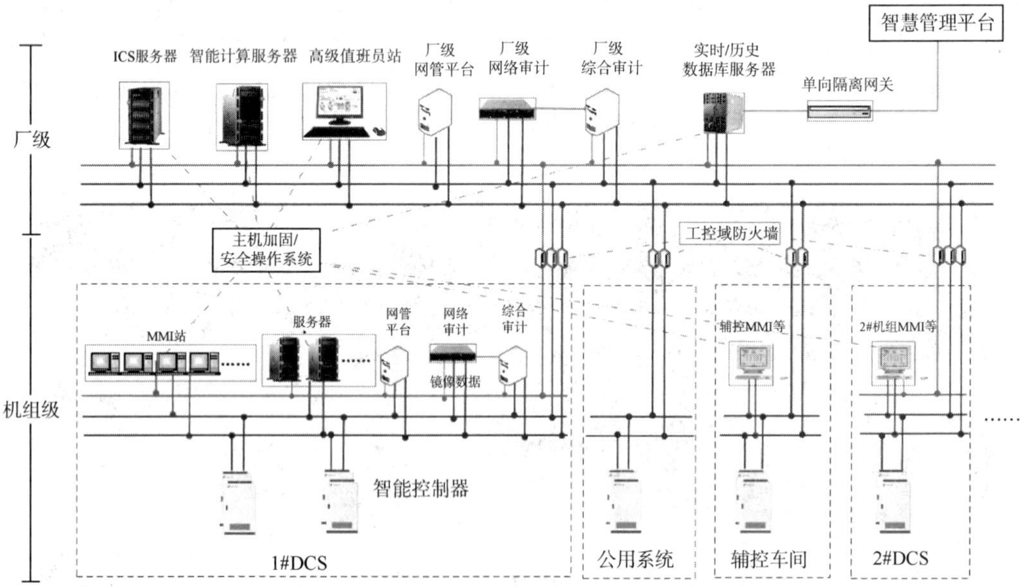

图 2-68　生产控制网网络安全结构图

生产控制网络的物理与环境安全要求包括：①机房出入口应配置电子门禁系统，控制、鉴别和记录进入的人员；②机房应设置防盗系统或专人值守的视频监控系统；③机柜、设施和设备等通过接地系统安全接地，做好防止感应雷措施；④机房及相关的工作房间做好防雷、防火、防水、防潮、防静电措施；⑤配备维护机房电力稳定供应的相关设备和冗余电力线路；⑥做好电磁防护，对关键设备实施电磁屏蔽。

生产控制网络的通信传输技术要求包括：①保证网络各个部分的带宽满足业务高峰期需要，主控通信网络的数据通信负荷在最繁忙的情况下，令牌网平均通信负荷率不超过40%，以太网平均通信负荷率不超过20%。②按照对业务服务的重要次序来指定带宽分配优先级别，保证在网络发生拥堵的时候优先保障重要业务服务的带宽。在多个业务共用的网络设备上配置QOS，交换机端口流量限速设为端口最大速率的30%。③在网络边界部署的工控防火墙、单向隔离装置等访问控制设备，启用访问控制功能，根据会话状态信息为数据流提供明确的允许/拒绝访问的能力，控制粒度为端口级。④在网络边界部署的工控防火墙，对进出网络的信息内容进行过滤，实现对应用层HTTP、FTP、TELNET、SMTP、POP3、SNMP等协议命令级的控制。⑤生产控制大区各关键生产控制系统(如机组主控DCS、厂级监控系统)内宜分别部署一套网管平台，对该区域的网络连接关系、网络负荷、节点性能、网络状态等进行实时监视，能够对非授权设备私自连到内部网络的行为和内部网络用户私自连到外部网络的行为进行检查，准确位置，并对其进行有效阻断。

根据安全区划分，智能发电平台ICS的控制区网络边界主要有以下几种：生产控制大区内控制区(安全区I)与非控制区(安全区II)之间的边界；生产控制大区内部不同业务系统之间的边界；厂内生产控制大区NCS与电力调度数据网之间的边界。

(1) 生产控制大区内控制区与非控制区之间应采用电力专用正向隔离装置，其功能、性能、电磁兼容性需经过国家相关部门的认证和测试，隔离强度应达到或接近物理隔离，且满足火电厂对业务数据的通信要求。

(2) 对于控制区与非控制区之间采用RS485、232等串行方式传输数据的，视为满足本规范要求。

(3) 严格禁止E-mail、Web、Telnet、Rlogin、FTP等安全风险高的网络服务和以B/S或C/S方式的数据库访问穿越专用横向单向安全隔离装置。

(4) 厂内同属控制区的各单元机组主控、公用系统、辅控系统、总线系统、厂级控制系统、高级应用服务网之间互联时，采用硬件工控防火墙或具有同等逻辑访问控制功能的技术手段实施安全访问控制，通过白名单策略控制彼此间的最小访问权限。系统中所用到的硬件工控防火墙必须取得公安部销售许可证。

(5) 为更好地开发利用智能发电平台功能，可在管理信息大区建立生产实时和历史数据库镜像服务器。其通信模块分置于相应的安全区中，智能发电平台与管理信息大区的数据库镜像服务器之间的通信，必须部署经国家指定部门检测认证的电力专用横向单向安全隔离装置，隔离强度应达到或接近物理隔离。

(6) 机组监控系统与涉网侧NCS系统之间，不应存在直接的网络通信。NCS与电力调度数据网的纵向连接处应设置经过国家指定部门检测认证的电力专用纵向加密认证装置或者加密认证网关，与调度端实现双向身份认证、数据加密和访问控制。纵向加密认证设备配置要明确源IP、目标IP、端口等。

(7) 生产控制大区系统与其他调度系统进行远程通信时，采用认证、加密、访问控制等技术措施，实现数据的远程安全传输以及纵向边界的安全防护。原则上禁止其他设备生产厂商或其他外部企业(单位)远程获取发电厂生产控制大区中的业务数据。若因特殊情况需远程读取的，发电企业必须将安全防护方案或措施上报至上级单位，经同意并批复后方可以只读方式远程连接，且不使用远程连接时必须物理断开传输通道。

2.10.2 生产控制网络安全技术

工控网络安全的两大类技术包括主动性监测技术、被动防御技术。

(1) 主动性监测技术，包括：主动网络实时扫描检测与监控、网络设备安全管理平台、外设管控、安全态势感知、网络安全准入、恶意代码防范、病毒防御、网络入侵防御 IPS、入侵检测、日志审计、应用安全与数据安全审计、网络审计与信息安全综合审计。

① 网络设备安全管理平台。工作原理是对登录网络设备、安全设备的用户进行身份鉴别及权限控制，设备应设置系统管理员、审计管理员、安全管理员，实现设备特权用户的权限分离。

技术要求包括：对网络设备的管理员登录地址进行限制，只允许管理、维护人员等登录设备；对登录网络设备、安全设备采用 HTTPS、SSH 等加密方式进行，同时辅以安全审计等管理措施；网络设备、安全设备身份鉴别信息不易被冒用，口令复杂度满足要求并定期更换，修改默认用户和口令，不得使用缺省口令，口令长度不得小于 8 位，要求是字母和数字或特殊字符的混合并不得与用户名相同，口令应定期更换，并加密存储；网络设备、安全设备具有登录失败处理功能，可采取结束会话、限制非法登录次数和当网络登录连接超时自动退出等措施。连续 3 次密码错误，锁定 5min；及时清理网络设备、安全设备上临时用户、多余用户。

② 外设管控。工作原理是：生产控制大区的各主机关闭或拆除不必要的软盘驱动、光盘驱动、USB 接口、串行口、无线、蓝牙等，确需保留的需通过安全管理及技术措施实施严格监控。通过主机加固等技术措施实现对 USB 外设进行管控，对移动介质的插入、拷贝、写入等操作进行审计。

③ 恶意代码防范。工作原理是：生产控制大区内主机采用免受恶意代码攻击的技术措施，应用以密码硬件为核心的可信计算技术，用于实现计算环境和网络环境安全可信，免疫未知恶意代码破坏，应对高级别的恶意攻击。

技术要求包括：若生产控制大区内主机已部署恶意代码防护软件，保证代码库定期更新，在更新代码库前，首先在测试环境中测试通过，确保对业务系统无影响；对不适宜部署恶意代码防护的主机，可通过部署主机白名单软件进行安全防护，先在测试环境中进行充分测试，确保对业务系统无影响后方可实施，对列入白名单内的软件进程应该遵循最小化原则。

④ 应用安全与数据安全审计。工作原理是：应用系统应提供用户身份标识唯一和鉴别强度检查功能，保证系统中不存在重复用户身份标识；设置密码复杂度检查，禁止明文存储密码；配置登录失败处理功能，采取结束会话、限制非法登录次数和自动退出等措施。

技术要求包括：制定授权用户访问控制策略，严格限制默认账户的访问权限，授予不同账户为完成各自承担任务所需的最小权限，并在它们之间形成相互制约的关系；采用密码技术保证通信过程中数据的完整性、可靠性、抗抵赖性；应用系统提供数据有效性检验功能，保证通过人机接口输入或通过通信接口输入的数据格式或长度符合系统设定要求；提供系统自保护功能，当故障发生时自动保护当前状态，保证系统能够进行恢复；对系统最大并发会话连接数、单个用户的多重并发会话进行限制；应用系统提供覆盖到每个用户的安全审计功能，保证无法单独中断审计进程，无法删改审计记录。

⑤ 网络审计与信息安全综合审计。工作原理是：在各关键生产系统（如机组主控 DCS、厂级监控系统）内至少应部署一套安全审计系统，该系统能对该生产控制大区内生产实时网络进行流量审计，包含对工控协议进行深度包协议解析，实时检测针对工业协议的网络攻击、违规操作、非法接入等异常行为，及时发现隐藏在系统网络流量中的异常数据包。

技术要求包括：安全审计系统能对该生产控制大区内操作系统、数据库、业务应用的重要操作进行记录、分析，及时发现各种违规行为以及病毒、黑客的攻击行为；安全审计功能包括但不限于对网络数据流、操作系统运行日志、数据库访问日志、业务应用系统运行日志、安全设施运行日志等进行集中收集、自动分析；在生产控制大区的机组主控 DCS、辅控系统、公用系统、厂级控制系统、高级应用系统具备日志审计功能（开启设备审计功能或部署审计设备），并保留 6 个月的审计数据；安全审计系统支持对数据进行协议转换后，通过网闸传输至智慧管理平台 IMS 的安全态势感知平台，由 IMS 的安全态势感知平台对信息安全监测平台发送的数据解析后，进行评估及预测告警，可视化展示安全状况，提升主动安全的防御能力。

（2）被动防御技术，包括：主机安全加固与安全加固免疫、堡垒机、边缘端纵向加密认证、中心端纵向加密认证、专线或加密 VPN 网络、数据采集前端防火墙、中心端防火墙、网络安全工控域防火墙、单向隔离网关、可信计算和白名单管控、数据备份恢复等。

① 主机安全加固。工作原理是发电厂 DCS、NCS 等人机交互站，厂级监控信息系统等关键应用系统的服务器，以及高级应用计算站、网络边界处的接口站等，使用安全加固的操作系统，加固的技术标准和管理策略符合电力行业网络安全等级保护三级要求。加固方式包括但不限于：安全配置、安全补丁、采用专用软件或采用强化操作系统访问控制能力的安全操作系统以及配置安全的应用程序。控制区主机加固措施包括：升级到当前系统版本、安装后续的补丁合集、加固系统 TCP/IP 配置、关闭不必要的服务和端口、为超级用户或特权用户设定复杂的口令、修改弱口令或空口令、禁止任何应用程序以超级用户身份运行、设定系统日志和审计行为等。在实施加固前，加固方法应经过系统原厂商进行兼容性测试，确保系统加固对生产业务系统功能无影响，并有完整的测试记录。

针对生产控制大区内的服务器和操作员站等上位机操作系统，应及时升级操作系统补丁和应用软件补丁。业务系统厂商在补丁升级前，应在仿真环境下做充分安全验证和评估测试，确保对业务系统无影响，并出具相关技术报告；业务系统厂商或运营者在现场做好备份后方可展开离线升级工作，同时应做好升级记录；升级后应对各业务主要功能再次进行在线测试并做好测试记录存档备查。升级完成的业务系统应满足网络安全相关技术标准。

② 数据备份恢复。工作原理是：结合自身业务和数据库实际，对电力监控系统的数据备份依据重要性分级管理，并确保重要业务数据可恢复。

技术要求包括：关键主机设备、网络设备或关键部件应进行相应的冗余配置；定期对关键业务的数据进行备份，至少实现对生产运行等重要数据双备份并保存 12 个月；定期进行备份数据恢复测试，测试应在测试环境中进行，确保实际备份数据的异机可恢复性，测试过程应做好记录及分析；加强备份文件的自身安全管控，不允许备份数据文件仅保存在本地磁盘、个人移动存储等无安全保障的存储介质上；原则上网络及安全类的设备使用年限为8年，可根据设备状况适时调整。应对关键设备保证备品备件的齐全。

网络安全防护体系实现的功能包括：a. 提高智能发电运行控制平台ICS的稳定性；b. 杜绝因病毒、非法入侵、第三方系统故障等原因导致的故障；c. 降低因平台本身问题导致的蓝屏、死机、机组非停、降负荷等事故的发生。

2.10.3 热机和电气系统安全

热机和电气系统安全保障的技术要求和应用功能包括：①大型设备危险区域的操作安全认证及危险情况启动闭锁，实现大型设备检修人员安全管控；②炉膛、热风烟道等密闭空间的操作安全认证及设备闭锁，预防人身伤害事故的发生；③应用可视化防误系统与智能五防系统，包括地线检测闭锁机构、高压带电显示闭锁装置、机械编码锁、电子密码锁、防误操作工作站等，防止运行人员误操作，进一步提升安全性；④基于仿真技术的电气设备操作安全验证，以技术手段确保电气设备重要操作的正确性；⑤人员进入危险区域，禁止操作相关设备，并联动附近的监控摄像头，基于智能视频技术，实现人脸识别、身份鉴定、人员状态、介质泄漏、物体移位等各种状态的智能识别；⑥信息互联互通和功能协同，报警联动响应和应急预案自动执行，实现安全的闭环管控。

2.10.4 工控系统硬件和软件国产化

随着分散式控制系统在过程控制领域的广泛应用，自主可控的国产化DCS系统的研发和应用显得尤为重要，也是十分有必要的。表2-9示出国电东胜公司智能发电运行控制系统ICS的系统硬件、操作系统、应用软件、网络安全等，目前已实现所有部件的品牌国产化、所有操作系统和应用软件的国产化。受限于上游生态环境现状，目前部分芯片还是采用国外品牌产品，在研发过程中已开始使用国产化芯片，对国外进口芯片进行全面替代的验证性测试。

表2-9 国电东胜公司ICS主要部件的国产化情况

部件名称	使用品牌	应用方式	操作系统	CPU/MCU	应用软件
上位机	华北工控/研祥	集成硬件，自研软件	Linux	Intel/龙芯	自研
服务器	联想/浪潮/华为	集成硬件，自研软件	Linux	Intel/ARM	自研
交换机	东土	集成	VxWorks	Intel	东土
控制器	智深	自研软硬件	Linux	Intel/龙芯	自研
I/O模块	智深	自研软硬件	无	ST/兆易创新	自研

（1）ICS的硬件包括：上位机和服务器、控制器、I/O模块、交换机、电源模块、网络安全工控域防火墙。

① 上位机和服务器。上位机集成了华北工控、研祥的硬件产品，服务器集成了联想和浪潮的硬件产品。系统支持不同的上位机操作系统平台。EDPF系列自动化控制系统除了支持在传统的Windows操作系统运行外，为了保证操作系统的可控，已成功应用至CentOS、Ubuntu等开源的Linux系统。国电智深公司与国内厂商中标麒麟合作，定制开发符合国标GB/T 20272、GB17859第四级要求的安全操作系统，保证DCS系统安全、稳定地运行。

② 控制器。控制器是 DCS 最基本、最重要的控制单元，硬件完全由国电智深公司自主设计开发，软件是以开源 Linux 操作系统为基础，通过剪裁和定制开发，满足了实时控制的要求。其中，运行的控制系统也是完全自主研发的，支持多任务实时调度；支持 MODBUS、PROFIBUS，CAN，CANopen，IEC104 规约等多种标准通信协议；兼容性好，具备支持第三方开发的算法；扩展性好，支持灵活的扩展。目前 DPU 控制器中的关键器件正在进行国产化芯片替代。

控制器种类有 DPUIII、DPUIV 和 DPUV，DPUV，可用于 ICS 的高级应用控制器。采用模块化设计，由 DPU 单元和底板组成，DPU 模块带有标准欧式插座，主副站可独立插拔，安装、更换十分方便、安全。主控制器采用嵌入式无风扇设计的低功耗高性能计算机，内置实时多任务软件操作系统和嵌入式组态控制软件，将网络通信、数据处理、连续控制、离散控制、顺序控制和批量处理等有机地结合起来，形成稳定、可靠的控制系统。软件系统实现数据的快速扫描，用于实现各种实时任务，包括任务调度、I/O 管理、算法运算。软件同时拥有开放的结构，可以方便地与其他控制软件实现连接和数据交换，具有体积小，性能高，多重冗余，数据存储安全可靠的特点。硬件和软件都具有多重抗干扰和容错纠错能力。

③ I/O 模块。I/O 模块整体由国电智深公司自主设计开发，针对火电、太阳能发电、风电等不同的工业特点和需求，开发了 100 型、200 型、CP、CP2、D3 等不同系列的 I/O 模块产品。目前国电智深公司正在进行 FPGA、单片机、AD 处理芯片等关键器件的国产化替代。

全分散智能 I/O 模件内置 ARM7 微处理器、IOBUS 总线冗余接口及过程输入输出通道接口。采用高防护等级设计，金属外壳全密封结构，防尘、防潮、防静电、抗电磁干扰。满足 G3 防腐要求，可涂覆军用三防漆，防盐雾、防酸雾、防腐蚀。内置光电隔离器及电源隔离电路，实现通道与现场和通道间电气隔离；PTC 电气防护电路防止强电窜入对通道的破坏。每个 I/O 模块具有独立的现场总线通信节点，具有先进、可靠和易用等多个优点。

④ 交换机。交换机集成东土产品，厂商拥有国产核心交换芯片，同时具有含软硬件在内的整机完全国产化能力。下一步计划将 Vxworks 操作系统更换为国产操作系统。

⑤ 电源模块。电源模块由国电智深公司采用国产化组件自主设计开发。电源系统作为控制系统分布式处理单元(DPU)、I/O 模块等各部分的供电系统，并可为外部变送器设备和开关设备提供工作或检测电源，是整个系统运行的基础，电源系统可靠性的重要程度非同小可。自主研发的电源单元采用 AC/DC 开关电源技术，输入 220V AC 交流，输出 24V DC 和 48V DC 直流。系统电源模块既可以独立使用，也可以冗余配置。

⑥ 网络安全工控域防火墙。网络安全工控域防火墙由国电智深公司自主设计开发，安全隔离性能优于传统 ACL 隔离技术。通过灵活配置域间网络转发策略，并采用白名单机制，在唯一通路上放行必要的业务数据，实现了网络通信的高细粒度管控，特有的旁路技术保障了系统的可用性和可靠性。软件全自主开发，硬件部分正在与 DPU 控制器同步进行国产化组件替代。

(2) ICS 的软件包括：EDPF-NT+系统、组态软件和工程开发环境、网络安全监管一体化平台、高性能实时历史数据库、现场总线、EDPF-NT+现场总线智能管理及诊断软件(AMS)。

① 应用软件 EDPF-NT PLUS 系统。ICS 的底层控制系统具有完全自主知识产权。完全自主化的 EDPF 系列分散控制系统软件环境，从源头上实现了控制系统的自主可控。

② 组态软件和工程开发环境。程序逻辑组态在系统控制过程中覆盖的范围包括控制系统工作的所有基础部分，内容包括：合理的组织、构建工程、统的管理工程、有效的维护工程。组态软件正是为这些基础工作提供服务的，是负责组态数据采集与过程控制的专用软件，是处在自动控制系统监控层一级的软件平台和开发环境。基于灵活的组态方式，工程开发环境为用户提供快速构建自动控制系统监控功能和通用功能的软件工具。常用的软件工具包含：工程管理工具、过程画面组态工具、控制逻辑组态工具、数据库管理工具等。

EDPF 的早期产品中，控制逻辑图的组态借助了 Visio，数据库的导入、导出等管理工具和报表系统借助了 Excel 等国外商业软件，并进行了二次开发。为了满足 ICS 的跨平台和完全自主可控的需求，从 EDPF-NT Plus 3.0 产品开始，自主研发了控制组态工具。国产化的控制组态工具支持以图形化方式，灵活地进行控制逻辑和 I/O 卡件组态，并高效地编译，转换为控制站使用的目标文件，同时生成用于实时监视与调试过程画面。数据库的导入、导出以及报表系统等使用开源的电子表格工具 Libreoffice，以替代 Excel。

③ 网络安全监管一体化平台。自主开发集主机安全、网络拓扑、设备管控、策略管理、隔离防护、审计分析等功能于一体的综合信息安全管控系列产品，形成了 ICS 的安全监管一体化平台。

④ 高性能实时历史数据库。基于跨平台操作系统，研发并应用了国产大型实时历史数据库。国产大型实时历史数据库具有的特点包括：支持分布式部署；单机节点支持超过 10 万点；采用高效的压缩技术；秒级响应多用户的并发查询；支持毫秒采样精度；支持历史数据库的冗余配置。

⑤ 现场总线。现场总线包括 EIO 总线和 Profibus 现场总线。自主研发的扩展 I/O 总线 EIO(Extend I/O Bus)，全面支持采用各种现场总线协议的第三方控制系统及仪表的无缝接入。EIO 是国电智深公司开发的工业实时以太网网络和协议，该协议兼容 HSE、EPA 等工业以太网协议。通过工业以太网构造的 EIO 总线，与各种现场总线协议转换模件连接，从而形成现场总线标准接入平台。

ICS 的所有控制器均内嵌有 EIO 工业以太网接口。Profibus-DP 现场总线设备通过 Profibus 协议主站适配器接入 EIO 总线，现场总线实时数据被现场总线主站适配器模件采集后，通过 EIO 总线直接进入 DPU 控制器。非实时数据通过设备管理驱动软件接入系统，操作人员可以在工程师站上，通过主站模块的透明网关通道对现场的现场总线设备进行管理。该技术采用 FDT/DTM 标准，以将对原有 DCS 的影响减小至最低，实时数据传输速度快，管理信息全面。现场总线国际标准中，并未对冗余控制的相关方面作出约定，火电厂的使用习惯要求必须采用冗余控制技术。因此，专门开发了基于主站冗余和链路冗余的现场总线冗余控制技术。

⑥ EDPF-NT+现场总线智能管理及诊断软件(AMS)。自主研发了 EDPF-AMS 现场总线设备管理系统，AMS 基于 PROFIBUS、HART 等总线协议，EDDL 规范及技术，集设备管理、监视功能等于一体，为用户提供了一个统一的软件平台。AMS 具备设备参数组态和查看的能力，可替代传统的手操器功能；提供设备管理和维护功能，极大地降低了设备的损耗和维护成本；基于设备的状态监测及诊断功能，可对设备进行主动及预测性维护，从而极大地提高了设备的可靠性。

第3章　智慧管理

3.1　引言

在智慧管理层面，建设智慧管理平台IMS，将原业务系统进行集成，并开发各类智能应用模块，以推动企业管理的智慧化升级。在数据层面，建设了基于Hadoop的大数据中心，进行数据标准化和大数据治理，彻底摒弃了传统的不同信息子系统之间数据接口开放的数据调用模式。大数据中心的建设可以打通底层的生产数据和已建成的各类业务系统数据，消除信息孤岛，实现数据的融会贯通。同时建设智慧管控中心，将全厂生产经营管理过程集中监控，实现管理业务集中分析和指标展示、安全应急与风险预警管理、生产经营优化指导与领导人员决策这三大功能。企业所有业务均可通过数据来精确衡量，企业所有数据均可实现有效追溯和互联互通，企业所有决策均建立在数据分析的基础之上。

智慧管理平台IMS遵循智慧企业建设规范"两平台三网络"整体架构，以大数据平台、机器学习算法平台、管控一体化应用软件开发平台、统一报表平台这"四大子平台"为基础技术支撑，实现数据与业务应用深度融合，形成云存储、云共享、云计算和微服务架构，建设覆盖燃煤电厂安全、运行、设备、应急、经营、营销、燃料、物资、风险、党建、行政管理这十一项业务的管理体系，实现对全厂设备资产数字化、可视化、智能化的监控与管理，以及生产经营各环节的智能分析、智能诊断、智能预测、智能决策。

3.2　架构设计

3.2.1　技术架构

智慧管理平台IMS通过整体设计、顶层设计，基于大数据中心和工业互联网，全面整合与优化智慧企业建设所需的IT应用资源、数据资源及基础设施资源，建设基于微服务的一体化信息管理整合平台，即企业云平台。在企业云平台内部消除信息孤岛，实现系统间的业务功能协同和集中服务，加强数据共享和综合分析；优化基础设施建设，提高系统运行的安全性和可靠性，促进企业运营的业务一体化、提升业务管理的质量和效率。

图3-1示出智慧管理平台IMS的技术架构，包括四个层级，即：基础设施层、数据服务层、业务服务层、展示交互层。

（1）基础设施层，或基础平台层、数据采集层（IaaS，Infrastructure as a Service，基础设施即服务），主要负责生产和经营数据的收集（传感器和网络通信）、整理（数据标签化和标准化）、存储（数据仓库，DW）、准备（数据清洗和大数据治理），形成资源池。

（2）数据服务层，或中间平台层、支撑平台层（PaaS，Platform as a Service，平台即服

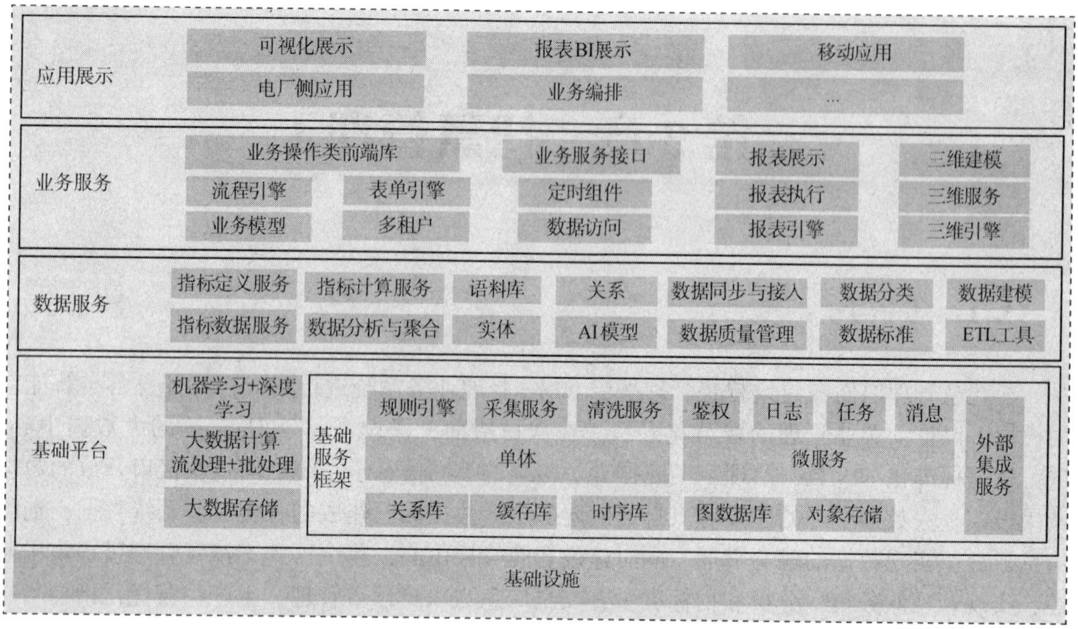

图 3-1　智慧管理平台技术架构

务)，通过大数据中心、机器学习建模、报表可视化展示、统一平台的软件功能开发、微服务等平台和工具，负责将数据转化、提炼为有规律、有价值的信息。在数据服务层，采用深度学习算法和机器学习等技术手段，进行数据分析和挖掘。

(3) 业务服务层，或应用服务层、业务应用层(SaaS，Software as a Service，软件即服务)，负责将有价值的信息和业务流程结合，形成业务知识和业务模块应用，包括日利润、大数据驱动的营销报价、智慧班组、两票管理、智能巡点检、性能优化建议、全厂安全监视和智能识别报警、党建体检中心、在线培训与职业生涯竞赛积分、多维度对标与指标竞赛等，为经营决策提供支撑。

(4) 展示交互层，或应用交互层、应用展示层(Display and Interaction)，负责人员与业务知识的交互、业务结果的可视化展示、移动便捷应用，形成经营决策展示、方案结论和精准预测。智慧管控中心采用大屏监视的手段，是大数据应用和各业务数据链条集中展示和人机交互的平台，侧重于可视化报表数据以及数据分析挖掘结果的展示。

智慧管理平台 IMS 的技术要求包括：①充分利用云计算、大数据、物联网、移动应用、人工智能等先进信息技术；②构建以数据为核心，围绕安全生产、经济运行、设备健康、智能售电、高效管理等目标；③采用精确定位、视频识别等先进技术，在安全生产方面实现以技防为主、人防为辅的主动安全管控；④平台采用机器学习、工业数据分析等新型技术结合机理与专家系统，提升机组运行水平和设备健康状况；⑤应用神经网络法、时间序列法、回归分析法、线性趋势回归法、马尔科夫等算法，实现负荷、电价的预测，适应电力现货市场交易；⑥建设完整的指标体系，建设满足多级应用的智能报表体系；⑦平台即服务(PaaS)覆盖电厂生产经营的标准化、规范化业务体系，提升电厂管理水平；⑧满足生产管理应用的知识图谱，打造智能化电厂；⑨支持消息通知、办公辅助、工作票、操作票、缺陷单、分析报表、智能点巡检的移动作业管理，并与远端系统实时交互，实现移动化的业务信息获取和工作执行。

智慧管理平台设计与实施的原则包括：

① 通过技术经济分析和比较，优先采用先进、可靠且相对成熟的智慧管理平台及相关技术。

② 智慧管理平台应用应根据电厂的实际条件和实际需求、结合相关技术成熟度确定实施，各应用功能应有明确的优化目标。

③ 智慧管理平台 IMS 的建设实施过程应循序渐进，基本遵循两个硬件中心、四大平台、十一个业务功能模块的建设顺序。首先建设大数据中心、生产运营智慧管控中心这两个硬件中心。其次，建设大数据平台、管控一体化应用软件开发平台和机器学习算法平台这三个支撑性的软件平台。然后过渡到智能安全、智能运行、智能设备、应急管理、智慧经营、智慧营销、智慧燃料、智慧物资、风险管控、智慧党建、一体化行政管理平台(ERP 等)这十一个业务模块的具体功能，在管控一体化应用软件开发平台上，开展多层次、多方位融合开发、部署与应用。

④ 在大数据中心和业务应用完善的同时，逐步实施报表平台，实现数据、业务的可视化展示和分析。

3.2.2 网络架构

基于国家、集团公司、国电电力网络部署和信息安全要求，以及新型网络技术的升级和应用，构建“全面、融合、智能、安全、柔性”的智慧电厂管理侧的网络架构体系，打造一流的信息化生态网络系统，支撑火电智慧企业建设。图 3-2 示出智慧管理信息网的结构，包括生产办公网(内网)、安保防护网、互联网(外网)、集团专线。管理信息网的功能和技术要求包括：

① 管理信息网为各类计算机互联互通提供数据通道。管理信息网接入互联网，应在出口配置防火墙、入侵检测等安全设备，按照集团互联网出口统一规定要求实现。

② 生产办公网采用二层网络架构，由核心层、接入层组成。特殊情况采用三层网络架构，核心层采用两台高性能核心交换机形成热备，接入层至核心层双上联带宽不低于千兆，根据应用需要，接入层交换机需配置 POE 供电交换机。

③ 安保防护网为各前端设备与平台之间的互联互通提供数据通道。安保防护网由工业电视监控、门禁、出入口控制等系统组成，对网络的带宽占用大，应独立于生产办公网，采用三层架构，由核心层、汇聚层、前端接入层组成。相关流媒体、存储等服务器连接至核心层，完成相关系统的管理。

④ 集团专线按照集团公司要求，提升广域网带宽与传输稳定性、传输链路的可用性、速率及质量。

⑤ 大数据中心为大量计算机和服务器设备提供可靠稳定的运行环境，机房内的服务器资源为各类平台软件运行、存储等提供支持。服务器资源利用云计算和虚拟化存储技术，实现基础资源的统一管理和调配，提高服务器与存储的利用效率。大数据中心的机房承载大量高密度服务器和核心交换设备，按照国家机房建设相关标准，采用节能、环保、高效、安全等技术进行机房建设或改造，提升机房安全性和可靠性，确保机房物理结构、动力供配电系

统、安全防范、消防系统、制冷系统以及综合布线系统达到一流水平，有效保证各级业务应用安全、稳定、可靠。

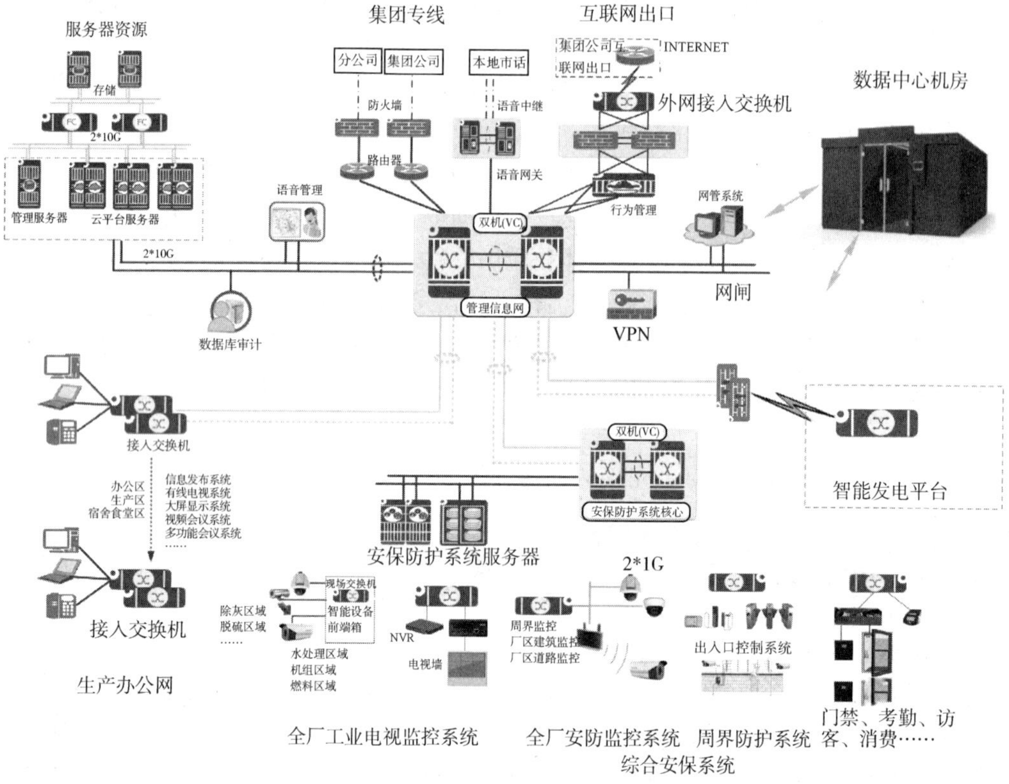

图 3-2　管理信息网的结构图

工业无线网属于管理信息网的一部分。采用工业无线解决方案，将无线应用到生产运营的各个领域，通过开放、互联的敏捷网络，将人、应用系统、机器和所有的传感设备无缝连接，为厂侧提供全方位的运营革新，推动火力发电企业创新发展，提升安全生产水平。工业无线网包含无线 WiFi 和 LTE 无线专网，整体部署及接入管理信息网，与生产控制网物理隔离。无线 WiFi 采用无线控制器+瘦 AP 组网方式，无线控制器集中管理部署的无线 AP。无线专网采用企业专用的无线通信网络，通过核心网对接入终端、覆盖基站提供数据加密、入网认证、身份鉴权等安全功能。

基于 WiFi 和 LTE 两大技术，无线网覆盖为电厂提供一张 WiFi 热点覆盖+LTE 生产无线专网广覆盖的统一生产办公 IP 承载网络。利用这张网络不仅解决了生产安全监控和调度，同时提供办公 WiFi 环境，还能有效支撑企业移动办公。利用 WiFi 和 LTE 专网不同的特点，采用 LTE 承载车辆物流管理、环境和能源介质检测、厂区监控、人员定位、设备点检等业务，采用 WiFi 承载移动办公的业务。

工业 WiFi 无线的功能和技术要求包括：①工业 WiFi 与移动互联的设备应采用高可靠性的、满足国家相关安防要求的国产设备组网，主要用于厂侧传感设备的互联互通、移动应用；②工业 WiFi 采用包括核心交换机、无线控制器、POE 交换机和 AP 的网络架构；③无线 AC 对所有的 AP 进行管理和终端用户接入管理；④POE 交换机应负责为 AP 提供有线网络接入并为 AP 远程供电，通过无线管理组件，应对所有在网 AP 实现无缝的管控；⑤采用无线管理系统对用户终端准入控制，查看和分析终端接入信息，同时通过核心交换 VLAN 与 SSID 绑定，制定无线网之间的安全控制规则加强隔离，并通过防火墙与管理信息网加强边界防护，整体提升无线 WiFi 的可控和受控能力；⑥考虑到用户无线安全接入，对无线用户启用 dot1x 认证方式，并结合准入认证系统；⑦对员工应进行无线接入权限策略设置，实现“统一认证、不同权限”的设计目标；⑧工业 WiFi 无线网覆盖范围不包含严禁使用无线电区域，包含锅炉、汽机等电子间、现场风机油站控制柜、氢站等。

LTE 无线专网的功能和技术要求包括：①无线专网基站采用包括 BBU(基带单元)+RRU(远端射频单元)分布式基站，两者共同完成 LTE 基站业务功能；②BBU+RRU 光纤基站是将基站的基带部分和中频或射频部分分开，使基带共享资源池(BBU)集中放置，通过光纤与远端单元(RRU)相连，天线选择需要根据覆盖需求和按照空间来进行合理选择，以保障覆盖质量和覆盖能力；③企业专用的无线通信网络具备语音、短信、数据、定位等功能，使用专用频段，符合 B-TrunC 宽带集群通信标准的移动通信系统要求；④通过安全通信、双向身份验证、接入认证等有效消除无线网络容易被截获、容易被篡改、伪基站仿冒等风险，进一步提高无线专网的网络安全；⑤eLTE 宽带接入技术支持移动办公、远程数据采集、视频监控、语音等多种无线宽带业务，针对部分项目小、网络规模不大的特点，可实现带宽可变、频段定制化方案；⑥5G 微波承载技术，更高效地解决移动回传问题，具有大带宽、低运维、高工作稳定性的优点；⑦LTE 网络不能对高精密的电子产品产生干扰和影响；⑧专用无线通信网在建设过程中需融入信息安全防护体系建设，具备较高的安全性，满足行业规范和国家法律法规。

3.2.3 管理信息网安全

(1) 管理信息网安全的两个方面内容包括物理和环境安全、网络与通信安全。

1) 管理信息网物理和环境安全的功能和技术要求包括：①根据 GB 50174—2008《电子信息系统机房设计规范》要求，大数据中心机房应至少按照 C 类机房进行建设；②大数据中心机房出入口应配置电子门禁系统，控制、鉴别和记录进入的人员；③机房设置火灾自动消防系统，能自动检测火情、自动报警、自动灭火；④配置机房环境监控系统，包括温湿度、漏水检测、强制排水设备、机房专用空调、UPS 系统、视频、门禁、烟感等设备自身应配带监控接口，监控的主要参数宜纳入设备监控系统，通信协议满足设备监控系统的要求，提供邮件、手机短信及电话报警方式。

2) 管理信息网网络与通信安全的功能和技术要求包括：

① 网络安全机构。图 3-3 示出管理信息网网络安全机构的核心交换、云平台的接入交换和存储设备应有冗余，满足接入终端实名要求，对终端访问进行详细记录并可溯源分析，充分考虑云平台、安全监测、安全运维的安全防护需要，整体提升管理信息网的网络安全主动防御能力。

② 通信传输。核心网络设备采取 IP 和 MAC 地址绑定、动态 ARP 检测、DHCP 监听等技术，防止 IP 地址欺骗和 ARP 中间人攻击等威胁行为，防止数据在传输过程中被监听。对网络设备进行远程管理，使用认证和加密的方式(如 SSH、HTTPS 等)，开启日志记录及登录失败处理功能，并限制管理员的会话时间、失败登录次数等。

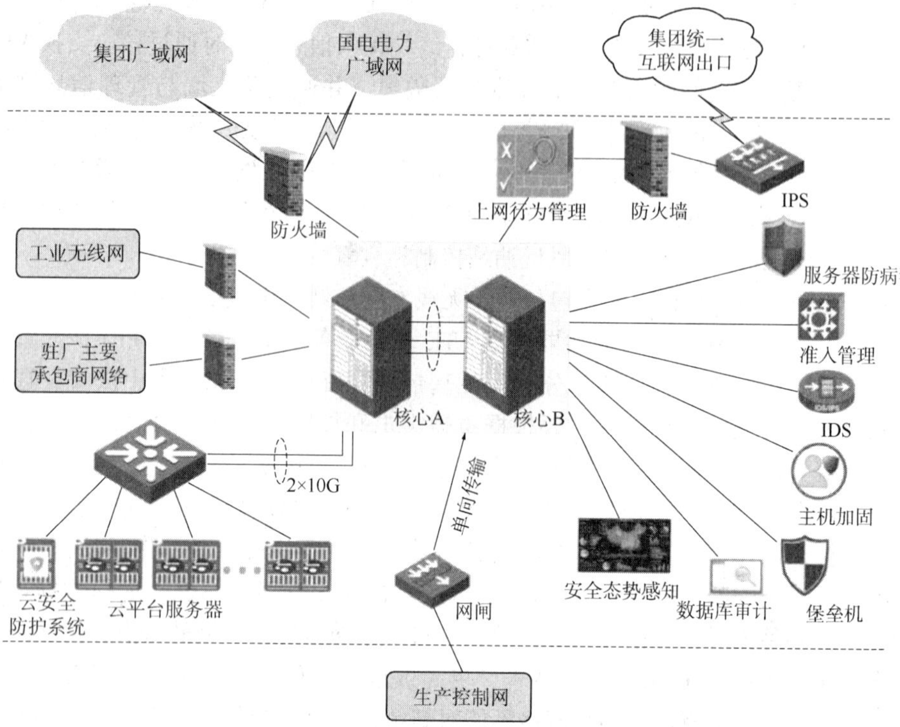

图 3-3　管理信息网的网络安全结构图

（2）管理信息网区域与边界安全的两个方面内容包括：边界防护、访问控制。

1）边界防护的功能和技术要求包括：

① 管理信息网络与集团广域网、无线网络、外委承包商以及生活区、内部宾馆、公寓等非办公区域等网络连接处需划分边界，边界至少部署硬件防火墙进行安全防护。

② 管理信息网络与互联网边界除硬件防火墙基本防护外，还应增加上网行为管理、入侵检测系统提升安全防护能力。

③ 网络边界入口实行入网安全规范技术，部署网络准入系统，对接入网络的系统设备进行入网合规性检查，防止非法入网，提高网络边界安全保护能力。

④ 部署一套网络入侵防护系统，并合理设置检测规则，检测发现隐藏于流经网络边界正常信息流中的入侵行为，分析潜在威胁并进行安全审计。

2）访问控制的功能和技术要求包括：

① 在互联网防火墙设置基于源地址、目的地址、源端口、目的端口等访问规则，对数据包进行检查，以允许或拒绝数据包进出，一般除允许通信外受控接口拒绝所有通信，其中 TCP135、139、445、21、22 等高风险端口采取双向拒绝访问规则。

② 通过上网行为管理设备对不同的应用类型或具体的某种应用设置允许或拒绝通过，限制如迅雷、ppstream 等 P2P 应用带宽，并对访问 URL 的网页关键字进行过滤控制。

③中入侵防护系统 IPS 应配置有效规则，对网络边界处的端口扫描、木马后门攻击、拒绝服务攻击、缓冲区溢出攻击等攻击行为进行监控，当检测到攻击行为时，应记录攻击源 IP、攻击类型、攻击目的、攻击时间，在发生严重入侵事件时应至少提供邮件或短信报警功能。

(3) 设备与计算安全的三个方面内容包括：主机安全、应用安全、数据备份恢复。

1) 主机安全的功能和技术要求包括：

① 内网办公终端。部署集团统一的病毒防护系统，集中监控终端准入管理、系统安全加固、终端安全审计等功能，能有效抵御已知病毒、未知恶意代码和 APT 有效攻击，提供传统终端与云终端的统一安全保护。

② 服务器安全。要求 Windows 服务器操作系统安装集团统一的防病毒系统。根据电力企业的相关文件要求，对所有服务器操作系统进行主机加固，提升操作系统安全级别，统一网络安全保护平台实现对主机加固及运行状态进行实时监测，确保相关服务器操作系统主机加固有效符合操作系统安全级别标准要求。服务器主机系统采取数据安全保护措施，提高数据安全应急能力，满足数据应急恢复需求。

③ 虚拟化主机系统安全。建立虚拟化环境下的微分段网络安全保护能力，实现虚拟化环境主机层部署微分段安全防护，实现东西向 vNGFW(防火墙)和 vIDP(入侵检测系统)，实现虚拟机之间的安全保护。整个虚拟化主机系统应具备符合虚拟化技术特征的数据安全保护能力，确保系统、设备故障宕机或其他故障导致数据损失时，具备有效的数据应急恢复能力。

2) 应用安全的功能和技术要求包括：

① 应用系统提供用户身份标识唯一和鉴别强度检查功能，保证系统中不存在重复用户身份标识；系统设置用户首次登录时修改初始密码；禁止明文存储密码；配置登录失败处理功能，采取结束会话、限制非法登录次数和自动退出等措施。

② 制定授权用户访问控制策略，严格限制默认账户的访问权限，授予不同账户为完成各自承担任务所需的最小权限，并在它们之间形成相互制约的关系。

③ 保证通信数据的完整性，对通信过程中的用户密码、会话密钥等敏感信息进行加密。

④ 应用系统应提供数据有效性检验功能，保证通过人机接口输入或通过通信接口输入的数据格式或长度符合系统设定要求，通过字符过滤等措施，防止 SQL 注入、跨站攻击等应用安全问题。

⑤ 能对系统最大并发会话连接数、单个用户的多重并发会话进行限制。

⑥ 应用系统应配置相应的安全策略，包括密码强度检查、登录及操作日志审计等安全措施。

3) 数据备份恢复的功能和技术要求包括：

① 建立自动备份系统，实现重要数据备份与恢复，备份系统存储容量至少满足 3 年存储数据量要求，确保重要业务数据至少可恢复至一天前。

② 定期进行备份数据恢复测试，测试应在测试环境中进行，确保实际备份数据的异机可恢复性，测试过程做好记录及分析。

③ 备份数据应异地妥善保存，数据备份保存环境符合防火、防盗、防潮、防磁、防尘的具体要求。

(4) 安全管理中心的两个方面内容包括：安全审计、集中管理。

1) 安全审计的功能和技术要求包括：

① 部署一套安全审计系统，能够对操作系统、数据库、业务应用的重要操作进行记录、分析，及时发现各种违规行为以及病毒、黑客的攻击行为。特别对于远程用户登录到本地系

统中的操作行为，应进行安全审计。

② 部署一套堡垒机，并采用双因素认证，能够对设备系统的运维操作进行全面记录，具备运维审计自查询功能。

2）集中管理的功能和技术要求包括：

① 为实现对智慧发电企业的统一网络安全监测，通过生产控制网的安全审计设备，对安全设备及应用系统进行日志收集、异常流量及行为分析后，传输至管理信息网的安全大数据平台。安全大数据平台对信息安全监测平台发送的数据解析后，进行评估及预测报警，可视化展示安全状况，并为态势感知平台提供数据来源及服务支撑。

② 态势感知平台以网络设备日志、业务系统日志、企业内外部网络流量等原始数据为基础，综合运用大数据、云计算、人工智能等多种先进信息技术，建立智能、高效的数据模型，不仅具备资产感知、漏洞感知、运行感知、攻击感知、威胁感知和风险感知能力，还具备对攻击威胁及弱点态势进行感知的能力。平台还应具备可视化展现出目前的安全态势地图和趋势，发现攻击规律、及时预警并安全联动全网，事件发生后也能及时进行威胁溯源。

3.3 基础设施与支撑平台

智慧管理平台 IMS 以大数据平台、机器学习算法平台、管控一体化应用软件开发平台和统一报表平台，为智能应用提供基础支撑。

（1）大数据平台负责电厂各类数据的收集、汇总、清洗、分析等工作，为智能应用提供数据与算法支持，并提供所有应用的统一数据访问接口。

（2）机器学习算法平台，也称为大数据引擎平台，提供基于大数据的科学计算、数据挖掘、数据建模、机器学习、深度学习的综合型算法工具，该工具部署在 Hadoop 平台上，与 Hadoop 平台一起组建完成智慧企业建设核心部分。同时，该算法工具为程序开发、模型训练、逻辑回归、深度学习、自动趋优、自我完善等服务提供支撑，满足大数据应用及各类业务应用的需要。

（3）管控一体化应用软件开发平台是软件开发的基础平台，提供一整套的应用软件设计开发方法论及支持工具，缩短开发周期。应用软件开发平台具备业界通用的微服务开发、运维一体化的支撑能力。

（4）统一报表平台系统基于 Hadoop 大数据平台构建，采用分布式部署，以满足报表建设需要。统一报表平台读取 Hadoop 大数据平台数据源，从 PC 端到移动端再到大屏，从数据采集到分析再到可视化，从传统数据体量再到大数据，实现数据智慧化展示、可视化分析。

3.3.1 大数据平台

传统的燃煤火电厂信息管理为了充分利用和挖掘数据的价值，消除信息孤岛，一般采用不同信息子系统开放数据接口的形式来进行数据共享和调用。事实证明仅仅开放数据接口，以期望打通不同信息系统、不同数据库之间的联系，实现数据的深度挖掘和利用，是一条失败的道路。因为来自不同信息系统数据的类型、标准、格式、定义、单位、更新频率均有较大的差别，很容易发生数据的错误调用。因此，有必要应用 Hadoop 大数据架构来兼容不同类型的数据，形成具有数据采集、交换、存储、清洗、查询、加工、审计、溯源、挖掘、应用等功能的大数据全寿命周期管理系统。在 Hadoop 大数据平台的基础上，建设涵盖智慧型生产、经营、发展、党建等全领域的信息管控一体化平台和智慧管控中心，形成以大数据管理为数字化核心的智慧企业生态系统，实现生产安全监控、设备状态监测、故障诊断、运行优化、风险管控、经营柔性决策等火电厂业务核心功能。

建设基于 Hadoop 大数据平台的燃煤火力发电厂大数据中心，分析 Hadoop 平台的软件架构、硬件架构、资源管理、功能、技术要求、大数据的应用内容等，以提高火电企业数据全过程标准化管理能力，增强数据的挖掘、分析和预测能力，以提高企业对数据资产的利用效率。本章节的介绍有助于了解 Hadoop 大数据平台的软件和硬件架构，以及大数据架构和平台在火电厂大数据中心和智慧管控中心的应用方式和效果，基于大数据的数据归集、统一、治理、标准化、挖掘和应用，数据真正成为火电企业的资产和财富，最终实现集团公司与分子公司，分公司与电厂以及电厂内部，数据和业务的互联互通、共享协调和智能处理。

以国电东胜公司大数据中心建设为例进行分析，建设 Hadoop 大数据平台，先进行数据治理，然后在标准化的数据基础上，进行数据利用，支持机理模型、机器学习、数据分析模型等先进算法或模型的数据挖掘。智慧管控中心采用大屏监视的手段，是大数据应用和各业务数据链条集中展示的平台，利用信息管控一体化平台对数据进行分析、挖掘和展示。

图 3-4 示出典型的工业大数据平台系统架构，包括监控设备、数据采集、数据存储、数据管控和数据服务。工业大数据平台对资源的管理包括数据资源管理、存储资源管理、计算资源管理和集群运营管理四个部分。Hadoop 大数据平台实现的三大功能是数据的采集、汇总、分发、分布式存储，数据的清洗、治理、融合和并行化处理，数据的查询、分布式计算、实时流处理、分析挖掘、数据管理、安全管理、支持数据分析和机器学习服务。

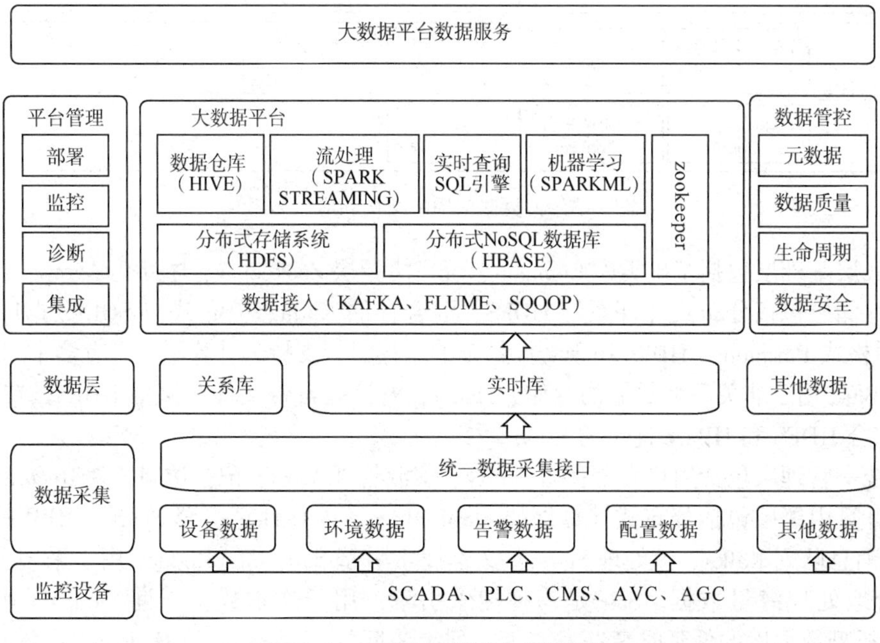

图 3-4 工业大数据平台系统架构

大数据平台对各种数据格式、数据库类型均能广泛兼容和支持，能融合来自不同已建信息系统的实时数据库(包括 PI、EDOS、庚顿等主流实时数据库)、关系数据库(包括 Oracle、SQLServer、MySQL、PostgreSQL 等)、列式数据库、半结构化数据、Hive 数据仓库，实现数据资产的集中统一管理，为大数据应用和数据分析计算模型提供标准化的数据资源。大数据平台适用于任何数据类型的存储，支持常见的 csv、excel、json、txt、LDAP、XML 等多种文件格式的数据接入，覆盖集群所有资源与服务，进行统一配置、管理、监控、诊断。实时数据由各种运营设备产生，经过生产现场数据采集器进行采集，并写入生产现场实时数据库。实时数据经由厂级的实时数据库，通过 Kafka 或其他适配器等方式，推送至 Hadoop 大数据平台，进行存储、分析，为机器学习、模型应用开发提供数据基础。

(1) 图 3-5 示出 Hadoop 大数据架构，包括底层基础层、存储层、统一管理层、计算引擎层、能力服务层、工具及增强、接口及应用，共计八个部分。

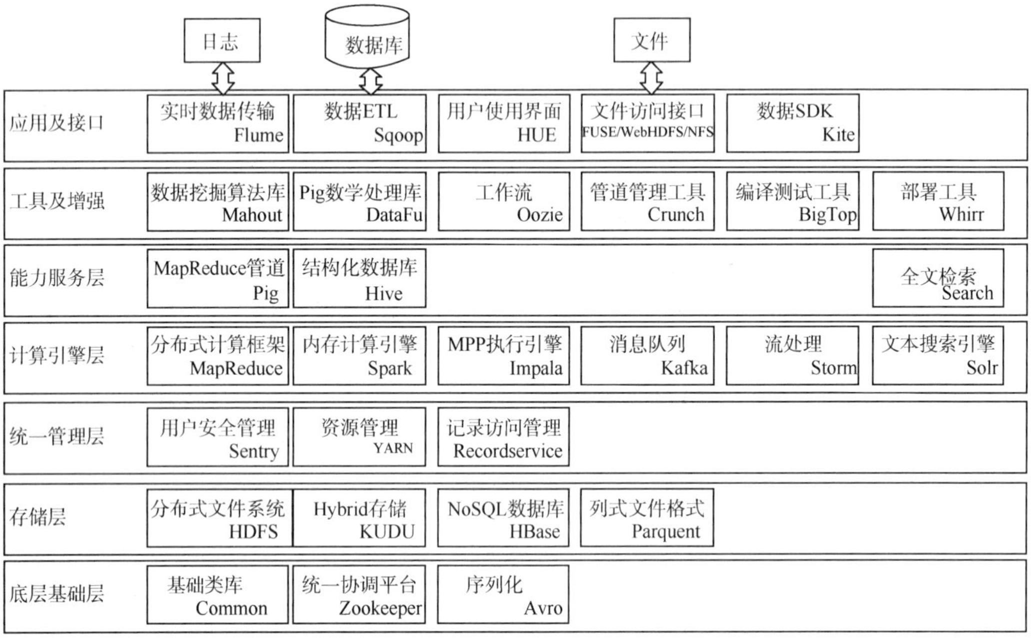

图 3-5 大数据架构的结构和应用体系

1) 底层基础层包括基础类库 Common、统一协调层 Zookeeper、序列化 Avro。

2) 存储层包括分布式文件系统 HDFS、混合存储 Kudu、分布式 NoSQL 数据库 HBase、列式文件格式 Parquent。HDFS 用于文件系统的储存，能支持云计算平台，有多个 NameNode 备机。HBase 用于非关系型数据的存储。Hadoop 内核里自带文件存储层 HDFS。在存储层，出现了综合 HDFS 和 HBase 优点的 Kudu。

3) 统一管理层包括用户安全管理 Sentry、资源管理 Yarn、记录访问管理 RecordService。

4) 计算引擎层包括分布式计算框架 MapReduce、内存计算引擎 Spark、MPP 执行引擎 Impala、消息队列 Kafka、流处理 Storm、文本搜索引擎 Solr。MapReduce 用于采用分布式系统，廉价地处理海量数据。Solr 是一种搜索引擎，用于文本数据查询。Impala 用于分析 SQL、分析型数据库的低延时高并发查询、列级访问控制。Spark 是 Hadoop 通用处理引擎，用于通用数据处理、快速批处理、机器学习、表级访问控制，Spark 将会取代 MapReduce 成为新一代的通用计算引擎。kafka 和 Spark streaming 用于流处理。

5）能力服务层包括 MapReduce 管道、结构化数据库或数据仓库 Hive、全文检索 Search。MapReduce 用于磁盘数据处理、对规模要求极高和对磁盘 I/O 敏感的任务。Pig、Hive 组件用于实现批处理。

6）工具及增强包括数据挖掘算法库 Mahout、Pig 数学处理库 DataFu、工作流 Oozie、管道管理工具 Crunch、编译测试工具 Bigtop、部署工具 Whirr。

7）接口包括实时数据传输 Flume、数据 ETL 组件 Sqoop、文件访问接口 Fuse、WebHDFS、NFS。

8）应用包括数据仓库 SQL、机器学习 Spark ML、基于文本的搜索 Solr、流处理和实时流计算、非结构化的日志分析、交互式 SQL（包括 Impala、Presto）、用户使用界面 Hue、数据 SDK 组件 kite。很多传统的数据仓库应用已经迁移到 Hadoop 上。现在出现了特制的 SQL 引擎，包括 Impala 和 Presto，绕过通用的计算引擎 MapReduce 和 Spark 这一层，从而达到更低的延迟。

（2）大数据平台的通用功能包括实时计算、数据存储及管理、数据集成、数据分析、数据仓库、数据查询、数据搜索、权限控制、分布式协调、工作流协调、数据流处理等。表 3-1 示出大数据平台，包括 Hadoop 及 HDFS、MapReduce、Yarn、Kudu、Impala、Spark、Kafka、Sentry、Oozie 等组件。大数据平台的组件包含以下服务及特性：①实时计算组件：Spark Streaming 流处理、MapReduce 组件；②数据存储与管理：Kudu 存储、HDFS 存储、HBase 存储、Parquet 存储；③数据集成：Sqoop 数据组件、Flume 数据组件；④数据分析：Spark Mllib 分析组件、Mahout 分析组件、Spark R 分析组件；⑤数据仓库：Hive 组件；⑥数据查询：Impala 查询组件、SparkSQL 查询组件；⑦数据搜索：Solr 搜索引擎；⑧权限控制：Sentry 授权组件；⑨分布式协调组件：Zookeeper 组件；⑩工作流协调组件：Oozie 组件；⑪数据流处理组件：Pig 组件；⑫消息组件：Kafka 消息队列；⑬数据来源：Kafka、Flume、ZeroMQ、Kinesis 以及 TCP sockets。

表 3-1 大数据平台的组件和架构系统

组件	描 述	版本
Hadoop	具有可靠的，可扩展的特点，功能包括分布式的存储和计算	v2. 6. 0
Hive	具备类 SQL 接口，功能是通过 ODBC/JDBC 驱动的元数据知识库连接 BI 应用和 Hadoop	v1. 1
Impala	遵循 Apache 许可协议，针对存放在 HDFS 和 Kudu 数据的实时 SQL 查询引擎	v2. 7
Kafka	具有高度可扩展的、容错的特点，功能是发布订阅制的消息	v0. 9
Kudu	功能是结构化、快速地进行数据分析和存储	v1. 3
Mahout	Hadoop 的机器算法的库	v0. 9
Oozie	功能是协调 Hadoop 活动的工作流程引擎	v4. 1. 0
Pig	功能是处理存放在 Hadoop 里的数据的高级数据流语言	v0. 12. 0
Sentry	功能是为 Impala 和 Hive 提供精细化的、基于角色的授权	v1. 5. 1
Spark	功能是支持循环数据流和内存计算的高速通用数据处理	v2. 0. 0

（3）Hadoop 大数据平台采用开源 Apache Hadoop 组件，能提供上层所有应用资源管控集群，分布式存储与计算等功能，支持集群维护和文件数据分布管理等基本集群的服务能力。

Hadoop 生态系统的核心就是 Apache Hadoop，包括文件存储层、计算引擎、任务调度、应用层等。Hadoop 集群包括 HDFS 客户端、MapReduce 客户端、HBase 客户端、Hive 客户端等。Hadoop 大数据平台与开源的 Hadoop 基础平台具有一定的兼容性，包括版本兼容、组件兼容、数据格式兼容、接口兼容、程序包兼容、硬件兼容、系统兼容和第三方工具兼容。

1）版本兼容。Hadoop 基础平台应采用当前最成熟技术的 Hadoop 软件产品，并符合未来大数据技术的发展潮流，Hadoop 基础平台要基于开源 Apache Hadoop2.6 以上版本开发。

2）组件兼容。Hadoop 基础平台应为正式发布的经客户验证的商业版本，平台软件组件应至少包含与开源 Hadoop 框架中 HDFS、Kudu、YARN、MapReduce、ZooKeeper、Spark、Impala、Flume、Hive、Sqoop、Kafka 等组件。

3）数据格式兼容。保证数据存储格式与开源版本兼容。安装其他第三方 Hadoop 生态圈的模块，如 Impala、Spark、Kudu 等开源组件，能读取已经存储在 HDFS 的文件数据，无须格外数据格式转换或拷贝。

4）接口兼容。在技术接口上与原生 Hadoop 系统保持功能、参数、返回值等兼容，在相对应版本 Apache 社区 Hadoop 或商用 Hadoop 平台上运行相同应用代码正确执行后结果相同，要求满足切换厂家产品无须改动代码。二进制接口兼容要求平台提供的接口调用协议在二进制上兼容，客户端程序无须改动代码或重新编译即可在 Apache 社区 Hadoop 或其兼容 Hadoop 产品上迁移。支持多种数据库技术标准：能够支持当前最流行的数据库技术标准，如：ODBC2.0、JDBC3.0 等。支持与 MPP 数据库的数据互通接口：提供与 MPP 数据库的数据互通接口，通过该接口，实现 MPP 数据库对 Hadoop 基础平台中存储数据的读取和写入能力。

5）程序包兼容。系统部署后的开源组件程序包与开源版本兼容，用户自行基于开源社区版本的代码改动，及用户或第三方社区中补丁能直接覆盖使用，无须厂家干预，从而能快速提供补丁修复和功能增强，也使得第三方运维变得可行。

6）硬件兼容。Hadoop 基础平台应该能够支持主流厂商的 X86 服务器平台，如：联想、惠普、戴尔等品牌 X86 服务器。系统存储支持基于 X86 服务器平台的本地磁盘存储。

7）系统兼容。Hadoop 基础平台应该支持 Linux 的主要 64 位发布版本，Hadoop 基础平台应该支持最新 JDK 版本。

8）第三方工具兼容。Hadoop 大数据平台应具有较好的第三方工具兼容性，包括：①兼容主流的数据库，主流的数据库包括 Oracle、Teradata、MySQL、PostgreSQL、SQL Server、MongoDB 等关系数据、非关系数据库或介于两者之间的数据库。②兼容主流 ETL 工具，ETL 是指数据的提取、转移和加载。主流 ETL 工具包括 Informatica、DataStage、Pentaho 等。③兼容可视化工具，可视化工具包括 Cognos、BO、MicroStrategy、Tableau、OBIEE（Oracle）、Qlik、ZoomData 等。④兼容数据挖掘工具，数据挖掘工具包括 SAS、SPSS 等。

（4）大数据中心的网络硬件技术要求包括：①选择高性能交换机作为数据中心存储网络和业务网络的数据核心交换机；②接入交换机应使用集群技术，保证交换机连接的冗余。

（5）Hadoop 大数据平台服务器的功能和技术要求包括：①划分为管理节点、工作节点、工具节点；②管理节点部署各组件的管理角色；③工作节点部署各角色的存储、容器或计算角色；④工具节点应用于运行非管理进程的其他进程，配置冗余的风扇电源、Raid 卡、HBA 卡及其他扩展和冗余配置，同时具备高扩展性和兼容性。

（6）Hadoop 大数据平台对外接口的要求包括：保持与开源 Hadoop 及相当架构系统各服务组件的 API 接口功能、接口类型（C#、Java、Python、Rest 等）、接口名称、输入参数、返回结构等一致。Hadoop 大数据平台支持的接口类型包括：①支持访问分布式文件系统的文件操作接口；②支持与外部数据源关系数据库的交互；③通过提交 MR 任务分析和查询数据；④支持 Thrift、Rest 接口；⑤以直接提交查询语句方式访问数据；⑥提供用户访问 Hive 的方法，支持用户使用 C#、Java 和 Thrift 方式访问 Hive。

（7）Hadoop 大数据平台支持的访问类型包括：①支持上层使用 SQL 语言、ODBC 方式，访问大数据平台；②支持上层使用 SQL 语言、以 JDBC 方式访问大数据平台；③提供可视化界面工具，提供 SQL 设计以及数据访问功能，支持 Kudu、Hive、Impala 以及传统数据库。

（8）Hadoop 的硬件架构管理内容包括管理节点、数据节点、边缘节点这三方面。

1）管理节点（Head/Master Node），包括 NameNode，JobTracker 及 Master 等。管理节点用于提供关键的、集中的、无替代的集群管理服务；若该管理服务停止，则对应集群 Hadoop 服务停止。管理节点通常对内存要求高，需要可靠性高的硬件设备，但对存储要求低。Hive Meta Server 以及 Hive Server 通常部署在其他管理节点服务器上。NameNode 服务器配置主要需求为内存容量大小以及持久化存储可靠性。

2）数据节点（Data/Worker/Slave Node），包括处理实际任务，如数据存储，子任务执行等。数据节点用于同节点运行多个服务；若该服务停止，则由其他节点自动代替服务。数据节点的实现需要硬件各部件能方便地替换。Zookeeper Server 以及 HMaster 通常选取数据节点服务器，由于一般负载有限，对节点无太大特殊要求。

一般而言，数据节点管理倾向于使用更多的机器，而不是升级服务器配置。数据多分布可获得更好的 scale-out 并行性能以及可靠性。需要根据物理空间、网络规模以及其他配套设备等综合因素来考虑集群服务器数目。计算密集型应用考虑使用更好的 CPU 以及更多的内存。通常按 1 块硬盘+2 个 CPU 核+6 至 8GB 内存的比例配置升级硬件可以满足多数应用的需求，尤其是 IO 密集型应用。

3）边缘节点（Edge Node）。边缘节点作为客户端访问实际 Hadoop 服务，用于对外提供 Hadoop 服务代理以及包装，需要可靠性高的硬件设备。

（9）大数据平台的支撑技术要求：

1）支持可视化作业监控界面，支持可视化的基于组态的作业管理与控制、历史作业查询等通用管理、数据加密、数据溯源、数据管控组件、身份认证、统一授权、权限控制等管理组件及服务。

2）支持自动化安装、部署、升级，资源监控和管理，可视化界面参数，事件诊断及管理，第三方工具集成等运维组件及服务。

3）具备实时数据、关系型数据、分布式数据的读写能力。

4）具备生产现场实时数据采集和大数据中心的多层级平台支撑能力，生产现场实施数据采集后写入现场实时数据库，经由专用通信线路将数据传输到大数据中心。大数据中心完成接收和实时处理后存入大数据分布式集群。

5）支持包括但不限于 HDFS、Kudu、HBase、YARN、MapReduce、Zookeeper、Hive、Impala、Solr、Spark、Sqoop、Kafka、Flume 等组件化工具。

（10）大数据平台的运行规则包括数据采集、信息暂时缓存、数据流处理计算、规则的动态解析和执行。

1）测点数据消息队列通过采集应用，将数据采集到 Kafka 消息队列。Kafka 是一个分布式的基于发布、订阅的消息系统，特点包括：①消息持久化，将接收到的测点数据进行持久化，并对数据存储进行分区和冗余，提高测点数据的可用性；②高吞吐，Kafka 设计是工作在标准硬件上，支持每秒数百万的消息；③分布式，Kafka 明确支持在 Kafka 服务器上的消息分区，以及在消费机器集群上的分发消费，维护每个分区的排序语义，保证数据的及时性和高可用性。

2）将实时数据及时更新至 Redis，Redis 是一个基于内存的高性能 Key-value 数据库，支持多种数据结构。将 Kafka 里面的实时数据存储至 Redis 中，以保证每个测点数据都是最新的，为计算引擎和执行规则提供实时数据的支持。产生的事件信息暂时缓存在 Redis，最终同步至 HBase，对事件的结果数据进行存储。通过应用，将测点数据存储至 Cassandra 进行落地。

3）Spark 运行在 Hadoop 的资源管理器 Yarn 上。Spark 基于内存进行计算，相对于传统的 Hadoop，效率更高，给开发者提供了更高阶的函数，并对数据进行分区和冗余。Spark Streaming 是 Spark 核心 API 的扩展，通过访问数据库，将数据配置的业务逻辑，加载到 Spark 内存中，实现高吞吐量、具备容错机制的实时数据处理和流处理计算。Spark Streaming 根据测点筛选出预先配置的业务规则信息，对实时数据进行处理。在处理过程中，测点的实时数据来自实时数据缓存模块 Redis，测点的历史数据来自于 Cassandra。此外，Spark 还有其他子框架，可以实现集群学习、图计算等，对流数据进行处理。

4）规则的动态解析和执行通过 MVEL 实现，MVEL 是一个功能强大的基于 Java 应用程序的表达式语言。

（11）基于 Hadoop 大数据架构的分布式存储功能特点包括：①基于业内广泛使用的高效分布式存储架构，可存储任意容量，任意数据类型的数据；②没有单点故障，提供成熟的高可用性方案，并可以直接图形化配置；③支持分层，多种存储介质的异构分布式存储架构，有效利用内存、SSD 等存储介质的性能优势以及传统磁盘的容量成本优势；④支持多种访问模式，包括 NFS、HTTP、原生 API 等；⑤提供完善的图形化文件管理工具，具有查看、编辑、删除等功能；⑥提供快照功能，防止误删除文件；⑦支持多租户情况下数据管理；⑧支持 Kudu 存储引擎；⑨支持 Impala 引擎对 Kudu 访问；⑩提供高可靠的分布式关系型存储 Kudu；⑪基于业内广泛使用的分布式关系型存储，可按关系型二维表存储数据；⑫支持关系型数据的增删改查功能，并能秒级进行大数据操作；⑬支持多种访问模式，包含原生 API 等；⑭支持与 MapReduce、Spark 和 Impala 等的集成；⑮支持高并发数据访问和高吞吐。

（12）基于 Hadoop 大数据架构的分布式计算框架的特点包括：①支持 Spark、MapReduce 计算框架；②支持 Hive、Pig 等批处理技术；③统一的资源管理：具有统一的资源管理器，实现统一的资源监控、分配与部署管理，在不同组件间进行资源分配；④动态资源管理，支持多租户情况下资源动态分配。

（13）基于 Hadoop 大数据架构的实时流处理特点包括：①提供高性能，低延时的分布式流处理能力，同时提供线性扩展能力，增加节点可以线性提高流处理容量；②基于数据总线的消息服务机制，提供对不同服务的消息订阅、发布、管理等完善的处理能力；③提供定制多路复杂工作流处理消息的能力，并可以重用关键处理节点；④流处理引擎支持对新增数据进行实时统计分析，数据挖掘等复杂计算。

（14）基于Hadoop大数据架构的数据分析和机器学习的特点包括：①提供各类数据挖掘和机器学习算法，并提供扩展接口；②提供和业内主流统计分析和机器学习工具的兼容性。

（15）Hadoop大数据平台的数据管理特点包括：①支持元数据管理，能提供检索功能，可查找列名、表名、文件名等元数据。②支持统一数据查询及分类，提供单一界面能一站式查询平台上的所有数据，并能提供按组件（如HDFS、Hive）限制查询范围。③支持自动文件管理，提供基于文件属性的规则化管理工具，支持超过指定时间的文件转存目录。④支持数据生命周期管理，提供工具能自动转储超过规定周期的文件、自动备份等功能。⑤能自动发现数据血缘关系（Lineage），能自动分析在Hive和Impala运行的SQL语句和Pig Latin程序，并生成数据溯源图。要求用户通过IDE、命令行或者其他Hive API提交SQL语句，操作均能被记录并分析，且对数据处理性能无影响，对数据访问调用透明（无须额外程序设置、编译或埋点）。

（16）Hadoop大数据平台能提供全面的安全机制，包括身份认证、授权、数据加密和审计功能；提供全面的网络控制，包括分层的网络结构，支持根据级别对不同的网络区域进行分隔。Hadoop大数据平台的安全管理特点包括：①在身份认证方面，所有主要功能模块支持LDAP、AD等多种用户验证方式。②在授权方面，支持文件级别用户权限控制，并能方便管理用户权限；支持数据表单元格级别细粒度分析验证；支持全局授权同步，比如在Hive中对某文件进行了权限限制，将自动在HDFS、Spark等其他组件中生效，用户如不能在Hive中访问数据，通过其他组件同样不能访问数据。③在加密解密方面，支持HDFS文件级别、目录级别的加密解密；支持对关键数据透明加密，无须修改上层应用；支持自动的集中的高可用的密钥管理功能，能与第三方密钥库集成。④在审计方面，提供完善的元数据生命周期管理和审核工具，可以显示、统计、追踪指定文件、目录以及数据表的生命周期；提供工具对用户访问数据历史记录追踪审计，找出可能的非法访问记录。具体要求包括无论用户通过何种组件（HDFS/Hive/Impala/Spark），通过IDE、命令行或者Hadoop Java API访问HDFS数据，操作均能被记录；对数据传输性能无影响；对数据访问调用透明（无须额外程序设置、编译或埋点）。支持审计日志直接存储至外部关系型数据库。

（17）大数据平台性能指标的八个方面要求包括：总体性能要求、通用性能指标、管理平台性能指标、扩展性要求、可用性要求、兼容性要求、安全性要求、管理性要求。

1）总体性能要求，包括：①在网络异常的情况下，平台应支持数据断点缓存功能，待网络恢复后将数据断点补充和存储，保证数据的完整性；②应具备高度可靠和冗余能力，支持多节点分布式部署，单节点的局部故障不影响现场设备的正常运行；③便于功能和硬件的扩充，同时充分保护应用资源，使系统能适应功能的增加和规模的扩充，并支持自诊断和恢复；④具备人机接口界面友好、操作方便、简洁、灵活的应用特性，同时便于维护及二次开发。

2）通用性能指标，包括：①HDFS全量数据磁盘扫描速度单个节点≥300MB/s，HDFS每节点写速度≥250MB/s（3副本），磁盘存储利用率≤85%，物理服务器CPU利用率≤70%，内存利用率≤70%；②提供优化的MapReduce运行环境，可支持不少于集群CPU逻辑内核总数相同的并发任务执行能力，并能随着CPU核数增加线性增加并发数；③每台服务器扫描数据的性能≥1.5GB/s，单台物理机需满足1s内扫描数千万条记录的能力，流处理单节点吞吐量≥10 万条记录/s，流处理的数据框架延迟≤2s。

3）管理平台性能指标，包括：单节点并发调度作业数量>50 个，支持调度作业总数>10000，调度响应时间<100ms，单节点作业全量分发时间<2s。

4）扩展性要求，包括：①具备良好的可复用性，通过组件化设计，实现业务过程组件与业务流程的分离，实现业务过程组件的复用；②具备高横向扩展性，满足业务数据量增大时的系统扩展要求，增加或减少物理资源时，原有应用可以不受影响，平滑扩容，无须修改；③支持数据自动在集群中进行数据并行计算，来提供具有高扩展性和高性能的大型数据库架构；④支持水平扩展，可对 DataNode、NodeManager 节点进行动态扩展；⑤支持在不停机、不停服务情况下，进行线上单节点的磁盘扩展。

5）可用性要求，包括：①具备容错处理机制，能够对操作人员的误操作进行提示，并可以监控系统的运行情况，提高平台的可靠性；②在系统出现问题时，保证数据的完整性、可恢复性以及事务的完整性；③满足采用多种平台容错手段，在数据丢失的情况下，可利用备份的数据在较短时间内进行恢复；④采用高可靠设计架构，杜绝任何单点故障风险；⑤采用分布式计算框架，实现资源的动态加减和黑名单等机制，硬件故障的 Failover 对应用透明。

6）兼容性要求，包括：①具备高度的开源兼容性，具备跨版本、跨组件、不同数据格式、API、接口及程序的兼容机制；②具备可靠的硬件兼容性，支持主流厂商的 X86 服务器平台，存储支持基于 X86 服务器平台的本地磁盘存储；③应具备操作系统的兼容性，支持 Linux 系列操作系统(64 位)的主要发布版本，支持大数据平台的最新 JDK 版本；④具备稳定的接口标准兼容性，支持多种数据库技术标准，支持与 MPP 数据库的数据互通接口；⑤具备与平台相关的第三方工具兼容性，兼容主流数据库工具、报表工具、主流数据抽取 ETL 工具、数据挖掘工具。

7）安全性要求，包括：①安全系统安全可靠，保证 7×24h 的无安全事故运行；②保证系统在运营过程中所管理的各种资料的信息安全；③保证系统与其他相关系统信息交换过程的安全；④支持统一集中的用户账户管理，账户存储具备 HA 高可用机制。

8）管理性要求，包括：①支持一个物理集群中建立多个逻辑应用的要求，满足用户在同一物理资源池共享使用资源的需求，并能够进行资源的动态和静态分配；②支持分层的资源和负载管理，支持整个集群的监控和管理，支持基于 Web 的管理；③集群应能够简易安装，提供向导式操作；④提供 KPI 仪表盘，在单一主界面直观监控全局信息；⑤具备对系统进行状态的实时监控，掌握系统状况；⑥具备日志记录能力，详尽记录操作信息，同时支持日志分类过滤和搜索。

（18）大数据技术的应用包括计算密集型应用，输入、输出的密集型应用，分布式存储与大规模并行计算，实时数据处理与查询分析，数据整合，数据使用，数据服务，数据治理八个方面。

1）计算密集型应用。例如机器学习、数据挖掘。

2）输入、输出的密集型应用。例如索引、检索、统计、聚类、数据解码与解压缩。

3）分布式存储与大规模并行计算。一般使用 HDFS，HIVE，SPARK 等组件。Apache HDFS 用于分布式存储、文件并行化批量处理。Apache Hive 组件用于数据仓库查询与处理。Apache Spark 组件用于流处理、算法模型、查询分析。

4）实时数据处理与查询分析。通常使用 Spark、Kudu、Impala 等组件。Apache Impala 组件用于快速分析、交互式查询。Apache Kudu 组件用于关系型模型，实时存储和计算资源管理。

5）数据整合。数据接入的类型包括 ORACLE 等关系数据库、PI 等实时数据库、结构化、非结构化、半结构化数据。Apache Kafka 组件用于采集和分发消息、流式等半结构化数据。Apache Flume 组件用于采集和分发消息、文件等非结构化数据。Apache Sqoop 用于采集和分发关系型、SQL 等结构化数据。

6）数据使用。数据使用包括流批图数据加工、交互式查询、探索分析与模型训练。

7）数据服务。数据服务包括多业务应用场景支撑、多用户多租户支撑、高并发与高吞吐数据服务。

8）数据治理。数据治理包括元数据定义、元数据标签、生命周期、血缘关系、架构、质量、安全、审计、加密、脱敏、分布、备份等。大数据治理的内容包括数据采集、数据交换、数据存储、数据清洗、数据查询、数据加工、审计、数据溯源、元数据标记与发现、数据全生命周期管理等。

（19）应用于燃煤火电的大数据平台的工业应用场景包括预测性维护和关联分析。

1）预测性维护。通过 Spark Streaming 从 Kafka 读取实时数据，利用聚类算法，建立预测性维护模型，进行设备异常值检测。预测性维护模型可以及时发现某些奇异点或异常，例如某台风机轴承温度过高，将该异常值与历史数据进行对比，做到异常设备的定位及预测性维护。

2）关联分析。对于已发生设备故障的时间点，利用 Spark Machine Learning 对该时间点近期历史数据进行关联分析，定位到设备发生故障前，哪些关键性指标会有异常警示，为预测性维护模型提供参考指标。比如风机轴温过高导致设备发生故障，通过拉取故障发生时间点前一天的数据建立分析模型，与正常的历史值对比，监测具有异常跟随趋势的关键性指标。

（20）大数据平台的数据全生命周期管理具备数据采集、数据传输、数据融合、数据分类、数据存储、数据清洗、数据分析、数据挖掘八个方面的功能或组件，以满足智慧企业建设的要求。

1）数据采集，跟踪数据采集的源头，形成统一、规范的数据接口标准。运用物联网技术、标准化的工作流程进行数据采集，使采集的数据更加真实、可靠、准确。

2）数据传输，支持分布式发布和订阅的消息方式，支持海量消息处理、高容错的方式存储海量数据流，保证数据流的时序及完整，以满足数据平台整体要求。数据传输主要解决应用解耦、异步消息、流量削锋等问题，实现高性能、高可用、可伸缩和最终一致性架构。

3）数据融合，具备数据层融合、特征层融合、决策层融合这三种数据融合能力。

4）数据分类，遵循稳定性、系统性、可扩充性、综合实用性、兼容性等原则，具备按计量层次分类、按来源分类、按时间状况分类的能力。

5）数据存储，工作任务是将图像、文档类的非结构化数据及时序数据分别存储在 Kafka 和 HBase 中，面向在线分析的关系型数据存放在 Kudu 中。

6）数据清洗，工作任务是进行非空检核、主键重复、非法代码清洗、非法值清洗、数据格式核验、记录数据检核。数据清洗具备脏数据处理、缺失值处理、错误数据处理等主要功能。

7）数据分析，集成简单数学运算、统计、快速傅里叶变换、平滑和滤波、基线和峰值分析等通用方法，以提高分析效率。

8）数据挖掘，集成分类、估计、预测、相关性分组或关联规则、聚类、复杂数据类型挖掘的高级方法，使业务专家与平台能够紧密结合。

3.3.2 机器学习算法平台

机器学习算法平台的功能和要求包括九个方面：通用功能和支撑技术要求、运行环境要求、计算引擎要求、计算能力要求、数据管理能力要求、算法模型要求、应用服务要求、任务调度能力要求、运维监控能力。

（1）机器学习算法平台的通用功能和支撑技术要求。

1）建立具有"自分析、自诊断、自管理、自趋优、自恢复、自学习、自适应、自组织、自提升"能力的人工智能算法平台，涵盖语音识别、语音合成、语音唤醒、文字识别、图像识别、人脸识别、人体分析、大数据分析、机器学习等多种算法模型。

2）具备特征管理、算法开发、模型训练、模型自学习、服务管理、监控等一站式算法服务，采用可视化的操作界面来操作整个实验流程，同时也支持命令行模式，让用户通过命令行来操作实验。

3）平台运行应依赖于分布式计算引擎，支持自定义算法集扩展，支持算法集的平台集群部署。

4）采用存储计算层、算法模型层、可视化建模层、算法应用层的层级应用模式使存储计算层实现对分布式文件的存储和分布式计算，实现机器学习平台与大数据平台的数据同步，并具备数据权限控制能力。具备实时数据库应用技术能力，保证高实时性预估服务的时效性。算法模型层支持逻辑回归、神经网络、NLP、朴素贝叶斯、决策树、LTSM、GBDT 二分类、GBDT 回归等多种不同算法模型，同时支持深度学习等人工智能训练模型。

5）可视化建模层支持拖拽方式的人工智能算法建模，包括但不限于数据预处理、数据管理、特征工程、可视化建模、模型评估、模型自学习、模型管理、服务管理和运维管理等功能。算法应用层应支持电力能源业务领域的预测、预警等多种类型的算法应用。

（2）机器学习算法平台的运行环境要求包括：①具备高可靠性、高稳定性，对于特定模型的在线预估服务，在节点出现异常时不对系统服务造成影响，并支持负载均衡管理；②采用分布式技术进行数据的处理与模型运算，具备 TB 级别数据处理能力，复杂特征模型在线预估服务应具备毫秒级的性能响应；③支持不停服务的集群扩展能力，在线预估服务支持不停服务的热迁移；④具备对存储数据的压缩处理能力，并支持只有当计算过程中要用到该数据时才解压缩的功能。

（3）机器学习算法平台的计算引擎要求包括：①具备分布式运算能力，包含 SQL 模型、Graph 模型、高维度复杂模型以及场景的机器学习算法；②具备基于参数服务器架构的计算能力、通信能力、存储能力优化设计能力；③具备对 TB/PB 级数据的非实时分布式分析处理与模型训练能力，随着数据量上升，引擎运算效率接近线性增长，并确保在高效并行计算式快速收敛；④具备实时线上数据处理能力，提供高性能实时标拼接、时序特征生成，支持分钟级数据更新与模型自学习，支持毫秒级响应的在线预估服务。

（4）机器学习算法平台的计算能力要求包括：①具备对海量数据的离线和在线实时分析

和处理能力；②支持结构化和非结构化数据分布式计算处理，支持 SQL、自定义函数、Graph、机器学习等多种计算框架；③具备完善的数据装载机制，支持高并发、高吞吐量的大规模数据上传下载；④支持在线、离线预测，具备预测数据的实时或离线读取与处理能力，预估服务应毫秒级响应能力；⑤提供用户操作审计功能，提供细粒度的用户操作审计能力；⑥支持在线平滑升级，计算能力、存储容量和总 I/O 带宽可实现同步线性扩容；⑦具备完善的数据装载机制，支持高并发、高吞吐量的大规模数据上传下载。

(5) 机器学习算法平台的数据管理能力要求包括：①支持包括文本文件、CSV、Parquet、orc、avro 等多种常见数据类型和常见数据格式，也应支持压缩文件的开启、处理；②支持基于 Web 方式的本地文件(包括但不限于图像、文本、语音、视频等)上传，文件传输接口应具备结构化、非结构化、半结构化数据的灵活迁移能力；③分布式数据源接入，平台应支持 HDFS/Hive 分布式存储系统上的数据源直接接入；④支持分布式、集中化数据源的接入能力，支持 HDFS/Hive 分布式存储结构，支持 JDBC 方式的数据源访问和读取；⑤具备弹性伸缩的传输通道，可动态分配、释放传输单元通道，按需调控资源、按需使用；⑥支持查看任务状态、运行指标(数据量、速度、脏数据、进度等指标)、运行日志、脏数据等功能；⑦支持数据同步流量控制功能，实现数据源的过载保护；⑧具备最常用、最有效的数据处理过程(包括但不限于包括数据格式转换，数据表的简单及复杂拼接、数据表的分割和抽样，以及数据统计分析等)的封装能力；⑨满足大数据环境下的数据挖掘样本仓库的可视化建模工具、数据查询、数据分析探索、分布式算法开发等要求；⑩具备支持用户通过 SQL、PySpark、平台自带 SDK 进行数据计算逻辑及处理过程的自定义能力；⑪支持元信息同步机制，能够与多种数据管理体系对接，即时同步元信息变更；⑫具备多应用、多实例的并发处理能力，同时具备隔离应用数据和程序的能力，能够让多个算法开发用户在一套平台上协同工作、管理数据理。

(6) 机器学习算法平台的算法模型要求包括：①支持包括但不限于 Naive Bayesian、Logistic Regression、GBDT、DNN、RNN、CNN、LSTM、KMeans、LFC、NLP 等机器学习领域经典及业内领先独创的算法模型；②具备拖拽式工作流开发、命令行工具、数据集拆分设置、状态实时显示、角色协作等能力；③提供包括但不限于数据采集、数据预处理、统计分析、特征工程、机器学习、深度学习框架、模型自学习的可视化算法组件；④提供包括但不限于自动调参、自动特征处理的模型自动优化功能，用户无须进行复杂的配置操作，即可快速获得有效的机器学习模型；⑤支持创建自学习工作流，自定义运行周期和时间，自定义数据源与模型，监控自学习任务运行状态；⑥支持多算法开发项目，满足电厂不同应用需求，具备多用户权限管理、运行调试、运行日志输出、一站式机器学习体验、资源隔离等特定技术能力。

图 3-6 示出机器学习算法平台的系统辨识算法工具，包括阶跃响应法、脉冲响应法、频率响应法、相关分析法、谱分析法、最小二乘法、极大似然法、神经网络系统辨识法、模糊逻辑系统辨识法等算法或模型。

(7) 机器学习算法平台的应用服务要求包括：①支持离线批量预估、在线实时预估的两种不同评估方式，还具备系列开箱即用的模型应用和服务的全生命周期管理能力；②离线批量预估支持用户对模型预估结果进行配置功能，用户可根据自身业务需求和业务进行定制化设计，并支持定期从平台导出结果至其他文件系统或数据库；③在线实时预估支持模型实时

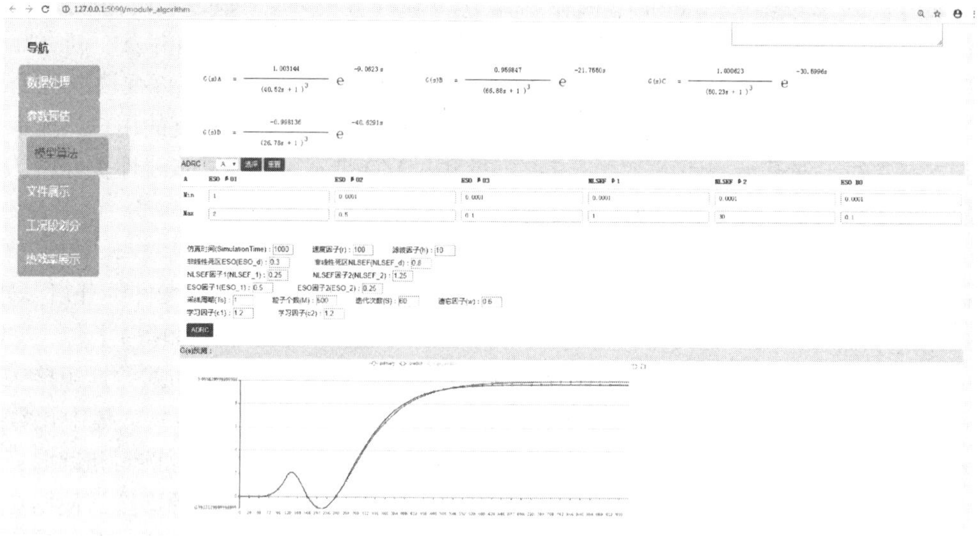

图 3-6　机器学习算法平台的系统辨识算法工具

服务化，支持 Http 服务，并进行数据传递，用户可针对训练好的模型发布专有 API，从而可通过 API 调用的方式，实现实时发送预估请求，并获取待预估样本的预估结果；④应内置包括但不限于高维机器学习、深度模型推理、图像识别、自然语言处理、知识图谱、应用生命周期管理等丰富的开箱即用应用模型服务库。

（8）机器学习算法平台的任务调度能力要求包括：①具备对大数据平台内的所有作业任务进行统一的调度管理和运行监控的能力；②具备百万级及以上任务数量的调度能力，用户可自行定义任务定时计划（含单步运行、指定起止点运行、按时间计划运行等不同方式），让系统按要求进行自动运行；③具备可视化运维界面、在线日志查询、监控告警等功能，支持图形化展示调度任务，方便用户对线上任务进行运维管理；④支持离线启动学习，包括定时任务和事件触发任务等；⑤提供复杂运行策略，支持中断、恢复运行，支持 if-else/case 等复杂控制流；⑥任务应可监控管理，同时披露关键信息，支持任务管理（上线、下线、暂停），任务执行监控和告警，支持日志追踪（日志采集、定位、解析）；⑦支持多时间粒度的调度周期，分钟、小时、日、周、月、年，支持节点空跑、暂停、一次性运行等特殊状态控制；⑧支持智能弹性调度，提供限流降级、动态分组及手动、自动弹性伸缩能力；⑨支持任务间依赖机制，可保证上游任务完成后下游任务才能运行；⑩支持单任务重跑、多任务重跑、杀进程、置成功、暂停等线上运维操作；⑪提供租户级作业优先级，允许不同租户的作业运行在不同优先级资源上；⑫提供小作业优先功能，允许资源占用量小的作业优先获取资源使用权；⑬提供动态资源配额，允许集群在不同时段为不同租户动态提供资源配额；⑭支持用户自定义 AI 能力的接入，支持自定义算子和节点。

（9）机器学习算法平台的运维监控能力要求包括：①支持机器健康程度、集群运行状态、应用性能表现、业务关键指标、运行环境、过程效率、应用表现的全方位监控预警；②具备企业级日志管理能力，提供从采集到存储、从查询到展示的一站式管理服务，包括实时日志采集、多种日志格式支持、快速日志检索定位、日志可视化和分析、根据合规要求，按需归档持久化，根据消费场景，自定义日志解析和统计规则；③具备操作审计能力，记录分析用户操作行为(包括用户操作行为、系统行为记录等)，追踪系统变更痕迹，以满足内/外部的审计合规要求；④具备监控指标、告警规则的自定义管理能力，提供包括 API、SDK、开源工具等不同方式的自定义接口；⑤具备智能运维数据累积和分析能力，挖掘模型建立系统最佳运维实践，提升模型应用投资收益率。

机器学习算法服务器的技术要求包括：①采用物理服务器进行构建；②至少配置 4 颗 CPU，单颗 CPU 不低于 12 核配置，主频不低于 2.0GHz。

3.3.3 管控一体化应用软件开发平台

管控一体化应用软件开发平台提供图形化的操作界面，用户通过拖拽点击等操作，即可完成流程的设计和参数的配置，无须繁琐的编码过程。软件开发平台内设多种类型的示例流程，自动化校验及开发过程，引导用户完成业务流程开发、软件模块封装、业务功能的软件微服务化应用。管控一体化应用软件开发平台的功能和技术要求包括：

(1) 具备业界通用的微服务开发、开发运维一体化支撑能力，兼容单体架构和微服务架构的开发，提供基于中间件、容器、PAAS 平台等多种运行环境的支撑。

(2) 具备逻辑解耦的分层架构，包括但不限于基础设施、集成开发工具、公共套件、单体应用开发框架、微服务开发框架、可视化构造工具、模型驱动框架、大数据集成开发、前端展现工具、权限开发及运行支撑组件、流程开发及运行支撑组件、研发流水线等工具，提供在线开发工具、中央级代码仓库、分布式项目协同管理组件等不同分层结构、框架、工具及组件。

(3) 能够通过基础设施组件屏蔽底层技术细节，以作为容纳平台公共组件和业务功能组件运行的微内核环境，进而提供数据访问、服务交互、事务处理、日志审计等基础性技术组件。

(4) 具备基于平台的业务系统快速开发能力，内置通用的平台开发工具包，包括但不限于开发向导、可视化设计器、编码与调试辅助工具、测试容器等与业务系统开发密切关联的功能组件。

(5) 具备对通用的平台底层功能与服务的封装能力，运行期支撑多个业务系统共用，包含系统治理、即席报表、任务调度等通用组件，并支持快速的自定义套件扩展。

(6) 支持 OSGi 模块化规范，具备完整基于模块化的 Web 应用架构体系和相关标准规范，支持平台各公共套件服务和基于平台实现的业务功能的模块化开发与运行机制。

(7) 支持基于 Spring Cloud 的微服务开发框架，具备路由网关、注册中心、服务监控、配置中心等功能。支持微服务项目的向导式创建、打包、发布，支持基于 restful 方式、基于 SOAP 的 Web Service 方式等多种通信方式，提供微服务自动化部署、实时监控、性能测试等工具。

(8) 提供所见即所得的可视化页面设计器，支持以拖拽方式完成业务系统功能页面的设计与开发，可在多种浏览器即时预览。

(9) 提供集应用系统设计、开发、调试和部署于一体的集成开发工具(IDE)，且应遵循通用标准，提供开发向导、视图和编辑器等辅助工具，具备代码智能提示、版本控制、编译调试、一键发布等功能。

(10) 支持模型驱动的开发框架，支持软件设计和模型的可视化、存储和交换。模型能够通过平台转换为可执行的代码。

（11）具备与 Hadoop 平台各种组件的集成开发能力，提供与 Hadoop 体系结构中的多种组件进行数据交互、集成的开发接口。

（12）提供多种通用展现组件库，提供可视化设计器给开发人员快速构建美观、交互性好的 Web 应用，支持 IE8 及以上、谷歌 chrome、火狐 FireFox 等浏览器。支持 React、VUE、Angular 等多种展现方式的快速集成。

（13）提供以标准的权限模型（RBAC）为基础，基于组织、角色的菜单资源管理和权限分配的权限组件，并满足多套应用同时进行用户菜单管理的并发模式。

（14）提供可视化配置的流程管理组件，流程管理组件应遵循 BPMN2.0 标准，支持跨系统的端到端流程贯通、流程回调、事务补偿等高级功能。

（15）提供基于流水线式的交付机制，实现云端检测、编译、打包、部署的持续集成，具备跨地域、跨任务、跨语言等多种复杂场景的持续交付能力，实时代码检测结果，实时查看编译、打包、部署过程。

（16）提供在线编码工具，支持云端原型构造的页面快速自动生成代码、扩展编辑及进行复杂业务逻辑代码云端开发的全过程支撑。

（17）支持跨地域、多任务、多人协同开发的复杂场景管理，包括任务分派、信息分享、权限控制等。

（18）具备快速开发平台，可帮助用户快速配置采集数据源、快速配置数据采集测点以及可视化的组件开发，快速构建物联网基础的设备监视、报警、数据统计曲线等展示功能。

（19）具备基于 HTML5 的可视化拖拽设计快速开发平台，快速实现 HTML5 页面的组态化开发。

（20）支持实时计算引擎技术，通过配置标准测点、计算公式、数据转换公式、状态转换规则等基础信息，实现多台设备共享所有计算和转换规则，保证实时计算效率。

（21）Web 组态平台应具备实时数据存储、推送能力，具备实时数据库管理功能，并与 Web 组态页面集成。

3.3.4 统一报表平台

统一报表平台的功能和技术要求包括：

（1）具备针对报表、用户、系统的统一管理及配置。

（2）具备根据自动条件定时触发调度任务，方便定时日报、月报、年报发布，并支持移动端信息推送。

（3）支持拖拽方式的界面设计，支持可视化的拖拽操作。

（4）至少支持常用（含 TDH、CDH、Oracle）等多数据来源输入，适配常用（如 RDS、DRDS、ADS）云平台数据库。

（5）支持 Excel 页面读取、多 Sheet 填报、数据在线录入、导入、计算、数据准确性校验等数据录入功能。

（6）支持包括但不限于文本、PDF、微软 Office、图片、HTML 等多种输出格式。

（7）支持仪表盘（Dashboard）、多维分析（OLAP）、即席查询等多种智能化分析方式。

（8）支持表套表、多表头等复杂格式报表，支持饼图、堆叠图、三维图、折线图、散点图、雷达图、仪表盘、地图、词云、组合图形、自定义图形等可视化展示能力，支持图表、颜色、数据标签的自定义管理。

(9) 支持数据过滤、数据钻取、数据刷取、数据关联、数据变换、数据旋转、数据切片、自定义维度、自定义指标、多坐标轴等可视化数据应用。

(10) 具备面向多种主流编程语言的技术接口，支持用户根据实际业务需求进行二次开发。

(11) 至少支持 Web、E-mail、File、Mobile 等方式的结果发布能力。

(12) 支持授权认证、单点登录功能，支持用户及用户组权限、分析内容权限、字段权限、维度权限、数据权限等授权管理，方便进行安全及权限控制。

(13) 支持数据脱敏、信息保密处理能力，如水印、签字等。

(14) 支持大屏幕、PC 端、移动端等不同展示介质展示能力，自适应 PC、移动终端、平板、PAD 等不同业务终端，支持移动批注、分享决策，并具备与微信、H5 页面的集成能力。

(15) 采用组件化架构模式，自带的报表、图表、移动、自主分析等应用耦合度低，同时支持组件化集成定制。

(16) 支持集群部署，支持负载均衡和高可用的功能需求，支持大数据平台的扩展部署。

(17) 支持多租户部署，具备与大数据平台系统集成能力。

3.4 智能安全

采用三维建模、人员定位、电子围栏、生物识别、视频分析、门禁动态授权、移动智能终端、大数据分析等先进的技术手段，进行“物防、人防、技防”全面智能化升级改造，实现事故链条物理闭锁、现场作业智能风险管控、风险辨识、实时违章告警等功能，规范运行和检修作业过程，强化管理人员上岗到位，夯实安全基础，保障安全生产。图 3-7 示出智能安全业务功能，包括人员安全管控、设备安全管控、环境安全管控、管理安全管控四个部分。

3.4.1 人员安全管控

人员安全管控包括：现场作业人员管理、上岗到位管理、访客与三外管理、职业健康管理、人机安全联动管控。

(1) 现场作业人员管理的功能和技术要求包括：具备人员定位功能，电子围栏与告警，危险源、危险区域提醒、告警，具备即时通信等功能。

1) 具备人员定位功能。结合三维虚拟平台展现现场作业人员的位置和运动轨迹，并对其进行监控和分析。

2) 具备电子围栏与告警功能。根据生产现场情况划定电子围栏范围和规则；基于时间和空间要素，对相应的工作人员进行授权，同时对非授权人员的闯入进行报警和监控；支持进入电子围栏时，系统自动调出围栏所在区域的监控画面(需要附近安装有网络摄像头)；支持与工作票系统及检修工程管理模块集成，工作票开票或工程创建时，自动激活并指定工作区域，当人员坐标不在指定的区域范围内时自动告警。

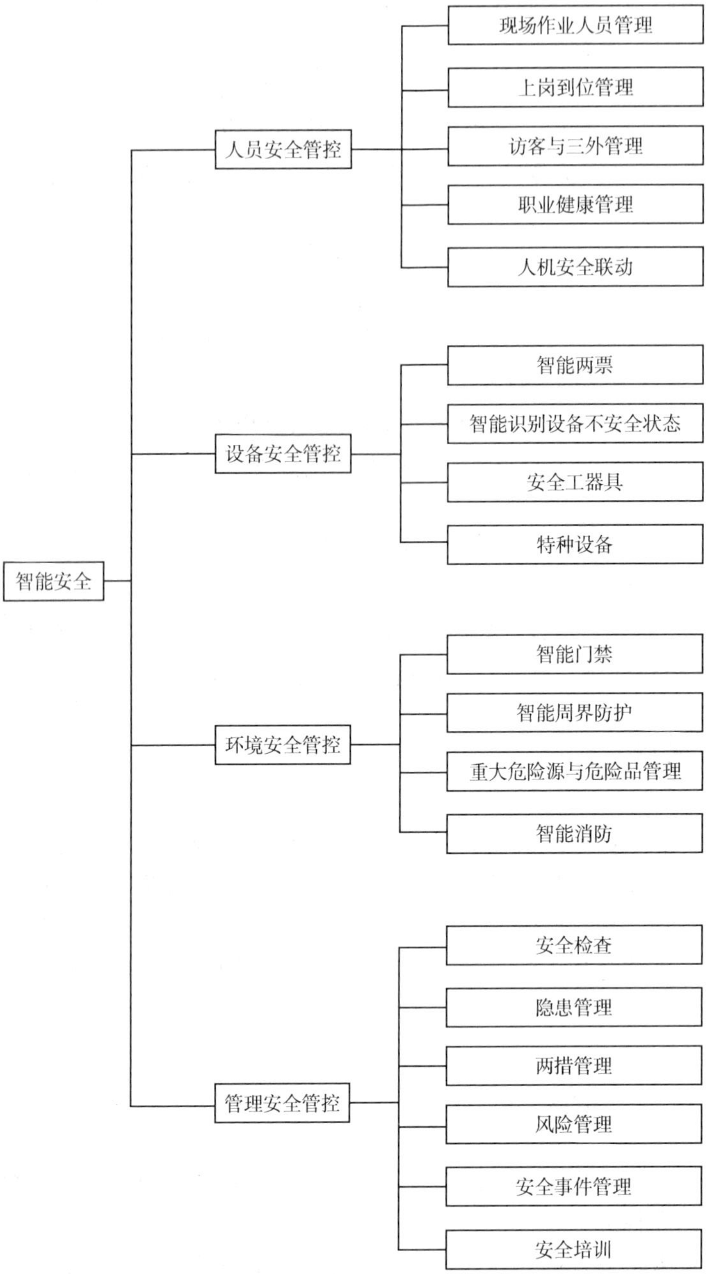

图 3-7　IMS 智能安全业务功能的结构图

3）具备危险源、危险区域提醒、告警功能。现场作业人员危险区域操作、靠近危险源、进行违规操作时，进行提醒或者报警。

4）具备即时通信功能。可支持以短信或者即时消息等方式发送告警、提醒信息；支持双向沟通。

（2）上岗到位管理的功能和技术要求包括：①支持结合人脸识别、人员定位、视频监控等技术自动记录管理人员到岗信息，包括到岗时间、地点、频次等。②支持管理人员利用手持终端拍照、语音、手写等功能，实时上传发现的不符合项，系统将自动记录并推送至相关责任人，并形成整改前后对比图，以检验整改效果。

（3）访客与三外管理的功能和技术要求包括：①访客管理，系统具备身份证真假识别参考，现场拍照人像采集，被访人电话号码自动查找、一键拨号通话，被访人远程准入，来访信息、车辆、携带物登记，打印访客单或发放 IC/ID 卡，访客结束、出门回收卡的功能。②外来施工人员管理，实现工程项目安全管理流程化操作，对安全教育、资质审核、入厂人员身份确认、现场作业、人员撤厂等全过程安全管控；结合门禁系统，对外包人员合法出入，进行严格控制；基于三维、人员定位，实时监控人员分布情况，并结合电子围栏，对超出设置区域的人员进行自动报警，并推送报警信息给相关责任人；支持视频监控、人脸识别、定位自动识别外来人员违章情况等功能，并自动生成违章信息，发送给相关责任人；支持通过手机端 APP 上传现场新发现的问题、风险、违章照片、视频等信息，系统自动发给相关责任人，内部管理人员审查违章信息，系统根据规章给出违章积分和处罚举措，并发出提醒督促施工现场负责人整改。

（4）职业健康管理的功能和技术要求包括：①建立员工职业健康档案，定期维护、更新检测报告，未按期提交职业健康报告的取消所有门禁权限；②建立职业健康设备设施台账，检查、检验记录扫码自动生成，在下次检验期前一个月予以提示；③实时监测噪声等危险因素，并报警提醒；④实现职业病危害项目申报备案管理。

（5）人机安全联动管控的功能和技术要求包括：①支持两票管理系统中大型设备检修的工作票开工手续办理完成后，及时通过专用的安全通道由两票管理系统向 DCS 系统发送工作票涉及的大型设备标签，DCS 系统将相应的检修设备置到检修状态，只有工作结束或押票后方可恢复措施；②采用先进无线定位技术，通过在生产现场的危险区域、大型设备安装基站，实现检测人员与危险区域或大型设备的实时高精度距离，当人员的位置超过所设置的安全距离后，系统进行报警，同时触发闭锁 DCS 系统中的相应危险区域设备或相应在检修位的大型设备启动操作，并在操作窗口中进行提示，避免人员安全事故的发生；③应通过通信接口实现与现场视频监控系统联动，自动触发发生距离定位报警的位置附近摄像头进行聚焦摄像，实现及时监控现场实际情况，并完成现场情况的摄像录制。

3.4.2 设备安全管控

设备安全管控包括：智能两票、智能识别设备不安全状态、安全工器具管理、特种设备管理。

（1）智能两票包括工作票和操作票管理，如图 3-8 所示。

工作票管理的功能和技术要求包括：①具备对开票、签发、接收、措施执行、审批、打印、许可开工、终结等流程的全过程管控的功能。②支持多种开票方式：图形开票（基于三维模型）、手工开票、调典型票开票、调历史票开票。③支持作业过程智能安全管控。采用三维可视化、人员定位、门禁等先进技术，具备作业全过程实时监控功能，实现作业各类违章即时预警，通过手持终端智能化设置，对危险源、防范措施进行提示。④支持在工作票的许可和终结环节，与 DCS 系统联动，在相应环节中对安措相关设备运行参数进行校验。⑤支持与风险预控体系关联，智能提示危险源、危险点和防范措施。⑥实现工单与工作票关联，工作票和操作票关联。⑦支持移动设备办票，实现电子工作票。图 3-8 示出工作票涉及的智能设备应用，包括检修闭锁、检修隔离、检修围栏、智能工器具管控等。

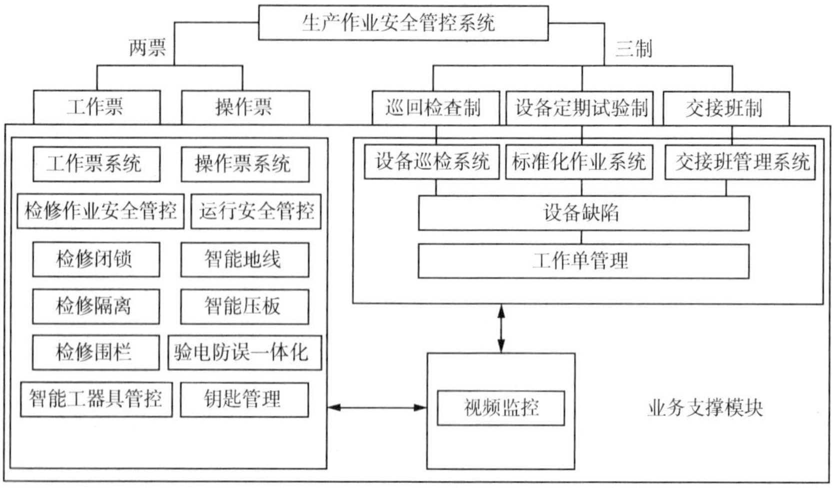

图 3-8 基于两票三制的生产作业安全管控系统结构图

操作票管理的功能和技术要求包括：①支持多种开票方式：手工开票、调用典型票、调用历史票、智能开票等；②实现操作票管控智能化，系统可通过标准规约从控制系统获得设备的实时状态信息，模拟开票时，系统进行逻辑防误判断，不符合防误要求的操作，系统会给出错误提醒，确保模拟开票生成的操作票是符合防误要求；③可通过智能锁具实现强制防误闭锁，或通过二维码，实现对设备的二次确认，确保不会发生走错间隔和发生误操作事故；④结合移动 APP 与声像监控，实现操作票执行全过程监督；⑤支持移动设备办票，实现电子操作票；⑥图形化配置操作票审批流程，通过电脑或手持 APP 审批(指纹验证)。图 3-8 示出操作票涉及的智能设备应用包括：智能地线、智能压板、验电防误一体化、智能锁具等。

（2）智能识别设备不安全状态的功能和技术要求包括：①基于大数据平台的巡检数据、在线监测数据、视频数据等，结合神经网络深度学习技术，建立设备典型缺陷或故障特征知识库，实现设备不安全状态的智能识别；②具备对设备不安全状态自动报警，记录、发送整改和整改跟踪的功能。

（3）安全工器具管理的功能和技术要求包括：①建设安全工器具电子台账，自动记录工器具使用情况，设置工器具检查试验周期，到期自动提醒，记录检查试验情况，并与其他系统数据共享实现对工器具全生命周期的管理；②支持在工器具上装设电子标签和传感器，结合三维定位及视频监控技术，实现对安全工器具使用情况的在线监测、遗留现场智能定位查找；③支持工器具与两票关联，生成操作票、工作票时自动授权安全工器具领用权限，可打开工器具存储柜电子锁。

（4）特种设备管理的功能和技术要求包括：①具备特种设备缺陷、定期检查、定期检验任务流程自动流转、闭环，信息自动推送功能；②支持对特种设备的智能化管控，通过扫描特种设备和操作人员证件、手续，安保中心自动识别通过后，方可入厂；③支持通过智能视频监控、三维定位等技术对特种设备作业过程进行监控、越位报警。

3.4.3 环境安全管控

环境安全管控包括：智能门禁、智能周界防护、重大危险源管理与危险品管理、智能消防。

（1）智能门禁的功能和技术要求包括：①在生产区域和生产区域之间部署门禁系统；在生产区域中封闭区域和非封闭区域之间部署门禁系统；在封闭区域中重点区域和其他封闭区域之间部署门禁系统。②具有通道进出权限管理、时段控制、实时监控、远程授权、出入记录查询、反潜回、周界防护、消防报警监控联动、网络设置、逻辑开门、紧急逃生等功能。③具备与智能安防系统、工作票系统的数据对接能力。初次进厂的基本培训、授权；对出入生产现场人员授权；对进入重点部位和危险点区域的生产管理人员授权；对具有单独巡视升压站和高压区域资格的人员授权；通过工作票许可与终结自动授权工作负责人进入所选工作场所。

（2）智能周界防护的功能和技术要求包括：①支持围墙电子围栏防护，提供对非法入侵和异常事件进行报警的功能；②支持远程管理和控制，同时支持网络与智能安全应用集成平台进行连接，实现多级控制；③支持对报警设备和控制键盘的方式进行分控，提供键盘远程撤防、布防、电压调节、系统工作状态查看、报警设置、电子地图联动、视频联动等功能。

（3）重大危险源管理与危险品管理的功能和技术要求包括：①建立重大危险源台账，实现重大危险源的危险辨识、风险评估、制定控制措施、定期评估、问题整改、危险性升(降)级、备案登记与备案注销、全过程管理，并对各管理环节设置实时预警、提醒功能；②具备对危险化学品存储、双人双控出入库以及报废和销毁处理全过程管控；③结合三维可视化、电子围栏和人员定位、视频监控对靠近预设围栏范围的人员进行告警；④在工作票中，智能提示危险源、危险点和防范措施。

（4）智能消防的功能和技术要求包括：①建立消防设备电子台账，具有维护、更新、定期检验提醒功能；②支持基于大数据平台数据(历史消防事件、在线监测数据)生成消防备案、消防应对措施；③支持设备智能监控，比如环境、温度、电气线路指标等，自动发出报警信号，方便做好预防工作和灭火措施；④具有智能消防联动管理的功能，实现视频监控、报警、门禁、巡更等多个模块的整合联动。

3.4.4 管理安全管控

管理安全管控包括：安全检查、隐患管理、两措管理、风险管理、安全培训。

（1）安全检查的功能和技术要求包括：①建立安全检查规范库，对规范库分级管理，根据上级公司要求和历史安全检查情况，进行自动更新完善；②根据安全检查总体要求，自动生成检查任务清单(包括检查人员、范围、内容)，自动推送至各相关岗位人员，实现安全检查智能组织功能；③利用人员定位、手持终端等智能化设备，实时将安全检查相关信息实时反馈至系统中，便于监督人员实时追踪；④支持对安全检查信息智能化分解，将不合格项自动生成缺陷、安全隐患等，自动生成整改计划(除缺陷)，推送至相关岗位人员；⑤实时跟踪检查整改情况，对预期未完成工作项进行预警，推送至责任人及安全管理人员，实现安全检查工作闭环管理。

（2）隐患管理的功能和技术要求包括：①建立隐患例行检查要素和标准库，根据上级公司要求和历史隐患检查情况，进行自动更新完善；②根据隐患计划，自动建立隐患排查检查卡，发送给相应岗位人员，接收人依据检查表逐项排查；③支持利用手持终端等智能化设备，实时将隐患排查相关信息实时反馈至系统中，对检查发现的隐患按类别进行自动汇总，向整改部门下发整改任务，根据隐患级别通知相关岗位人员，并进行实时跟踪管理和提醒功能，完成隐患整改闭环管理。

（3）两措管理包括反事故措施和安全事故措施的管理，实现计划、发布、实施、闭环、反馈全流程管理，计划任务到期前提示反馈闭环，实现整改项目、费用等信息共享，每月定期进行评估活动。

反事故措施管理的功能和技术要求包括：①支持反事故措施计划录入、发布功能，系统自动通知相应负责人实施；②支持反事故措施计划实施、验收功能，验收不合格，重新整改；③支持反事故措施计划变更功能，填写变更申请单，执行审批程序；④支持反事故措施计划完成情况统计分析的功能。按项目、责任部门自动计算完成率，并自动汇总未完成、消减、延期的项目。

安全事故措施的功能和技术要求包括：①支持安全事故措施计划录入、发布功能，系统自动通知相应负责人实施；②支持安全事故措施计划实施、验收功能，验收不合格，重新整改；③支持安全事故措施计划变更功能，填写变更申请单，执行审批程序；④支持安全事故措施计划完成情况统计分析的功能，按项目、责任部门自动计算完成率，并自动汇总未完成、消减、延期的项目。

（4）风险管理的功能和技术要求包括：①建立风险预控指标体系，对风险管理情况进行实时监控、及时预警，应包含：建立预警指标选择、预警标准设定、预警指标监控和预警指标更新完善等功能。②基于大数据平台数据（在线监测、视频监控数据等）和智能计算，自动识别风险，评估风险等级，并给出预控措施，结合风险预控事后分析，自动调整优化预控措施。③风险预控管理制度与现场实际的风险预控管理有机结合，提供与现场维护、检修、操作相关的管理功能。通过人脸识别、人员定位、即时通信等技术，实现对现场工作人员的准入权限、活动轨迹跟踪、安全监督、安全指导等。

（5）安全事件管理的功能和技术要求包括：①具备对异常、障碍、事故、事件的调查、分析、责任认定、级别认定、防范措施编制与执行、事故统计报表全过程管控的功能。②结合大数据平台（视频信息、在线监测信息、设备静态数据、历史事故事件信息等）进行事故事件追踪溯源，找到事故事件发生的原因，对设备存在的薄弱环节提出指导。③支持对异常、障碍、事故、事件进行统计，并汇总成案例库。实现对异常、障碍、事故、事件的过程跟踪管理各环节，设置实时提醒和按时归档功能。

（6）安全培训的功能和技术要求包括：①建立公司安全管理电子资料库，主要包含国家法律法规、行业标准、规章制度、典型事故案例、安全知识等，实现对电子资料分类管理，根据索引、电子资料名称、内容等进行查询、调阅，并可自动随机生成试题库。②支持三维可视化智能培训功能。基于三维模型、VR、AR 技术，实现工艺流程、流程原理、工况仿真、操作仿真、三维工艺作业指导书、检修作业三维演示、专家系统和故障案例演示、机组运行等沉浸式培训。③支持考试结果与门禁权限、两票三种人、特种作业权限等相关联，考试未通过者立即取消相关权限。

（7）违章考核的功能和技术要求包括：①建立违章的发现、上传、审核确认、落实考核的全过程管控流程。发现人发现违章后填写违章信息上报至发现人所属部门，由发现人所属部门负责人审核确认，上报至公司生产副总经理批准。未审核或审核未通过状态下，只有本人可见。②建立全公司包括外委项目部员工在内的反违章档案并实现实时更新，系统仅显示考核期内违章人员的扣分情况、处罚情况，系统默认未被扣分员工的反违章积分为满分。③支持手机违章记录上传，并通过短信等方式通知违章人或违章人所属部门负责人。

(8) 安全环保目标的功能和技术要求包括：①建立公司、部门、班组各级安全环保目标的制定、分解、审核、批准的全过程管控流程，实现查阅、实时更新等功能。②每年一季度公司与部门、部门与班组、班组与个人的安全环保目标责任书以电子流程的方式签订。流程完成后安全环保目标责任书及生效并可随时查阅、导出。

(9) 组织机构的功能和技术要求包括：能够设置并实时更新安全生产相关组织机构的人员、岗位、排序等，最终形成安全生产委员会组织机构图。

(10) 安全资料的功能和技术要求包括：能够实现法律法规、国家标准、行业标准、集团公司、二级公司等管理制度、管理标准、安全简报、安全文件等资料的分类查阅和下载。

3.5 智能运行

基于大数据平台、算法平台、人员定位、智能机器人等技术实现对所有运行设备的全过程监督、统计、查询、汇总、分析、深度挖掘，利用机器学习与人工智能技术，实现运行管理规范化、智能化，实现生产过程的智能监视、性能指标分析、智能对标、考核评价及远程管理应用，保证机组高效环保运行。图 3-9 示出智能运行业务功能，包括智能监视、智能对标、智能考核、智能巡检、交接班管理、定期工作管理、运行日志管理、运行技术管理八个部分。

3.5.1 智能监视

智能监视的功能和技术要求包括：

(1) 支持生产运行可视化，通过大数据平台，实现系统实时数据共享，并挂接至三维可视化电厂模型上，实现基于三维漫游的生产实时数据展示及生产过程仿真。

(2) 支持对主控(锅炉、汽机、电气)、辅控(除灰、化水、输煤)、电气、脱硫、脱硝、除尘等控制系统一级画面全幅展现，应基于 EB 的 B/S 展示，画面的切换和刷新速度不高于 2s，展示方式至少包括流程图、趋势图、棒状图、饼图、参数列表、实时仪表盘、实时动画等，画面可缩放、弹出、全屏显示。

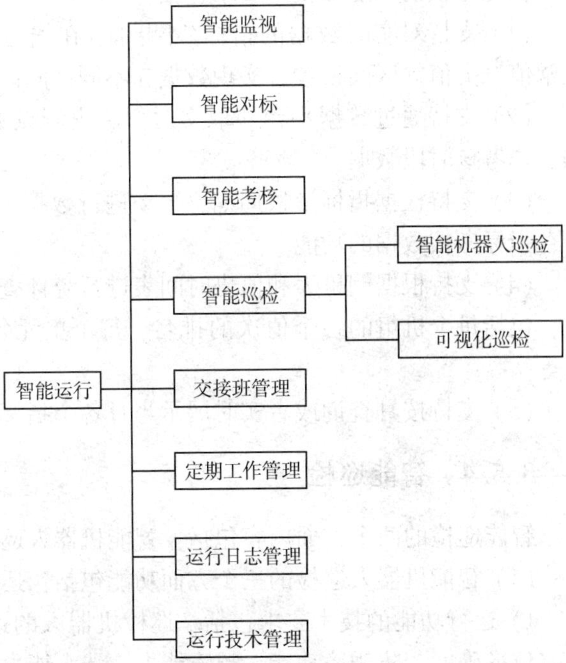

图 3-9 IMS 智能运行业务功能的结构图

（3）支持厂级数据汇总与计算，包括机组运行小时数、实时发电量、累计发电量（日、月、年）、负荷率、实时发电量与AGC调度指令曲线、厂级发电煤耗、供热量等。

（4）支持对任意监视画面的历史状态回放（快放、慢放、定格），按照时间段、数据精度自由定义历史画面。

3.5.2 智能对标

智能对标的功能和技术要求包括：

（1）支持基于大数据平台，将机组性能分析结果进行企业内部对标和企业外部对标，并自动甄别异常数据，给出对标结论和建议。

（2）支持同型机组对标：根据参数对标，分析两台同型机组差距，生成耗差分析。

（3）支持同期对标：根据与去年同期的对比，分析机组差距，生成耗差分析。

（4）支持环比对标：根据与上月的对比，分析机组差距，生成耗差分析。

（5）支持与集团最优值对标：根据与集团最优值的对比，分析机组差距，生成耗差分析。

（6）支持与自寻优值对标：根据滑压曲线，寻找最优参数值，进行对标，分析差距，生成耗差分析。

（7）支持与标准值对标：与机组设计标准值对比。

（8）支持预期效果：为运行人员提供工况、能效对比结果，指导运行人员操作机组趋向最优，提高机组运行效率，创造更好的企业效益。

3.5.3 智能考核

智能考核的功能和技术要求包括：

（1）支持对实时数据的指标（小指标）在线考核，提供考核建模平台，可根据最优值、正常值、劣值等区间设置，实现数据在不同区间内，对运行人员的实时在线考核。

（2）支持通过数据平台获取实时、历史测点数据，校验测点数据是否有效，剔除无效的、非考核时段数据。

（3）支持根据指标考核周期，自动进行数据采集与处理，并支持指标计算、考核评分，保存指标考核数据的功能。

（4）支持根据倒班表和值班时间表进行统计查询的功能，实现各个指标、指标总分的排名，包括每个机组的各个值次的排名、每个单元各个值次的排名、所有机组各个值次的排名等。

（5）支持按月查询或者实时展示当月各个指标或者指标总分的排名。

3.5.4 智能巡检

智能巡检的两个方面内容包括：智能机器人巡检、可视化智能巡检。

（1）智能机器人巡检的三个方面功能包括：运行功能、巡检能力、测控能力。

1）运行功能的技术要求包括：巡检机器人的运动功能具备九项功能，分别为自主导航及定位准确度、防碰撞功能、越障能力、涉水能力、爬坡能力、最大速度、转弯半径、巡航时间和云台性能。

2）巡检能力的技术要求包括：①具备灵活的巡检任务模式设置功能，应支持全自主和遥控巡检模式，其中全自主模式包括例行和特巡两种方式。可对拍摄像方式、巡点检等进行设置，包括全面巡检、表计读数、红外测温、注油设备油位、开关分合位置等巡检模式设定，任意故障设备的特殊巡视。②可巡视锅炉、汽轮机房、升压站、高压电气开关室等重要区域的所有设备（人工无法直接巡视的除外），根据预设路线及巡检点可对所有表计、油位计进行定点、定时拍照、摄像或者遥控拍照、摄像，可满足巡检全覆盖的要求，覆盖率达到100%。③能够对有读数的表盘及油位标记进行数据读取，自动判断和数字识别，误差应在±5%之内。④智能巡检机器人在到达预设巡检点时，应能自动停止，并对执行机构进行拍照和摄像，判断分合状态。⑤对设备本体及接头的温度应能够生成清晰的红外测温视频影像。红外影像可显示影像中温度最高点位置及温度值，并在本地监控后台及远程集控后台存储。⑥能对设备运行噪声进行采集、远传、分析。

3）测控能力的技术要求包括：①在距离不小于1km处，本地监控后台应具备对智能机器人的工作状态、工作参数和巡检任务等参数进行遥控、遥测功能，并且智能机器人能正确地接收本地监控后台的控制指令，实现云台转动、本体运动和设备检测等功能。②远程集控后台应能与本地监控后台进行通信，具备对智能机器人的工作状态、工作参数和巡检任务等参数进行遥控、遥测功能，并且机器人能正确接收远方集控后台的控制指令，实现云台转动、本体运动和设备检测等功能。③在距离不小于1km处，具备可见光视频、红外影像的全向、实时传输功能。④具备一键返航功能，不论智能机器人巡检系统处于何种状态，只要启动一键返航功能，智能机器人巡检系统应中止当前任务，按预先设定的策略安全返航。⑤具备链路中断返航功能，不论智能机器人巡检系统处于何种工作行状态，只要遥测遥控信号出现中断，智能机器人巡检系统应按预先设定的策略返航。

（2）可视化智能巡检的技术要求包括：

1）用户可配置巡检路线、巡检时间、巡检设备、需要确认和录入的信息及参数。系统根据巡检周期自动生成巡检任务，并推送至相关岗位人员。

2）建立巡检区域三维模型，根据系统巡检路线及巡检设备设置自动在三维模型中进行标注。通过在巡检路线部署定位装置，实时监测巡检人员巡检位置，展示在三维模型中，并自动记录位置、时间以及巡检人员经过的路线，可查询并回放路线。结合智能门禁和监控子系统，可实现现场拍照、拍照和视频影像实时反馈、离线巡检、偏移告警提醒。

3）巡检中，自动提醒当前设备在当前时间有相关缺陷、定期工作、工作票记录等信息。

4）在巡检过程中，集控室可与巡检员语音对讲、并可通过视频进行监督。

5）巡检人员到达某个巡检区域后，系统自动识别该巡检区域内的巡检设备、巡检项目，同时可即时查看每个巡检项目对应的巡检标准和技术规范，最大程度提高巡检工作智能化水平。

6）在巡检路线上设有危险点预警功能。将存在井、坑、孔、洞的危险点自动关联到移动智能终端的巡检线路上。巡视人员进入工作票及工作任务单所列的区域时，巡检路线上会自动弹出危险点警示，提醒巡视人员注意自身的安全。

7）巡检数据通过工业无线网络实时上传，录入的参数能实时与SIS对应数据比对，误差超过范围报警提醒。与该参数阀值比对，超出阀值报警提醒并能及时创建缺陷。

3.5.5 交接班管理

交接班管理的功能和技术要求包括：

（1）支持自动排班的功能，通过排班表进行交接班工作。

（2）采用站牌式导航的方式引导运行人员完成交接班过程，实现交接班管理电子化、流程化和规范化。

（3）支持通过大数据平台自动获取交接班所要求的数据信息（如：运行方式、缺陷信息、两票信息、异常事件、定期工作等），形成准确、全面的交接班资料。

（4）支持三维可视化模型，调取相应设备所在区域的监控视频，协助运行班组高效核对设备运行状态

（5）支持交接班“签到”站点采用指纹扫描和拍照留痕等方式，签到信息实时传输至交接班大屏幕，人员到岗情况一目了然。

（6）对口交接应支持录音、视频留痕，做到交接清明、留痕追溯。

（7）交班后应自动生成自己监盘时段机组经济指标和环保指标所得分数的评价列表，实时评价监盘人员的监盘质量。运行人员根据各项参数实际值与自己同工况下的历史数据对比、与同岗位人员的数据对比、与各参数的调整标准及要求对比，查找调整的不足。

3.5.6 定期工作管理

定期工作管理的功能和技术要求包括：

（1）定期工作包括定期试验、定期切换以及定期操作，能够根据发电企业的实际需要实现定期工作策划，记录定期工作完成情况、执行人以及备注信息。提供标准试验、操作步骤以及正确试验结果便于用户定期工作时参考。

（2）定期工作设置：用户可以根据班次、天、周、月策划定期工作的周期，便于定期工作提醒；可以灵活设置定期工作的工作内容。

（3）定期工作提醒：根据设置的定期工作，实现定期工作提前提醒，并自动生成工作票，关联到相关人员。

（4）定期工作通过工作制度分解，自动推送任务至当值运行人员，解决定期工作在分配中被遗漏的可能。用户记录定期工作完成情况、执行人以及相关信息。定期工作执行完成，状态变更为“已做”。

（5）定期试验过程中应可自动从数据中心获取相关参数，进入试验报告，判断试验结果。定期试验发现异常，转缺陷管理。

（6）实现定期工作的事故预想功能，并能关联相应的定期工作，形成事故预想报告单。可浏览以往的事故预想信息，可供当班人员对本班待执行定期工作提前了解。

（7）支持电脑和手机 APP 查看定期工作完成情况、督促和考核的功能。

3.5.7 运行日志管理

运行日志管理的功能和技术要求包括：

（1）实现在运行日志网兜式抓取，信息自动生成功能。将系统中的缺陷记录、工作票记录、操作票记录、巡视记录以及设备定期试验及轮换工作等自动生成运行记事，对于相应的

记事内容可追溯相关详细信息。

(2) 提供跨岗位的记事内容共享功能。上级岗位可提取下级岗位运行记事，下级岗位可向上级岗位提交运行记事。实现运行记事在上下级岗位之间的共享。

(3) 实现各级管理岗位对日志记事的审核、批注功能，可自动生成审阅清单。审核、批注必须同时完成，系统方可完成日志审阅。

(4) 实现领导交待的重要事项、通知滚动展示在运行日志中。当领导有新的交待事项时，以弹出对话框等方式进行提示。交待事项完成后，可以将完成情况汇报上传。

(5) 提供运行记事收藏功能。各岗位可自由收藏运行记事至个人收藏夹，并可针对同一事件的多条运行记事生成跟踪关注记录，便于学习回顾和对重大事件的持续跟踪。充分利用运行记事，不断提高运行管理水平。

(6) 日志录入应能够通过选择关键词进行自动录入，以规范日志内容。

3.5.8 运行技术管理

各专业技术人员应对本专业设备、系统运行工况及运行指标进行专业、专题分析，运行技术管理的主要分析方法包括对比分析法、动态分析法、多元分析法。

(1) 对比分析法：对比分析就是同类现象在不同条件下的数量比较。一般常用于单项指标数据的分析，包括：①调整操作前后的对比；②设备检修和异动前后的对比；③同一时期、同类设备或相同工况的对比；④分析期实际完成数值和计划任务数值或历史同期数值对比；⑤分析期实际完成数值和规程、铭牌规定数值对比。

(2) 动态分析法，按照生产工艺流程，对相关指标数列排队计算，分析不同的变化趋势和变化程度的方法。例如，分析汽轮机调整段工况曲线是否正常，只要分析相关的机组负荷、蒸汽流量、调整汽压、各段抽汽压力以及调整差压等参数的变化就能做出正确的判断。

(3) 多元分析法，是指某种现象受多种因素影响时，按其内在联系和一定顺序分析各个因素变动对该现象变动影响程度的方法。例如，运行安全生产是由各方面的因素决定的，是企业各项工作的综合反映。发生事故、障碍或异常情况，分析原因总结经验教训时，就不能只看运行工作的不足，而要对规章标准、操作处理、设备管理以及人员素质等各个方面，进行认真详尽的分析，才能全面接受教训，改进工作。

3.6 智能设备

采用标准数据模型规范，建立核心编码规范，实现 KKS 位置码、设备编码、物资编码、资产编码联动。基于三维建模技术，构建与实际电厂尺寸、结构、外观一致的虚拟电厂，实现三维展示与 SIS 实时数据、摄像头、设备二维码、设备智能监控等数据联动。基于大数据平台的海量历史数据，建立设备健康状态预测模型，提高设备可靠性与设备检修科学性，实现预测性检修和状态检修，有效防止设备欠修或过修，节省检修成本。智能设备管理实现了设备从选型、采购、安装、调试、运行、检修、改造、退役的全生命周期管理。图 3-10 示出智能设备业务功能，包括设备基础管理、检修管理、项目管理、技术监督、设备健康管理、设备全生命周期管理六个部分。

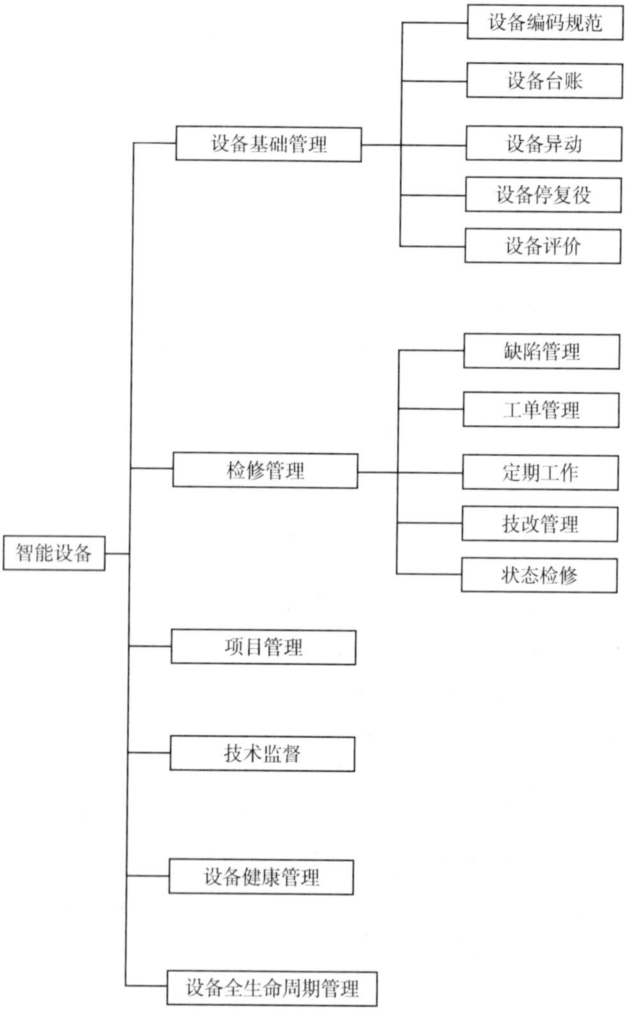

图 3-10　IMS 智能设备业务功能的结构图

3.6.1　设备基础管理

设备基础管理的五个方面内容包括：设备编码规范、设备台账、设备异动、设备停复役、设备评价。

（1）设备编码规范的功能和技术要求包括：①设备应统一采用 KKS 编码，实现双重命名，二维码信息存储。设备标牌具备感知功能，通过身份验证，达到人与设备互动，实现设备与管控系统关联和许可等功能，并通过扫码能获取设备采购、库存、检修等主要信息。②实现四码联动，四码分别是 KKS 编码、设备编码、物资编码、资产编码。设备与 KKS 位置的关联是通过设备的安装操作来实现；设备层次结构与物料清单关联通过设备出库物料清单，设备与财务资产编码通过集团公司固定资产管理办公进行建立勾稽。

（2）设备台账的功能和技术要求包括：①设备按照机组、系统、子系统、设备、备品配件顺序建立树结构。实现 KKS 编码、设备编码、物料编码、资产编码四码联动，实现设备价值数据线上同步。②提供对静态设备台账的新增、修改、删除、查询功能。设备静态台账主要包括：设备基础信息、备品备件信息(与物资管理系统互联互通)、型号规格信息、安装信息、维修信息、技术参数、文档信息等。③支持动态设备台账汇总展示设备运行、检修的动态信息，包括缺陷处理信息、故障信息、工单信息、检修记录、技改信息、工作票信息、异动信息、试验报告等。④提供三维可视化功能与设备台账集成。通过三维模型，展现设备基础信息、型号规格信息、安装信息、维修信息、技术参数、文档信息等；通过设备编码与穿戴智能设备、手持扫描设备连接，为设备巡检、检修提供设备信息支持。

(3) 设备异动的功能和技术要求包括：①支持设备异动的申报、评审、准备、执行和总结全过程管理；②可通过图形或手工填写设备异动申报；③按电厂制度规定的流程进行审核；④异动资料应自动归档，并对资料修编和定值变更；⑤设备异动记录应自动更新到设备台账中。

(4) 设备停复役的功能和技术要求包括：①关联设备异动、缺陷管理、项目管理，建立设备停复役管理模块来实现停复役流程标准化，实现任务自动发起，各环节任务(信息)自动推送和执行情况闭环，申请单自动生成等功能；②自动生成设备停复役产生的风险和防范措施，并将信息推送给相关人员；③设备停复役使运行方式发生变化，自动将运行方式变化信息推送给相关人员和交接班系统等模块。

(5) 设备评价的功能和技术要求包括：①支持基于大数据平台采集设备运行的实时参数，计算出设备在不同工况下出力与效率情况，与设备历史数据、设计数据、标杆设备数据进行比对的功能；②支持统计设备缺陷数据的功能；③支持统计设备可靠性数据的功能；④支持获取设备试验数据与维护保养数据的功能；⑤支持自动给出设备评级参考值的功能。

3.6.2 检修管理

检修管理的五个方面内容包括：缺陷管理、工单管理、定期工作、技改管理、状态检修、等级检修管理。

(1) 缺陷管理的功能和技术要求包括：①支持缺陷发现、缺陷确认、缺陷消缺、缺陷验收、缺陷总结的缺陷全过程管理；②支持与大数据平台集成，根据预警信息，自动触发缺陷；③支持结合大数据分析、测点数据、知识库等进行原因分析，结合缺陷故障代码体系和知识库，提供缺陷检修建议和指导；④支持手动创建缺陷、基于系统矢量图和三维模型集成图形化创建缺陷、根据设备状态异常自动创建缺陷、手持巡检设备创建缺陷等多种缺陷创建方式；⑤支持缺陷描述由设备和故障代码自动生成的功能；⑥支持通过缺陷流程自动提醒责任人及时处理的功能；⑦支持根据消缺时限，自动推送提醒消缺任务的功能；⑧支持记录转专业过程的功能；⑨支持关联工单、工作票、动火票和风险控制单的功能；⑩支持电脑和手机 APP 查看未消缺陷的功能；⑪基于智能报表平台和大数据平台自动实现缺陷统计，并生成及时消缺率的功能；⑫基于智能报表平台和大数据平台自动生成缺陷考核报表。

(2) 工单管理的功能和技术要求包括：①支持工单策划的功能，新建工单后策划的内容包含：工单的执行班组和负责人、计划工单执行时间、工作所需的物料和备件，所需执行的安全计划、工作所需的人员及工器具；②支持策划好的工单按照预先定义好的流程审批的功能；③支持工作完成后在系统中回填工单执行情况的功能，回填内容包含：工序、安全措施完成情况，物料实际使用情况，人员实际到场情况，工器具实际使用情况等；④支持工单执行中直接开工作票的功能，开票时将相应工单信息带入工作票；⑤支持查验工单完成情况的功能；⑥支持按照工单关联设备、负责人、检修班组、工单状态等条件查看工单的查询功能；⑦基于智能报表平台和大数据平台进行自动统计，统计内容包含：按照设备、检修事件、机组等条件统计工单完成情况、工单物料领用情况、工单费用等；⑧支持工单与设备信息、检修项目、缺陷管理、物资、工作票相关联。

（3）定期工作的功能和技术要求包括：①支持根据大数据平台（缺陷系统、设备台账、生产实时数据分析、定期工作清单、设备点检及季节性特点数据）自动调整定期维护项目周期，实现定期维护工作自动生成、实时提醒、归档、分析功能；②支持根据定期工作清单、设备检修周期，实现定期维护工作自动生成、实时提醒、归档、分析功能；③支持维护保养标准，根据标准自动生成维护保养任务以及实施要求并自动提醒及推送功能，并对实施情况闭环管理。

（4）技改管理的功能和技术要求包括：①将仿真技术应用于技改项目中，作为技改的论证工具，仿真支撑软件应采用一体化的建模方法，结合图形和窗口显示技术，按照结构化、模块化原则进行建模和组态；②实现技改工作流程化，按照技改标准从前期项目立项策划，招投标，过程安全、质量验收，到项目后评估等各节点能实现流程化；③支持技改开工申请、施工监督、试运行、设备异动、竣工验收的全过程管理；④支持实施过程中强化安全与质量管控，发现问题，闭环整治；⑤具备触发设备异动流程，开展设备异动相关工作的功能；⑥支持完成图纸与资料修编任务，具备竣工报告、技改项目总结、转固、后评估等资料自动转入功能。

（5）状态检修的功能和技术要求包括：①状态检修应包括：状态检修的准备工作（边界定义、基础数据收集、建立设备结构树、设备典型结构简图、设备分类及用途、设备构造和工作原理）、状态监测（离线、在线状态监测装置配置及监测内容、振动、温度、润滑油油品油质、超声监测、电流监测标准）、可靠性评估（故障模式及影响分析、状态评估、预警、寿命评估、风险评估、RCM 分析方法）、检修策略（预知性检修建议、检修决策、突发性故障处理）和修后评估（绩效评估、验证与评价及持续改进）；②对设备的边界进行定义，从而确定收集数据的范围；③收集设备类别、类型和应用的代码标准，基础数据，维护保养数据，失效数据和维修数据等；④完善或配置必要的设备离线、在线状态监测装置（仪器）与分析诊断系统，建议各厂以在线监测系统为主，离线监测为辅的原则逐步完成；⑤监测技术主要有振动监测、油液分析、红外热成像、电机状态监测、超声波检漏等；⑥监测设备选择应以成熟、可靠、适用、经济为原则；⑦具备设备故障模式及影响分析的功能，可进行关键性分析、失效模式及其影响分析、失效原因分析、逻辑决断分析；⑧具备状态评估的功能，基于大数据平台（在线监测数据，缺陷信息、试验数据、历史检修信息等）进行状态评估、预警、寿命评估、风险评估；⑨具备根据状态评估结果，制定检修策略的功能，如预知性检修建议、检修决策、突发性故障处理；⑩支持绩效评估、验证与评价及持续改进的功能。

（6）等级检修管理的功能和技术要求包括：①检修准备应包括：检修等级确认、根据检修等级策划检修项目（基于 KKS 数据码的标准化等级检修项目，操作员可编辑）、检修文件自动下发（检修项目、作业指导书、管理文件、网络进度图等）；②检修实施包括：检修项目计划执行自动跟踪、作业指导书执行自动跟踪、检修进度计划自动跟踪、检修安全策划自动跟踪，异常情况自动报警、推送；③检修费用包括：检修物资计划（根据检修项目及计划，明确到检修的设备部件，与库存信息相关联，触发物资计划）、检修物资使用跟踪，与设备四码联动，实现费用自动统计；④移动检修应包括：利用移动终端支持设备检修在线实时监测、存储；⑤检修总结：自动统计分析检修计划完成率、进度完成率、指导书执行情况、检修费用等，检修数据更新后与设备台账相关联，具备触发设备异动流程，开展设备异动相关工作的功能；支持完成检修资料自动转入功能。

3.6.3 项目管理

项目管理包括设备大修项目管理、技术改造管理、科技项目管理和其他工程项目管理等，通过对项目各管理元素的管理，实时跟踪项目进度，分析项目成本，控制项目质量，实现项目的宏观控制和管理。项目管理的九个方面内容包括：项目策划、项目立项、项目预算、项目招标、项目合同、项目执行、项目验收、项目决算、统计分析。

(1) 项目策划的功能和技术要求包括：通过项目层次结构、项目预算、工作计划和资金计划等项目基础信息，将大项目分解成若干个小项目，实现项目的逐级分解，细化工作范围并界定具体活动，估算项目预算、进度以及现金流量。

(2) 项目立项的功能和技术要求包括：支持立项审批功能，对于项目策划的任务、资金计划进行批准。该项目一经批准所有的子项目都是批准状态。项目管理中项目立项审批可以对于子项目进行审批，所有的子项目已审批后父项目也可以设置为已审批状态。项目立项审批时必须指定项目所对应的预算条目。

(3) 项目预算的功能和技术要求包括：①当项目预算形成后在项目成本管理中应能够实时查询到项目预算的执行情况，同时应可以在预算管理的预算执行情况跟踪中查询到预算执行情况；②对于项目预算的承付管理，应根据项目的执行策略，进行基于项目承付的统计分析，并对统计分析的结果，形成对预算前期的控制。

(4) 项目招标的功能和技术要求包括：实现对于招标过程的管理，包括下载招标文件、上传附件、提交报价、辅助评标、查阅定标结果公示等内容。

(5) 项目合同的功能和技术要求包括：具备合同起草、合同会签、合同付款、合同变更、合同结算等功能。系统支持对合同进行分类管理。

(6) 项目执行的功能和技术要求包括：①支持通过工单跟踪项目的执行进度、物资消耗、资金交付等，对项目进行技术指标管理和质量监控的功能；②对于外包工程项目，审核外委单位提交的证件或资质、施工历史等电子资料，检查外委单位各项施工管理制度，安全工器具，作业装备，签订安全奖惩协议，并给三外人员授权；③支持项目过程中的反违章管理、安全检查整改管理、安全通报管理等，对违章、违规、整改情况进行奖惩；④支持质监点(W、H点)管理，编辑质监点(W、H点)验收单，完成签字验收审批；⑤支持项目进度管理，根据项目进度网络图，结合工单，项目执行情况，验收情况，自动更新项目进度图；⑥支持项目成本的实时监控，并根据实际成本与预算成本的差异进行分析和调整；⑦支持项目移动端管理，对项目现场形成的多媒介信息进行采集和回传，实现项目管理无纸化作业。移动端功能至少应包括现场工作管理、现场安全文明检查、验收等功能，按照移动应用的使用习惯进行页面设计，要求具有良好的用户体验，支持图形、音频、视频、文件的上传与下载。

(7) 项目验收的功能和技术要求包括：可分级、分步骤地进行，对于大型项目可做多级项目验收。

（8）项目决算的功能和技术要求包括：支持该项目实际消耗的各种资源（人力、物力、财力）进行最终的计算。在完成对工程项目的添加预算信息和添加决算信息之后，就可以对其预、决算结果进行简单的比较和分析。

（9）统计分析的功能和技术要求包括：①在项目实施过程中，可实时地进行查询、分析、统计，图形化表示，并可以追溯到具体的相应的实际业务中，了解实际执行情况；②支持对项目成本、项目类型成本、项目活动成本等各类型的项目成本进行多角度的分析；③支持项目成本的计划、承付、实际情况的对比分析；④支持对项目执行过程中工单、合同、领料全部情况的查询。

3.6.4 技术监督管理

技术监督管理的四个方面内容包括：技术监督状态、定期工作自动触发、优化数据的采集与处理、专家诊断智能化。

（1）技术监督状态的技术要求包括：①具备设备告警可视化、数据可视化、组织架构可视化、业务流程可视化等功能试验报告及报表规范化；②具备自定义报表模板，自动将在线数据生成报表的功能；③支持对电厂各专业监督年报、季报、月报自动统计、计算的功能。

（2）定期工作自动触发的技术要求包括：具备根据各专业技术监督设备的到期试验、化验，标记的到期校验，二十五项反措的具体要求，自动触发定期工作计划的功能。

（3）优化数据的采集与处理的技术要求包括：①支持实时在线监测数据、手工抄表、试验化验录入数据的功能；②支持符合标准数据自动进入服务器历史数据库的功能；③支持不符合标准的数据除进入历史数据库外还将进入“异常识别”系统的功能。

（4）专家诊断智能化的技术要求包括：①具备技术监督异常指标进行自动分析和统计，自动生成专家诊断分析的功能；②具备设备状态评估自动化、设备风险评估自动化、设备寿命评估自动化、设备经济性评估自动化等功能。

3.6.5 设备健康管理

设备健康管理八个方面的内容包括：在线监视、健康评估、健康预测、故障评判、健康列表、缺陷推荐管理、缺陷推荐跟踪、专家知识库。

（1）在线监视的功能和技术要求包括：①具有火电机组主要设备实时状态识别功能，采用设备状态识别技术及智能视频技术，对重要系统和设备进行不间断在线监视；②具备火电机组主要设备故障预警功能，将实时状态识别发现的异常情况和安全隐患，以短信、声音提醒等方式自动发出警报并提供关键信息，协助值班人员及时发现隐患。

（2）健康评估的功能和技术要求包括：①支持重要设备特征模型建立，通过对重要设备的运行历史数据进行特征挖掘，结合设备固有属性等历史档案，建立基于多种典型性工况下的设备特征模型，作为设备健康诊断的基础；②具有健康度评估功能，通过比对实时特征数据与特征模型，形成健康诊断分析报告，从多个维度给出综合评估，为电厂生产运行、检修和管理人员提供生产决策支持；③设备健康状态评价模型应由“设备性能等级评估”“设备运行状态分析”“设备故障分析”和“设备预警分析”四部分组成；④健康评价应每日一次，计算出评价结果，并根据健康评价体系对结果分类，最终评判出设备的健康状态；⑤健康状态应分为三类，分别是“优”“良”“差”；⑥评价规则能根据设备的实时状态调整评价结果；⑦系统按一定时间周期查看设备的运行状态，如果运行状态出现异常，将调整分数值，并根据健康评价体系重新评价。

(3) 健康预测的功能和技术要求包括：①支持基于大数据平台、机器学习算法平台建立机理模型，基于神经网络法、时间序列法、回归分析法等的算法模型，支撑设备健康管理的健康预测；②支持以柱状图展示火电机组主要设备未来 1、7、30 天的健康度，同时展示健康度为优的设备、健康度为良的设备、健康度为差的设备。

(4) 故障评判的功能和技术要求包括：①支持重要设备特征模型建立，通过对重要设备的运行历史数据进行特征挖掘，结合设备固有属性等历史档案，建立基于多种典型性工况下的设备特征模型，作为设备健康故障诊断的基础；②支持以列表形式展示火电机组主要设备近 1、3、7、15、30 天，故障发生频率的排行。

(5) 健康列表的功能和技术要求包括：①支持以列表形式展示火电机组主要设备的健康状态、分值及实时运行状态；②支持展现未来 3 天火电机组主要设备的健康预测信息；③支持弹出火电机组主要设备的实时分析曲线。

(6) 缺陷推荐管理的功能和技术要求包括：①支持以矩阵形式推荐健康分析中有缺陷的设备，包括：设备名称和编码、推荐理由、推荐检修时间、推荐时间预测风速、判断时间等，可点击弹出健康报告；②支持推荐结论由人员确认后发送到缺陷管理系统。

(7) 缺陷推荐跟踪的功能和技术要求包括：①支持以列表等方式展示已推荐缺陷；②具备根据任务状态查看消缺完成状况的功能；③支持显示详细跟踪窗口；④支持显示流程节点，包括：设备部件、推荐检修时间、推荐理由、下单时间、主要负责人、检修出发时间、到达时间、排查方法、处理方法、消缺完成时间、故障时长、消缺时长、验收人、验收时间、验收意见等；⑤具备设备所在位置视频和三维可视化的查看功能。

(8) 专家知识库的功能和技术要求包括：①具备建立设备健康状态管理知识库的功能，收集、整理设备从设计、建设到运行等各个时期的数据；②支持以总览的方式分类别显示知识库内容及所存储的知识的数量；③支持以列表形式显示故障代码、故障标识、停机类型、故障名称、所属故障分类、级别等；④支持以列表形式展示编码、名称、表达式、级别、报警类型、描述、状态、范围；⑤支持可弹出窗口显示明细信息，包含编码、名称、表达式、级别、报警类型、描述、状态、标签、设备类型等；⑥支持以列表形式显示故障、排查方法、检修方案、平均消缺时间、权重等。

3.6.6 设备全生命周期管理

设备全生命周期管理基于大数据平台，将设计过程中的三维模型、图纸和文档，建设过程中产生的制造、安装和调试文档，以及运营过程中产生的检修台账、资产管理及实时数据在同一平台上集成应用。利用可视化技术和三维定位技术，实现设备安装、运行、巡检过程中的三维仿真和实时互动，逐步实现全生命周期的状态预测和管理。

3.7 应急管理

基于大数据平台、VR、AR、三维技术，通过集成指挥调度、分级管理、快速反应等功能，建设业务上全面覆盖、数据上互通共享、流程上相互衔接、管理上协调一致的应急指挥

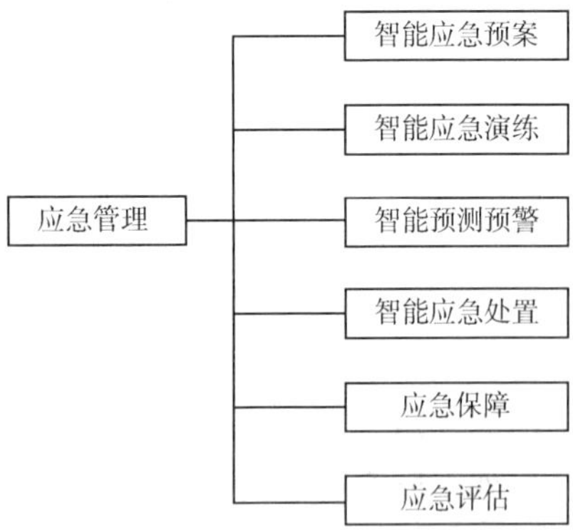

图 3-11　IMS 应急管理业务功能的结构图

管理系统，实现对应急事件事前、事中、事后(保护、预防、反应、恢复)全生命周期的智能化处置。图 3-11 示出应急管理业务功能，包括智能应急预案、智能应急演练、智能预测预警、智能应急处置、应急保障、应急评估六个部分。

3.7.1　智能应急预案

智能应急预案的功能和技术要求包括：

(1) 支持结合大数据平台(实时监测数据、历史数据)，自动创建应急预案。

(2) 支持结合应急演练、应急响应结果完善优化应急预案。

(3) 支持建立综合应急预案、专项应急预案、现场处置方案库，并支持应急预案的在线修订和完善。

(4) 支持应急预案的一键启动功能，根据发生的事件情况，输入相应的信息后，系统自动根据提前设定的流程进行相应的信息推送、语音推送。

3.7.2　智能应急演练

智能应急演练的功能和技术要求包括：

(1) 应用 VR、AR、三维技术，实现在线应急事件模拟仿真实战演练功能，提升应急演练、培训质量。

(2) 结合视频监控、智能穿戴设备等，实现应急处置远程信息互动和指挥功能。

(3) 根据预案演练或应急处置评估内容，即时完善预案标准库。

3.7.3　智能预测预警

智能预测预警的功能和技术要求包括：

(1) 支持典型自然灾害(雪灾、冰灾、洪水、火灾、地震、沙尘暴)对电厂设施的影响分析，并可在地理图上表示的功能。

(2) 支持感应设备维护对接、监测预警阀值管理、监测预警信息管理等功能，通过收集接入系统的重要设备设施上的末端感应设备，实现实时监测和有效预警。

3.7.4　智能应急处置

智能应急处置的功能和技术要求包括：

(1) 具备按安全生产事故的可控性、严重程度和影响范围自动进行响应分级功能，并支持按照响应程序启动对应的应急预案。

(2) 具备对应急处置组全员的自动提醒和指令下达功能。

(3) 具备对舆情进行预防和预警、应急响应和应急处置的功能。

(4) 支持应急指挥人员通过厂内摄像头、现场处置人员可穿戴设备视频、移动 APP 等实时监控现场应急处置情况，指挥、调度应急行动。

3.7.5 应急保障

应急保障的功能和技术要求包括：

(1) 提供应急管理责任体系、办公管理、知识库专家库管理、应急物资管理等内容。

(2) 提供日常与应急管控相关的业务流程、办公等。

(3) 支持展示各相关人员的责任清单。

(4) 提供知识库、专家库大数据，并能资源、信息共享。

(5) 具备应急物资使用情况的提醒功能等。

3.7.6 应急评估

应急评估的功能和技术要求包括：

(1) 提供评估指标管理、事件评估报告、应急风险评估、应急能力评估等功能。

(2) 具备考核日常工作指标(包括在网络安全责任体系管理基础上实现的值守管理、安全隐患排查能效)的功能。

(3) 具备绩效指标管理、绩效体系管理、考核计划管理、考核实施管理、绩效分析管理等功能。

3.8 智慧经营

基于大数据平台，建设智慧企业决策分析与智能运行管控应用，提供全公司所有业务领域、所有管理层级的决策分析主题，为各级决策、管理人员提供风险预警、指标监控以及报表统计工具。通过对计划过程管理保证经营目标实现，通过利润、电价、电量实时分析、指标管理、预算分析与管理、指标分析与管理、辅助决策等技术，实现精确地“实时成本”分析与“日利润”预测，可以在一定的期间范围内反映企业的经营成果；发挥各管理技术之间的协同作用，实现发电生产成本的预控与动态分析，提升电厂竞价上网分析报价能力，保证效益的最大化。图 3-12 示出智慧经营业务功能，包括经营指标管理体系、智能预算执行管控、智能成本管理、利润管控、经营决策分析五个部分。

3.8.1 经营指标管理体系

经营指标管理体系的内容包括：经营指标管理、经营指标统计、经营指标对标。

(1) 经营指标管理的功能和技术要求包括：①建立完善的经营指标体系，指标定义应满足国家、行业、集团的通用技术标准、规范，并能够预先设置通用指标体系及计算方法，也支持通过灵活配置的方式实现指标的设置和调整。②支持经营指标的自定义管理功能，可以通过新增指标，定义指标数据源、计算模型、计算频率、展现方式来实现经营指标的配置。

(2) 经营指标统计的功能和技术要求包括：①具备各类经营指标、计算模型的数据自动计算功能，要求所有经营指标作为统一数据仓库进行管理，用户可以通过灵活的前台页面配置实现特定指标的多方式、多周期的数据及图表展示。②建立以日、月、年为不同周期及特定固有周期的精细化指标数据体系，构建财务、生产领域核心指标的综合分析机制。③支持创建生成电厂各机组生产经济指标的统计日报、月报、年报及各种台账；在提取、统计各业

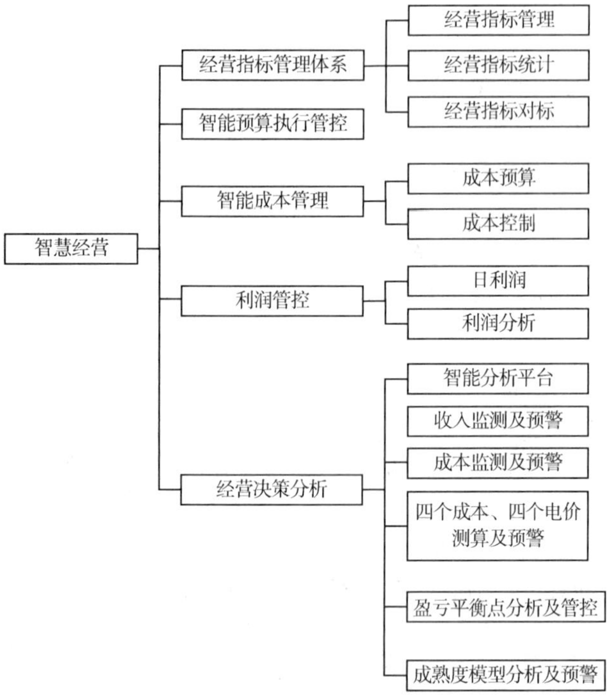

图 3-12　IMS 智慧经营业务功能的结构图

务子系统的基础上，实现对企业生产经营方面的相关数据指标的统计分析，生产上报统计报表，包括主要技术经济指标报表、全年独立核算工业企业主要经济指标报表、工业净产值报表、运行月报表、主要工业产品产量报表、主要工业生产能力年报、工业生产销售总值表、工业增加值报表、统计年鉴等。④针对不同维度、不同周期、不同管理对象的指标数据，既具备固定范式的经营指标统计能力，还具备拖拽式、组合式的灵活经营指标统计能力。⑤支持经营指标的图表可配置及图表定制化，并具备图表的不同展示方式能力。⑥支持关键指标的分析与预测，根据历史数据与当期经营形式，预测年度发电量、库存煤量、标煤单价、资产负债率等。

(3) 经营指标对标的功能和技术要求包括：①可进行设计值、最优值、自定义对标，可设计厂平均值、厂先进值、全国先进值等对标参照值。②支持内部对标和外部对标。内部对标包含集团内对标、分子公司间对标、电厂间对标；外部对标分为国内五大发电集团间的对标和国外一流发电企业的对标。③支持不同时间频率的对标，可进行实时、天、月度、年度对标。

3.8.2　智能预算执行管控

智能预算执行管控的功能和技术要求包括：

(1) 支持以全面预算为龙头，以预算目标的确定与分解为起点，依次通过预算编制、预算执行、预算考评等各环节完成年度的预算管理循环。

(2) 支持以年度和月度两个维度对预算进行管控的功能，年度预算包含年度总预算和分月预算数据，月度预算支持月底提交功能。

(3) 支持预算完成率统计报表功能，实现本年度累计同比、单月环比等功能。

(4) 支持对预算执行情况偏差超过设定值的费用和指标进行预警提示的功能。

(5) 支持售电量和利润目标值的滚动计算，根据年度和月度计划售电量、目标利润、年度累计实际情况，推算为完成年度、月度目标，后续每天平均应完成的售电量和利润。

(6) 支持建设预算指标体系和规则。

(7) 支持在相应的管理阶段配以严格的预算制度，并辅以相关的预算指标体系、规则以及预算管理权限，以实现对资源的有效配置。

(8) 支持财务对企业相关的投融资活动、经营活动和对财务活动的未来情况进行预期并控制。

3.8.3 智能成本管理

通过成本过程管控，从源头做好经营管理。通过实时利润曲线与目标曲线的比较，找到经营差距。通过实时经营指标的逐层攫取，发现实时生产过程中的问题。智能成本管理的内容包括成本测算、成本控制。

(1) 成本测算的功能和技术要求包括：①结合当前成本数据、成本计划等数据，借助关联分析、启发式数据分析等方法，实现对远期固定成本数据的自动测算；②通过外部系统平台自动获取往年同期成本数据，并借助数据对比和修正方法实现当期固定成本的自动测算；③以国家及银行业财政税收、电力行业电价补贴等政策为依据，结合往期财务成本数据，实现对远期财务成本的自动测算。

(2) 成本控制的功能和技术要求包括：①支持跟踪各项成本完成情况，成本超月度或年度预算则系统流程控制该项成本不能入账；②支持基于大数据平台通过与历史成本进行比较、分析，得出各项成本或各生产系统成本变化情况，找出非正常成本；③支持实时成本统计分析，同时系统提供相应周期内的实时成本分析的工具，分析实时成本趋势以及构成比例，并且能够以图形化的方式进行显示，例如：棒图、饼图、趋势对比分析图等；④支持智能开票方案，实现公司开票信息挂接，联动市场营销售电业务，自“智能营销”、合同系统、财务系统等模块提取当月电量和电价数据，生成当月电费数据后进行一键式开票操作，与电网公司保持一致，避免人为调整电价。

3.8.4 利润管控

利润管控的内容包括日利润、利润分析。

(1) 日利润的功能和技术要求包括：①支持基于算法平台使用更精准的模型代替平均电价模型计算日利润，更准确地实时估算售电收入。②支持根据日利润系统记录的产量趋势、价格趋势和成本趋势构建风险指标控制库。汇总集合日利润系统所承载的重要业务风险指标和财务风险指标，设定风险预警阀值，每日开展监测，发现企业经营活动中的问题，及时预警、快速反应，实现企业经营风险的动态监控。

(2) 利润分析的功能和技术要求包括：①实时展示和跟踪日、月利润完成规律的变化情况；②展示和跟踪日利润趋势变化规律与上网电量之间的关系；③展示和跟踪不同的售电类型对利润的贡献程度；④具备监控年度、月度利润预算完成率，对比日历进度，生成利润完成情况功能；⑤具备与人工、生产、财务、管理等外部系统的数据对接能力；⑥自动采集并计算生产、物资、计划等外部系统数据，将企业经营成果细化到日，甚至到小时、分钟；⑦具备网侧电量和经营利润等指标的单日状态和变动趋势分析能力；⑧具备利润波动较大情况的重点分析能力；⑨支持不同层级数据的钻取分析功能，钻取分析影响利润变动的主要因素；⑩具备对影响日/月利润的其他因素的环比和同比分析功能，可衡量每项指标对利润影响的额度和占比，并通过不同颜色表示利润的上升和下降。

3.8.5 经营决策分析

经营决策分析的内容包括智能分析平台，收入监测及预警，成本监测及预警，四个成本、四个电价测算及预警，盈亏平衡点分析及管控，成熟度模型分析及预警。

（1）智能分析平台的功能和技术要求包括：①支持为生产经营提供动态智能及预测性分析，为领导层提供决策依据，为各级管理人员提供强大的综合分析和报表功能；②支持通过常规报表、图示、报告的形式进行数据展示；③支持进行关联分析、因素分析，找出产生该现象背后的原因和本质；④支持实现在报表展示结果上进行数据钻取、旋转等数据分析操作；⑤支持完全 Web 化接口，随时随地提供最实时经营状况；⑥支持迅速查询历史指标值，同一画面同时对不同组织相同指标或分析数据的进行对比，分析差异原因；⑦支持可视化设计让经营者迅速掌握经营重点，提供最快速策略参考信息；⑧支持提供指标关联系数，轻易掌握指标彼此之间的关联影响作为策略修正的参考；⑨支持整合企业各类系统数据，让决策者一站式了解企业各个层级，各个经营环节存在的问题；⑩支持通过各类结构化体系分析，形成各指标之间的关联，追溯最终问题点；⑪支持快速形成各类分析报表，通过分析角度及分析条件，快速形成可达到分析要求的可视化报表格式。

（2）收入监测及预警的功能和技术要求包括：①具备计划发电量与实际发电量的对比分析功能，并对偏差进行预警；②具备电价的自动计算和分析功能，以及对实际售电电价与测算电价偏差的预警功能；③具备不同售电结构收入数据的自动计算功能，以及通过人工智能算法模型提供合理化的售电结构优化建议的功能。

（3）成本监测及预警的功能和技术要求包括：①具备自动获取主营业务相关联的各类成本数据能力；②具备主营业务成本的自动计算、横/纵向对比分析能力，能够对成本执行过程中发生的异常情况进行预警，并能够根据智能化数据分析模型对主营成本结构提出调整建议；③对银行贷款利率、融资成本、资金占用成本的变化情况进行实时监测，以实现对财务成本的实时监测及跟踪，并能够对影响成本的异常情况进行预警，并提出合理化的调整意见。

（4）四个成本、四个电价测算及预警的功能和技术要求包括：①通过四个成本、四个电价管理模式的应用，突出强化成本领先战略，提高市场报价的快速反应能力，实现对不同经营目标下的价格底线控制，从而获取更多的市场份额和更好的盈利水平；②具备边际电价、资金平衡电价、盈亏平衡电价、目标利润电价的自动测算功能，并能够对经营过程中四个电价的异常情况进行预警；③具备度电变动成本、度电固定成本、度电财务成本、度电完成成本的自动测算能力，并能够对经营过程中四个成本的异常情况进行预警；④支持年度四个电价滚动计算、四个电价和实际售电价格对比分析、本年度实际完成的平均电价和全年目标利润电价对比的功能。

（5）盈亏平衡点分析及管控的功能和技术要求包括：①结合收入、成本数据实现对企业盈亏平衡点的自动测算及实时监控，当盈亏平衡点出现异常时，应提供合理化调整建议，实现售电结构的精准优化；②具备结合经营日利润、售电单价、变动成本等多维度的数据，实现对企业收入和成本趋势的判断能力；③具备基于成本、收入数据的盈亏平衡电量自动测算能力，并以日为单位推送至生产一线，将实时的单位边际利润情况推送至特定责任部门；④具备企业边际利润和盈亏平衡的动态管控能力，实现业务前端在控制生产的同时也能控制经营成果，助力企业创造更高的经营价值。

(6) 成熟度模型分析及预警的功能和技术要求包括：①借助启发式算法、自动决策机制、数据仿真应用、智能专家系统等人工智能算法及模型，实现对发电企业经营成熟度模型的智能化分析和预警；②具备成熟度模型指标数据的排行分析功能，宜借助深度数据挖掘、关联数据分析等创新技术，智能分析成熟度低的影响因素，并形成有针对性的经营调控策略。

3.9 智慧营销

采用大数据分析、人工智能等先进的信息化手段，结合季度变差法、灰色预测法、马尔可夫预测法、GDP 弹性系数法等算法模型，对电力交易海量数据进行清洗与分析，为市场主体提供负荷预测、价格预测和收益预测等辅助决策信息，并通过人工智能方法实现预测结果修正和算法模型优化。智慧营销实现实时管控、执行预警、计划考核、报价辅助等，为电力交易主体提供科学、智能、灵活的信息技术支撑。图 3-13 示出智慧营销业务功能，包括计划跟踪预警、客户公海、合同信息管理、智能电量数据管理、交易辅助决策、报价方案寻优、智能结算管理、客户电量库、交易评价分析九个部分。

3.9.1 计划跟踪预警

计划跟踪预警的功能和技术要求包括：

(1) 建立完善的计划指标体系，指标满足后期计划的实施与考核。

(2) 通过对比计划与实际执行情况，完成偏差智能预警、偏差因素智能分析及计划完成情况预测分析。

(3) 通过客户用电计划与电量采购计划的分解与汇总，清算周期内实际用电量与采购计划的偏差预警、交易空间测算、偏差考核制计算等。

(4) 预留计划下达、审批、修改等功能。

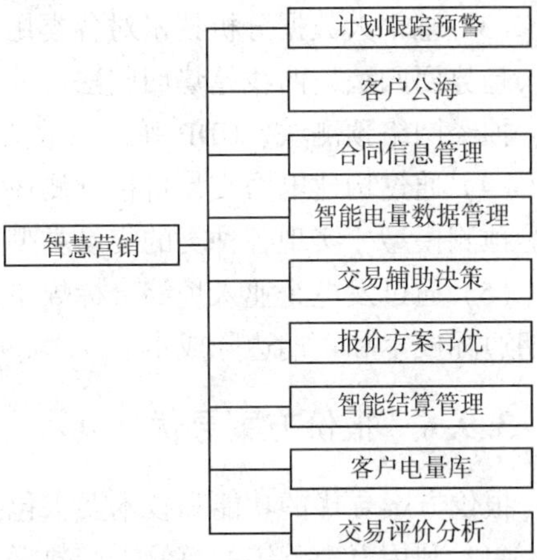

图 3-13 IMS 智慧营销业务功能的结构图

3.9.2 客户公海

客户公海的功能和技术要求包括：

(1) 建立完善的客户信息维护体系，实现集中录入、统计、查看、维护、管理客户各项信息的功能。

(2) 实现对客户分类统计、对比分析及客户用电数据分析等各类客户分析，提供准确、可靠、可视化(图表、线型、柱状、饼式等)的分析结果。

3.9.3 合同信息管理

合同信息管理的功能和技术要求包括:

(1) 建立完善的合同信息维护体系，实现集中录入、统计、查看、维护、管理合同各项信息的功能。

(2) 实现对合同分类统计、对比分析及用电数据追踪预警等各类客户分析，提供准确、可靠、可视化(图表、线型、柱状、饼式等)的分析结果。

3.9.4 智能电量数据管理

智能电量数据管理的功能和技术要求包括:

(1) 实现交易前客户用电量需求收集并自动汇总，针对不同交易批次，系统自动提供交易需求结果。

(2) 实现交易后电量自动分解，针对不同交易批次的交易电量数据，按合同条款或执行计划自动分解电量至各单个电力客户。

3.9.5 交易辅助决策

交易辅助决策的功能和技术要求包括:

(1) 符合各省各区域不同交易规则、电力市场政策。

(2) 建立完善的数据指标体系，结合当前燃料系统、生产系统、财务系统、调度系统等传输数据，并支持数据人工导入功能。

(3) 基于大数据分析技术对各类用户用电特性、用电行为的海量数据进行差异化分析，融入趋势回归法、曲线趋势回归法、季度变差法、季度比例法、灰色预测法、马尔可夫预测法、神经网络预测法、GDP 弹性系数法等预测模型，实现短期和中短期负荷预测功能。

(4) 通过构建电力交易价格预测模型，在算法平台上利用回归分析、时间序列、神经网络等预测模型，实现各种类的交易类型及各频率的交易批次电力交易价格预测功能。

(5) 通过发电企业入炉综合标煤单价、环保单位成本、机组经济性指标等数据测算机组长期边际成本和短期边际成本。

3.9.6 报价方案寻优

报价方案寻优的功能和技术要求包括:

(1) 利用电力营销的海量生产数据、营销数据、社会经济数据、地理信息数据进行并行化分析与挖掘，结合购售电计划、交易辅助决策、历史交易数据，实现报价方案策略展示。

(2) 支持在报价方案管理中进行方案审批、修改等功能。

(3) 提供现货报价曲线建议方案，包括根据基于典型曲线和负荷预测对比结果产生的报价方案。

(4) 具备多报价方案对比分析功能。

(5) 支持与交易中心数据交互功能，实现报价信息自动上传。

3.9.7 智能结算管理

智能结算管理的功能和技术要求包括：

(1) 支持统一集中管理各单位结算信息，实现电费流水信息、成本信息从财务系统自动抽取。

(2) 实现与应收、应付账款自行匹配和比对功能。

(3) 支持与交易中心数据交互功能，实现抄核电量、结算数据、结算电费等业务数据自动获取。

(4) 基于合同信息、负荷预测数据及价格预测数据，实现市场主体的收益预测。

3.9.8 客户电量库

客户电量库的功能和技术要求包括：

(1) 建立智能电表报装及拆卸规范。

(2) 建立电力用户电能数据收集指标体系，通过计量点统计签约客户的分时功率情况、实际用电负荷曲线等，实现电量数据通过电表自动传输抽取，系统汇总计算客户月度历史电量。电量数据为电量分析、负荷预测、增值服务等业务提供数据支撑。

3.9.9 交易评价分析

交易评价分析的功能和技术要求包括：

(1) 建立完善的评价指标体系，指标满足交易后指标对比与评价。

(2) 支持报价信息与交易结果对比分析功能，提供准确、可靠、可视化(图表、线型、柱状、饼式)的分析结果。

(3) 支持除上报报价信息外，其他决策报价方案与交易结果对比分析功能，提供准确、可靠、可视化(图表、线型、柱状、饼式)的分析结果。

3.10 智慧燃料

基于大数据平台、算法模型、智能设备实现燃料计划预测、采购、验收监管、数字化煤场、采制化一体、燃料价值链管理等功能，实现燃煤的收、耗、存对应量、质、价信息的精准化管理与全过程闭环管控。图3-14示出智慧燃料业务功能，包括燃料管控中心、燃料采购管理、入厂管理、入炉管理、数字化煤场、斗轮机无人值守、智能燃料巡检、结算核算管理八个部分。

3.10.1 燃料管控中心

燃料管控中心的功能和技术要求包括：

(1) 以燃料管理智能化、燃料信息实时化、燃料数据全面化、燃料异常管理主动化为目标，以必要的硬件设备为支撑，以数据采集技术、接口技术、图形化技术、网络技术为基础，以组态、流程方式直观展示燃料管理环节，逐步形成燃料管理智能化、信息集成、业务主动反馈模式。

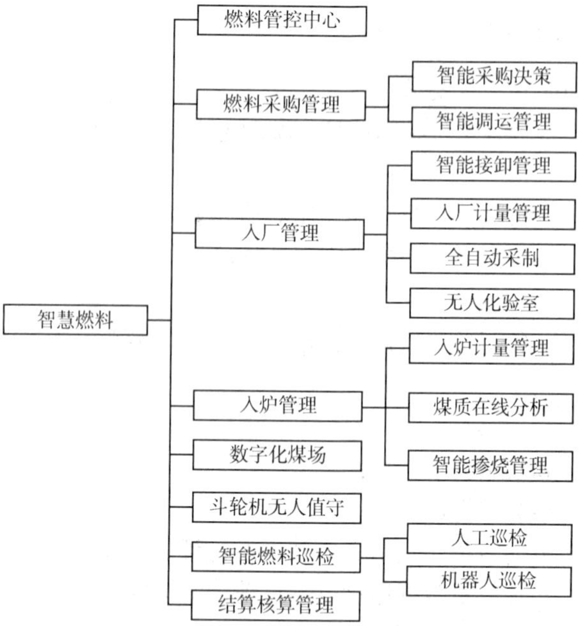

图 3-14　IMS 智慧燃料业务功能的结构图

（2）实现燃料设备状态集中监视。对于燃料现场设备工况、管理情况信息实时采集，包括地磅、道闸、采样机、门禁系统等。

（3）实现燃料设备集中远程控制。对于现场设备的部分功能进行干预与接管，如采样机、门禁系统等。

（4）实现燃料现场画面集中监视。对于视频系统实时画面调用，集中监视，随机监视任意监视点。

（5）实现燃料现场事务集中调度。对于异常及变动事务集中形成管理事务，相关人员管理后及时反馈，形成闭环。

（6）实现燃料异常情况集中反馈。按业务规则自动形成异常报表、信息，主动发送管理人员，管理人员不必到海量数据中费时寻找如过磅异常之类的信息。

3.10.2　燃料采购管理

燃料采购管理的内容包括：智能采购决策、智能调运管理。

（1）智能采购决策的功能和技术要求包括：①基于大数据平台，获取电量计划、检修计划、结合煤炭市场信息和当前库存信息，以采购成本最低为目标，生成最优采购方案，主要包括采购煤种及采购量；②具备市场寻源管理的功能。包括搜集市场资讯，建立煤源档案等；③具备当前市场分析预测的功能，包括市场趋势分析、采购策略建议、储煤策略建议等。

（2）智能调运管理的功能和技术要求包括：①具备动态图形化界面实现海轮、内河船舶、火车等方式的调运功能；②与船讯网、船、车载定位接口连接，实时动态显示船舶、火车、汽车位置，实现对调运全过程信息进行实时、科学管控的目的；③自动获取煤矿、码头、运输公司、港务局、海关、海事局、出入境边防检查站客户端数据，及时掌握煤矿装车申请、发运、市场、公司码头检修、掺烧需求、运力变化及历年调运数据情况，建立调运数学模型，通过成本最优原则自动拆分计划，匹配航次或车次，预排全月调运计划；④具备计划拆分与分配功能，系统从月度燃料采购计划采集煤种、供煤单位及计划数量，将煤量拆分成与一次或几次装载量相匹配，每一个分拆的煤量与每个航次或车次装载量一一对应，按航次或车次最少、滞期费用最低等原则自动将计划量分配给对应船舶/火车/汽车形成整月调运计划；⑤通过船舶或火车或汽车资料、装卸时间、锚地等泊时间、天气情况自动预判下一步来煤情况、库存数量、质量及煤种结构变化；⑥根据预设时间自动向系统推送船舶或火车或汽车资料、航次或车次、装运港煤种、装运港数量、装运港质量，接收系统推送的接卸优选计划、煤炭采样方案、煤场堆煤方案。

3.10.3 入厂管理

入厂管理的五个方面内容包括智能接卸管理、入厂计量管理、全自动采制、无人化验室、验收管理。

(1) 智能接卸管理的功能和技术要求包括：①通过分析掺烧掺配模块加仓方案、煤场库存、后续来煤预报生成接卸优选计划；②支持将接卸计划、来煤信息(船名、航次、车次、矿别、煤种、煤质、数量、分仓)等信息推送至系统，同时读取系统生成的接卸作业信息，实时显示卸煤机、斗轮机及各路皮带的运行情况，接收生产视屏监控系统信息、测量视频及图片，显示入场煤场名称、位置、数量、上仓数量、时间、入厂皮带秤号；③支持海运煤接卸，关联煤炭采购合同、运输合同，将船舶装卸时间汇总统计，计算滞期费或速遣费等基础信息，并记录协商后的处理结果，上传处理往来函件，关联到结算单(暂估单)或运输结算单中(暂估单)；④支持火车接卸，显示自动读取的轨道衡检斤的车号、节数，记录调度信息：车次、卸车方式，开始卸车时间、卸车结束时间、排空时间；⑤支持汽车接卸，显示自动读取的轨道衡检斤的车号、节数，记录调度信息：车次、卸车方式，开始卸车时间、卸车结束时间、排空时间；⑥支持关联显示采样机所取煤炭子样数量、子样数、船舶(火车)、航次(车次)、接卸流量、接卸数量、码头、接卸时间等。

(2) 入厂计量管理的功能和技术要求包括：①关联轨道衡及汽车衡通过称重传感器、数据采集器、车号识别系统获取计量数据；②支持轮船水尺计量，自动录入航次、船号、发港、矿别、煤种等信息；③支持皮带秤瞬时流量、累积流量、历史趋势的自动记录、数据计算、分析和查询；④具备智能监测负荷超限、误差超限报警、计量异常报警的功能。

(3) 全自动采制的功能和技术要求包括：①支持全自动采制、制样，包括采样、打包、喷码、送样、解包、制样、气动传输、封存样、调取存查样等环节的全过程数字化管理；②针对不同煤种煤质、数量自动生成采样、制样方案；③自动获取采制数据，为煤场、燃料管理提供数支撑。

(4) 无人化验室的功能和技术要求包括：①支持皮带上煤质实时化验，能够测定煤炭发热量、水分、灰分、挥发分、含碳量和全硫等六大成分；②设置煤质热值、硫分、灰分、水分和挥发分不正常预警，能够提前分析、预判和运行优化调整，保证锅炉燃烧的安全稳定运行；③支持煤样的采制一体化和自动封装，对煤样的信息进行屏蔽；④支持化验仪器联网运行、化验过程在线监控、自动生成化验报告的功能。

(5) 验收管理的功能和技术要求包括：①根据预设时间间隔自动采集计量模块(衡器、

皮带秤）数量验收信息，对称重数量进行数据分析管理；②具备生成计量明细的功能，主要信息包括供煤单位、船舶航次（车号）或批次、运单数量或矿发量、毛重、净重、运损、盈亏吨、皮带秤号及皮带秤起始及终止读数；③具备计量报警功能，结算、验收偏差，双秤偏差超过允许，系统实时记录并保存数据、图片信息；④支持自动采集入厂煤质量验收信息，将采样、制样、化验信息与船舶航次或来煤批次关联；⑤具备煤样复检功能，对煤样子样质量超差或与比对质量超过误差范围系统支持对煤样进行复检，将复检后的结果经审核符合标准范围后对煤样质量进行替换，并记录复检时间、处理过程及时间节点；⑥具备煤样抽检功能，自动随机抽取煤样检验比对；⑦具备存查煤样功能，显示存样情况，以不同颜色区分存查样与准备的弃样，对结算付款且已到存期的煤样提示弃样；⑧支持对第三方数量、化验数据的手工录入或模式识别技术扫描读取文本及数字，根据合同要求汇总生成供货方、第三方、电厂方、复检等结果、双方协商的结算依据结果，将入厂质量、数量及结算数据同步关联到结算单、暂估单，并能够形成化验数据对比分析表。

3.10.4 入炉管理

入炉管理的三个方面内容包括：入炉计量管理、煤质在线分析、智能掺烧管理。

（1）入炉计量管理的功能和技术要求包括：支持自动采集计量模块入炉煤皮带称底码读数和分炉计量数据、皮带秤号，显示查询、计算汇总入炉煤数量，同步关联到实时入炉成本核算模块，通过模拟法实时核算入炉燃料成本及燃料指标。

（2）煤质在线分析的功能和技术要求包括：①使用 X 荧光、微波和红外灯对人体伤害较小的方式对入炉煤煤质进行实时测量；②支持测定煤炭发热量、水分、灰分、挥发分、含碳量、湿度和全硫等成分；③支持通过设置煤质热值、硫分、灰分、水分和挥发分不正常预警，能够提前分析、预判和运行优化调整，保证锅炉燃烧的安全稳定运行。

（3）智能掺烧管理的功能和技术要求包括：①具备以热值与硫分为主要掺配指标，根据发电负荷计划或运行上煤指令，通过预设的掺配因子、煤种质量边界条件、锅炉燃烧特性、负荷情况，在满足机组煤仓约束、安全约束、比例约束、便利性约束和煤量约束的条件下，利用数学规划方法，通过内置模型自动形成基于综合燃料成本的优先排序配煤方案的功能；②支持对堆取煤过程及原煤仓煤位、煤质的监视，过程可视化；③支持通过采集燃烧混煤的各项指标数据，对掺配的方案进行对比、分析及全面评价。

3.10.5 数字化煤场

图 3-15 为数字化煤场管理的首界面，数字化煤场的功能和技术要求包括：

（1）具备监控储煤场相关设备的运行状态和工作参数的功能。

（2）支持储煤场及分区信息展示，实时显示分区或分层存煤的数量、质量、价格以及时间、煤种等信息，并以三维图形显示储煤场煤堆形状。图 3-16 为数字化煤场管理的存煤结构图，煤场存煤结构占比分析是指根据数字化煤场系统实时统计数据，对场存煤分煤种进行煤量统计，利用扇区图的形式，显示品种煤存煤量的占比情况。

（3）具备显示储煤场风速、风向、粉尘、可燃气体等数据参数的功能。

（4）支持通过自动扫描煤炭表层温度分布，结合历史数据及斗轮机取煤时的煤堆断面温度，计算煤堆内部温度，生成煤场温度场三维图像，快速自动发现、识别和定位煤场早期火灾隐患，并与消防灭火喷淋系统联动。

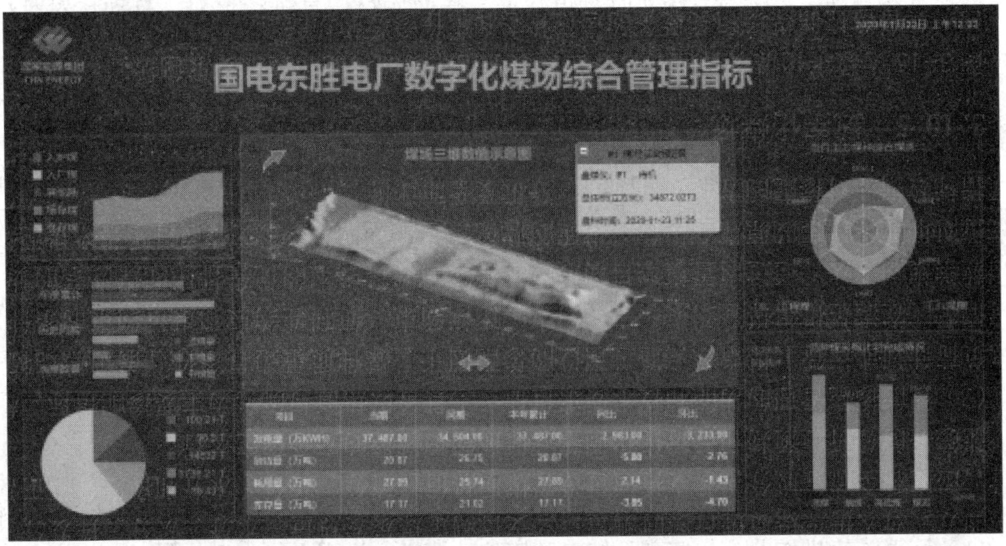

图 3-15 数字化煤场管理的首界面

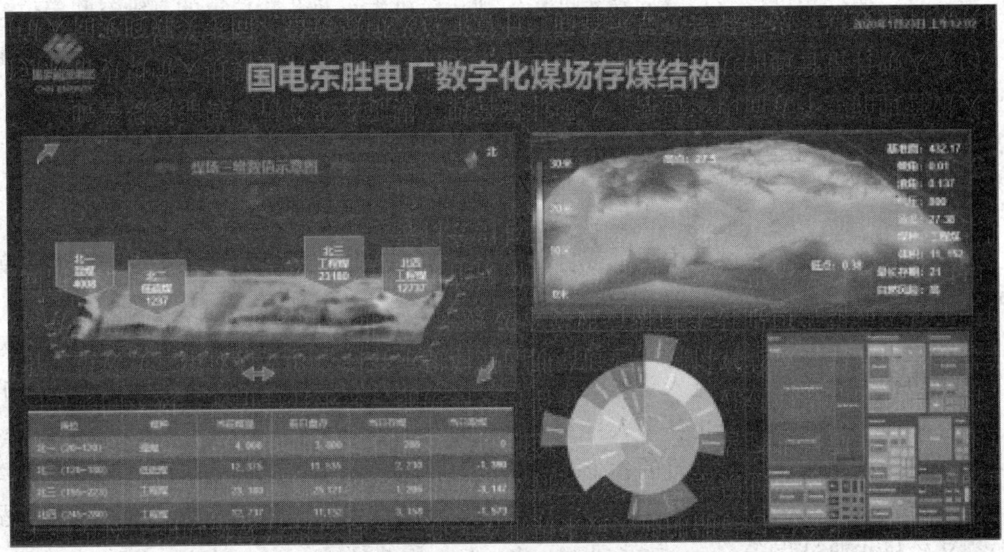

图 3-16 数字化煤场管理的存煤结构图

（5）支持对煤场的进煤、耗煤、存煤三方面进行信息化、数字化管理，生成 3D 动态图（表），实现自动盘煤、温度场监视预警、根据损耗、堆存时间、掺烧需求建立数学模型自动优化计算场地安排和优先加仓计划。将进、耗、存各数据指标进行分解，统计当期入厂煤、入炉煤、其他耗煤、场存煤，仓存煤的数值，以面积图的形式进行展示。综合进、耗、存各项指标，形成当期进煤量、耗煤量、存煤量的对比分析柱图，同时呈现历史同期数据，年度累计数据。

（6）具备分批次记录、展示煤场堆存煤数质量信息、移库信息、二维及三维堆形信息，自动汇总统计煤场存煤信息并形成报表的功能。

(7) 具备自动分析煤场存煤数量和结构，低库存、偏结构异常报警并信息推送的功能。

(8) 具备自动采集燃料系统实时盘煤数据与账面库存信息进行比对，自动比对盘煤结果，若有异常则报警显示并将信息推送系统的功能。

(9) 具备根据耗用信息及来煤预报信息，预测未来一段时间存煤情况，对存煤数量低于预定数量、煤种结构不合理进行预警并推送至系统的功能。

(10) 支持煤炭移库。读取智能燃料管控系统推送的煤场移库用车辆，煤场位置、堆存煤种、进出场地时间、衡器重量、移库记录，同步形成移库台账及明细，实时更新煤场动态，并能查询移库过程监控图像。

(11) 具备校核入厂煤数量、入炉煤数量、库存数量之间逻辑关系，若逻辑关系出现异常，则报警提示，关联实时盘煤数据进行处理的功能。

3.10.6 斗轮机无人值守

斗轮机无人值守的功能和技术要求包括：

(1) 具备自动寻址的功能，在确认好作业方案后，系统自动选择好目标煤垛或堆料区域，自动计算斗轮机作业点并实现系统自动定位功能，全过程无须人工干预。

(2) 采用编码器定位技术，结合格雷母线完成定位信号的采集与运算输出，精确定位大车位置、悬臂俯仰角度以及悬臂回转角度，实现斗轮机大车及斗轮位置的三维空间定位。

(3) 采用先进的传感技术与智能控制算法，实现恒流量取煤。基于斗轮电流的恒流量控制，自动调整回转速度，保持取料量恒定，提高取煤效率，实现精确配煤。

(4) 具备自动堆料的功能，自动堆料采用悬臂回转的堆料方式，堆料高度由雷达料位检测装置检测。堆料高度及宽度参数可调节设定，系统自动控制悬臂回转和大车后退，全过程无须人工干预。

(5) 支持斗轮机作业过程中手动或自动无扰切换，提高作业灵活性和系统安全性。在远程操作台设置可移动的主令开关，必要时对斗轮机进行人工干预。

(6) 支持安全防护，斗轮机相关出入口、电气房和司机室相关位置增设人脸识别出入防护系统，防止闲杂人员擅自进入斗轮机的电气房和司机室。应用斗轮机安装行人检测保护装置、悬臂防撞装置，有效防止各类人身安全事故的发生。

(7) 支持远程监视，斗轮机的各个关键部位，斗轮、悬臂、皮带、回转水电缆卷盘、大车等处安装工业摄像机，图像传送至煤控室进行智能图像识别，防范人员误闯，同时全程实时监视斗轮机作业过程。

(8) 根据来船、煤种、流量等信息，综合分析与决策，形成作业工单并将作业指令下发到斗轮机或螺旋式卸船机无人值守系统，实现斗轮机和螺旋式卸船机全自动作业。

3.10.7 智能燃料巡检

智能燃料巡检的两个方面内容包括人工巡检、机器人巡检。

(1) 人工巡检的功能和技术要求包括：①具备制定巡检计划，设置巡检人员、时间、设备、路径，供巡检人员执行任务前上传，还可查询统计巡检记录，形成考核意见及报表打印的功能；②具备通过智能终端，查看设备状态、填写测点数据、添加文本说明及拍摄现场照片的功能；③支持无线 WiFi 自动从智能终端下载巡检数据，通过网络安全隔离装置将数据发送至 PC 端。

(2) 机器人巡检的功能和技术要求包括：

1) 机器人支持全自动和遥控巡检模式。全自动模式包括常规和特殊巡检两种方式。正常情况下，系统根据预先设定的巡检任务内容、时间、路径等参数信息，自动启动机器人并完成巡检任务；特殊巡检由操作人员设定巡视点，机器人对巡视点自主完成巡检任务。遥控巡检模式由操作人员手动遥控机器人，完成巡视工作，能够完成对现场设备的反复巡检，并实现对设备状态的连续、动态的数据采集及系统存储。

2) 具备智能自主充电功能，应采用分布式充电站加锂电池供电方式，分布式充电站采用接触防打火安全充电技术，充电效率高且安全可靠。

3) 具备监控功能，机器人上应安装多种现场监控设备，包括 360°全方位云台的可见光视频监控摄像头和热成像监控摄像头。可以在机器人运动过程中对设备进行视频巡检和红外测温。

4) 具备自检功能，包括对主机电源、电机驱动模块、通信模块和各数据采集模块等的工作状态进行检测。发生异常时立即发出警报，并上传故障类型等信息至监控后台。

5) 具备数据远传通信功能，机器人应采用有线和无线结合的网络通信形式，数据传输稳定、可靠。

6) 具备防碰撞功能，机器人应同时安装光电防碰撞装置和超声波防碰撞装置，构筑双重安全保障。并在机器人本体的明显位置上安装闪动警示灯，提醒人员注意避让。

7) 支持联动管理，机器人能正确接收监控后台的控制指令，实现云台转动、机体运动、自动充电和设备检测等功能，并能正确反馈状态信息，及时上报机器人的各类预警和报警信息。

8) 支持皮带损坏监测，通过图像自动识别技术监控皮带严重损坏及飞边、扎煞现象，皮带胶接处严重脱胶现象，皮带上出现划痕、孔、撕裂情况。

9) 支持环境检测，对廊道内的温度、湿度、粉尘、噪声以及有毒有害气体进行检测。

10) 可在皮带廊道安装轨道巡检机器人，巡检机器人通过轨道确定巡检范围，该机器人可根据需求选择智能工作模式和遥控操作模式。在智能工作模式下，当传感器检测到的某参数超出相应值时，将信号送给管控系统，直接发出警报或通过管控系统将设备联锁停运。在遥控模式下，操作人员和检修人员可根据其他的报警信息将机器人送达派往目的地进行巡检。

3.10.8 结算核算管理

结算核算管理的功能和技术要求包括：

(1) 具备结算单、暂估单、核算的同步关联的功能。

(2) 具备关联下月及后续月度成本测算生成滚动燃料指标的功能。

(3) 支持单船多煤种、多供应单位结算，支持多船舶质量指标同批次根据加权条件加权结算或不加权单航次船舶结算。

(4) 支持生成结算台账。以船舶(车次)某一航次为载体，记录从计划生成直至付款的全过程及流程，可穿透至底层附件。

(5) 支持生成索赔台账，汇总亏吨、亏卡、索赔往来文件、索赔过程、索赔金额，折算成当期及累计标煤单价。

（6）具备结算与资金关联的功能。关联供应商生成资金付款进度明细日历表，支持多条件筛选查询供应商应付款明细及应付款状态。

（7）具备结算与弃样关联的功能。已结算并付清煤款的，记录结算标志及结算时间，存查样根据预定时长显示弃样信息。

（8）支持分合同、按日批次进行结算处理，同时支持分合同、按日结算加权进行月度的结算处理，燃料的暂估与耗用以及标煤单价的核算全部由系统自动计算得出，人员只需对结果进行核实。

（9）支持燃料结算管理与燃料合同、燃料的计量、采制化等紧密结合，按照计价规则根据相关单据信息自动分批次精确计算合同结算价格，并详细记录各种因素对结算价格的影响值，为合同的结算、付款提供准确合理的定价管理，为合同执行提供定价依据。

（10）具备自动生成结算单的功能，通过自动计算总煤款和税款、自动计算增值税开票金额等功能，自动形成结算单，并通过流程管理，将整个结算、付款、审批过程规范管理，同时自动生成结算凭证和付款凭证。

（11）支持各种查询功能，包括结算单台账明细及化验值对应结算单价查询等，系统可按时间段、按往来单位、按燃料计划等进行查询；进行来煤结构分析、燃料结算价格分析以及燃料成本构成分析等。

3.11 智慧物资

借助智慧企业信息化、移动应用、大数据、全生命周期管理等技术及业务管理模型及方法，实现对物资柔性化库存管理，结合物资计划申报制度和平衡利库技术，全面降低库存成本，并借助人工智能、数据挖掘等手段推进物资管理的规范化、精细化、智能化。图 3-17 示出智慧物资业务功能，包括需求预测、计划管理、采购管理、智能仓储、合同管理、供应商评价、决策分析七个部分。

3.11.1 需求预测

需求预测的内容包括：基于库存需求模型预测、基于设备状态模型预测、基于综合成本模型预测。

（1）基于库存需求模型预测的功能和技术要求包括：①基于大数据分析建立采购需求预测模型；②基于警戒阈值控制库存，建立需求模型；③能够利用历史库存消耗数据建立自学习模型。

（2）基于设备状态模型预测的功能和技术要求包括：①能够利用神经网络尽可能地多考虑影响设备发生故障的因素，替代传统故障诊断的方法，进而根据设备情况确认备件数量的需求；②基于深度学习，实现部件状态参数预测，通过归纳合并设备参数、环境状态等基础数据，确定设备部件库存需求；③基于部件健康模型，对设备状态进行评估分析、损伤监测和可靠度评估，确定设备部件库存需求；④基于部件性能模型，对设备部件性能损失程度进行评估分析，确定设备部件库存需求；⑤基于设备损伤状态的模型，分析设备受损情况，进行综合检测评估，合理地评估设备损伤情况，提供预测备件库存需求；⑥基于设备维修方式

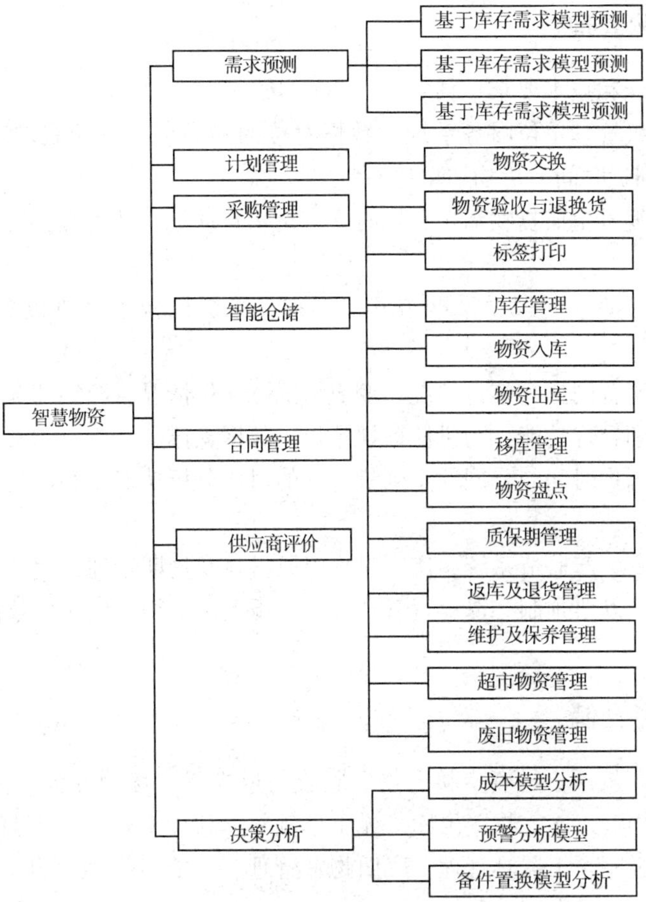

图 3-17 IMS 智慧物资业务功能的结构图

的模型，在综合考虑保养、简单维修和更换等多种预防性维护方式相互关系的基础上，提出以等周期保养与变周期简单维修相结合的方法确定更换周期，预测设备库存。

(3) 基于综合成本模型预测的功能和技术要求包括：①建立成本分析模型，开展成本分析，加强成本管理，降低产品成本、备件成本，建立采购需求；②基于可靠性备件库存模型，确定最优备件库存的存储量，避免备件报废，减少资金浪费，预测最优库存量。

3.11.2 计划管理

计划管理的功能和技术要求包括：

(1) 具备基于已批准的检修、技改、工程进度数据在线提交物资需求计划功能。

(2) 具备物资需求计划汇总功能，并结合物资库存情况、采购在途情况评估生成建议的物资采购计划和物料出库。

(3) 具备各项需求计划应支持预设流程化审批管理功能，并具备针对每个计划对应的材料费、修理费、大修、技改等资金来源，合理化管控生产成本及费用功能。

(4) 具备应急计划类型的采购计划管理功能。

(5) 具备与上级管理单位外部系统平台的数据对接的能力。

3.11.3 采购管理

采购管理的功能和技术要求包括：

（1）具备与上级管理单位财务系统的数据对接的能力，可自动获取物资采购合同信息（如：合同标的、到货时间、货物清单等）。

（2）根据合同编号生成货物清单，同时支持货物自动标识及管理，可支持扫码办理货物的接收、验货。

（3）具备管理层级、时段、采购方式、类别、组织机构等多维度智能查询统计分析功能。

（4）提供对采购合同执行签订情况、变更情况、交付情况、履约情况、结算情况、付款情况等信息的记录和管理功能，为供应商评价提供数据支撑。

（5）具备实际到货时间与合同约定到货时间的对比分析功能，并对延期到货提供在线预警提醒功能。

（6）建立供应商生产监造系统，实现对物资原材料及货期管理、生产周期监控、在途物资跟踪、到货验收、发票预制、退返货管理，从根源上保证物资供应时效性，从源头保障物资供应的质量。

3.11.4 智能仓储

智能仓储的内容包括：物资交接、物资验收与退换货、移动办公、标签打印、库存管理、仓储可视化、物资入库、物资出库、无工单领料、移库管理、物资盘点、质保期管理、报废预警、消除二级库、工器具管理、废旧物资管理、智能自提柜、自动盘点、无人值守、仓储 AI 机器人。

（1）物资交接的功能和技术要求包括：具备扫描识别供应商送货单标签货物能力，自动获取采购管理模块的采购合同信息。

（2）物资验收与退换货的功能和技术要求包括：①支持手持终端自动识别货物、拍摄现场及货物照片、办理收验货，并可同步至管理模块生成收货、验货单信息；②支持手持移动端办理退货单，并将退货信息同步到库存管理模块，也可自动生成采购退货单信息。

（3）标签打印的功能和技术要求包括：①根据物资设定的二维码管理策略，生成物资二维码、批次码或者唯一身份 ID；②按库、区、排或架、层、位等方式查询打印库区库位标签，也可按照物料的入库单、出库单、移库单来补打库区库位条码标签，支持批量打印和单个打印；③基于手持移动终端，实现对特定物资标签的在线打印功能。

（4）库存管理的功能和技术要求包括：①根据电厂的实际情况自由设置多个仓库和库管，并可实现库位管理；②具备各分支机构库存的独立管理与核算的功能，自定义设置物资存储方式，各单据自动编号；③根据实际情况为仓库总量、每个品种设置最大、最小库存和重订货点警戒线，并自动预警。

（5）物资入库的功能和技术要求包括：①支持基于手持移动终端的物资条码或二维码扫描入库功能，保障物账一致，可支持特定物资的拍照及图片上传功能；②支持根据到货的实际情况，针对需要验收才能入库的物资，系统自动推送微信信息提醒进行相应的专工验货；

③具备虚拟库房创建及管理功能，应与实际库房信息、物资信息实时同步；④支持根据物资信息提示物资所在货架位置，通过移动终端路径指引及指示灯系统引导库管人员进行物资上架；⑤支持扫码确认物资入库、上架管理功能，并将入库信息同步给库存管理模块，生成入库单信息；⑥支持记录的入库信息(入库单)，包括但不限于物资名称、规格、等级、数量、采购单价、仓库类别、仓库号、分配库位、入库日期、入库人员、是否特殊物资、物资图片、物资失效时间、合同限定到货时间、最后批次入库时间、保修保养、质保期等信息；⑦具备针对废旧、工程期遗留、工器具、正常采购等不同物资的分库存储及管理功能。

(6) 物资出库的功能和技术要求包括：①具备基于物资用料申请的物资出库领用及校验功能；②具备提交物资领用申请，记录物资领用台账(领料单)的功能；③支持基于手持移动终端的物资扫码拣货下架功能；④支持手持移动终端查看待拣货、下架物资的名称规格及位置信息功能，可结合库位指示器触发物资所在库位的指示器闪烁及蜂鸣提醒，拣货完成时在手持终端操作停止提醒；⑤支持按照先进先出的原则完成顺序物资入库，可通过扫描物资条码检查是否正确；⑥具备记录出库时间、用途、领料人、使用位置功能；⑦具备与风机台账关联管理功能(单个或多个领用物资与风机台账的关联)；⑧具备领用物资的退回或退库管理功能；⑨根据待领料出库的物资成本比，对领料部门、领料用途的资金来源及限额提供合理化领用意见，以实现物资及材料费用的精细化管控。

(7) 移库管理的功能和技术要求包括：①具备库内转储、转库及库间调拨的功能；②具备物资属性变更、批次替换功能；③具备物资在不同库位间的移动的功能，包括：库房到库房，整托盘转库，批量转库；④支持可视化移位功能，模拟形成调整效果，同时形成物资调整报表，并自动提醒库管员完成实物的相应移动，保障物账一致。

(8) 物资盘点的功能和技术要求包括：①满足物资盘点的账、卡、物的统一原则；②具备库存盘点功能(包括月盘、年盘、临时性盘点等)，并可根据盘点结果修正库存量；③支持服务端发起并生成盘点表，盘点人员可使用手持移动终端接收并查看已分配的盘点任务，并利用手持终端扫码实现快速盘点；④具备盘点结果在移动终端的自动提交、上传服务端的管理功能，服务端可确认盘点结果，并支持移动终端查询盘点报告；⑤利用射频识别技术实现重点物资的自动盘点，无须人工干预，并自动形成盘点表。

(9) 质保期管理的功能和技术要求包括：①支持期初数据时，通过基础数据批量导入质保期数据；②支持日常仓储工作中在入库时手动输入质保期数据，系统根据物资数据质保期的输入建立质保期台账，自动计算质保期剩余时间；③具备质保期到期前通过微信和台账方式对即将过质保期的物资进行自动提醒的功能，避免非生产性报废。

(10) 返库及退货管理的功能和技术要求包括：①具备物资从各部门退回到物资仓库，自动辨别退回的物资应存放的库区库位的功能；②支持对供应商的退货或换货工作，指导保管员捡取应退或换的物资；③具备退货的同时创建收货通知的功能。

(11) 维修及保养管理的功能和技术要求包括：①具备对需要保修保养的物资建立物资保修保养台账的功能；②支持在物资入库验收环节登记养护措施，并根据设置的时间判断达到维护标准时，自动生成保养计划；③具备提醒相应人员进行保养的功能。

（12）超市物资管理的功能和技术要求包括：支持通过移动终端实现对超市物资的入库、出库及盘点进行管理。

（13）废旧物资管理的功能和技术要求包括：①具备废旧物资的管理功能，废旧物资可依照“报废”“返修”“消耗”进行分类管理；②全过程跟踪维修完成、物品入库的循环使用流程，可与出入库模块进行数据及流程关联；③具备使用移动终端扫码登记废旧物资的维修入库、领用、报废功能。

（14）工器具管理的功能和技术要求包括：①对专用工具、防汛物资等周转物资启用二维码管理，即一物一码的管理，实现对工器具的实时跟踪及仓储生命周期管理；②在系统中对工具进行主数据维护，记录名称规格；③记录外借工具序列号、人员、时间等信息，记录归还人员、时间，可以对工器具进行保养、盘点。

（15）无人值守的功能和技术要求包括：①具备无人值守功能，保障夜间或紧急情况下物资的领料；②专工通过人脸或指纹识别进入无人值守库房，在路径指引和指示灯的引导下领取所需物资；③门禁系统将对专工提取的物资进行核对，与领料单型号、数量、批次等信息完全无误后门禁系统开启，完成无人值守操作，不符合则进行提醒和报警。

（16）库房环境监控的功能及技术要求：①建立库房内外视频监控系统，实现电厂库房物资监控全覆盖并通过大屏进行显示；②通过温湿度、消防、气体检测设备对物资库房尤其是油品、危化品库房的日常存储环境进行采集及监控，并对库房存储环境异常数据自动预警，保障物资存储环境的安全。

（17）智能自提柜的功能和技术要求包括：①实现自提柜自助领料，提高协同工作效率，②库管员将领取的物资放入自提柜后系统自动向专工推送领料密码，专工将领料密码输入自提柜，自提柜相应柜门开启，需求部门人员确认无误后取走物料。

（18）仓储 AI 机器人的功能和技术要求包括：①仓储 AI 机器人可以代替库管员，完成除搬运外的所有仓储作业；②仓储 AI 机器人能够智能识别语音指令，实现人机对话；③通过对领料人员的身份识别智能引导领料人员领取相应物资，实现无人值守、自动盘点等操作；④AI 机器人能够实现自主跟随，能够对物资出入库进行纠错，并具备防火防盗功能。

（19）仓储物资生命周期管理：①通过终端设备快速查看各类物资信息，如采购日期、供应商、维修记录、保养记录、保养周期等内容，实现物资的各类过程信息全程可追溯；②依托于实时准确的数据采集技术，通过物资的生命周期数据智能分析，对使用异常物资和接近使用寿命的物资进行预警，为机组的稳定运行提供数据支持，减少不可预测因素对机组的影响。

3.11.5 合同管理

合同管理的功能和技术要求包括：

（1）支持合同的全过程管理。

（2）支持自动生成合同全过程管理的合同信息报表：包括合同基本信息、立项信息、招标信息、合同投标信息、合同变更信息、合同收款信息、合同付款信息、合同评估等。

（3）具备应收应付款日期临近，自动弹出消息提醒、短信告知的功能。

（4）支持各种编号系统生成。

(5) 支持智能的生成格式文件(可直接打印)，内容统一。

(6) 支持自动生成其他流程，且简化使用不再重复审批。

(7) 支持与档案系统集成，自动归档。

3.11.6 供应商评价

供应商评价的功能和技术要求包括：

(1) 具备根据业务要求维护供应商评价指标及评估标准的功能。

(2) 具备维护供应商评价信息的功能。

(3) 具备供应商评价汇总查询的功能。

(4) 具备添加和维护供应商黑名单的功能。

3.11.7 决策分析

决策分析的内容包括：成本模型分析、预警分析模型、备件置换模型分析。

(1) 成本模型分析的功能和技术要求包括：①具备物资的计划、采购、消耗、储备、价格、质量、效益、供应商等多维度信息的统计分析功能，应提供准确、可靠、可视化(图表、线型、柱状、饼式)的详实资料，例如：物资需求领用率、长协采购金额比率、供应商评估得分、集采目录实施率等；②具备生成物资供应管理相关业务操作的统计报表功能，例如：物资库存统计报表、物资收货信息统计、盘点差异统计表、库存损溢报表、库存异动统计表、物资结算统计等。

(2) 预警分析模型的功能和技术要求包括：①具备高值大件物资警戒数量、特种物资使用期限失效、进口部件周期采购异常的预警功能，并能够根据预警信息，结合人员、授权、物资等信息，提供合理化的调控建议；②具备生成异常信息报表功能，可反映物资供应管理过程中异常状况，追踪实际引发问题的源头；③具备仓储物资报废预警功能，对保修保养、质保期等数据进行分析并对非运行性报废进行预警。

(3) 备件置换模型分析的功能和技术要求包括：①提供单位仓库库存的收发交易记录查询、ABC 分析、库存成本分析、库龄分析、库存周转率分析、物资用途统计、备件实物跟踪、备件费用统计等统计分析业务；②备件管理可采用 ABC 分类管理法，并分析其不足和存在的问题，在此基础上提出备件管理 3A 库存模型和分类；③支持生成基础信息统计报表，如物资清单、供应商清单、仓库清单、客户清单等。

3.12 风险管控

智能风险管控系统是围绕公司整体战略规划和经营目标，通过收集、集成公司智慧企业相关业务智能系统的数据，对企业战略、市场、财务、运营、法律五大风险的关键业务数据和核心指标进行监控、对比、分析，实施风险识别、评估、监控等风险管理在线作业，实现对重点单位、主要业务及关键环节存在风险的超前预警，促进企业风险的可控、在控、预控。图 3-18 示出风险管控业务功能，包括智能风险管控建设和智能风险管控体系两个部分。

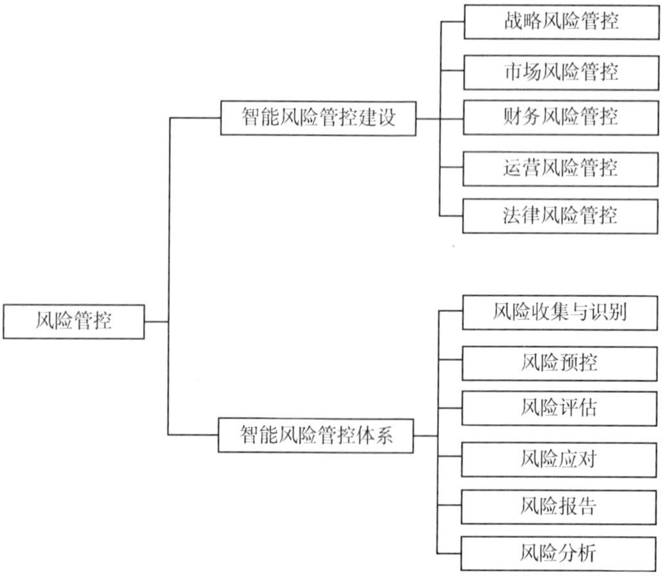

图 3-18　IMS 风险管控业务功能的结构图

3.12.1　智能风险管控建设

智能风险管控建设的整体建设要求是：具备与相关模块数据对接的功能；具备各类指标体系数据的自动采集或人工数据录入功能；支持用户设定风险等级，可根据风险预警阈值自动预警。智能风险管控建设的五个方面内容包括：战略风险管控、市场风险管控、财务风险管控、运营风险管控、法律风险管控。

(1) 战略风险管控的功能和技术要求包括：①具备与智慧经营、智慧党建、一体化平台模块数据对接的功能；②具备对战略管理风险、政策风险、宏观经济风险、产业经营风险、内部环境风险、技术风险、组织架构风险、投资风险、并购风险、体制改革风险、企业文化风险、廉政风险、国际化经营风险、合作伙伴风险、党建工作风险、社会责任风险、“三重一大”管理风险等的管控与预警功能。

(2) 市场风险管控的功能和技术要求包括：①具备与智慧营销、智慧经营、一体化平台模块数据对接的功能；②具备对市场营销风险、电量管理风险、电价管理风险、客户管理风险等的管控与预警功能。

(3) 财务风险管控的功能和技术要求包括：①具备与智慧经营、智慧物资、智慧工程、一体化平台、财务管控系统等模块数据对接的功能；②具备对资金管理风险、全面预算管理风险、筹资管理风险、税务管理风险、担保管理风险、会计核算与报告管理风险、财务分析管理风险、产权管理风险、财产保险风险、财务信息化风险、会计资料管理风险、利润分配风险等的管控与预警功能。

(4) 运营风险管控的功能和技术要求包括：①具备与智慧经营、智慧党建、智慧物资、智慧工程、一体化平台、财务管控系统模块数据对接的功能；②具备对生产经营计划与运行风险、人力资源管理风险、资产管理风险、信息管理风险、科技风险、工程项目风险、安全风险、采购管理风险、物资管理风险、供应商管理风险、对标管理风险、制度流程管理风险、审计风险、风险管理工作风险、保密管理风险、行政管理风险、舆情管理风险、信访管理风险、经济运行风险等的管控与预警功能。

（5）法律风险管控的功能和技术要求包括：①具备与智慧经营、一体化平台、财务管控系统模块数据对接的功能；②具备对法律纠纷风险、法律诉讼风险、合同管理风险、法治意识和法治思维风险、法律组织管理风险、法律审查风险等的管控与预警功能。

3.12.2 智能风险管控体系

智能风险管控体系的六个方面内容包括：风险收集与识别、风险预控、风险评估、风险应对、风险报告、风险分析。

（1）风险收集与识别的功能和技术要求包括：①具备收集风险事件的事件描述、事件原因、影响结果、预防及应对措施等信息的功能；②具备典型风险事件库功能，且具备查看、新增、上报典型风险事件功能；③具备风险案例收集、案例原因分析、提出案例对应措施等的功能；④具备风险案例库功能，用于查看风险案例，并把临时库中具有典型、共性意义的案例提交进入单位风险案例正式库中；⑤具备风险信息库功能，用于新增、调整、查看风险信息；⑥能够生成风险名称，风险编号利于查询；⑦能够自动识别风险等级。

（2）风险预控的功能和技术要求包括：①具备风险指标数据收集的功能；②具备风险指标分析的功能；③具备发送风险预警函到相关单位和部门的功能。

（3）风险评估的功能和技术要求包括：①具备方案风险的管理的功能，管理年度评估方案和专项评估方案；②具备评估打分的功能，用于导出风险评估方案对应的打分表，线下发送给各评估部门的评估人员填写相应分值；③自动汇总评估结果，并确认重大风险，亦可直接引入风险。

（4）风险应对的功能和技术要求包括：①针对重大风险与专项风险制定风险管理策略与应对措施；②实现风险应对策略跟踪，能够定期收集重大与专项风险应对成果；③生成风险提示函，并发送风险提示函到相关单位和部门。

（5）风险报告的功能和技术要求包括：①具备定期自动生成并发送各部门、各单位月、季、年度风险分析报告的功能；②具备按需求生成不定期、临时性风险工作报告的功能。

（6）风险分析的功能和技术要求包括：①实现风险评估频次分析，分析风险评估方案中各风险类型的重大风险、中等风险、一般风险的出现频次；②实现风险预警指标状态统计，统计各个月份填报的风险指标的正常、异常、报警状态；③实现风险预警指标环比趋势分析，分析各个风险预警指标所选择月份与上月环比对比趋势；④实现风险预警指标同比趋势分析，分析各个风险预警指标所选择月份与去年同期月份同比对比趋势；⑤实现基础数据趋势分析，分析风险预警指标的基础数据同比环比趋势。

3.13 智慧党建

智慧党建是运用信息化新技术，整合各方资源，更有效地加强组织管理，提高服务群众水平，通过打造新平台、新模式、新形态，全面提升党建工作科学化、智能化管理水平。图3-19示出智慧党建包括党的建设、纪检监察、企业文化、文明创建、新闻宣传、工会工作、团青工作七个部分。

图 3-19　IMS 智慧党建业务功能的结构图

3.13.1　党的建设

党的建设是要形成党建体系管理功能，六个方面的内容包括：党组织管理、党员管理、党务管理、考核激励、积分管理、查询分析。

(1) 党组织管理，具备对党组织信息的维护功能，包括组织结构、信息维护、层次调整、名单组织、子集信息维护。

(2) 党员管理，管理党员档案，具备干部管理、党员管理、教育培训等业务模块。

(3) 党务管理，具备发展党员管理、党员信息管理、支部标准化工作等党务管理功能。具备党委会、党委中心组学习、民主生活会、党委委员纪实管理、组织生活会、民主评议党员、换届管理、组织机构管理、党建例会管理、主题实践活动管理、党务经费管理、党建政研会课题管理、党建项目化管理、党支部管理等业务模块。

(4) 考核激励，具备“一先两优”评选、党组织书记述职管理、计划跟踪管理、工作考核等业务模块。

(5) 积分管理，具备个人、党组织积分评价管理的功能。包括党员结构比例展示，党员年度、季度积分排名，党员年度积分。

(6)查询分析，具备党组织、党员、党务工作人员的统计分析、查询管理的功能。

3.13.2 纪检监察

纪检监察建设目标是：实现对纪检监察的基础工作及相关联工作的信息化、数字化、智能化管理，建设标准化纪检工作体系及管理方法，并融入智慧党建整体架构。纪检监察的五个方面内容包括：基础工作、教育培训、纪检工作、监察工作、考核激励。

(1) 基础工作，具备会议管理、文件收发、组织机构、换届管理、制度通知、计划总结、信息宣传、廉洁证明等业务模块。

(2) 教育培训，具备廉洁教育知识库、廉洁教育工作计划、移动培训教育、实景教育基地、廉洁教育积分等业务模块。

(3) 纪检工作，具备“两个责任”管理、廉洁教育、监督检查、信访举报、执纪问责等业务模块。

(4) 监察工作，具备效能监察、风险防控等业务模块。

(5) 考核激励，具备日常考核、月度考核、季度考核、年度考核等业务模块，宜具备与人资管理模块数据对接的能力。

3.13.3 企业文化

企业文化具备文化理念、VI标识、文化建设、品牌建设、文化故事、评估考核等业务模块。

3.13.4 文明创建

文明创建的两个方面建设内容包括：精神文明、思想动态。

(1) 精神文明，具备思想教育、文明单位创建活动、道德讲堂、创建考核等业务模块。

(2) 思想动态，具备意识形态管理，党员、员工思想动态分析管控等业务模块。

3.13.5 新闻宣传

新闻宣传的四个方面建设内容包括：宣传管理、编辑管理、工作提醒、通讯员在线培训。

(1) 宣传管理，具备新闻展示平台、关联第三方软件、广告宣传费用管理、新闻采访管理等业务模块。

(2) 编辑管理，具备编辑平台管理、稿件管理、稿费管理等业务模块。

(3) 工作提醒，具备要闻、工作提醒的推送管理功能。

(4) 通讯员在线培训，具备通讯员在线培训、考核业务模块。

3.13.6 工会工作

工会工作的五个方面建设内容包括：工会管理、信息发布、线上教育、创新模块、服务模块。

(1) 工会管理，具备工会组织机构、工会组织管理、会议管理、厂务公开、会员信息库、年度计划、“一簿化”电子台账、月度工会考核自查、年度工会工作考评、职工代表管理、职工代表提案管理、会费管理等业务模块。

(2) 信息发布，具备工会发文、公告通知、近期工作提醒、图片新闻、月度工会信息、基层工会之声、先进工会形象展示、职工文化作品展示、荣誉管理等业务模块。

(3) 线上教育，具备网上书屋、工会干部培训、班组长培训、职工代表培训、规章制度学习等业务模块。

(4) 创新模块，具备创新工作室、QC 成果展示、优秀合理化建议展示、创新管理经验交流等业务功能。

(5) 服务模块，具备困难职工档案、会员满意度测评、工会主席信箱、维权政策宣传等业务模块。

3.13.7 团青工作

团青工作的五个方面建设内容包括：团组织管理、团员管理、团务管理、团青一线、考核激励。

(1) 团组织管理，具备团委会议管理、换届管理、组织机构管理、“三会两制一课”管理、团费管理等业务模块。

(2) 团员管理，具备团干部管理、团员管理、教育培训等业务模块。

(3) 团务管理，具备收发文管理、计划管理、工作提示、工作总结等业务模块。

(4) 团青一线，具备服务企业、服务青年、主题实践活动等业务模块。

(5) 考核激励，具备评选表彰管理、计划跟踪管理、述职管理、考核管理等业务模块。

3.14 一体化管理平台

一体化管理平台整合企业现有信息系统，打通各应用间的信息流，实现信息的全方位共享，业务流程的无缝对接和生产经营过程中各相关业务领域的协同，提高业务执行效果和效率，将整体运营保持在一条科学、可持续发展的道路上，最终达到闭环管控、流程化运作、集约化发展和精细化管理的目标。图 3-20 示出一体化管理平台业务功能，包括行政办公、人力资源、智慧班组、智慧法务四个部分。

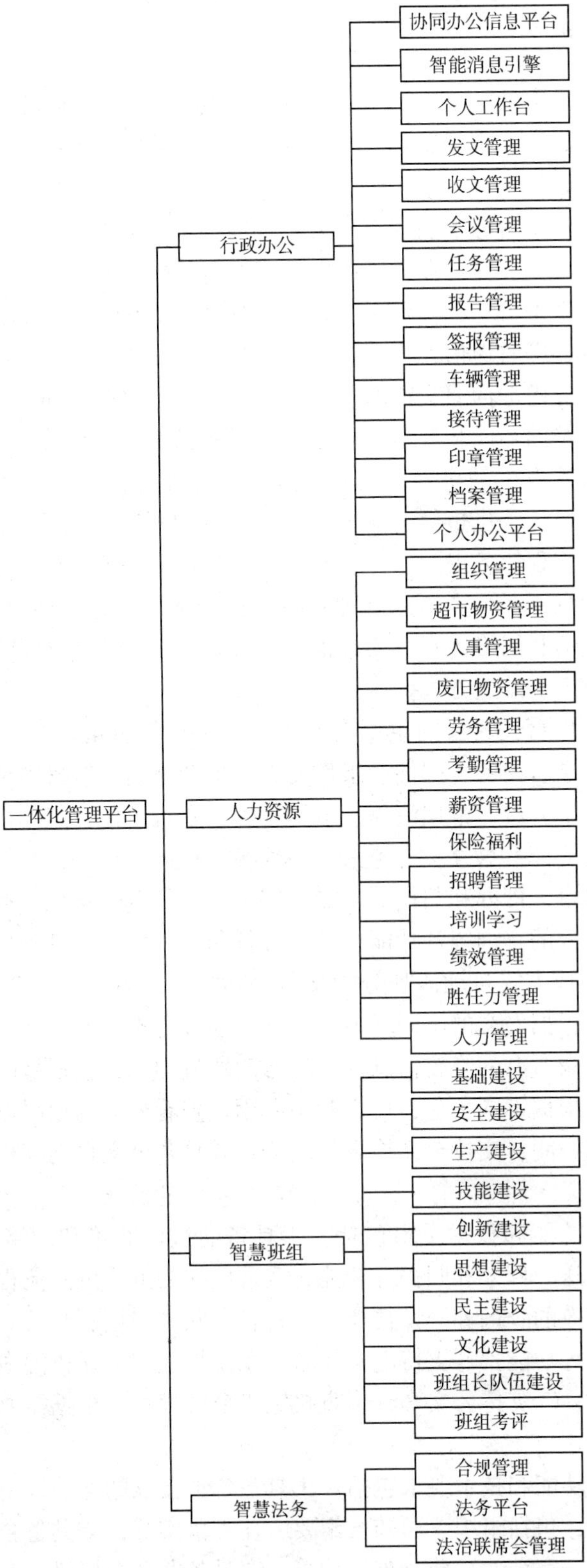

图 3-20 IMS 一体化管理平台业务功能的结构图

3.14.1 行政办公

行政办公的十三个方面内容包括：协同办公信息平台、智能消息引擎、个人办公工作台、发文管理、收文管理、会议管理、任务管理、报告管理、签报管理、车辆管理、接待管理、印章管理、档案管理。

（1）协同办公信息平台的功能和技术要求包括：①协同办公管理系统是以知识管理为核心，协同运作为进化手段，使企业的资源融会贯通，吐故纳新，始终以崭新的形象面对多变的外界环境的管理软件平台；②平台至少包括公文管理、通知公告、事务管理、会议中心、新闻中心、资料中心、即时通信、查询中心、系统管理和网站管理等功能；③建立企业信息的发布渠道，搭建企业内部沟通交流的平台和二次开发平台的协同办公平台。

（2）智能消息引擎的功能和技术要求包括：①智能消息引擎具备消息提醒机制，利用消息提醒器实时监控系统发生的事件，及时提醒用户处理待办事务；②提供多样化的提醒方式，弹出即时提醒窗口、手机短信、电子邮件，内容包括待办事项、通知公告、工作日程、会议通知等；③具备流程业务提醒、待办业务提醒和业务办理完结提醒的功能，当有待办工作时自动弹出提醒信息；④个人消息管理具备支持服务器互连、通过 Web 登录的功能，实现网站互动、手机短信和网络传真；⑤具备文件传输功能，支持大容量文件与文件夹发送，支持单个文件、文件夹等发送方式。

（3）个人办公工作台，具备的主要功能包括：①提供员工日常工作平台，具备个人日程、任务、报告、总结、便签、邮件、工作发起、出差申请、航班申请等功能；②具备待办事宜、已办事宜、电子公告、常用流程、电子邮件、手机短信、工作待办等功能。

（4）发文管理的功能和技术要求包括：①具备通过计算机和网络完成发文的拟稿、传递、审批、编号、盖章、催办和归档等功能，实现发文的电子审批流程，提供对发文审批流程的可视化监控、有效的查询统计功能，并设置打印等功能；②具备根据公文类别，按照预先定义好的“文号”生成方式自动添加分配文号等功能；③具备根据发文流程，灵活控制公文传递流向的功能，根据发文的不同环节，系统自动进行不同操作和不同权限的控制，在公文流转过程中自动记录所有的修改信息，实现修改留痕功能，包括修改者、修改内容、修改时间等功能；④具备根据不同角色，可定制不同用户查看公文的权限以及通过网络进行权限范围内的公文检索和查阅，支持全文检索的功能；⑤具备公文自动存档到档案库作为永久备份的功能。

（5）收文管理的功能和技术要求包括：①具备通过计算机和网络完成文件的登记、批分、传递、审批、发送、催办和归档等功能，实现收文的电子批阅流程，提供对收文批阅流程的可视化监控、有效的查询和统计功能，具备打印收文登记、收文登记簿等单据表格以及将文件进行电子归档等功能；②支持电子印章，系统提供印章在权限内加盖，即负责盖章人员可以加盖电子印章；③支持公文套红，直接定义公文模板，根据需要选择文头进行套红等操作。

（6）会议管理的功能和技术要求包括：①具备各类会议的会前筹备、会中控制和会后跟踪的全过程管理功能，包括组织、通知、纪要、任务落实等；②具备会议纪要登记、会议的督办流程处理、跟踪、完结、存档及查询功能；③具备办公会议议案会签、党委会议议案会签、议案的审批及跟踪管理功能。

(7) 任务管理，具备任务下达、分解、执行、验收、统计的功能。

(8) 报告管理，具备日报、周报、月报及年度总结等各类报告的填报、审阅及查询功能。

(9) 签报管理，具备向上级领导提出签报、请示、汇报等功能，可进行流程审批及业务处理，以及对函件的登记、分发、办理等。

(10) 车辆管理的功能和技术要求包括：①具备车辆台账、驾驶员信息、车辆申请单、车辆使用统计、车辆费用统计、车辆维修、保养情况等功能；②具备车辆信息、维修费用台账功能；③具备车辆定位功能，对车辆位置信息进行管理。

(11) 接待管理的功能和技术要求包括：①具备来访客户信息确认、来访计划、物资准备、会议准备、资金准备、参观路线等一系列标准化接待流程的管理功能；②具备接待申请、就餐申请审批过程管理及费用台账功能。

(12) 印章管理的功能和技术要求包括：①具备印章使用申请、审批过程管理功能；②建立印章使用台帐。

(13) 档案管理，具备档案电子化、档案管理、权限控制、文件检索、自动备份等功能。

3.14.2 人力资源

人力资源的11个方面内容包括：组织管理、人事管理、劳务管理、考勤管理、薪资管理、保险福利、招聘管理、培训学习、绩效管理、胜任力管理、人才管理。

(1) 组织管理的功能和技术要求包括：①提供企业组织结构体系建立功能；②具备管理组织的创设、合并、撤销、更名等变革与调整功能；③具备企业的职位体系建立功能，包括职位胜任力模型、等级、性质等；④具备建立企业岗位管理功能。

(2) 人事管理的功能和技术要求包括：①具备管理企业员工配置需求与配置计划的功能；②管理员工基本信息资料及其变动信息；③管理员工从入职到离职全周期工作变动信息；④具备员工信息个人维护、员工信息查询统计功能。

(3) 劳务管理的功能和技术要求包括：①提供建立劳动合同台账功能；②可对企业与劳动者之间签订的各种劳动合同、协议进行集中管理；③具备劳动合同的签订、续签、变更、中止、恢复、终止、解除的全过程管理功能；④具备上岗审批、试用期评估等功能。

(4) 考勤管理的功能和技术要求包括：①具备休假管理、考勤员维护、法定节假日、作息方式维护、员工考勤等功能；②具备考勤数据的采集和考勤统计及查询的功能。

(5) 薪资管理的功能和技术要求包括：①提供薪资方案配置、薪资基数维护功能；②具备薪资的配置、调整、预算、计划、核算、发放、入账的规范化、精细化管理功能；③具备工资数据的采集、统计和查询的功能。

(6) 保险福利的功能和技术要求包括：①支持员工管理保险福利账户；②配置社保、公积金的缴纳基数、社保基数、社保比例维护功能；③根据缴纳的基数自动计算出月度缴纳额；④具备个人社保统计及查询的功能。

(7) 招聘管理的功能和技术要求包括：①提供招聘的全过程信息实时管理功能；②具备人员配置、培训管理、组织管理等功能。

(8) 培训学习，依托能力素质模型和员工职业发展规划，具备提供设计关键职位的培训课程的功能。

(9) 绩效管理的功能和技术要求包括：①具备通过业务过程数据自动形成部门绩效、岗位绩效和人员绩效功能；②根据绩效评分自动计算绩效工资；③能够与薪资管理进行关联。

(10) 胜任力管理的功能和技术要求包括：①提供能力素质模型建立功能；②定义每个职位或岗位的任职资格和所需知识体系；③定期对员工进行胜任力测评和分析。

(11) 人才管理的功能和技术要求包括：①具备企业人才架构和人才综合档案库建立功能；②根据员工所处职位或岗位进行职业生涯发展规划和培养。

3.14.3 智慧班组

智慧班组的十个方面内容包括：基础建设、安全建设、生产建设、技能建设、创新建设、思想建设、民主建设、文化建设、班组长队伍建设、班组考评。

(1) 基础建设，具备班组基本信息、班组适用制度、班组工作计划、班组绩效管理等子模块。

(2) 安全建设的功能和技术要求包括：①具备班组安全目标责任书、班组年度安全生产目标及保证措施、班组人员安规考试成绩、班组新员工及外来人员安全教育记录、班组安全奖惩记录、班组安全日活动记录、班组月份安全生产重点工作总结、两票及互保单管理、班组人身安全风险分析预控、班组文明生产管理等子模块；②支持在线流程管控和逐级审批。

(3) 生产建设的功能和技术要求包括：①运行管理具备运行日志、运行规程、系统图、事故预想、运行指标管理等子模块；②检修管理具备班长日志、检修规程、设备图纸、设备台账、缺陷管理台账、备品备件台账、设备异动台账、标准化作业指导书等子模块。

(4) 技能建设的功能和技术要求包括：①具备班组培训计划、班组技术讲课记录、班组技术问答、考试成绩记录、师徒结对统计表、企业培训及外出培训记录、班组培训统计、班组年度培训总结等子模块；②支持在线流程管控和逐级审批。

(5) 创新建设，具备优秀合理化建议成果分享、优秀 QC 成果分享、“五小”活动、创新工作室等子模块。

(6) 思想建设的功能和技术要求包括：①具备班组政治学习记录等子模块；②支持在线流程管控和逐级审批。

(7) 民主建设的功能和技术要求包括：①具备班委会记录、班组民主管理会记录、班组成员劳动安全互保责任书、班组劳动竞赛记录、班组技术比武记录、班组合理化建议记录、班组文体活动记录、班组互助互爱记录、班务公开等子模块；②支持在线流程管控和逐级审批。

(8) 文化建设，具备班组文化理念、班组风采、班组荣誉模块等子模块。

(9) 班组长队伍建设，具备远程培训资格认证、后备班组长培养计划等子模块。

(10) 班组考评的功能和技术要求包括：①具备班组动态考评、班组半年考评、班组年度考评等子模块，应具备班组动态考评自动汇总、半年考评扣分功能；②自动预筛选“星级班组”；③支持班组自查得分排序。

3.14.4 智慧法务

智慧法务的三个方面内容包括：合规管理、法务平台、法治联席会管理。

(1) 合规管理的功能和技术要求包括：①制度管理支持制度制定、制度修订、制度发布、制度执行意见反馈、制度修编计划、制度查询；②授权管理支持、授权信息登记、授权信息查询、授权期限提醒、授权文件合规管理、授权审批管理；③重大涉法事项管理支持重大涉法党委会、总经理办公会议案审核、公司三会审核；④法治宣传支持法律理论学习、法治意识养成、法律法规宣传。

（2）法务平台的功能和技术要求包括：①法律纠纷案件管理支持案件申报、处置方案审批、诉讼结果报送、改进建议报告、案件资料归档等；②合同管理支持合同订立、合同审核、合同履行、合同变更、合同解除、合同结算、合同统计、标准文本、合同后评估、超期合同管理、合同文本归档等；③法律服务支持外聘律师、项目服务、员工服务等。

（3）法治联席会管理的功能和技术要求包括：①会员管理，具备会员资格管理、会员成长管理、会议成果管理、组织创新管理等功能；②法律人才培养，具备培训计划、培训实施、使用计划、待遇计划等功能；③法律知识库，具备常用法律法规条文、人民法院判例、典型仲裁判例、权威法律网站链接等内容。

第4章 泛在物联网

4.1 引言

燃煤智慧电厂建设已经成为业界的共识，明确提出要利用“云、物、移、大、智、边、端、芯、链、量”等先进现代化信息技术，集成为泛在物联网技术，打通边缘物联感知、网络覆盖、一体化数据分析的企业中台和业务应用，建设更加智慧和安全的发电企业。2019年初，国家电网公司提出“泛在电力物联网”战略目标，并发布《泛在电力物联网白皮书2019》，推动实现电力系统内无处不在的联接，万物互联、人机交互。

在燃煤发电企业生产现场中，存在四大安全风险，即危险的工作环境、设备的不安全状态、不安全的人员行为和操作、管理的安全漏洞。基于泛在电力物联网技术，实时监测、诊断分析、报警和反馈控制生产现场人员、设备、工作流状况泛在物联网技术与燃煤发电工业技术的深度融合，有助于发电厂实现全天候、全方位、智能化的安全管控。

分析泛在电力物联网技术在燃煤火力发电厂智慧安全管控中人员定位、人员出勤、缺陷分析与识别、智能门禁、工作票作业、违章信息等场景中的应用与效果，打造基于泛在电力物联网技术的安全作业管控平台，以提升人员、设备、环境、制度的全要素安全保障力度和工作效率。本章的分析有助于了解最前沿的泛在电力物联网技术在燃煤火力厂的应用场景、落地技术和项目、工作原理和预期效果，以提高人员安全保障力度和安全管理效率，降低电厂事故发生率。

通过三维建模、室内人员定位和轨迹追踪、三维虚拟电子围栏、智能门禁、视频监控联动、智能视频识别、智能可穿戴设备、智能机器人、安全违章积分、APP 移动应用、工业WiFi、4G LTE 电力无线专网和 5G 网络切片等技术应用，对现场生产作业全过程实时监控，可实现作业现场各类违章即时预警，能有效提升火力发电机组长周期安全稳定和高效经济运行的核心竞争力。

4.2 泛在电力物联网架构和技术

图 4-1 示出燃煤智慧电厂的泛在电力物联网分为五层“TNPAI”，从底层硬件设施到上层应用，包括感知终端层(T 层)、网络层(N 层)、平台环境层(P 层)、控制或管理应用层(A 层)、交互层(I 层)。

(1) 感知终端层负责传感器、智能工器具、智能移动设备、智能可穿戴设备、机器人、摄像头、工业控制设备等硬件设备接入和边缘智能处理。

(2) 网络层构建有线和无线通信网络，包括生产控制有线网、管理信息有线网、电力工业无线专网 LTE、5G、办公 WiFi、物联网。

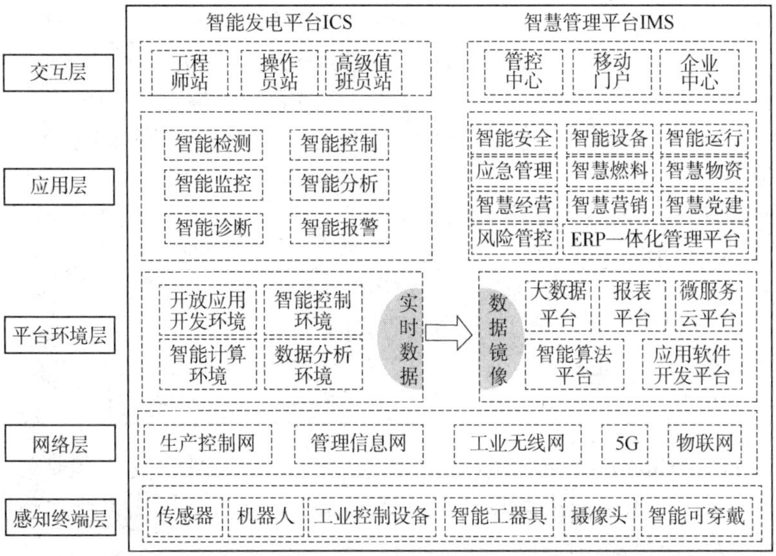

图 4-1 泛在电力物联网技术在燃煤智慧电厂应用的架构图

（3）平台环境层是为应用提供支撑的应用开发环境、智能控制环境、智能计算环境、数据分析环境、大数据平台、报表平台、微服务云平台、智能算法平台和应用软件开发平台。

（4）应用层打造智能发电控制和智慧管理的应用。智能发电控制的应用包括智能检测、智能监控、智能分析、智能诊断、智能报警、智能控制这六个业务模块。智慧管理的应用包括智能安全、智能设备、智能运行、应急管理、智慧燃料、智慧物资、智慧经营、智慧营销、智慧党建、风险管理和 ERP 一体化管理平台这十一个业务模块。

（5）交互层提供人机交互或管理操作的软件界面。由于燃煤火电厂信息安全和工控安全管控的需要，生产大区与管理大区的网络必须做物理网闸隔离，传统火电厂的三层网络架构（DCS、SIS 和 MIS）可压缩为智慧火电厂的双层网络架构（ICS 和 IMS）。对于智能发电平台 ICS，依托工程师站、操作员站和高级值班员站进行人机交互和监控操作。对于智慧管理平台 IMS，依托管控中心、移动门户和企业中台进行人机交互和管理操作。

图 4-1 示出燃煤智慧电厂的整体建设架构为“两平台三网络”。智能发电平台 ICS、智慧管理平台 IMS 为燃煤电站两大核心业务平台。三网络为生产控制网、管理信息网、工业无线网（包括物联网、5G、4G LTE、WiFi、UWB 定位等）。数据全寿命周期包括数据的产生、传输、存储与加工、应用、展示，对应图 4-1 所示的感知终端层、网络层、平台环境层、应用层、交互层。表 4-1 示出泛在电力物联网核心技术包括传感器、智能芯片和智能硬件，物联网和通信技术，三维建模和虚拟现实技术，人工智能算法，机器人和无人技术五大类。

泛在电力物联网核心技术可总结为“iiVAR”：

表 4-1 泛在电力物联网的核心技术

序号	领域	核心产品和关键技术
1	传感器、智能芯片和智能硬件	智能 SoC 芯片、DSP、嵌入式 AI 芯片、无线通信芯片、边缘计算 FPGA 芯片、异构多核芯片、微型智能传感器、路由器、交换机、高级应用控制器 DPU、服务器

续表

序号	领域	核心产品和关键技术
2	物联网和通讯技术	UWB人员定位、短距离打卡式定位ZigBee、RFID、4G LTE电力无线专网、5G网络通信、二维码、工业WiFi、基于室内区域定位的LoRa、GPS定位、基于北斗卫星信号的时钟同步技术、网络资源调配、多模多制式现场通信、网络信息安全、数据安全、移动互联安全、物联终端安全
3	三维建模和虚拟现实技术	VR虚拟现实、AR增强现实技术、MR混合现实技术，三维建模、虚拟电子围栏、可视化两票、可视化资产、锅炉燃烧过程可视化、可视化锅炉四管监测
4	人工智能算法	神经网络、机器学习、深度学习、多源大数据分析、平行计算、异构计算、大数据治理、智能诊断和分析、智能预警报警
5	机器人和无人技术	巡检机器人、盘煤机器人、无人机、机械臂、机械手、管道外壁爬行机器人、讲解查询互动机器人、搬运机器人，无人斗轮机、无人化验室

(1) i(Integrated Circuit)，传感器、智能芯片和智能硬件，具体包括智能SoC芯片、DSP、嵌入式AI芯片、无线通讯芯片、边缘计算FPGA芯片、异构多核芯片、微型智能传感器、路由器、交换机、高级应用控制器DPU、服务器。

(2) i(IoT)，物联网和通讯技术，具体包括UWB人员定位、短距离打卡式定位技术ZigBee、RFID、LTE电力无线专网、光纤有线通讯、5G通讯、二维码、工业WiFi、基于室内区域定位的LoRa、GPS定位、基于北斗卫星信号的时钟同步技术、多模多制式现场通信、网络信息安全、数据安全、移动互联安全、物联终端安全等。

(3) V(VR、3D)，三维建模、可视化和虚拟现实技术，具体包括VR虚拟现实、AR增强现实技术、MR混合现实技术、二维码、三维建模、虚拟电子围栏、可视化两票、CFD可视化模拟、可视化台账、可视化资产、锅炉燃烧过程可视化、可视化锅炉四管监测、锅炉温度场可视化、水冷壁高温腐蚀可视化、可视化智能吹灰等。

(4) A(Artificial Intelligence)，狭义人工智能技术，即人工智能算法，具体包括神经网络、机器学习、深度学习、多源大数据分析、平行计算、异构计算、大数据治理、专家知识自动推理、智能诊断和分析、智能预警报警等。

(5) R(Robotics)，机器人和无人技术。巡检机器人、盘煤机器人、无人机、机械臂、机械手、管道外壁爬行机器人、扫地机器人、搬运机器人，无人斗轮机、无人化验室、皮带上煤质无人化验等。

在燃煤智慧电厂中应用的泛在电力物联网核心技术特点包括：

① 多源物联网信号互补，多模多制式无死角覆盖，实现真正意义的万物互联。现场网络通信或物联网信号有多种，包括有线硬接线、宽带通信、工业WiFi、GPS室外定位、UWB人员精确定位、到达区域的人员定位LoRa、打卡式定位ZigBee和RFID、5G通信、基于北斗卫星信号的重要热控电气设备时钟同步等。

② 5G通信速率高、延时短，能实现海量数据的及时采集，实现更细粒度的“次重要”数据统一采集和集中分析，将有价值但不经常使用、不舍得投资硬接线接入的数据，一些封闭作业空间内的监测数据，真正接入大数据中心，打通厂级数据链的“最后一公里”。智能可穿戴设备、临时摄像头、临时传感器、临时标签、温度测点、电伴热投运等产生的不那么经常使用的数据或开关量均可采集至企业中台。通过光纤等有线网络连接万物，成本较高、适

用性较差，所以泛在电力物联网必须通过无线网络进行补充连接。5G 通信有利于海量对象的协调，降低通信成本，有助于真正实现“虚拟电厂”。

③ 在图 4-1 所示的燃煤智慧电厂五层架构下，通过“两平台三网络”的建设，真正让“云、物、移、大、智、边、端、芯、链、量”这十大高端技术融为一体，以“iiVAR”的核心集成技术，实现人、设备、网络三者在时间维度和空间维度上，无死角、全寿命周期的互联互通。

4.3 5G

4.3.1 5G 通信的时代背景

工业 4.0、互联网+、人工智能、5G、物联网等先进技术在工业领域深度应用已成为中央强国战略的国策。2019 年 3 月，国家电网公司提出全面部署泛在电力物联网 UPIoT(Ubiquitous Power Internet of Things)，实现电力系统中人与物、物与物、人与人之间随时随地通信，万物广泛互联和人机智能互动。为了实现泛在电力物联网，需要深度开发和应用终端传感器、通信网络、人工智能和云平台等技术。以宽带、电力专网、工业 WiFi、无线专网、4G LTE、5G、低功耗广域网 LPWAN 等通信网络技术为基础，打造全息感知、泛在物联的通信网络，以承载海量的连接和应用。

4G 时代，移动智能设备和智能机器人在燃煤火电厂的应用存在诸多痛点和制约因素，包括：

① 工作范围受限。移动智能设备只能在固定的范围内执行任务，构建的地图也不便于共享，难以在大尺度环境下开展工作。

② 业务覆盖受限。运算有限，识别性能仍需提升。能力有限，仅能发现问题，难以快速批量部署。

③ 提供服务受限。复杂业务能力差，交互能力有待提高，特种业务部署效率低下。

④ 运维成本高。部署效率低，每个场景都需要构建地图、规划路径、配备巡检任务等。

5G 技术在电网公司的实际应用包括 5G+无人机巡检线路和设备，5G+变电设备超高清视频监视以及 5G+海量电力物联网终端设备等。2019 年 1 月，国家电投在江西光伏电站完成了基于 5G 网络、多场景的端到端通信业务验证。在燃煤火电厂生产管控领域，截至 2019 年 12 月底，尚未有成熟的 5G 工程应用案例，尚处于工程应用探索阶段。2019 年 8 月，山西阳泉第二发电厂建立了我国第一个火力发电厂 5G 联合创新实验室，拟探索 5G+无人机巡检、5G+智能热成像摄像头、5G+VR 巡检等应用。2019 年 11 月，华能海门电厂也与中国移动联合成立 5G 联合创新实验室。

5G 技术具有低延迟、低能耗、广连接、大带宽、大流量容量、高吞吐量、高峰值速率、高连接密度、高频谱效率、高安全、高可靠和较高网络效率等优点，被认为能够垂直整合生产工业、生活服务和用户，提高工业生产和服务效率，提升客户体验。5G 网络切片技术是目前公认的理想 5G 网络构架，可根据应用场景和需求的不同，将 5G 物理网络虚拟地切分为不同的网络切片，以灵活地适应多样化的业务。5G 电力网络切片技术应用于燃煤火电厂生产管控，比现有技术的进步体现在：①实现真正意义的全厂工业无线信号全覆盖，全厂设备和传感器信号彻底物联网化和 DCS 远程控制；②生产过程、管理过程与智能设备、智能化应用高度融合，实现真正意义的生产管控全过程智能化；③快速灵活定制检修区域的临时 5G 高清视频监视信号，弥补火电厂受限空间内部作业无远程监视的行业空白。

本章节分析 5G 电力网络切片技术的结构、特点、底层技术原理、设计原理、部署原理、切片类型、在火电厂的应用场景、能解决的火电智慧电厂建设中遇到的问题以及 5G 技术相比现有技术的进步。本章节的分析有助于了解 5G 电力网络切片技术的工作原理以及在燃煤火力发电领域中的工程应用方案设计。通过了解 5G 电力切片网络的分类和应用特点，推动燃煤火电向感知灵敏化、通信连接泛在化、控制智能化和管理智慧化方向发展。本章节展示的诸多 5G 应用方案的定制化设计内容在燃煤火电行业属于首次发布，具有一定的开创性，为火电行业同行深入研究和应用 5G 技术提供了新的思路和可行性方案。

4.3.2 5G 网络架构和切片技术原理

5G 网络切片技术是指在一个独立的 5G 网络基础物理设施上，根据时延、带宽、可靠性、安全性等不同的服务需求，切分出多个端到端的虚拟逻辑网络，以灵活地应对不同的网络应用场景。5G 网络切片技术的特点包括：虚拟网络切片能支撑更多业务场景；虚拟网络切片之间逻辑独立，互不干扰，具有隔离性；按需定制，灵活加载各种应用，节省成本；单独的网络切片具有端到端的完整性，具有可编程性。

（1）共享基础设施资源，实现网络即服务（NaaS，Network as a Service），虚拟网络切片能支撑更多业务场景。将 5G 物理网络切出多张虚拟网络，每一个虚拟切片网络均可获得端到端的逻辑独立的网络资源，可支持更多业务。

（2）切片隔离，虚拟网络切片之间逻辑独立，互不干扰，具有隔离性。不同的网络切片之间相互隔离或绝缘，当其中一个切片产生错误或故障时，不会影响其他切片。网络切片之间安全隔离、资源隔离、操作维护隔离，保证了网络信息安全，实现了不同垂直行业、不同客户、不同场景、不同业务之间的逻辑分割和安全隔离。

（3）网络功能按需定制，按需调度网络资源，可灵活加载各种应用和海量业务，节省成本，提升网络资源的利用效率，性价比高。按需提供分布式部署，实现多业务网络切片混合组网，统一运维，避免为每一个服务单独建设一个专用的物理网络，有效降低资本性支出和运维成本。

（4）单独的网络切片具有端到端的完整性，结构和功能完善，软硬件解耦，具有可编程性。每个网络切片至少包含无线接入网、传输网和核心网，还可包含第三方应用，从而保证了端到端的质量协同。

5G 网络架构由核心网（核心云、控制云）、宏基站（承载网、传输网、转发云）、微基站（无线接入网、接入云）组成：

① 核心网，也叫核心云，Core Network，是 5G 通信系统的指挥中心，负责控制系统和传输数据，核心网可与因特网双向交互信息。

② 宏基站，也叫承载网、传输网、转发云，Transport Network，是 5G 通信系统的中枢神经，负责将网络经过功能虚拟化后，通过光纤或微波与核心网连接，从而满足各种垂直业务的安全隔离性、业务灵活性的需求。宏基站作为广域覆盖的中坚力量，是网络基础。

③ 不同区域的微基站，也叫无线网、接入云，Access Network，通过无线通信，合理使

用接口、频率资源，与宏基站或核心网连接，从而支持网络切片的灵活资源调度。微基站是深度覆盖和容量吸收的重要手段。

5G 网络切片技术的底层技术基础包括网络功能虚拟化技术（Network Function Virtualization，NFV）、软件定义网络技术（Software Defined Network，SDN）以及服务等级协议（Service Level Agreement，SLA）。NFV 是将网络中专用设备的软硬件功能转移到虚拟主机上。硬件由基于行业标准的商用服务器统一部署，软件由不同的网络功能承担。NFV 技术满足了灵活组装业务的需求，基于全虚拟化的架构，实现基于虚拟容器的不同层级隔离。

宏基站作为边缘云，核心网作为核心云，两者之间通过 SDN 的技术，互联互通。5G 网络切片技术通过“切”的逻辑概念，基于服务等级协议 SLA，为特定的通信服务类型选择合适的虚拟资源和物理资源，实现软硬件解耦、资源的重组与网络功能匹配和映射，进而将不同的业务场景需求虚拟化为多个平行的相互隔离的隔离网络。

4.3.3 5G 网络切片的设计和部署

从运营商的角度，主要关注 5G 端到端切片的场景需求、定制化设计、部署、运维的全生命周期管理。5G 网络切片的功能部署四个步骤包括：通信服务管理、切片管理、子切片管理、现场部署管理和编排。

（1）通信服务管理功能（Communication Service Management Function，CSMF），承接各种业务应用需求，负责从用户的需求到服务等级协议 SLA 的转换，转化成端到端网络切片需求（包括时延、容量、覆盖率、安全性等），下发至 NSMF 进行网络切片设计。

（2）切片管理功能（Network Slice Management Function，NSMF），接收 CSMF 对网络切片的需求后，根据服务等级协议 SLA，产生一个网络切片实例。管理和编排网络切片实例，并从网络切片端到端的需求中，衍生出对网络子切片的需求，下发至子切片管理。

（3）子切片管理功能（Network Slice Subnet Management Function，NSSMF），接收 NSMF 对网络子切片的需求后，负责完成子切片的资源申请，完成网络切片子网或子切片的模板设计，并转换为对网络功能的需求。

（4）现场部署管理和编排功能（Management and Orchestration，MANO），负责在网络功能虚拟化 NFV 后的基础设施上，完成各子切片及其所依赖的网络、计算、存储资源的部署。MANO 按需调度配置资源，实现端到端网络切片的编排与管理，提升网络的运行效率。

5G 通过 MANO 功能，将垂直行业的业务需求映射为对核心网、传输网和接入网中各相关网元的功能、性能、服务范围等具体指标的 SLA 要求。用户根据切片模板，进行实例化并上线运行。

5G 网络切片的信息安全保障措施包括电力切片安全隔离、STU 切片接入认证、切片管理接口安全、差异化电力切片安全以及电力切片智能安全五个方面。

4.3.4 5G 应用场景和效果分析

（1）图 4-2 示出根据不同的应用场景，基于网络对用户数、服务质量、带宽、时延、可靠性的不同要求，5G 电力切片技术的网络切片类型及应用场景包括：uRLLC 精准控制类切片、mMTC 信息采集类切片、eMBB 移动智能设备类切片、Voice 高清语音切片。

注：①基于不同场景的 5G 切片网络通信技术被认为是解决电力系统全息感知、泛在连接的关键所在。

②针对不同应用场景，选择不同的切片，在 5G 网络通道上实现数据传输。

图 4-2　适用于不同应用场景的 5G 网络切片类型

1）uRLLC 控制类切片。uRLLC（ultral reliable low latency communications），低延时、高可靠通信，适用于对延时性和可靠性要求极高的精准控制类业务，可根据需要实现毫秒级、秒级和分钟级控制，尤其能支撑关键性、高可靠要求的控制应用。适用于电力行业的控制类业务包括智能分布式配电自动化、毫秒级精准负荷控制、差动保护、燃料采制样设备 PLC 改 5G 信号远程控制、电伴热开关量 PLC 改 5G 信号远程控制、小油站启停 PLC 改远程控制、中排液控碟阀 PLC 改远程控制、供热抽汽总阀 PLC 改远程控制等。

2）mMTC 信息采集类切片。mMTC（massive machine type communication），低功耗、大规模连接、对小延时不太敏感的海量机器类通信，适用于广覆盖、大连接、海量标签、海量机器数据、高用户数的信息采集类业务，尤其能支撑大规模连接、海量静止不同的传感器、海量物联网的 IoT 业务应用。mMTC 切片能支持每平方公里 100 万的连接量，实现高密度的人与物、物与物之间的信息交互。

信息采集类业务包括海量用电信息高频采集、智能电表、电房监控、智能汽车充电站或充电桩、分布式电源接入、“最后一公里”的曾经因为通信压力丢弃的边缘电力设备数据、“次重要”的空冷岛温度、储煤场温度、输煤皮带沿程温度、粉尘浓度、电缆桥架沿程温度、换热站监控参数等边缘、低频使用、低性价比的数据采集和接入。

3）eMBB 移动智能设备类切片。eMBB（enhanced mobile broadband），增强性移动带宽，适用于大容量、大流量吞吐、大带宽、广覆盖需求的移动智能设备的现场业务，尤其是能支撑超高清视频、全息、3D 虚拟现实技术的视频存储、传输和通信。移动智能设备的现场业务包括需要高清视频回传的输变电线路状态监控、无人机远程巡检、变电站机器人巡检、锅炉汽机房智能巡检机器人、管道巡检机器人、输煤廊道巡检机器人、激光盘煤机器人、智能可穿戴设备、增强现实、三维可视化模型、检修临时摄像头、临时施工调试的电脑或服务器等灵活、快速、稳定地接入 5G 通信网络。

4）Voice 语音切片。Voice 语音切片适用于抗电磁和噪声干扰、高安全、高可靠、高接通率和高清通话质量的生产区域专网语音通话业务。语音通话业务包括需要语音信息的远程巡检、调度电话、管理电话、应急通信和 5G 高清对讲机。

（2）国电东胜公司以“两平台三网络”为主要架构的智慧火电体系已建成，但在智能发电平台和智慧管理平台建设方面仍存在一些问题，5G 电力网络切片技术可推动这些生产管控问题的解决和应用完善：

1）室内人员定位未投入实际使用。主要原因是定位网络未做到全覆盖，定位基站造价过高，维护量过大。

2）巡检人员的智能可穿戴设备未配备。主要原因是无线网络未做到全覆盖，个人可穿戴设备造价过高。

3）智能机器人巡检覆盖面较小。主要原因是工业无线 WiFi 网络覆盖面较小，4G 信号传输带宽低，无法大面积巡检。

4）智能点巡检设备、智能门禁、智能视屏、智能锁具、智能摄像头等智能化设备无法大规模使用。原因是无线网络未全覆盖，现场智能设备无法大批量全部接入物联网，而采用有线线路敷设工作量大、费用较高。

5）生产现场数据收集难。随着设备精细化管理的不断深入，生产现场设备的数据需要收集。但由于生产现场大部分区域缺乏通信网络，很多测量、计量的仪表无法大规模部署，造成生产现场设备测点无法根据需要灵活增加和快速接入控制网络。

6）重点区域监管难题。厂区内较多区域的监控缺失、门禁缺失，如危险品库房、废油库房、电子间等，主要是因为监控覆盖造价高、施工难度大等问题。

7）现场设备自动化水平缺失。电厂仍有较多的设备需要就地手动操作。控制电缆敷设难度较大，有线接入信号的方式成本较高，很难全面兼顾“次重要”的测点接入 DCS。

（3）基于 5G 技术，实现火力发电厂生产现场人员、设备、车辆、网络的互联互通，并开发相应的智能应用，包括：

1）利用 5G 网络 uRLLC 切片，将燃料采制样、称重设备的开关量和开度等模拟量，通过 5G 网络接入工业控制系统 DCS，并通过 5G 网络 uRLLC 切片远程控制生产设备。

2）利用 5G 网络 mMTC 切片，将储煤场的温度、粉尘浓度、输煤皮带沿程温度、空冷岛缆绳式感温器的温度、电缆桥架沿程温度、换热站设备参数等边缘“次重要”测点信息，通过 5G 网络低成本、大规模地接入 DCS，进行远程监视和诊断报警。

3）利用 5G 网络 eMBB 切片，实现运煤车辆在厂区内部位置的实时定位、实时测速、实时通信调度，并通过车载设备监控司机行为，发现司机状态异常，及时报警。

4）利用 5G 网络 eMBB 切片，实现对厂区内所有人员室内外实时位置和活动轨迹的监控和分析，具备历史轨迹查询的功能。在厂区内所有区域均可设置虚拟电子围栏，电子围栏边界定位偏差不大于 1m。通过人员佩戴的智能穿戴设备，智能安全帽、智能执法仪或智能单兵装备，实现实时通信、现场画面实时回传等功能。

5）利用 5G 网络 eMBB 切片，将升压站巡检机器人、汽机锅炉房智能巡检机器人、输煤廊道巡检机器人、柔性导轨式 3D 激光盘煤机器人以及热网管道内部巡检机器人的监控结果，实时远传至管控中心，并进行在线诊断分析和双向通信。5G 对机器人的推动作用包括：①最大赋能是拓展了机器人的物理边界；②能为机器人提供更大的算力、更多的存储空间；

③弹性分配计算资源，满足复杂环境中的同步定位和制图；④形成云控制机器人，机器人可以快速访问云端的大量数据库，基于知识库识别和抓取物体，基于云端地图的定位；⑤形成知识共享，让多机器人之间形成知识共享。

在机组检修期间，针对特殊检修区域，灵活地临时增设基于5G网络切片的摄像头远程视频监控。在机组检修期间，针对特殊检修区域，灵活地临时增设基于5G网络切片的摄像头远程视频监控。

炉膛内搭设临时5G微基站，通过区域宏基站中转信号，将机组检修期间炉膛内部的摄像头监视视频远传至5G核心网，弥补火电厂炉膛内部检修期间无远程监视的行业空白。基于5G微基站-宏基站-核心网的原理，在煤粉管道、热网管道、加热器、阀门井等受限空间内部进行高风险的动火作业时，快速搭建基于5G信号的高清视频远程监视系统，弥补火电厂受限空间内部作业无远程监视的行业空白。

6）实现5G信号与现场已有的工业WiFi信号、UWB信号、蓝牙信号等多元信号通信，实现全厂各类网络的互联互通。实现基于5G定位、工业WiFi定位、Zigbee定位、Bluetooth定位、LoRa定位、UWB定位与GPS定位相融合的多源异构定位引擎。根据不同区域的特点，实现差异化定位与全覆盖定位，保证定位精度与成本效益，实现火电厂安全生产的有效管控。

7）研发基于5G技术的电力工业智能芯片，包括智能定位芯片和智能识别芯片。将定制化的智能定位芯片利用到智能安全帽、定位标签以及车载设备中，生产现场的人员均配备智能单兵作业系统，煤场的运煤车辆均配备5G车载设备。

将定制化的智能视频识别芯片，应用于生产现场的监控摄像头，基于摄像头FPGA智能芯片的边缘计算技术，实现设备跑冒滴漏识别以及人的不安全行为识别的就地终端的快速初筛选。经过初筛选的疑似报警视频画面，通过有线或5G网络传输至中台云计算中心，基于巨型神经网络和性能更先进的算力，实现不安全细分类型的最终确认。“云边芯端”结合的方式，既保证了快速诊断识别的效率，也保证了识别报警的准确性。跑冒滴漏的不安全细分类型包括水、酸碱溶液、水煤浆、油、水蒸气、灰渣粉、煤粉、烟气、火焰、电火花等十余种。人的行为或状态的不安全细分类型包括不戴安全帽、不系安全带、倒地、下蹲、步态异常、长期滞留、误入虚拟电子围栏、愤怒、哀伤、痛苦、打架等十余种。

（4）将5G电力网络切片技术应用于燃煤电厂生产管控，比现有技术的进步包括：

1）实现真正意义的全厂工业无线信号全覆盖，智能设备和“次重要”传感器信号“无死角”物联网化和接入DCS远程控制。通信传输效率更高、基站布置更灵活、接入物联网的设备数量更大、成本更低廉。通过5G全覆盖，逐步将火力发电厂的有线网络替代成无线，管理控制网络的相对较高时延将提升至低时延水平。通过微基站与宏基站协同、室内与室外协同、高站与低站搭配，形成立体组网、多网络协同、多层切片异构的5G网络形态。

2）基于5G技术，生产过程、管理过程与智能设备、智能化应用高度融合，提升火电厂智能化和智慧化水平。通过基于5G技术的智慧电厂建设，将人、设备、网络、数据、算力、算法、监视分析、诊断报警、闭环控制、管理流程、制度和决策彻底整合，火电厂生产过程更安全，管理过程更细致简洁，将大幅提高生产效率，降低人员劳动量与时间成本。

3）在检修作业区域、受限空间内部，快速灵活定制临时的5G高清视频监视信号。在炉膛内、管道内、加热器内部等受限空间快速部署临时监视视频，基于宏基站-微基站的通信模式，高速传输高清视频监视和红外测量信号，弥补火电厂受限空间内部作业无远程监视的行业空白。

4.4 人员定位技术

4.4.1 人员定位技术的背景

传统火力发电安全管控体系对人员管理较为薄弱。智慧电厂人员管理可采用的技术包括智能门禁、人员定位、虚拟电子围栏、视频监控联动、智能视频识别人的不安全行为和不安全状态等。定位技术是一种对特定物体进行甄别，并对其所处的三维空间位置信息、运动轨迹信息进行判别、记录的技术。

人员定位系统作为安全生产作业管控系统的核心功能模块，可利用先进的人员定位系统，集成 UWB 等技术的定位信息，实现人员的精准定位。通过工业 WiFi 和 5G 覆盖生产现场，及时、准确地将各个区域人员及设备的动态信息，实时推送给管理人员，随时掌握现场作业人员的位置和运动轨迹。

表 4-2 示出八种常见的定位技术的性能对比。超宽带(Ultra Wide Band，UWB)基于极窄脉冲无线技术、无载波，是一种无线通信技术，具有传输速率高、发射功率低、穿透能力强等特点，可用于室内高精度测距与定位。UWB 在室内复杂电磁环境下，抗干扰性能好，定位精度 20~50cm，定位精度高。通常利用 TDoA(到达时间差)和 ToF(飞行时间)算法获取人员或物品位置的信息。基于 UWB 的无线定位技术，能精确定位人员位置，并在定位的基础上，实现轨迹追踪、区域报警、摄像头联动等功能。

表 4-2 八种常见的定位技术的性能对比

定位技术	定位精度	保密性	穿透性	抗干扰	维护成本	建设成本	功耗	定位场景
UWB	0.2~0.5m	高	一般	好	一般	较高	低	室外/室内
WiFi	2~10m	差	差	差	高	低	高	室外/室内
Zigbee	1~3m	差	差	差	高	低	低	室外/室内
蓝牙	3~10m	一般	好	差	高	低	低	室外/室内
RFID	5~20m	高	差	好	低	中	低	室外/室内
地磁定位	1~3m	一般	一般	差	低	低	低	室外/室内
电信基站	10	一般	好	好	低	低	一般	室外/室内
北斗/GPS	1~10m	高	一般	好	低	低	高	室外

4.4.2 多源混合式人员定位

结合多种定位技术优势，本研究推荐适用于燃煤智慧电厂生产现场作业管控，适应性好、成本可控的“多源混合式人员定位”方式。

① 采用 LoRa 进行区域到达式定位(例如电气开关室、电子间)；

② 采用 UWB 进行厂房室内重点区域的高精度定位；

③ 采用 GPS 进行室外开放式空间定位；

④ 采用 RFID 和 ZigBee 进行打卡到位式定位；

⑤ 采用视频识别和跟随人员联动技术，进行室内一般区域的摄像头联动式和人员位置锁定式定位；

⑥ 基于宏基站-微基站的高速网络通信技术，提供密闭空间内高清晰视频信号传输，实现受限空间内部的作业人员的实时监视和远程监控。

基于人员定位技术监护现场作业人员，查看危险源附近人员分布情况，划定安全虚拟电子围栏，对人员误入电子围栏区域进行报警。管控中心可根据人员定位系统所提供的数据、图像和视频，结合单兵设备提供的便携式语音和视频装备，迅速了解有关人员的位置情况，进行双向通信，及时推送报警信息，并可快速采取相应的救援措施，提高应急救援工作的效率。图 4-3 示出集 UWB 等多种定位和无线 AP 等多种通信方式为一体的多功能基站，图 4-4 示出多功能基站在火电厂汽机锅炉房的布置位置。

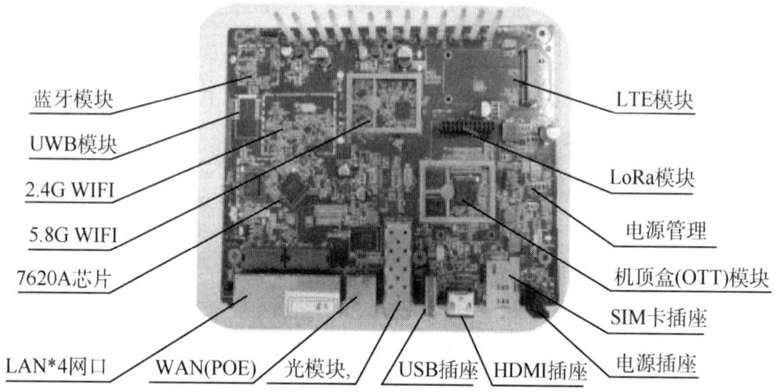

图 4-3　UWB 定位模块和工业 WiFi 模块集成的基站电路板

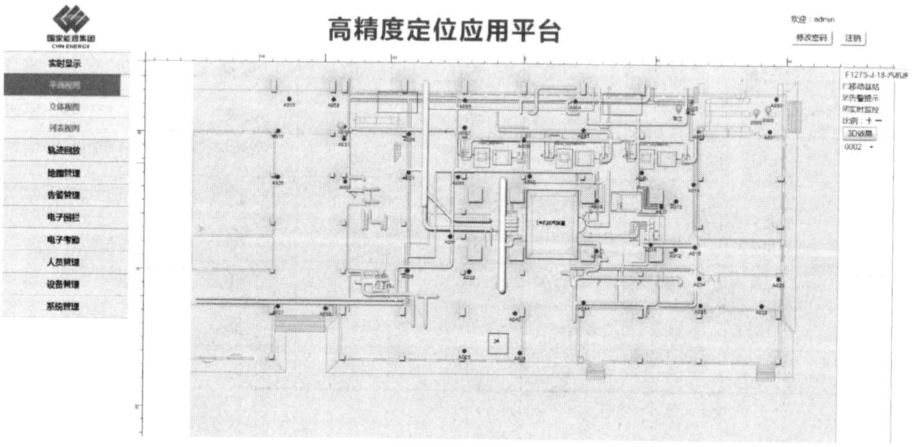

图 4-4　UWB 定位和工业 WiFi 集成型多功能基站的布置位置示意图

4.4.3　人员安全管控系统

(1) 人员安全管控系统的主要功能包括：

1) 通过对定位区域内所有人员的实时位置和活动轨迹进行监控和追溯分析，实现现场作业人员的安全管理。基于多功能定位网关设备的 UWB 无线载波通信和定位技术，实时精确地定位员工和移动式设备上的标签位置，零延时地将人、车、物的位置信息显示在电厂控制中心。对安全区域可移动的人员、车辆和巡检机器人等进行实时轨迹监控，达到 20~40cm 的定位精度。

2）人员、车辆、大型机械设备、智能工器具和手持终端的详细数据在后台进行录入和检索管理。人员数据包括人员姓名、身份证及工作岗位。支持手持终端，包括手机 APP 的查询，并自动显示包括定位的详细信息。

3）提供区域划分及配置功能，可灵活生成三维虚拟电子围栏。在图 4-5 所示的三维虚拟电厂中，通过图形化界面，定义出各类不同权限的区域，可生成如图 4-6 所示的电子围栏。将各个区域分配给不同人员或外包单位，系统通过对现场工作人员实时位置的监控，发现人员越权后及时推送报警和纠正，确保生产安全和秩序。

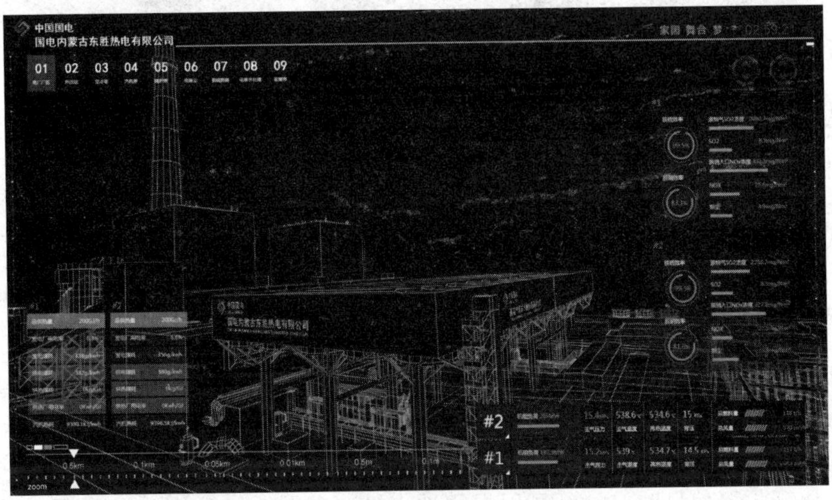

图 4-5　三维数字化电厂和虚拟电厂

图 4-6　三维数字化电厂中的电子围栏和视频联动

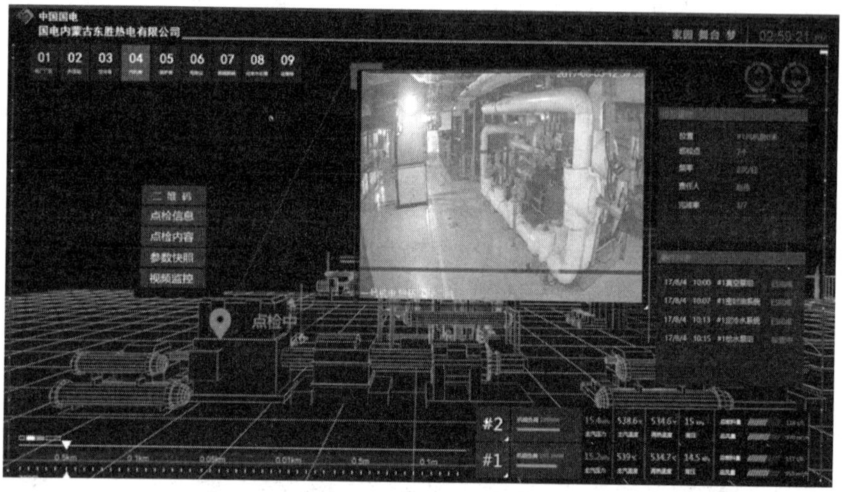

图 4-7　人员定位、安全预警与视频监控联动

（2）人员定位系统的特点和技术要求包括：

1）人员实时定位。能够显示特定地图区域内的人员情况，也可根据人员追踪并显示其所在的地图。

2）历史轨迹可追溯。可根据人员姓名，查询该人员在某段时间内的历史轨迹，并支持同时显示多人的历史轨迹。能够对人员、移动设备进行识别记录，实时识别和监控厂区人员分布，划定活动区域。

3）数据接口丰富。将人员三维立体坐标等数据，通过开放标准接口供相关系统调用，包括智慧管控中心、综合安防系统、3D 数字化电厂模型(图 4-5 所示)等系统。

4）监控图像与人员定位集成调用。与综合安防系统、安全作业管控系统、视频系统等形成联动，出现报警信息时，除可显示报警地点外，如图 4-6 和图 4-7 所示，可同步显示人员所在区域的摄像头画面。

5）具备人员异常状态监控及主动报警的功能。基于定位标签，可实时记录、分析人员的移动轨迹，当出现定位标签超速移动、快速跌落或长时间静止等异常情况时，监控系统后台可触发报警，也可由人员主动触发定位标签报警按钮，实现远程报警。

6）兼容性强。可接入现有的各个子系统，并为将来可能加入的子系统预留调用接口。

4.4.4　安全作业管控平台

通过三维模型，进行分层、分类展示，实现设备、人员、生产信息的可视化、便捷化管理。图 4-8 示出基于物联网、人员定位、人脸识别、智能视频识别、智能门禁、视频监控联动等技术，打造安全作业管控平台，有效管控作业过程，防止安全事故发生，为电厂安全作业提供一个高效管理平台。图 4-9 示出安全作业管控平台打通了电厂物联网三角链，即：人、设备、网络和信息管控平台，实现了人与网络信息平台互联，设备与网络信息平台互联，人与就地的设备信息快速互通互联。“电厂物联网三角链”真正实现了电厂内部人、设备、信息网络系统三大核心要素的信息互通互享，信息流和业务流程在“三角”之间快速流转，极大提升了电厂的安全生产管理效率。

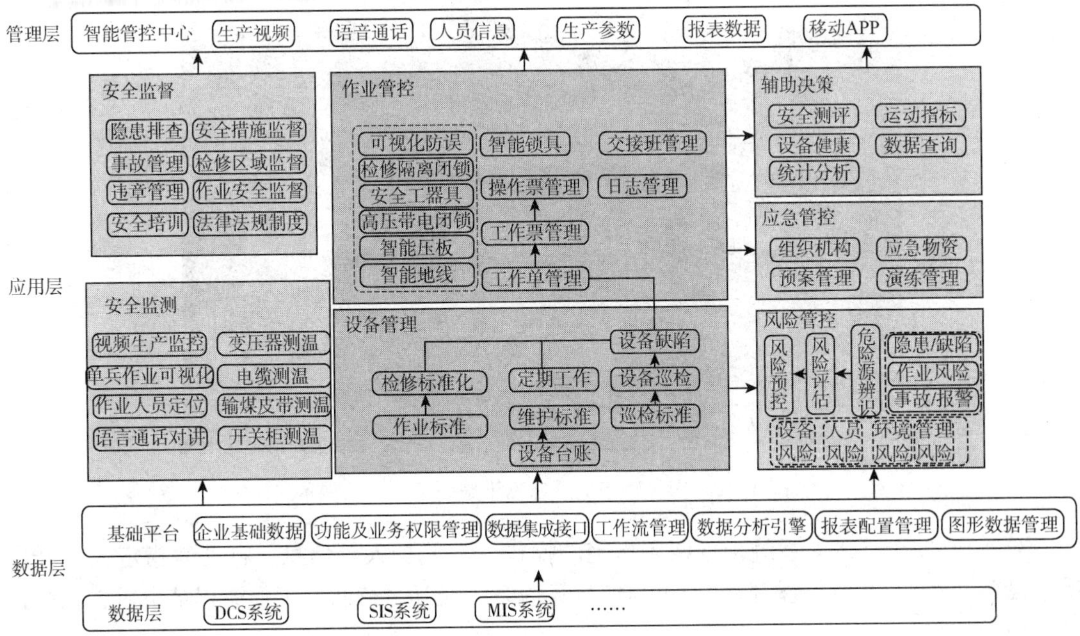

图 4-8 智能安全作业管控平台

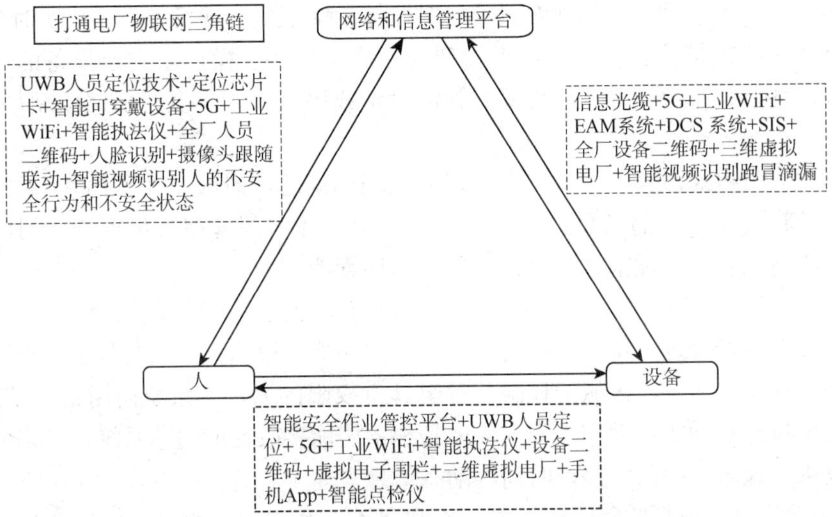

图 4-9 智能安全作业管控平台打通电厂物联网三角链

(1) 基于人员定位的安全作业管控平台的功能和技术要求包括：

1) 定位系统集成。集成“多源混合式人员定位”信息，可实现人员的精准定位、实时轨迹跟踪、历史轨迹查询、电子围栏、视频联动，可对现场人员进行统计分析等。

2) 三维数据展示。巡检、检修人员的位置和分布情况，通过三维模型进行实时呈现，并能动态回放人员行动轨迹。图 4-10 示出系统实时记录人员位置信息，可根据管理员输入的人员信息，查询生产现场人员的走动路线、经过地点、经过的时间和停留的时间等。通过将现场生产人员的行走轨迹呈现在电厂的三维虚拟模型中，实现全程回放，规范巡检过程，优化巡检路线。

图 4-10　人员轨迹信息在三维虚拟电厂中的展示

3）两票安全管理。系统根据两票指定的操作人、监护人等信息，自动为指定人员开通操作设备必经的门禁系统权限。通过与信息管理系统交互，待两票工作流程结束后，系统自动收回门禁权限。

通过可视化技术、定位技术、虚拟电子围栏、5G 通信、智能可穿戴设备、智能门禁、视频识别等先进技术联动，对作业全过程实时监控，实现作业现场各类违章实时预警。参考现场故障点及工作人员位置信息，如果发现与相应工作票、操作票指定设备的位置信息不符，则系统产生异常报警，并通过可穿戴智能设备或手机 APP，及时反馈给现场工作人员，防止工作人员走错间隔，造成误操作。

现场巡查人员可通过移动终端，上传现场发现的问题、风险、违章照片和视频等信息，系统同时自动将现场采集的信息，推送给施工负责人和内部管理人员审查。问题整改完成后，拍摄整改情况，与整改前进行对比，形成闭环管理。

4）与智能门禁系统联动。系统通过通信接口与智能门禁系统联动，将智能门禁系统的数据接入到安全生产管理系统，实现动态权限分配功能，根据人员当前位置及权限，自动判断该人员是否具备进入特定区域的权限。对于具备权限的人员，系统向门禁系统发送指令，通知门禁系统执行自动放行动作。安全生产管理系统能接收智能门禁系统发送来的进入该区域内人员数量、姓名、权限、停留时间等动态信息。

5）与关键位置点视频监控联动。图 4-6 和图 4-7 示出系统通过通信接口与视频监控系统联动，根据工作人员实时位置，当人员走到摄像机附近时，激活相关摄像机，实现实时拍照或者摄像。管理人员可以实时看见工作人员的所有行为信息。

6）特殊工种动态管理。对特殊工种人员进行详细登记，系统在特殊工种作业证到期前 30 天，通知相关施工单位负责人及安全监察部。当特殊工种作业证到达有效期时，该门禁卡被自动锁死，无法使用，需持有效证件到安全监察部备案后办理解锁操作。

7）外包单位动态管理。通过人员、车辆的二维码管理，实时定位外委人员位置并且集成展现外委队伍基础信息。通过外委人员分布密度，有效监测外委人员作业密集区域，进行重点监控，有效地预防事故发生。通过现场违章监控，及时联动外委人员安全等级，实时监测重点人员轨迹及现场作业情况。在外包单位施工人员办理门禁卡时，设定预计结束施工时间，当施工人员超过预计施工时间后，门禁卡自动锁死，需持有效证明到安保部门办理解锁操作。

8）安全违章计分管理。系统对现场的施工人员安全违章处罚进行自动扣分统计。当人员违章扣分值超过预设定值后，门禁卡自动锁死，需到安全监察部处理违章，办理解锁操作。

9）考勤流水报表统计。将人员定位信息应用于考勤管理，对人员进出进行详细记录，系统管理员可对记录进行有条件筛选，包括姓名、施工单位、工种、日期等信息。

10）APP 移动应用。移动终端应用支持 Android、IOS 平台的移动终端应用，实现人员定位及安全管理在移动终端上的延伸使用。主要功能包括：①人员、车辆位置的实时显示和快速定位；②人员、车辆信息的即时查询和行走轨迹回放；③重点区域监测，对违规人员发手机短信或电话通知，提醒及时离开；④作为信息反馈接收端，当系统产生异常报警，例如两票系统执行过程中的位置信息不符时，通过手机 APP 及时反馈给现场操作人员。

11）系统自诊断功能。当系统中的多功能定位网关、传输接口等设备发生故障时，报警并记录故障时间和故障设备。

（2）基于人员定位的安全作业管控平台的应用效果包括：

1）实现电厂全天候、全方位、智能化的安全管控，对电厂危险工作环境的人员操作、危险源状态及重要场所的人员行为进行实时监控、报警和控制。

2）直观及时地反映厂区内的作业情况、人员状况，提高人员安全保障的力度及安全管理效率。

3）降低电厂事故发生率，提高安全管理的自动化和智慧化水平，为电厂提供创新型的安全技术管理手段，推进智慧化电厂建设的进程。

4）提高电厂的安全管理工作水平、提升公司信息建设整体竞争力以及其他多方面的经济效益，同时在人员和设备事故预防方面也有着不可估量的价值。

4.5 智能设备

基于通信技术、视频技术、语音技术、无线技术、定位技术、热成像技术等技术的智能工器具，结合物联网、移动平台，实现现场作业更安全、更高效、更便捷。智能设备包括：智能巡点检设备、智能穿戴设备、智能防误(护)设备(智能锁具)、智能地线、智能门禁、全景摄像头、VR 眼镜、VR 头盔、人员定位基站和定位芯片、智能机器人、无人机、手持式盘煤仪、智能移动测速仪等。

（1）智能巡点检设备，应用 GIS 地理信息、RFID 无线射频技术、LBS 基于位置服务、GPRS 或 4G 或 5G 网络通信等多种新技术，打造智能化、科学化、可视化的移动点检功能，实现快精准的巡点检任务。

智能巡点检设备的功能和技术要求包括：①手持智能终端应满足流程处理、身份识别、人员定位、信息采集、作业指导等工作场景的需要；②配置不低于 800 万像素高清摄像头，可拍照记录点检现场信息，并存储在相应点检任务中；③配置人员定位系统，实现人员作业位置的实时定位及轨迹跟踪；④配置 GPRS 或 4G 或 5G 网络通信模块，具备基于通用或特定频段的移动通信能力；⑤配置不低于 4.7in 的高清显示屏幕，应具备不低于 160°的可视角度和 80%以上的色彩分布；⑥支持 RFID 无线射频技术，具备有源、无源 RFID 标签识别能力；⑦具备标准巡点检作业管理能力，能够依据特定的巡点检作业规程，完整、准确地执行特定的巡点检任务；⑧具备云存储能力，支持云端应用部署；⑨可单手操作，且携带方便坚固，应支持一键启动手电筒功能，方便生产作业人员昏暗环境作业；⑩可承受 1.5m 跌落，应满足 IP65 安全防护等级。

（2）智能穿戴设备，包括：智能安全帽、智能巡检眼镜、智能手环、智能手表、智能执法仪、智能耳机、智能胸牌等。

智能穿戴设备的功能和技术要求包括：①智能穿戴设备为工业等级产品，以满足作业环境需要；②配置 4G 或 5G、WiFi、蓝牙等无线通信模块，具备在线通信能力及远程数据传输能力；③手环或手表类穿戴设备应具备人体健康特征信息采集功能，包括但不限于血压，体温，心跳等，可根据人体健康特征信息判断疲劳指数；④具备位置定位功能，实现对作业现场位置的实时精准定位；⑤具备定期呼叫功能，监测人员在线及应答情况，确保人身安全意外出现时能够获取相应信息；⑥可选择性的功能包括：视频语音交互、推送、视频联动（执法仪）、报警及任务推送、一键推送到管控中心、一键求助等。

（3）智能锁具的功能和技术要求包括：①全过程电子化流程管控，所有智能闭锁柜门只有在电脑管理软件中有操作权限人员解锁后，才能用智能钥匙对相应电气设备解锁，解锁后自动生成开锁记录；②图模一体化，检修人员对照工作票、运行人员对照操作票在电脑五防模拟画面对停电设备进行图形解锁；③可对钥匙的使用全方位保护，可完全取代人为管理钥匙的传统模式，并更具安全和可靠性；④具有触摸屏、摄像头、静脉识别、语音导航、远程授权、异地取还、紧急报警、超时提示等对钥匙的追踪信息统计等功能。

（4）智能门禁的功能和技术要求包括：①集成电子、机械、光学、计算机技术、通信技术、自动识别技术、软件设计等诸多技术，实现电厂厂区和重要生产区域出入授权许可管理，利用信息化技术手段筑就预防人身和设备事故的安全屏障；②具有通道进出权限的管理、时段控制、实时监控、远程授权、出入记录查询、反潜回、周界防护、消防报警监控联动、网络设置、逻辑开门、紧急逃生等；③支持门禁与两票结合，办票同时可对门禁区域关联授权。

（5）手持式盘煤仪的功能和技术要求包括：①具备防水防尘、IP54 工业标准设计，具备全坚固触摸屏显示、完善额校正技术、数字滤波技术、高清字体查看功能；②具备双存储器、内置 Flash、可扩展储存卡、USB 接口、蓝牙等功能；③具备电源管理功能，可定义智能化的节点操作模式，保证仪器工作时间；④支持激光三维测距功能，激光安全等级要达到一级安全标准；⑤支持连续扫描式盘点，支持对各种复杂形状、复杂地形、复杂环境情况下的料堆进行快速准确的盘点测量；⑥具备盘煤后台软件，支持全中文界面、模块化设计、流程化结构、步骤语音提醒、智能测量引导功能。

（6）智能移动测速仪的功能和技术要求包括：①支持高清成像，清晰分辨车辆各要素，测速车道数 1~4 个；②无论白天还是夜间，车辆捕获率均在 99%以上；③支持车牌识别率白天和夜间在 99%以上，支持输出车牌号和车牌颜色；④具备智能软件，可设置限速值、抓拍张数、违法代码、内置号牌识别等；⑤具备自行设定超速抓拍、黑名单布控、卡口抓拍、违停抓拍等功能；⑥具备多种接口，包含多个 USB 数据接口、网络网口、补光设备接口、显示屏接口等。

4.6 三维可视化和 VR

三维可视化技术是指运用三维建模或三维激光扫描，将厂房、设备、管线及其各部件的物理尺寸及形态进行内外观的建模，并运行在三维引擎环境中，通过与电厂设备数据关联和业务系统集成，实现人机交互和对整个电厂高精度物理表象静态数据、生产实时数据、管理数据的动态关联表示。三维可视化设备包括：全景摄像头、投影仪、激光雷达、AR 智能培训站、VR 沉浸式培训、VR 眼镜、VR 头盔等。

(1) 三维数字化技术及 VR 可视化测量设备的功能和技术要求包括：

1) 构建三维模型，以设计院提供的二维图和部分管道的三维模型为基础，通过对主、辅机设备进行三维建模，形成高精度、等比例的三维模型，构建与电厂一致的虚拟电厂。

2) 三维模型应具备基本的平移、旋转、缩放、定位、属性查看、高亮、对象隐藏、对象透明等功能。

3) 采用轻量化三维可视化引擎，对三维模型采用先进的压缩方式，使模型的体积压缩到最小，可以支持超大模型浏览，拥有良好的扩充性和压缩比。核心分层传输技术能够保障在浏览器上流畅体验，同时采用流式加载的方式，使得三维模型能够通过网页浏览器、移动终端快速地漫游和浏览。

4) 具备数字化移交的功能，按照设计期的数据关联进行文档查询或文档结构更新。机组投产运行后，在已有的全息数字三维模型上结合设计期的 KKS 编码、设备规格名称、物资编码等基础数据改进和联通电厂的生产运营管理系统。

5) 具备创建基建施工项目三维模型的功能，能够创建场地方案模型，进行施工模拟(高支模施工模拟、脚手架搭设施工模拟、复杂钢筋节点施工模拟、管线布置施工模拟等)，优化组织结构设计；结合实际施工操作，记录完成施工工程和数据，实现质量追溯与跟踪。

6) 提供全厂可视化导航与漫游的功能，提供基于角色的、灵活的导航方式，实现全厂生产环境和设备实际运行状况的浏览。

7) 具备可视化智能巡检的功能，基于三维模型、人员定位，AR 技术，根据系统巡检路线及巡检设备中的应用，可实时监测显示巡检人员巡检位置，实现可视化智能点巡检。

8) 具备三维可视化培训的功能，基于三维模型和 VR 技术，实现工艺流程仿真、主辅机设备拆解、机组启停正常运行操作、机组故障处理等沉浸式培训。

9) 具备三维可视化检修的功能，基于三维模型和可视化仿真技术，将实际生产过程在计算机上重现出来，让操作、维护人员在虚拟现实空间中形象直观地监视机组状态，分析状态演绎过程，了解设备的结构特征和操作维修技巧，实现可视化检修。

10) 具备三维可视化风险防控的功能，基于三维模型、人员定位、风险点设置，当人员步入危险源区域，应有明显的标识，画面应实时显示工作人员靠近危险源的距离信息，等到达警戒区，三维画面上应发出告警，在实际巡检过程中，结合人员定位技术，对靠近危险源的人员进行应进行提醒，如手机震动，提醒该人员远离危险源。

11) 具备三维可视化应急指挥、演练的功能，基于三维模型、网络协同、通信技术，在对各类安全应急事件进行模拟和仿真的基础上，提供给不同的人员角色间网络化协同应急处置模拟演练，能够身临其境地感受应急事件的发生和协同处置的全过程。

12) 三维可视化具备视频联动的功能，基于三维模型，部署全厂的视频虚拟设备，可直接调用摄像头，查看周界环境。

13）激光雷达是一种非接触激光测距技术的扫描式传感器，通过发射激光光束来探测目标，通过搜集反射回来的光束来形成点云数据，经过模型重构后生成精确的三维立体图像。基于激光和图像重构技术，可以准确获取高精度的物理空间环境信息，测距精度可达厘米级。

（2）AR 和 VR 的功能要求包括：

1）采用 VR 技术，在电厂基建期，可实现模拟设计、模拟操作的功能，从而制定合理的结构方案，优化设备、管线结构和布局等。

2）采用 AR 可穿戴设备，在智能巡检系统中，拓宽巡检人员的感知范围，实现设备信息实时查阅、设备数据实时可视化、工作票按步骤直观展现的智能巡检方式。

3）采用 VR 技术，可模拟电力行业的真实运行环境，在学习培训、安全生产、应急管理中，开展智能仿真培训和模拟操作，提高应急演练效果与安全保障水平。

4）采用 AR 技术，可实现巡检的作业引导。自动识别目标操作设备，将生产运行指令以可视化的方式提示，并智能监督操作人按规程、按步骤完成工作。

4.7 二维码

4.7.1 二维码技术的背景

随着移动互联网、物联网、人工智能等技术在电力工业中的深度应用，设备的运维、诊断和状态感知更加快速化、实时化、可视化和智能化。二维码作为现实物质世界与网络虚拟世界连接的窗口，在移动支付、社交、软件下载等领域广泛应用，具有方便、快捷、简单、实用、直观等优点，极大促进了整个社会的效率提升。但二维码在电力工业中的应用还不够深入，有必要探索设备二维码在燃煤火力发电站中的应用场景和相应的关键技术，快速推进二维码、互联网技术与传统火力发电设备运维管理、故障诊断的深入融合。

本章节针对燃煤火力发电站，分析设备二维码和移动互联网技术在设备运维管理、故障诊断等应用中的功能需求、集成方法、标准化和可视化策略，揭示二维码技术对提升设备全寿命周期管理效率的重要作用。本章节的分析有助于了解设备二维码和移动互联网技术在燃煤火力发电站设备管理过程中的功能作用和使用方法，以提升电厂的设备管理水平和工作效率，实现智慧运检。

二维码作为现实物质世界与网络虚拟世界的连接窗口，调用资产管理系统中的各模块各项数据，以此连接现场实际设备与后台设备管理软件，达到实时查看设备、推送缺陷故障等功能。国电东胜公司以二维码为载体，实现了设备 KKS 编码、故障代码、物资编码、资产编码的联动管理。在生产现场利用移动智能设备扫二维码，实现设备静态信息、动态信息查询，以工单为主线实现设备从提需求、批费用、采购、入库、出库、缺陷登记、检修维护、资产折旧与报废、设备意外事故的保险索赔的设备全寿命周期管理。

4.7.2 二维码的功能与技术

二维码作为现场实际设备与后台设备管理软件的连接桥梁，应与设备 KKS 一一对应。例如，循泵房 A 排水泵，对应唯一的设备编码 00UQA01AP001，同时对应唯一的设备二维码。设备名称、设备 KKS 编码、设备二维码，三者都应具有唯一性，且互相对应。

为了识别生产现场的设备二维码，需开发如图 4-11 所示的后台设备管理软件的手机 APP。移动应用提供分级分权管理，可根据情况分为领导、业务人员和游客三级。领导和业务人员登录 APP 后，可以查看设备静态信息、动态信息、SIS 采集的信息、报警信息和诊断结果等，游客扫描二维码后只能看到设备静态信息。游客到现场视察的时候，通过微信等软件的扫一扫二维码功能，只能查看到现场设备的静态信息。设备的静态信息包括设备台账信息、技术参数、技术规范、设备出厂及安装信息。

图 4-11 手机 APP 识别现场实际设备的二维码

设备的动态信息包括缺陷工单记录、检修工单记录、预防性维护工单记录、工作票记录、设备异动、物资维修领料记录等。电厂巡检人员和技术人员通过 APP 扫描二维码，不仅能够调用后台的设备管理软件资料库，查看各种设备信息，还能够进行动态信息编辑。手机填写设备故障，选择故障级别，根据故障级别，推送设备缺陷或故障的相关消息至相关人员的用户端，并给予自动提醒。

通过 APP 扫描设备二维码，能查看和实时编辑设备的各种信息。为了最大限度地利用现场实时采集的第一手信息，需要集成各种系统。二维码应用的系统集成包括与 EAM、SIS、微信推送和短信推送系统的集成。

(1) 与 EAM 系统集成。通过设备二维码扫描，查看设备资料数据库，进行设备故障快速提报，与 EAM 系统缺陷管理提报进行集成，实现设备扫码报缺陷，并可以在设备动态信息中查看缺陷单处理过程及状态。

(2) 与 SIS 系统集成。将 SIS 实时数据进行获取并加以二次整理，通过设备扫码进行相关数据查看。

(3) 与微信集成。实现微信短消息推送功能。

(4) 与手机短信系统集成，实现短消息推送功能。

(5)与三维全景虚拟化电厂展示系统集成。

图 4-12 示出现场设备二维码的手机 APP 后台管理软件。图 4-12(a)示出二维码 的后台管理 APP 软件的首界面包括：设备扫描、缺陷填报、值长日志、机组长日志、早会汇报等功能模块。图 4-12(b)示出用 APP 的设备扫描功能，扫描现场设备的二维码后，可以看到设备的 KKS 编码、设备名称、设备分管的专业、设备铭牌参数、缺陷信息、对应的检修工单信息、预防性工单信息、工作票信息和 SIS 信息等。图 4-12(c)示出 2 号炉 C 给煤机的静态铭牌信息，包括：生产厂家、规格型号、给煤出力、主驱动电动机功率、清扫链电动机功率、给煤机密封风风压、给煤机密封风风压等。图 4-12(d)示出 2 号炉 C 给煤机的动态信息，包括：缺陷描述、缺陷编号、缺陷状态、缺陷风险等级、原因分析、负责检修的专业、检修负责人等关键缺陷动态信息。

与二维码联动的底层代码，包括：①设备 KKS 编码。设备 KKS 编码与二维码一一对应。②故障代码。为了快速识别推送的设备缺陷或故障，需根据电厂管理标准，制定和梳理

图 4-12　现场设备二维码的手机 APP 后台管理软件界面

故障代码体系。标准化的故障代码便于快速提报缺陷，并能准确定位缺陷，方便消缺工作的顺利开展，从而提高设备消缺率。③物资编码。对长期不使用的物资编码以及重码的物资进行整理和标准化，通过处理垃圾物资编码，提高计划填报的准确性。物资编码的唯一性，有助于二维码的深入推广应用。④资产编码。通过资产编码，二维码、设备 KKS 编码实现了与财务系统资产管理的联动。

4.7.3　设备管理可视化

图 4-13 示出后台的设备管理软件为 EAM 系统，在 EAM 系统中，将设备资料进行可视化。设备可视化数据包括设备虚拟结构图、工程模型、地址数据、企业和行业标准、部件详图和数字化加工信息等。二维码可促进现场设备的可视化实时管理，与二维码联动的不仅包

括 EAM 系统的设备资料数据库，还包括三维全厂全景虚拟化展示系统。

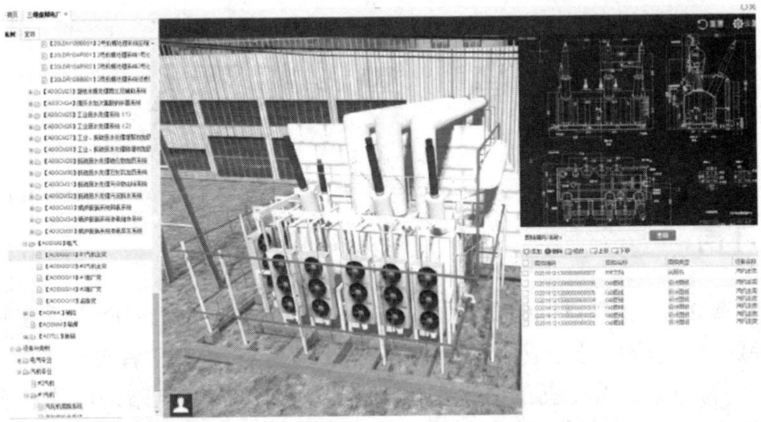

图 4-13　设备 EAM 台账静态数据、动态缺陷与检修维护数据、报警数据可视化

图 4-14 示出结合全新开发的三维全厂虚拟化全景展示系统，嵌入设备二维码，实现虚拟的全厂设备系统与二维码联动、二维码与实际设备的实时参数联动。二维码的调用不仅可以通过图 4-11 所示的手机 APP 扫一扫，还可以通过图 4-15 示出的 AR 眼镜进行混合现实显示，实现现场实际设备与设备参数和缺陷报警的混合显示。

图 4-14　三维全厂虚拟化全景展示系统中嵌入设备二维码

图 4-15　二维码、设备实时参数与 AR 眼镜进行混合现实显示

第 5 章　智能机器人

5.1　引言

随着中国制造 2025 战略目标的提出，机器人、大数据、人工智能、泛在物联网等先进技术在工业领域的深度应用已经成为工业界的共识，业界专家、学者提出工业互联网、工业 4.0、无人工厂、智慧电厂等全新的概念。巡检机器人在电网变电站的应用已在 5 年前探索应用，并逐渐推广，是无人值守变电站的必要巡检手段，杭州申昊、深圳朗驰等科技公司生产和销售的变电站巡检机器人已达 300 多台，技术较为成熟。巡检机器人在传统燃煤火力发电行业中的应用还较少，相关的研究和应用才刚刚开始，主要集中在升压站。

深圳钰湖燃气电厂率先开展了巡检机器人在制水车间的探索性应用，机器人具有视频图像识别、红外测温、激光测振、数据采集等功能。智能机器人作为人工智能技术的重要应用平台，有必要探索智能机器人在燃煤火力发电站中的应用场景和相应的关键技术，快速推进泛在电力物联网、人工智能技术与传统火力发电生产技术的深入融合。

本章节针对燃煤火力发电站，分析智能机器人技术在升压站、锅炉、汽轮房、输煤廊道和热网管道巡检，采样和存储样、无人化验和无人盘煤等应用场景下的功能需求、硬件和软件平台、工作原理和效益，揭示智能机器人在燃煤火力发电生产现场的应用前景。本章节的分析有助于了解智能机器人在燃煤火力发电站中的应用和前沿技术，以替代人的高重复、高强度和高危险劳动，实现无人巡检、无人操作和智慧运检，助力智慧电厂建设向更高层次的“无人电厂”目标迈进。

5.2　机器人的类别和应用场景

5.2.1　运动方式和形态分类及应用

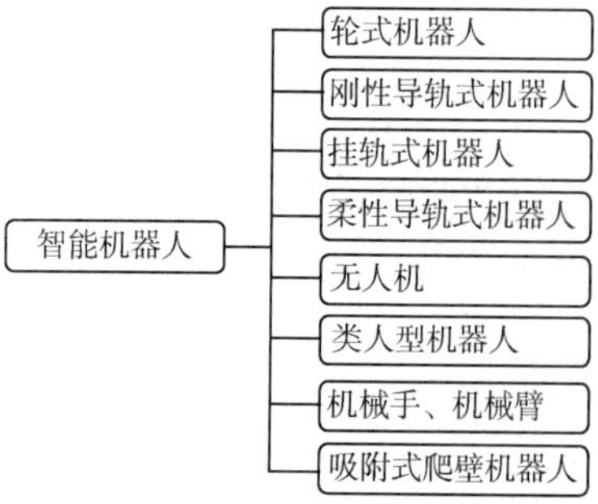

图 5-1　基于运动方式和外观形态的智能机器人分类

图 5-1 基于智能机器人的运动方式、外观形态，将智能机器人分为八类：轮式机器人、刚性导轨式机器人、挂轨式机器人、柔性导轨式机器人、无人机、类人型机器人、机械臂和机械手、吸附式爬壁机器人。

图 5-2 示出在燃煤电站锅炉和汽轮机厂房巡检的轮式智能机器人。图 5-3 示出电气开关室巡检的轮式类人型智能机器人。图 5-4 示出在热网管道内部巡检的智能机器人。图 5-2、图 5-3 和图 5-4 所示的机器人均为轮式机器人。图 5-5 示出在电气开关室巡检的挂轨式智能机器人。图 5-6 示出在输煤廊道巡检的挂轨式智能机器人。图 5-5 和图 5-6 所示的机器人均为刚性挂轨式机器人。

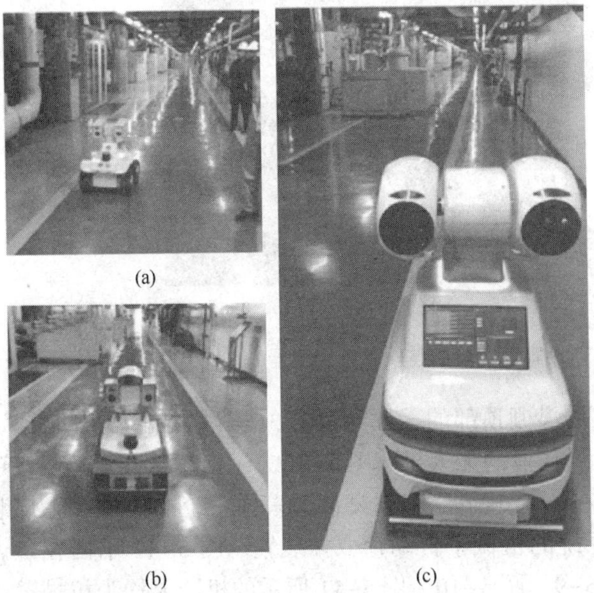

图 5-2　在燃煤电厂锅炉和汽轮机厂房巡检的轮式智能机器人

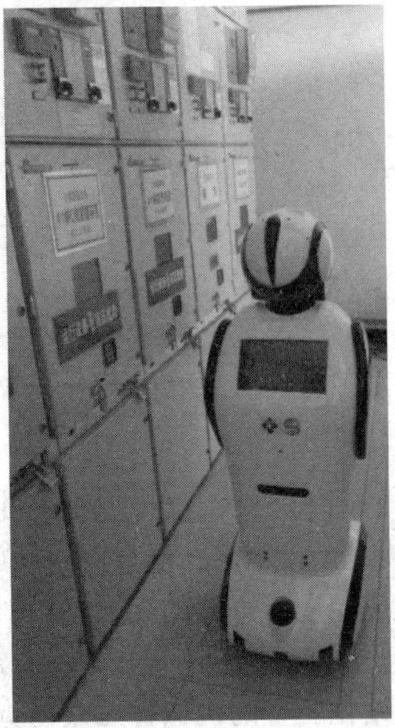

图 5-3　在燃煤电厂电气开关室巡检的轮式智能机器人

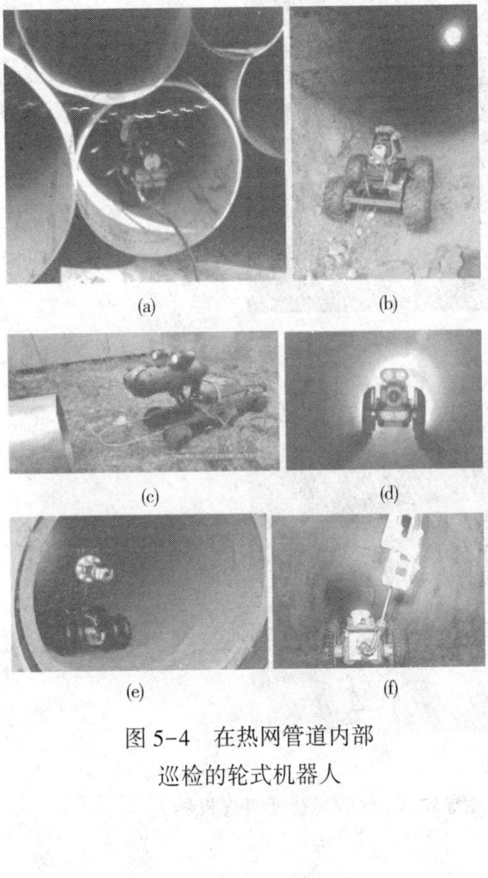

图 5-4　在热网管道内部巡检的轮式机器人

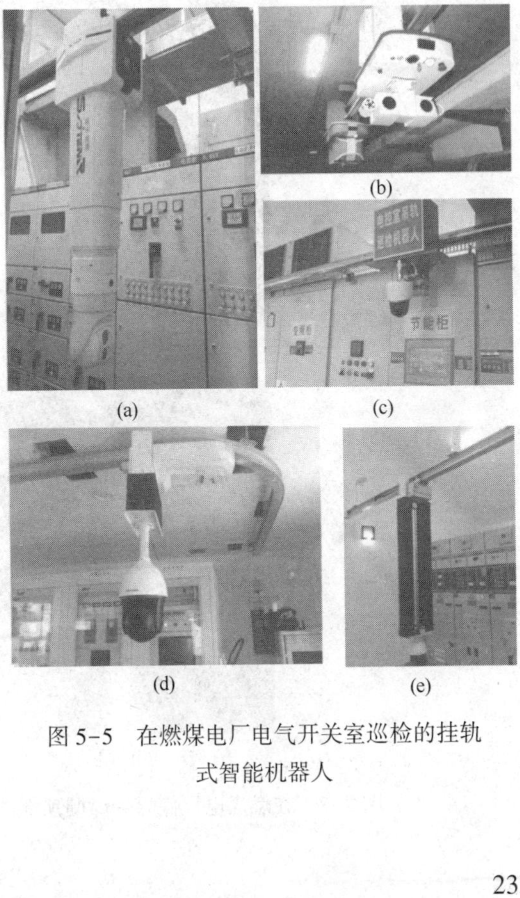

图 5-5　在燃煤电厂电气开关室巡检的挂轨式智能机器人

(a) (b)

图 5-6 在燃煤电厂输煤廊道巡检的挂轨式智能机器人

图 5-7 示出在燃煤电站封闭式储煤场煤棚顶部的柔性导轨式 3D 激光智能盘煤机器人。图 5-8(a)示出在燃煤电厂开放式煤场盘煤作业的无人机。图 5-8(b)示出用于在运热网管道热成像巡检查漏的无人机。图 5-9 示出在燃煤电站汽车进煤自动采样系统的机械手采煤装置。图 5-10 示出煤炭样品自动存取样系统的机械手自动存取样装置。图 5-11 示出在燃煤电站化验室的机械臂无人化验装置。图 5-9、图 5-10、图 5-11 所示的机器人均为机械臂或机械手形态的机器人。图 5-12 示出在燃煤电站管道外壁巡检的吸附式爬壁机器人。

(a) (b) (c) (d) (e)

图 5-7 在燃煤电厂储煤场煤棚顶部的柔性导轨式 3D 激光智能盘煤机器人

(a) (b)

图 5-8 在燃煤电厂开放式煤场盘煤的无人机和在运热网管道无人机热成像巡检

图 5-9 燃煤电厂汽车进煤自动采样系统的机械手采煤

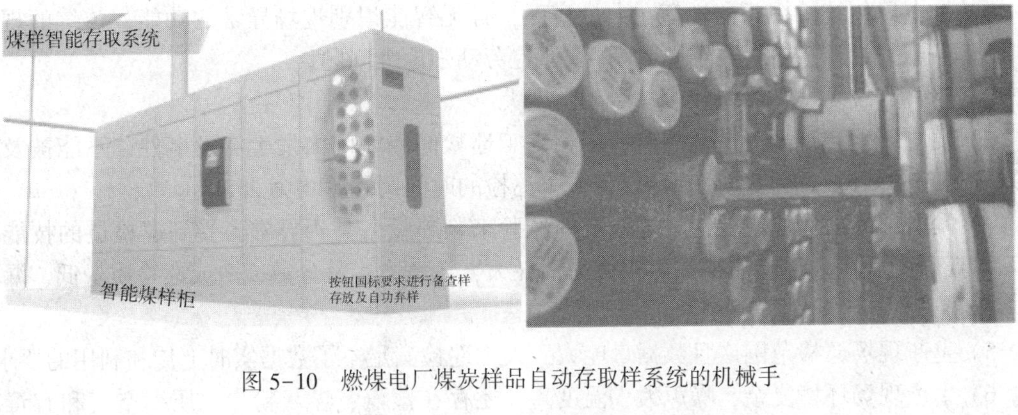

图 5-10 燃煤电厂煤炭样品自动存取样系统的机械手

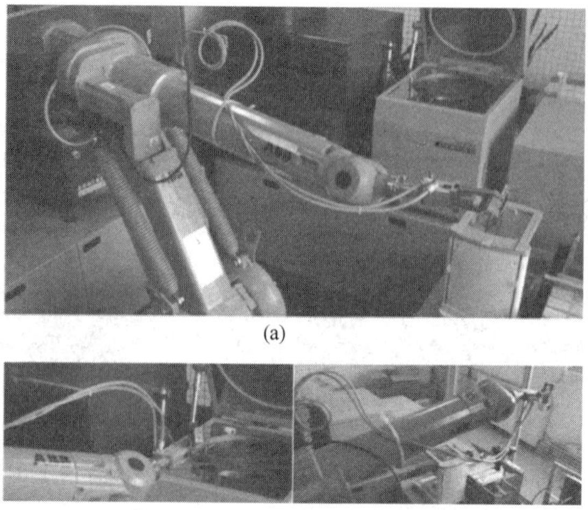

(a)　(b)　(c)

图 5-11　在燃煤电厂无人化验室的机械臂自动化验

(a)　(b)

图 5-12　在燃煤电站管道外壁巡检的吸附式爬壁机器人

（1）机器人应用场景的设计原则是“三高”原则，即将机器人应用于发电厂工业现场需要高精度测量、高危险工作环境和高强度人员作业量的场景。智能机器人技术在燃煤电站应用，拟解决的电力生产现场的重难点问题包括：

1）发电厂传统的视频监视存在大量盲区，且无智能识别现场异常的功能。传统的现场监控只能通过人工巡检的方式进行，存在巡检劳动强度大问题。

2）巡检路线复杂，设备较多，劳动强度大。

3）发电厂生产现场区域范围广，存在人工巡检间隔时间内发生突发事件，不能被及时发现和处理的问题。燃煤电厂现场设备人工巡检的时间间隔平均为 2. 5h。

4）发电厂人工巡检主要通过巡检员的经验来判断设备是否异常，受到巡检员的技能水平和责任心的限制。巡检后期，由于体力消耗大，注意力容易分散，造成巡检质量低，漏检或者错检。

5）生产现场巡检范围广且数据量庞大，人工巡检满足不了数据实时上传和利用的要求。

6）生产现场环境复杂，噪声大、温度高，还存在蒸汽、煤灰粉尘、压缩空气和有毒有害气体泄漏、火灾事故的可能性，危及现场巡检作业人员的身体健康和生命安全。

7）人工盘煤花费时间多，周期长，数据准确度和重复性较差。

8）检修期的热网管道检查，有大量的土方挖掘和割管作业，人员进入热网管道内检查裂纹和测量管道直径的作业过程中，有窒息和碰伤的安全风险。小直径的管道基本不检查，被动地等待热网管道泄漏后应急抢修或更换。

（2）基于图5-1展示的智能机器人类型，以及图5-2～图5-12展示的机器人应用场景，结合直接冷供热燃煤电厂的发电生产实际情况，国电东胜公司已经完成部署或计划部署的13款智能机器人或无人系统包括：

1）升压站轮式智能巡检机器人。

2）配电室、电子间、电缆沟导轨式巡检机器人，如图5-5所示。

3）汽机、锅炉房智能巡检机器人，如图5-2所示，已经投入运行，注册商标为蓝巡。

4）输煤廊道智能巡检机器人，如图5-6所示，已经投入运行，注册商标为智巡。

5）基于封闭煤场的柔性导轨式3D激光盘煤机器人，如图5-7所示，已经投入运行，注册商标为天巡。

6）热网管道内智能巡检机器人，如图5-4所示，正在研发，注册商标为地巡。

7）热网管道运行期无人机巡检管道泄漏，如图5-8(b)所示。

8）空冷岛查漏机器人。

9）卸煤沟智能巡检机器人。

10）汽车进煤自动采样系统的采煤机械手，如图5-9所示，已经投入运行。

11）煤炭样品自动存取样系统的存取样机械手，如图5-10所示，已经投入运行。

12）燃煤电站化验室的机械臂无人化验，如图5-11所示。

13）无人斗轮机。

国电东胜公司已经完成部署的5款机器人包括：汽车进煤自动采样系统的采煤机械手，煤炭样品自动存取样系统的存取样机械手，汽机、锅炉房智能巡检机器人，输煤廊道智能巡检机器人，基于封闭煤场的柔性导轨式3D激光盘煤机器人。热网管道内智能巡检机器人正在研发，工程样机已经开发完成。

国电东胜公司提出智慧电厂建设“十大无人工程”，实现建设目标“无人电厂，精准预测，少人管理”。“十大无人工程”分为燃料运行智能化、主机发电运行智能化、热网运行智能化三个大的专业方向。机器人在主机发电运行智能化建设的应用场景包括：升压站、汽轮机厂房、锅炉厂房、电气开关室、电缆沟、化学制水车间的机器人巡检，空冷岛查漏机器人巡检。机器人在热网运行智能化建设的应用场景包括：基于红外热成像测温的热网在运管道无人机、无人车查漏巡检，热网检修期管道内部查腐蚀、裂纹、减薄的智能机器人巡检。

燃料运行智能化建设包括入厂信息自动录入、无人采样、自动制样、自动存取样、汽车衡自动测量、无人斗轮机、数字化煤场和自动盘煤、无人化验室、皮带上实时煤质化验、无人输煤系统、配煤掺烧与燃料的动态生产成本分析、燃料与财务一键结算。汽车进煤自动采样系统的采煤机械手、煤炭样品自动存取样系统的存取样机械手、卸煤沟智能巡检机器人、无人化验室的自动化验机械臂、无人斗轮机、基于封闭煤场的柔性导轨式3D激光盘煤机器人、输煤廊道智能巡检机器人这七类机器人或无人智能系统的使用，有助于打通取样、制样、存样、化验、过磅、卸煤、盘煤、上煤和结算的全过程智能燃料运行控制和管理。

5.2.2 功能分类及应用

智能机器人用于代替人工完成急、难、险、重和重复性的工作，在燃煤电厂主要用在汽机锅炉房巡检、变电站巡检、集电线巡检、电气开关室和电子机房巡检、电缆沟巡检、输煤皮带巡检、管道泄漏检测、煤场检测等工作。智能机器人主要包括巡检类机器人和测量类机器人。

（1）巡检类机器人包括：

1）变电站巡检机器人，具备精确自主导航和定位的功能，能够在全天候条件下，完成对变电站进行全方位巡检。

2）电缆沟巡检机器人，具备图像采集、气体浓度检测、温度检测等功能，代替人工完成对电缆沟的巡检任务。

3）电气和电子机房巡检机器人，具备可代替人工进行机房设备与环境的大范围、不间断的巡视和检查。

4）输煤廊道巡检机器人，具备自主完成输煤廊道巡检的功能，包括工况(声音、振动、温度、电磁)巡检，电缆线路巡检，落料管堵塞感知，皮带跑偏撕裂感知，有毒气体和粉尘监测感知，电机、减速机震动感知等状态记录和事故报警。

5）热网管线巡检无人机，配置雷达系统，可实现数据的巡线采集；挂接热成像设备，对巡检线路进行巡检时，通过温度异常变化，发现隐蔽性较强故障点；可结合传统可见光巡线、热成像巡线，提高故障点检测的准确性；具备巡线区域的真实三维重建能力，可恢复巡线地表形态、地表附着物(建筑、树木等)等信息；配置符合运行规程的巡线操作及检测参数，全自动进行危险地物检查、报警，并输出检测结果表。

（2）测量类机器人包括：

1）管道内检测机器人，在管道内部自动行走，携带一种或多种传感器及操作机械，在工作人员的遥控操作或计算机自动控制下，进行一系列管道内部的检测作业。

2）爬壁机器人，在管道外壁根据事先设定的路线爬行，携带检测设备对管道壁厚、结垢、超声、金相等进行检测。炉膛内爬壁机器人，用于在停炉检修时先除灰及除结焦，然后对水冷壁裂缝等进行检查识别，并能够实现对壁厚的检测功能。

3）轨道式盘煤机器人，具备煤场盘点作业时，全程无需人工干预，工作区域可任意划定，结合三维动态激光器对煤场进行实时扫描测量，计算出煤堆的三维立体图、体积、存煤量及煤质等信息的功能。

5.3 机器人的工作原理和应用效果

5.3.1 机器人的通用软硬件和工作原理

智能机器人是一种全新的智能硬件载体，可高度集成电力设备接触和非接触式的多种检测技术、多传感器融合技术、模式识别技术、导航定位技术以及物联网技术等诸多先进技术，赋予机器人应对不同工业场景和功能需求的多种能力。

智能机器人理论上可以搭载所有的传感器，实现对环境的量化状态感知、工业参数的精准实时测量，传感器的类型包括：①可见光传感器；②红外线传感器；③激光传感器；④烟雾传感器；⑤氨气传感器；⑥氯化氢气体传感器；⑦声音传感器；⑧振动传感器；⑨超声波传感器；⑩温度传感器；⑪湿度传感器；⑫无线传感器；⑬UWB 定位传感器；⑭充电电流传感器；⑮云台位置传感器；⑯加速度传感器；⑰速度传感器；⑱三轴地磁传感器；⑲动态激光扫描雷达传感器；⑳三维动态激光器；㉑测厚度仪；㉒雷达料位计；㉓微波开关防碰撞传感器等。

智能巡检机器人本体和后台控制软件搭载的算法和工作原理包括：

(1) 三维激光雷达导航定位技术。针对机炉厂房设备间距小等实际条件，机器人配备16线扫描激光雷达。通过点云三维建模，基于实物边界轮廓线、表面棱线、凹凸位置等实物特征点较明确的位置，利用离散点求导、求极值等方法提取点云特征集合。通过 ICP、Crust、等算法完成点云匹配，确保机器人定位准确。图 5-13 示出汽机锅炉房智能巡检机器人的后台监控程序对巡检路线的规划和精准地图定位。

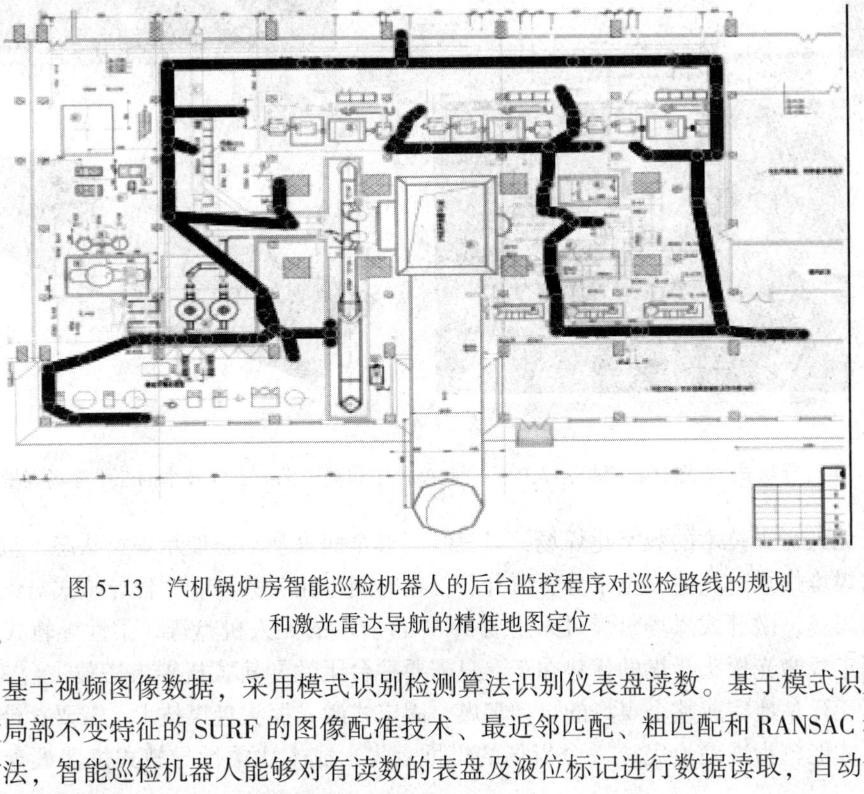

图 5-13 汽机锅炉房智能巡检机器人的后台监控程序对巡检路线的规划和激光雷达导航的精准地图定位

(2) 基于视频图像数据，采用模式识别检测算法识别仪表盘读数。基于模式识别检测算法，通过局部不变特征的 SURF 的图像配准技术、最近邻匹配、粗匹配和 RANSAC 精匹配相结合的方法，智能巡检机器人能够对有读数的表盘及液位标记进行数据读取，自动记录和判断，并提出报警，读数的相对误差小于 5%。

(3) 基于视频图像数据，采用神经网络深度学习算法，例如 Mask R-CNN 算法，快速精准识别燃煤火力发电站生产现场常见的跑冒滴漏，包括水、酸碱溶液、油、水蒸气、灰渣粉、煤粉、烟气、水煤浆、火焰、电火花等十余种物质形态的跑冒滴漏。智能机器人搭载的视频数据 AI 识别预警系统整合了图像编码压缩技术、基于降质模型的图像增强和复原技术、稀疏字典、基于 HOG 特征算法的图像特征描述、Mask R-CNN 人工智能模型、深度学习网络技术和决策树算法。

(4) 柔性导轨式盘煤机器人是在煤场条形煤剁上方安置一条平行轨道和柔性缆绳，将三维动态激光扫描机器人挂载在缆绳上行走。利用三维动态激光器对堆场的目标料堆进行实时扫描测量，利用凸包划分和三角剖分算法等建模技术，对扫描获得的实时数据进行三维图像重构建模，计算出煤堆的三维立体图形、体积和存煤量。图 5-14 示出 3D 激光柔性导轨式盘煤机器人的后台监控程序和基于无人盘煤技术的三维煤场煤堆图像重构，该技术在 5min 可完成一次自动盘煤，获得近乎真实的三维煤场煤堆结构图，误差小于 5‰。

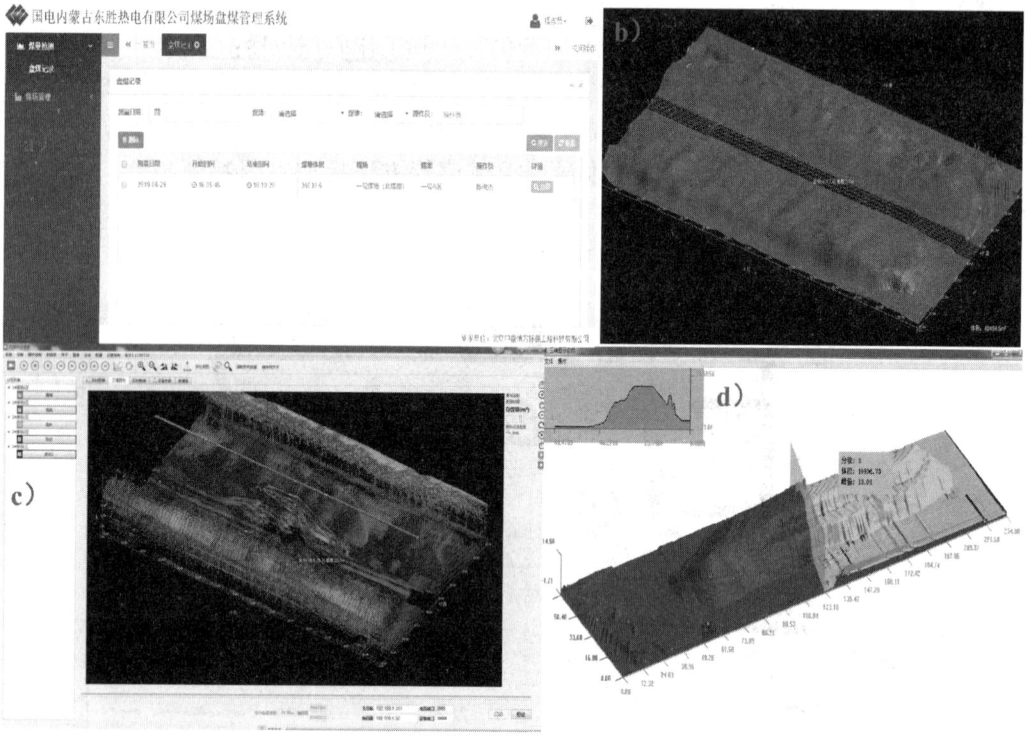

图 5-14　柔性导轨式 3D 激光盘煤机器人的后台监控程序和基于无人盘煤技术的三维煤场煤堆图像重构

基于无人盘煤技术的数字化煤场，以三维图形全面直观动态展示煤场状态，包括煤场不同区域的煤堆煤量、热值、全水分、硫分、堆存时间等相关数据。柔性导轨式盘煤机器人适用于封闭煤场，敞开式煤场盘煤可采用图 5-8(a) 所示的无人机盘煤。柔性导轨式盘煤机器人相比固定式激光探头盘煤的优势在于，只需要一台柔性导轨式机器人搭载一台 3D 激光探头，即可无死角地完成整个煤场的自动盘煤。固定式激光探头盘煤技术，需要 6 台昂贵的激光探头，才能较为准确地完成一个煤场的煤堆盘煤，成本比柔性导轨式机器人盘煤至少高 3 倍。

(5) 基于数字化煤场三维建模系统，无人斗轮机系统利用图像识别与分析技术，提取料堆三维重构模型中的关键作业参数。采用远程控制的方式，及时调整斗轮机的走行、俯仰和回转动作，基于自动化取料控制模型控制取料机进行自动取料作业。同时利用动态激光扫描雷达和微波开关防碰撞传感器，进行安全作业实时监护。斗轮机执行堆取料动作后，实时将堆取结果反馈至数字化煤场的管理系统。

(6) 基于激光技术的皮带感知识别系统。图 5-6 所示的输煤廊道巡检机器人具有皮带感知识别系统，采用激光实时扫描、皮带电机电流实时监测和视频监视等多种方式，基于先进的激光反馈定位识别算法，从复杂的皮带表面快速、准确地提取撕裂、跑偏或堵煤特征，并实时计算皮带上燃料体积流量。

5.3.2 机器人的通用性能和功能设计

智能机器人本体软硬件系统应实现的支撑性基础性能包括：

(1) 智能机器人一般应支持全自主和遥控两种模式。全自主模式包括定期巡检(或测量)和特殊巡检(或测量)两种方式。定期巡检方式下，系统根据预先设定的巡检内容、时间、周期、路线等参数信息，自主启动并完成巡视任务。特殊巡检方式由操作人员选定巡视内容并手动启动巡视，机器人可自主完成巡检任务。遥控巡检模式由操作人员手动遥控机器人，完成巡视或测量工作。

(2) 多巡检场景功能。可根据电厂生产需求来设定巡检机器人的巡检场景，智能机器人系统可设定为通勤巡检场景、定时巡检场景、临时或特别巡检场景，以及人工现场或后台操控系统巡检等场景模式，各场景的切换依据现场实际情况实时切换设置。

(3) 智能机器人配备防跌落装置，在行走过程中如遇到深沟及时停止，防止机器人跌落。机器人具有防碰撞功能，在行走过程中如遇到障碍物及时停止，在全自主模式下障碍物移除后能恢复行走。

(4) 智能机器人具备设备检测数据的实时检测上传和分析报警功能。报警发生时，立即发出报警信息，并伴有声光提示，并能人工退出或恢复，能实时上传报警信号至后台操作软件平台。

(5) 先进的智能化综合管理功能。智能机器人系统的巡检数据能自动形成巡检报告，图5-15所示的后台智能管控平台具备对数据的采集、统计、检索和报表智能分析等功能。

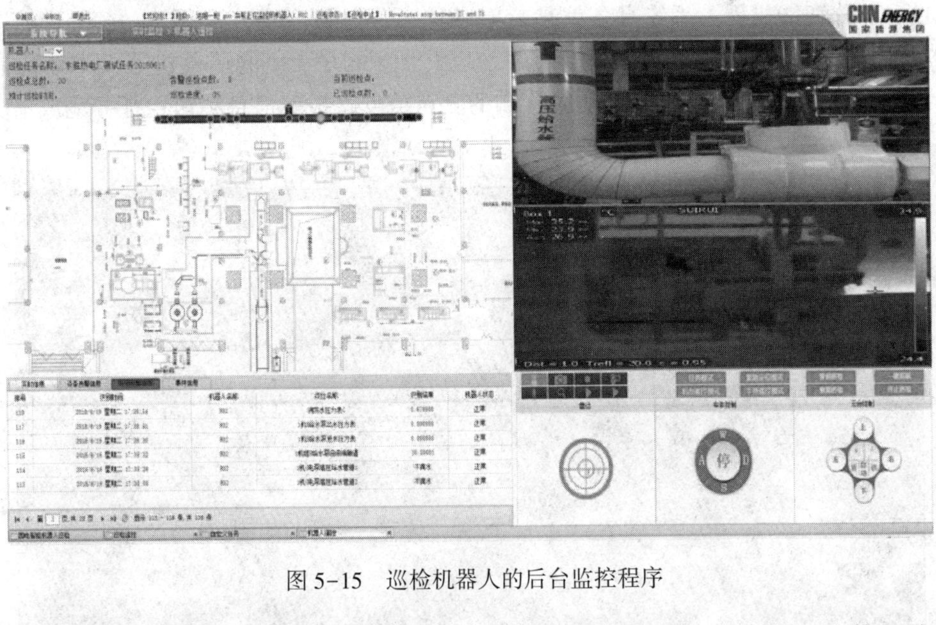

图5-15 巡检机器人的后台监控程序

(6) 智能机器人能正确接收本地监控后台的控制指令，实现云台转动、车体运动和设备检测等功能，并正确反馈状态信息。机器人能正确检测机器人本体的各类预警和告警信息，并可靠上报。

（7）智能机器人具有自主充电功能，能够与机器人充电设备配合完成自主充电，电池电量不足时能够自动返回充电。智能机器人充电装置有明显的接地点并与发电厂主地网有效连接。

（8）智能机器人配备夜间照明设备和雨刷器。

（9）智能机器人具备自检功能，自检内容包括电源、驱动、通信和检测设备等部件的工作状态，发生异常时能就地指示，并能上传故障信息。

（10）智能机器人系统具备对时功能，采用 GPS 和北斗对时方式，对时周期和精度符合工程实际的需求。

（11）室内外精准的定位备份功能。巡检机器人搭载的 UWB、北斗等定位系统，实时精准地判断机器人运行位置，定位更精准。机器人对关键参数报警的同时，还会给出精准的定位，运检人员可更加清晰地判断预警位置，及时赶往生产现场，处理险情。

（12）智能机器人有无线通信功能，能与如图 5-15 所示的本地监控后台软件进行双向信息交互，信息交互内容包括检测数据和机器人本体状态数据，具备实时图像远传和双向语音及视频通信功能，可实现就地或远程视频巡视和作业指导。图 5-15 示出典型的巡检机器人的后台监控程序，包括巡检地图、机器人定位、实时视频图像、实时红外测温图像、监测报警展示、重要测量参数的展示、机器人本体自检报警情况、机器人的远程控制模式、基于双向通信的特殊作业指令输入。

（13）智能机器人系统网络拓扑符合实际工程需求，采用无线通信技术，信号强度要覆盖巡检范围。

（14）智能机器人系统具备通信告警功能，在通信中断、接收的报文内容异常等情况下，上报告警信息。

（15）部分智能机器人系统具备就地交互功能，通过语音交互和图 5-16 所示的巡检机器人本体内嵌 LCD 屏幕展示画面进行信息交互。图 5-16 示出的巡检机器人本体内嵌 LCD 屏幕展示画面具有程序运行状态、实时检测的测点信息、报警信息和巡检任务完成情况的直观展示。

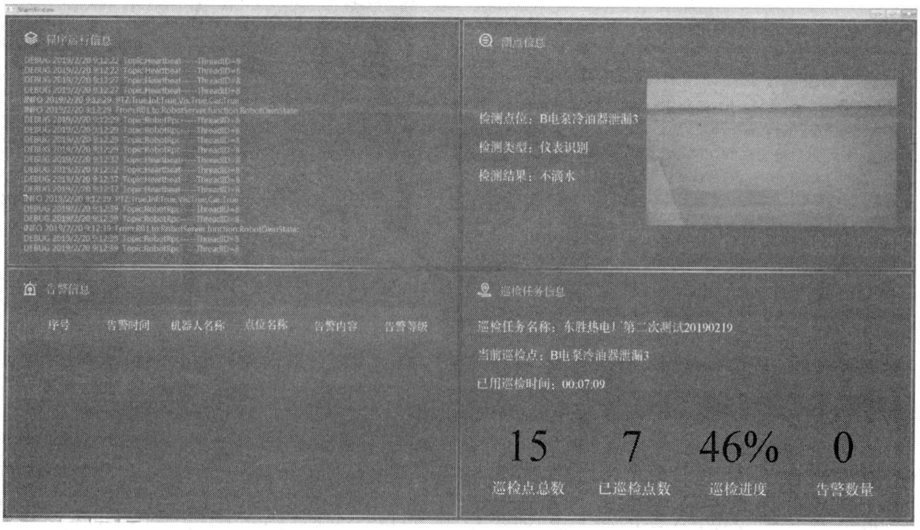

图 5-16　巡检机器人本体显示屏幕的交互和展示画面

智能机器人最重要的两大功能就是代替人员进行工业生产现场的巡检和测量作业。借助机器人硬件平台、先进传感器、人工智能算法和后台的软件分析诊断系统，通过全天候、全方位、全自主智能巡检和监测，可对就地设备进行严密的数据分析和逻辑判断，智能机器人可对外实现的具体功能包括：①仪表读数、开关量和报警识别，数据记录和上传，分析和报警；②红外热成像测温，采用红外热像系统，实现-20～300℃宽范围、精准地热成像测温，识别设备或泄漏蒸汽的异常高温；③滴油漏油检测；④滴水漏水检测；⑤管道漏汽检测；⑥粉尘、煤粉泄漏检测；⑦激光测振，通过非接触式测振，能有效识别转动机械的振动参数；⑧现场烟雾检测，通过自身携带的烟雾传感器可实时监测厂房内的烟雾浓度情况，若某区域内烟雾超过预先设定的浓度阈值，可启动报警；⑨有害气体(氨气和氯化氢气体)检测；⑩设备轴承检测；⑪生产环境监测，通过安装环境微型气象站系统，对现场的温度、湿度等气象数据进行检测；⑫开关合分状态检测；⑬设备的异常噪声检测，摒弃传统的拾音器技术，采用国际先进的激光提取声音技术，利用声音的产生和传播原理，具有声音高保真重现功能，可替代传统的听针实现非接触式监听轴承等设备内部声音，且不受周边设备噪声干扰；⑭外观异物检测；⑮人员不戴安全帽和不系安全带识别；⑯人员摔倒和长期逗留识别；⑰外来人员判别和人员定位；⑱火花、明火和火灾检测；⑲电机本体及电机轴承温度检测；⑳管道直径测量；㉑煤堆容积测量；㉒皮带跑偏撕裂检测；㉓落煤管堵塞检测；㉔样品采制和抓取；㉕燃料接卸；㉖燃料的自动化验等。

5.3.3 机器人的社会经济效益

本章推荐在燃煤电厂生产现场部署13款智能机器人，可搭载的传感器至少23种，至少具有15种支撑性基础性能，实现至少26种功能。智能机器人的特点和社会效益包括：

(1) 智能机器人具有工作标准化、全天候、全方位、全自主的智能巡检、监测、安全监控与预警的能力。

(2) 保护巡检人员人身健康。采用人工智能巡检机器人进行巡检，可保护巡检人员免受生产现场高温高压蒸汽泄漏、有毒气体泄漏、酸碱液泄漏、火灾事故和噪声等复杂环境造成的人身健康和安全威胁。

(3) 提高巡检或测量质量，克服人为因素，避免人为的巡检数据犯错。机器人采用性能可靠的传感器、预先设置的程序和算法，对就地设备采集的数据进行严密的实时分析和逻辑诊断报警，能避免巡检人员责任性不到位，漏巡检，或者人员精神不集中，人工测量不准或判断出错的情况。

(4) 为智慧电厂的真正实现提供生产现场最原始的实时数据和分析诊断结果，人工定期巡检满足不了数据实时上传和利用的要求。

(5) 提升燃煤发电生产现场不安全事件的感知识别能力。智能巡检机器人通过对现场设备、环境、人的全面监测，能够实时发现某个设备的异常、故障苗头和突发性环境事件，可实时往集控室或管控中心上传出现报警的数据，并快速启动报警和应急处置程序，将可能发生的事故风险或已经发生的事故影响降低至最低限度。

(6) 提高巡检或测量频次，提高电力工业生产现场安全管理的时效性和及时性，提高生产安全管理水平。

(7) 有效降低人员的劳动强度，降低电厂运维成本，提升工作效率，逐步实现减员增效。

（8）提高巡检或测量作业的标准化水平，保证生产过程中人员、设备、环境的标准化管理，提升全厂生产智能化和管理智慧化水平。

智能巡检机器人具有工作标准化、全天候、全方位、全自主的智能安全监控与预警的特点，为电厂提供创新型的技术检测手段和全方位的安全保障，每年可发现各种故障百余次，减少损失 100 万元以上。

5.4 输煤栈桥智能巡检机器人

5.4.1 应用背景

输煤系统是燃煤火力发电厂重要组成部分，负责将煤场或卸煤沟的煤炭通过输煤皮带，输送至原煤仓。如果输煤系统发生安全事故，将影响机组上煤，一旦原煤仓的煤被烧空，机组只能被动停机，对燃煤电站的安全稳定运行造成极其恶劣的影响。目前输煤系统仍然采用人工巡检的模式，工作劳动强度大，容易巡检不及时和不到位；工作现场的条件和环境恶劣，对人身安全和健康造成不良影响。由于巡检不到位，危险发现不及时，造成事故扩大化，个别电厂甚至发生了输煤栈桥的皮带着火事故，严重威胁电厂的安全。因此，有必要结合工业互联网、物联网、机器人、人工智能等技术，尝试实现无人输煤系统，用机器人巡检和算法识别代替人的巡检功能，实现现场危险、复杂环境的安全态势感知和智能报警，提高火电站风险管控和应急响应能力。

本章节分析输煤巡检业务存在的问题，基于输煤栈桥智能巡检机器人，打造无人输煤安全管控系统，动态感知落煤管堵塞、皮带撕裂、皮带跑偏、燃煤体积流量、现场温度，并及时、精准、自动推送报警，以提高输煤运行过程的安全风险管控和应急处置能力。本章节的分析有助于了解燃煤电厂输煤巡检存在的问题，通过设计和应用智能巡检机器人，实现多种危险复杂工况的实时态势感知，及时推送报警，降低现场工作人员的劳动强度和危险性，实现更安全、更高效的输煤运行。

5.4.2 现存问题和功能需求

以国电东胜公司输煤系统 5 号甲皮带为例进行分析，输煤皮带的运行速度为 2.5m/s，标准工况下的输运能力为 1000t/h，皮带宽度为 1.2m，皮带长度为 175.413m，提升高度为 45.545m，皮带坡度倾斜角为 14°，输煤系统运行时的常态化环境中粉尘浓度为 8.77mg/m^3。

（1）输煤系统与输煤巡检业务存在的问题包括：

1）人员需 24h 值班，劳动强度大。输煤系统目前都是有人值守，防止皮带跑偏、撕裂，煤粉自燃，并及时人工干预。由于存在人员疲倦或巡检不及时等因素，可能造成人员巡检不到位的现象，造成输煤系统的缺陷发现不及时，故障扩大化。

2）输煤系统工作环境差，影响巡检人员的人身安全和健康。输煤系统的噪声大，煤粉污染严重，且存在转动机械，容易造成人员受伤。已有某电厂发生过维护人员在输煤皮带附近清扫洒落的煤粉，被卷入转动滚筒，人身死亡的事故。

3）输煤系统存在煤粉自燃等火灾隐患。已有某电厂发生过输煤栈桥着火事故，造成重大的损失，说明火电厂输煤系统有重大的火灾隐患。某电厂输煤栈桥的皮带发生着火事故，也说明仅靠人员的高强度巡检，并不能快速、及时地发现现场设备超温、皮带过热和积粉自燃等事故，人工巡检不能完全保证输煤系统的安全稳定运行。

（2）输煤栈桥智能巡检机器人的功能需求包括：

1）全天候巡检。输煤栈桥智能巡检机器人不受白天、黑夜、雨雾天气的影响，可进行全天候巡检。

2）远程视频监视和数据实时上传。巡检机器人能将巡检的视频和测量数据实时自动上传至远端服务器。

3）落煤管和皮带的缺陷感知，缺陷点的精确定位。感知的缺陷包括落煤管堵塞、皮带撕裂、皮带跑偏等。智能巡检机器人在传动系统的牵引下，沿轨道往复移动进行全方位的扫描和监测，当输煤系统出现缺陷或故障时，可自动跟踪锁定异常位置，将现场画面第一时间展示在控制台。

4）现场煤粉自燃，皮带和设备着火的辨识和报警。利用皮带巡检机器人载红外热成像仪对整体环境和设备进行探测式测温。在电路短路、未清扫干净的煤粉集聚升温，未发生明火燃烧，仅仅温度异常时立即报警，及时采取应急措施，避免事故的扩大。

5）燃煤体积流量识别和计算。通过燃煤体积流量的识别，判断皮带运行状态，是否发生输煤系统堵煤、跑偏和异常停运。

5.4.3 结构设计和新技术应用

输煤栈桥智能巡检机器人的组成包括机器人本体、传感器、巡检轨道和运动控制系统、皮带感知和落煤机堵塞识别系统、通信网络系统、智能集中管控系统或后台软件。

（1）机器人本体。机器人本体的防护等级至少IP55，要能够适应输煤皮带附近潮湿、粉尘大的环境，能够防爆、防短路着火。国电内蒙古东胜热电公司于2018年6月开始立项研发，并于2019年1月在全国燃煤火电厂首次投运了自主研发设计的第一代输煤栈桥智能巡检机器人。图5-17示出输煤栈桥智能巡检机器人采用挂轨式，在刚性导轨上被大功率电动机驱动往复运动，能爬升一定坡度，在输煤皮带系统上方非接触式检测。

图5-17 国电东胜公司开发的第一代输煤栈桥智能巡检机器人

（2）传感器。智能巡检机器人搭载的传感器包括高清摄像头、红外热像仪、激光器等。智能巡检机器人在传动系统的牵引下，沿轨道往复移动进行全方位的扫描和监测。

（3）巡检轨道和运动控制系统。运动控制系统包括DGPS定位系统、电机驱动控制系统、云台控制系统。基于基站GPS定位系统和机器人所载移动站系统中DGPS定位芯片之间的无线信号传输，可实时确定巡检机器人所处导轨的精确位置。电机驱动控制系统负责驱动机器人高速、可靠、稳定、精确地运动，与智能集中管控系统连接。云台控制系统可被后台智能集中管控系统软件远程操控，支持定位运动、定量运动等方式，同时可以对运动速度、运动周期进行自定义，最高速度可达4m/s，最大爬坡能力为20°。

（4）皮带感知和落煤机堵塞识别系统。图5-18示出皮带感知识别系统负责实时检测皮带表面的状态，辨识皮带缺陷，包括皮带跑偏、划痕、裂纹、孔洞、褶皱、凹点等，并将监测数据实时传输给智能集中管控系统。皮带感知识别系统需采用激光实时扫描、皮带电机电流实时监测和视频监视等多种方式，感知识别皮带的运行状态。采用先进算法，确保从复杂的皮带表面快速、准确地提取撕裂特征，计算皮带上的燃煤体积流量。图5-19示出基于落煤机感知机和实时煤流量监测的落煤机堵塞识别。

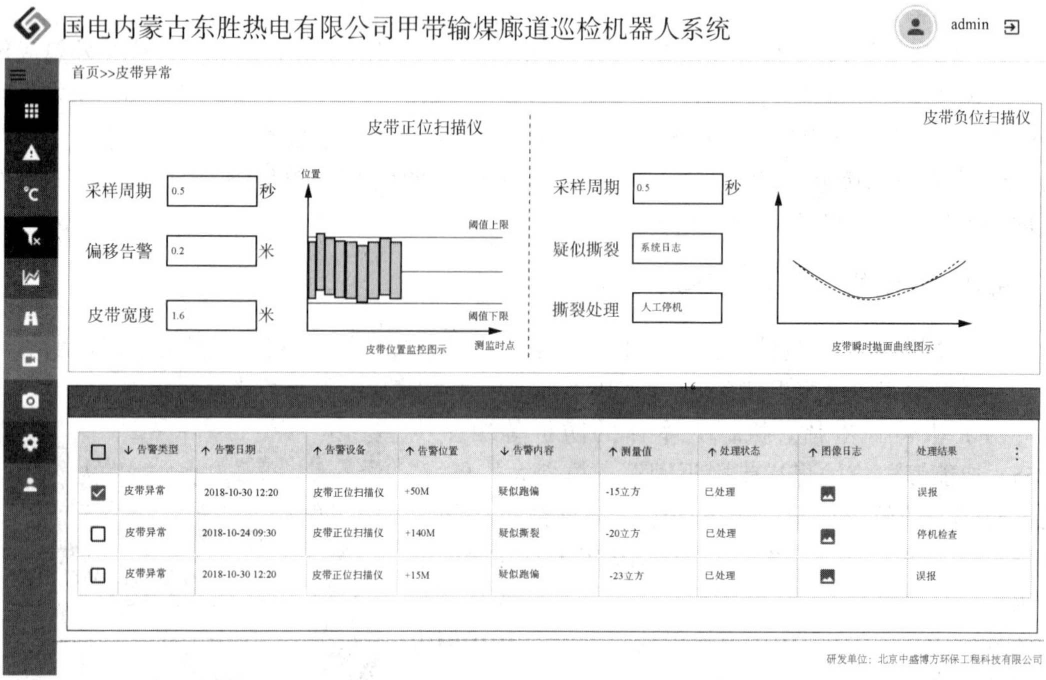

图5-18 输煤栈桥智能巡检机器人的皮带缺陷检测

（5）通信网络系统。通信系统设备主要包括信号转换器、直流稳压电源、定向天线、光缆、光纤分线盒、交换机等。信号转换器主要用于搭建无线通信网络平台，实现整个系统中控制上位机（基站系统）与智能巡检机器人（移动站系统）之间的信息传输。图5-20和图5-21示出输煤栈桥巡检机器人在传动系统的驱动下沿轨道往复行驶，实时采集运行区域中的各项监控数据，并通过信号转换器搭建的无线网络传输至就地控制柜，在就地控制柜界面实时显示机器人的运行状态和实时检测的数据。巡检搜集到的数据通过有线专用网络的方式，实时自动远传至远端服务器，在输煤集控室的智能集中管控系统软件界面上进行展示和控制。

图 5-19　输煤栈桥智能巡检机器人的落煤异常检测

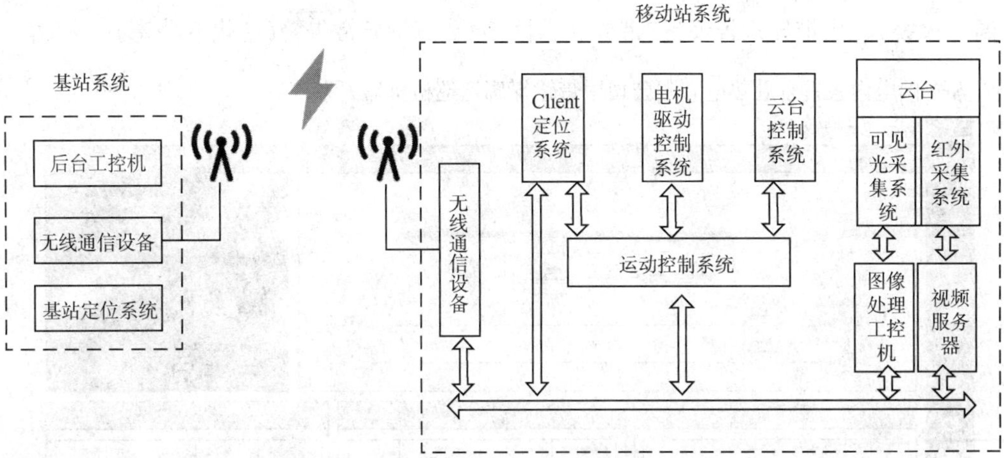

图 5-20　输煤栈桥智能巡检机器人的基站系统和移动站系统之间的通信传输

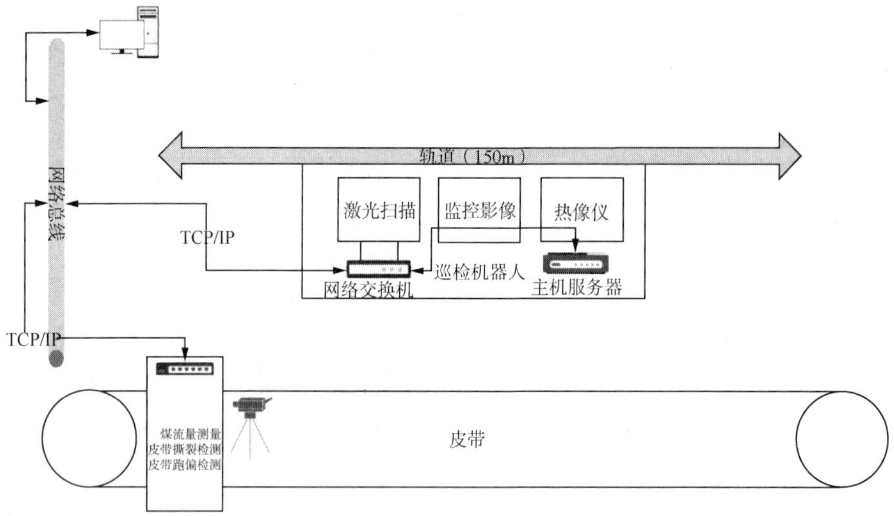

图 5-21　输煤栈桥智能巡检机器人的通信网络系统

（6）智能集中管控系统或后台软件。图 5-22 示出智能集中管控系统是整个系统的大脑，负责接收、处理、计算、分析和识别红外仪、激光器、传感器等现场设备的数据，实时监视、控制整个系统的运行，并给出危险预警和优化建议。智能集中管控系统可远程控制巡检机器人的运动控制系统，支持灵活的巡检模式，包括人工远程操控巡检、任务计划型巡检、重点区域巡检、定时定点监测、皮带联动巡检等模式。智能集中管控系统可以定点或动态实时显示制定位置的皮带上燃煤的横截图形，并计算出体积流量。图 5-22 示出智能集中管控系统软件的首界面功能，包括系统结构展示和数据溯源查询、视频监控、温度异常告警（高温、火警）、皮带异常告警（皮带撕裂、偏移）、流量异常告警（落煤管堵塞）。

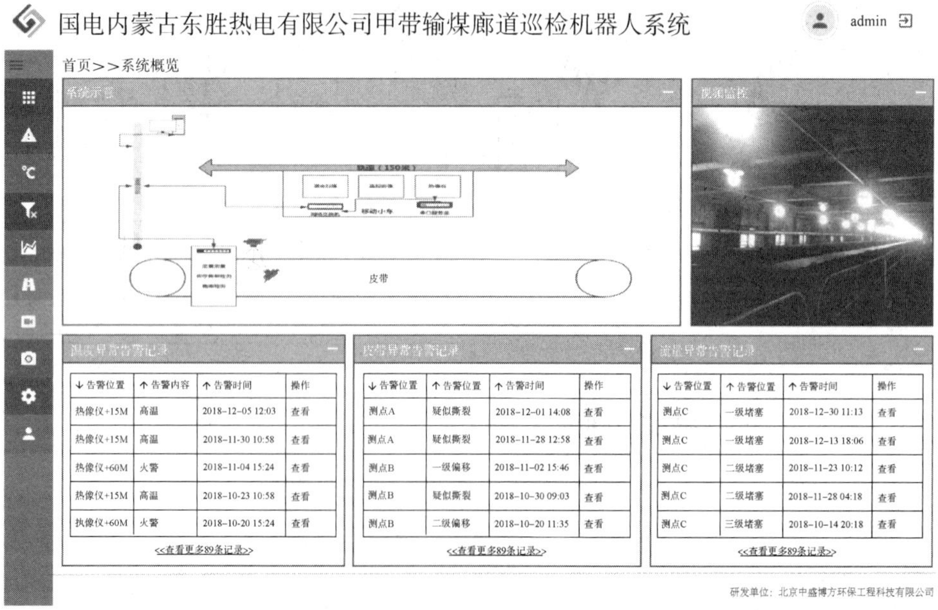

图 5-22　输煤栈桥智能巡检机器人的后台智能集中管控系统软件

自动监视、缺陷预警、事故报警和优化建议的专家知识库规则包括：

1）当落煤管堵塞时，系统可在10s之内确定感知，并发出预警，可关联皮带，自动停止。

2）当皮带撕裂时，系统可在5s之内确定感知，并发出预警，可关联皮带，自动停止。

3）当皮带跑偏时，系统可在5s之内确定感知，并发出预警，可关联皮带，自动停止。

4）图5-23示出当现场温度超高时，系统可在10s之内确定感知，并发出预警，可关联皮带，自动停止。可将消防系统接入图5-23所示的后台集中管控系统软件，与温度报警进行智能联动控制，发现火灾，即可在第一时间予以喷洒消防水浇灭，快速消灭火灾事故，将损失降到最低。在智能集中管控系统软件中，可将机器人的控制模式由自动控制切至手动模式，自动灵活操控巡检机器人，通过无死角的视频，第一时间掌握现场实际情况。

5）当输煤系统现场出现堵塞、撕裂、跑偏、温度超高时，可自动跟踪锁定异常位置，将现场画面第一时间展示在控制台。

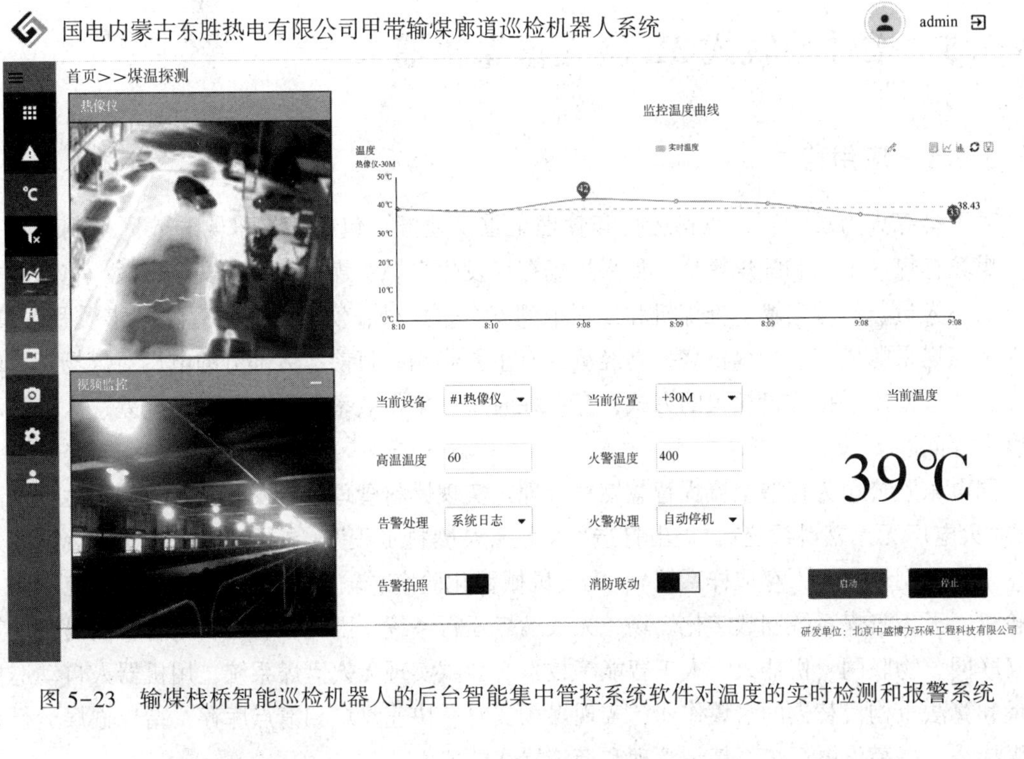

图5-23 输煤栈桥智能巡检机器人的后台智能集中管控系统软件对温度的实时检测和报警系统

5.4.4 实施效果

无人输煤系统由输煤栈桥智能机器人代替人工巡检作业，效果包括：

（1）提升输煤系统巡检的效率和质量。相比人工巡检，输煤机器人巡检的速度提高了3倍以上，巡检数据记录的数量也增加了约100倍。

（2）全天候、无间断巡检。智能机器人巡检系统不受白天黑夜和雨雾影响，能进行全天候、无间断、标准化的巡检。

（3）实现远程实时监视、设备状态实时感知和远程巡检作业操控，减少人工巡检和确认的业务工作量。通过后台软件实时监视现场画面，动态追踪皮带的运行状态，辅助集控运行人员在第一时间掌握现场情况，并远程操控巡检机器人进行反复确认，可减少现场人工巡检和确认的业务工作量。

（4）实现智能缺陷诊断和精准事故报警，降低输煤系统设备故障率和生产事故发生率。机器人巡检系统在后台智能集中管控系统配备了专家知识库和自动推理识别算法。通过智能缺陷诊断和事故报警系统，全面提升了落煤管堵塞、皮带撕裂、皮带跑偏、现场起火等现场不安全事件的诊断分析、缺陷识别和事故报警能力，保障安全生产。输煤系统的可靠性、报警的及时性提高了一倍以上，准确度达到90%以上。降低输煤系统故障率，延长皮带使用寿命，每年可为企业带来近50万元的理论收益。

（5）减少人工成本，保障人员安全，实现减人增效。以人为本，实现恶劣工作环境下的生产设备的无人化巡检管理，减少因工伤亡事故的发生。每个输煤管廊的现场巡检，每年可节省8万元人工成本。

5.5 柔性导轨式3D激光盘煤机器人

5.5.1 应用背景

对于燃煤火力发电厂，燃料运行和管理是重要业务，包括煤炭采购、入厂采制化、接卸、煤场存煤、上煤和配煤掺烧。如果煤场存煤发生自燃、煤堆垮塌等安全事故，将影响机组上煤，人员、运输车辆、推煤机和工程车辆安全。此外，实时了解库存煤的煤质和存量，对保证燃煤采购供应、配煤掺烧提高经济性有重要影响。目前，大部分的电厂对煤场库存的盘点，还是采用手持式盘煤仪的方式，存在耗时长、工作效率低下、测量精度差、人员劳动强度大等问题。

国电东胜公司为打造全流程智慧燃料管理，实现燃料管理极致安全和极致精细化的最高境界“火电厂无人燃料系统”，提出打造“六大无人燃料工程”，包括无人采制（包括无人采样、全自动制样、无人存取样系统）、无人机械臂化验室、输煤皮带上实时化验系统、无人斗轮机、无人盘煤系统和数字化煤场、无人输煤运行系统。因此，有必要结合智能设备、工业互联网、物联网、机器人、人工智能等技术，尝试实现无人盘煤系统，用机器人自动巡检测量和算法重构代替人的盘煤作业，实现煤场实时、快速盘煤和清点库存，指导输煤运行和配煤掺烧，提高火电厂煤场精细管理和经济掺烧的能力。

本章节基于柔性导轨式3D激光盘煤机器人，打造智慧电厂数字化煤场和智慧燃料管控系统，动态监视煤场煤堆体积、煤量、煤堆形状、大型设备运行状态和现场温度，并及时、自动推送异常报警，以提高储煤场的数字化状态量化感知和安全风险管控能力。本章节的分析有助于了解新型的燃煤电厂煤场盘煤先进技术，通过3D激光先进探测，柔性导轨式实现低成本覆盖，降低现场工作人员的劳动强度，三维图像重构建模实现煤堆堆形和容积计算，更及时、更高效的煤场盘煤实现煤场量化管控和精细化配煤掺烧。

5.5.2 现存问题和功能需求

以国电东胜公司为例进行分析，煤场已经完成了全封闭的工程建设。1 号煤场长 150m、宽 90m，存煤量为 50~60kt。2 号煤场长 200m、宽 115m，存煤量为 150~180kt。

传统的人工手持式盘煤仪测量耗时长，测量标准度差、重复精度差。无人机盘煤技术适用于开放式煤场，但受信号光线和天气影响较大，此外也受到封闭建筑物内 GPS 信号定位不准的影响，不适合封闭式煤场和全天候作业。斗轮机载激光探头进行盘煤的技术存在很大的测量盲区，测量精度差。

基于封闭式煤场和固定激光扫描仪的盘煤技术存在的问题包括：

(1) 成本高昂。根据条形煤场长度和扫描仪覆盖半径确定布点数量。图 5-24 示出 1 号煤场长 150m、宽 90m，一台激光盘煤仪的有效覆盖半径一般为 60m，需要布置 4 台固定式激光盘煤仪，对整个封闭煤场进行覆盖式扫描。激光扫描仪一般为进口采购，价格高达 30 多万元，一个煤场的盘煤需求，仅激光探头的硬件设施采购就需要 120 多万元，再加上电源、数据传输通信线路、后台操控软件、施工费用等，成本至少为 160 万元。同理，2 号煤场尺寸大于 1 号煤场，也需要 4 台固定式激光盘煤仪，才能实现封闭煤场的覆盖式扫描。

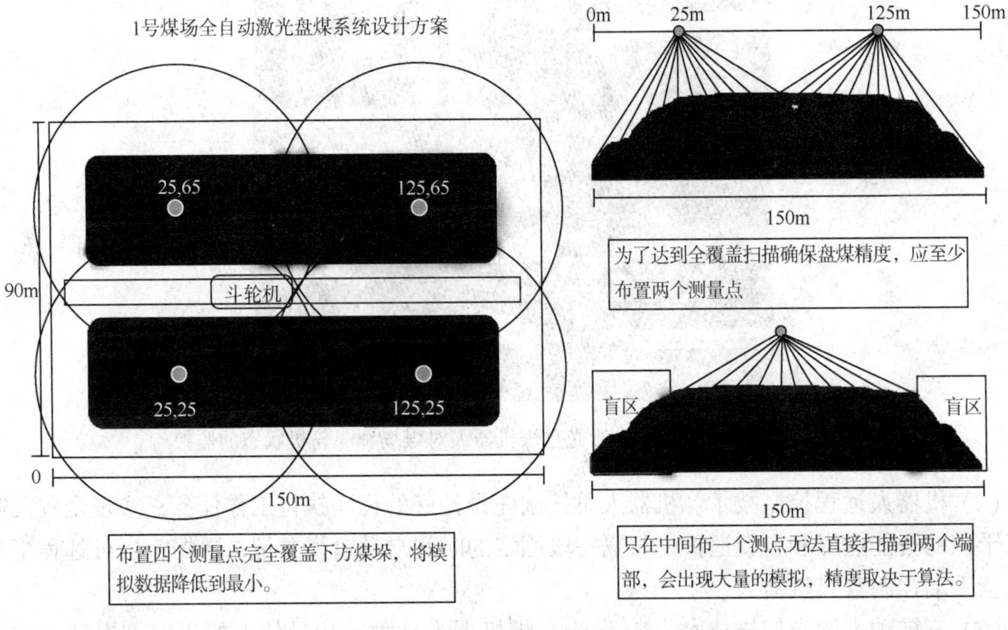

图 5-24 封闭煤场的全自动激光盘煤仪布置图

(2) 存在扫描盲区，部分情况下产生较大的测量误差。如果只布置 2 台固定式激光盘煤仪，也能够完成全场煤体积量的盘点，但是煤垛 0~25m 和 125~150m 体型端部可能会产生扫描死角。尤其是当存煤量比较大的时候，端部堆型复杂，激光无法拐弯。若端部有不规则凹陷，激光是无法扫描到的，软件模拟只能根据煤炭的自然堆积特性和角度进行模拟纠正，无法模拟出现凹陷的部分。因此，软件模拟补偿后，端部会理想处理为完整的梯形，存煤量会比实际偏高，产生较大的误差。

数字化煤场和燃料智能管理要求煤场实时盘煤数据高度准确，因此布置两个激光扫描仪测点是无法满足实际需求的。采用四台固定式激光盘煤仪基本满足各种复杂情况的实时盘煤需求，但在相邻两台激光盘煤仪的扫描重叠中央区域，受到斗轮机作业干扰时，仍会有少量测量盲区和误差。

5.5.3 结构设计和技术应用

柔性导轨式3D激光盘煤机器人的组成包括柔性导轨系统、三维动态激光扫描仪、定位模块、通信模块、防尘供电模块、驱动电机、后台监控分析软件，采用的技术包括：

（1）柔性导轨式运动技术。图5-25示出在煤场条形煤剁上方中间位置安置一条平行轨道及柔性缆绳，将三维动态激光扫描设备挂载在机器人上。机器人本体没有电机驱动，通过煤场两侧上方的电机拖动柔性缆绳往复运动，从而驱动机器人在煤场上方行走。设备测量作业中运行速度为0.5～1m/s，巡检速度为1～3m/s。

相比传统盘煤设备，柔性导轨式盘煤机器人携带激光扫描仪沿着煤棚顶部中央的柔性轨道行走，煤场盘点作业时，不受限于工作面和工作地点，工作域区可任意划定。柔性轨道系统及设备轻巧，安装灵活轻便，不会对煤棚结构造成影响。

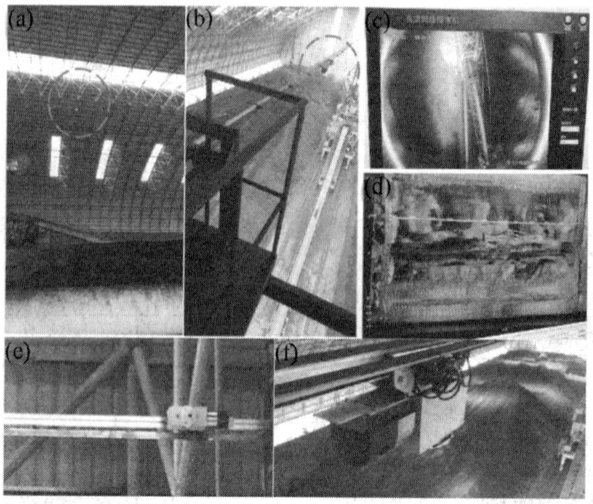

图5-25　柔性导轨式3D激光盘煤机器人对煤场和斗轮机状态的监控

（2）机器人远程控制技术。机器人可按预先设计好的程序执行工作任务，实现全程无需人工干预的智能盘煤和自动巡护。每隔一段固定的时间自动盘煤并记录数据，也可远程半自动或全手动控制盘煤机器人。

（3）三维动态激光扫描技术。3D激光盘煤机器人技术采用导轨上的机器人携带三维动态激光扫描仪作为检测装置，对煤堆场的目标料堆进行实时扫描，获得高精度的料堆表面点云位置信息。测量精度高，确保料堆形状三维重构模型精准可靠。测量用时短，可实现实时盘煤。原装进口的三维动态激光传感器，设备自身具有定位功能，保证发射位空间坐标的精准，确保测量数据皆为绝对值，以达到最终测量数据的精准。

（4）基于凸包划分和三角剖分算法的煤堆三维结构图像重构技术。基于凸包划分和三角剖分算法等建模技术，对3D激光传感器扫描获得的实时料堆表面点云位置数据，进行三维图像重构建模，可获得图5-26所示的几乎真实的三维煤场煤堆立体结构图。图5-26示出的三维煤堆数字模型可做到360度全方位旋转。

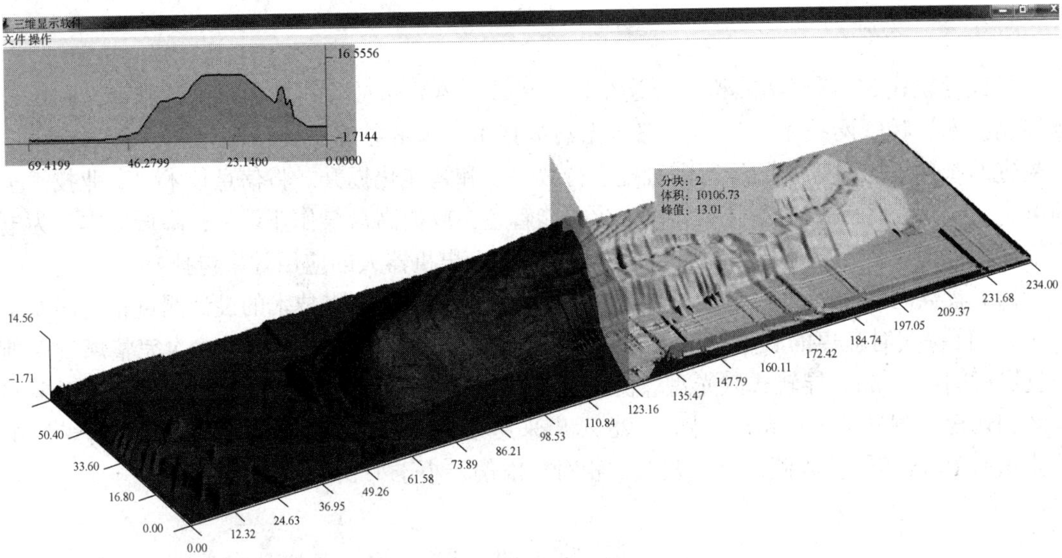

图 5-26　煤堆三维结构的图像重构

（5）数字化煤场。图 5-27 示出基于激光盘煤和图像重构得到煤堆的三维立体图形，进而可计算出煤堆的体积、存煤量，并通过数字化煤场软件标签技术，动态关联矿点、煤种、煤质、煤价等信息。基于无人盘煤技术的数字化煤场，以三维图形全面直观动态展示煤场状态，包括不同煤场和同一煤场不同区域的存煤体积(图 5-27)、煤库存量、煤炭密度、热值、全水分、硫分、煤场温度、斗轮机位置及运行状态、分层分区域展示的来煤种类、来煤批次、堆存时间、接卸煤的入场历史、入炉煤上煤的出场历史、收耗存统计等相关数据。

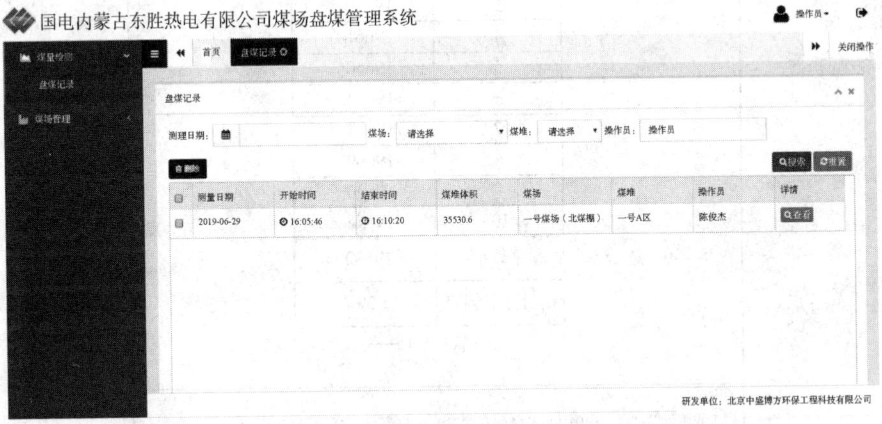

图 5-27　柔性导轨式 3D 激光盘煤机器人后台软件展示的盘煤结果

（6）煤场动态监视和安全分析诊断技术。针对煤场中作业的大型机械设备，盘煤机器人支持智能巡护功能，可跟踪盘点作业，提供煤场安全防护预警。图 5-25 示出的盘煤机器人可通过搭载的高清摄像头及三维图像重构技术，清晰地监控斗轮机的位置和运行状态。基于红外测温仪，测量料堆表面温度，结合三维模型塑造温度场，对煤炭自燃及超温进行预警。

5.5.4 实施效果

柔性导轨式3D激光盘煤机器人是在煤场网络、数据库平台和控制系统基础上，利用自动控制技术、物联网技术、三维动态激光扫描技术、Web技术、无线通信技术，结合火电厂先进的管理思想对煤场的运行和管理进行数字化和智能化提升。将信息技术、工业技术全面融合，实现煤场三维动态显示和精细化智能管理，以提高盘煤作业效率，降低成本，为电厂配煤掺烧提供数字化基础。柔性导轨式3D激光盘煤机器人的应用效果包括：

（1）盘煤时间更短、效率更高，测量精度更高。机器人盘煤技术的设计测量相对误差小于5‰，确保实时盘煤的测量精度。设备运行速度快，采集数据时间短，一次完整煤场煤堆的盘煤时间约5min。导轨式激光盘煤测量相比固定式激光盘煤测量，消除了测量过程中的盲区和死角，测量结果更精准。图5-28示出采用柔性导轨式3D激光盘煤机器人对煤场煤堆体积的10次实际验收测试结果表明，相对标准偏差小于1.3‰。

中 国 计 量 科 学 研 究 院

报告编号CDjc2019-5565

测 试 结 果

三维激光动态巡护盘料系统对客户现场1#煤场A煤堆体积的测量结果如下：

测量次数	体积实测值/m^3
1	19608
2	19611
3	19610
4	19661
5	19650
6	19644
7	19607
8	19660
9	19606
10	19658
平均值	19632
相对标准偏差	1.3‰

—— 以下空白 ——

声明：

1.我院仅对加盖“中国计量科学研究院测试专用章”的完整报告负责。

2.本报告的测试结果仅对本次所测试的样品有效。

测试员：　　　　核验员：

图5-28　柔性导轨式3D激光盘煤的第三方测试结果

(2) 低成本、全自动、全天候、煤场全覆盖的盘点作业，不受空间限制。通过巡航参数的设定，系统可实现24h不间断、全自动盘点作业。动态扫描过程中无盲区、无死角，完全覆盖煤场内整个料堆，可实现任意指定区域范围内的无障碍动态测量作业。全部测量数据由三维动态激光器自动采集，无需人工干预，不受工作面和工作地点限制，工作域区可任意划定。一台柔性导轨式3D激光盘煤机器人可完全满足单个煤场的盘煤工作，一个煤场的工程造价约60~70万元，相比固定激光盘煤技术一个煤场造价160万元，降低约100万元，成本降幅巨大。成本和性能的巨大优势，柔性导轨式3D激光盘煤机器人技术必将成为封闭式煤场智能盘煤的优先选择。

(3) 支持数据实时上传和分析，实现远程监视、智能巡检和异常诊断报警功能。测量得到的数据，可实时上传至后台燃料自动监管软件(一体化燃料智慧管理平台)，通过服务器处理计算，生成反映煤场整体存煤状况的三维煤堆数字化模型，并同时更新煤场信息化管理系统中相应数据报表。

此外，盘煤机器人搭载的可见光和红外摄像头，可对煤场中煤粉自燃，斗轮机、卸煤车、铲车等设备的运行状态进行远程监视。结合煤堆盘煤得到的三维图形，判断是否有煤堆塌垛、超温等异常情况，并及时提供安全预警，避免煤堆自燃和斗轮机碰撞等事故发生。同时，盘煤机器人可根据斗轮机作业状态，调整自身空间位置，动态扫描、计算、分析和监控斗轮机的装卸工作量，实时提供当前料堆数字模型及三维空间坐标，指导斗轮机精准对位、开层等作业。

(4) 煤场管理智能化，指导接卸煤分煤种堆放，入炉上煤精确取煤和精细化配煤掺烧。通过盘煤机器人和数字化煤场，科学规划煤场分类堆放，实时监测煤场储煤的位置、形态和储量，关联煤质和价格信息，智能指导入炉上煤。结合无人斗轮机技术，可实现基于配煤掺烧智能算法的机器人盘煤、斗轮机取煤、入炉上煤掺烧的全流程煤场智能化管理。

(5) 指导燃料采购。根据动态、精确、直观的煤场储煤分布，按照煤质变化、储存时间、自燃情况，以及锅炉设计参数、发电负荷计划、煤场储煤实际情况，智能制定掺配方案。基于掺配方案和锅炉燃烧效果的实时量化评估，可推算出最佳的来煤量和煤种需求信息，进而科学指导燃煤采购。

5.6 城市热网管道检测智能机器人

5.6.1 应用背景

随着工业互联网、泛在物联网、机器人、人工智能、工业4.0等技术和概念的深入推进，机器代人、算法代大脑的应用在智慧工厂生产、检修、巡检等各个专业快速涌现。对于热力公司生产运营，一大痛点就是非供热期仍需派检查人员进入狭窄、昏暗、不透气的热网管道内检查缺陷，存在检查质量差、漏检严重、成本高昂、人员安全风险大等问题。

现在市面上的管道巡检机器人均为有线传输设备，机器人无法拖拽数百米的线缆深入管道内部。极少的无线机器人深入管道内部距离非常短，数据传输、传动系统及供电等诸多技术尚未突破，无法胜任长距离、高复杂度的大型热网管道内部巡检工作。因此，有必要结合工业互联网、物联网、机器人、人工智能等先进技术，开发智能巡检系统，用机器人巡检和算法识别代替人的巡检，实现远距离、各种类型的供热管网、危险复杂环境的安全态势感知和智能诊断报警，提升供热公司的风险管控能力，同时降低管道挖掘检查的工作量和检查成本。

本章节针对非供热期城市热网管道缺陷检查的业务，分析采用智能巡检机器人取代人工检查的可行性、功能需求、结构设计和智能技术应用，以提升热网管道内部巡检的质量、效率和全覆盖性，提高冬季居民供热稳定性和安全性。本章节的分析有助于了解新一代的热网管道巡检智能机器人结构设计、功能和新技术应用，通过实现多种尺寸热网管道内部缺陷的巡检，全面提升了对热网管道管壁减薄、裂纹和腐蚀等缺陷的感知识别能力，极大降低了现场工作人员的劳动强度和危险性。

5.6.2 现存问题和功能需求

以国电内蒙古东胜热力公司为例，管网总长度约 210km，供热面积约 $12\times10^6m^2$，供热压力较大，长期存在供热期管路泄漏、维护费用大等问题。由于东胜区热网一次管道使用年限较长，且热网管道在供热期长期处于压力大、温度高的恶劣环境中，管道泄漏隐患较多，需在非供热期进行开挖检查。目前热网管道检查通常依靠人力来完成，但由于热网管道所处环境通常是人力不易接触的区域，导致热力管道易出现泄漏、重复维修、检修维护工作量大等问题。

主干线管道直径为 0.6~1.2m，含 *DN*1.2m、1.0m、0.9m、0.8m、0.7m、0.6m 这些尺寸。一次网支线管径 0.1~0.6m，二次网管径 0.08~0.5m，含 *DN*0.6m、0.5m、0.45m、0.4m、0.35m、0.3m、0.25m、0.2m、0.15m、0.1m、0.08m、0.05m 这些尺寸。城市供热管网考虑安全因素，均布置在城市交通道路外沿路面下方，属于地埋管道。图 5-29 所示为非供热期的城市热网管道例行检查，其管道埋深均在 1.5m 以下，有的地段埋深有 5m 左右。

热网管道在运行期间出现泄漏的原因包括：①地下水腐蚀；②管道接口处保温工艺差，保温损坏，造成外部腐蚀泄漏；③焊口受到内部热水冲刷减薄、外部腐蚀，裂开；④膨胀节采用波纹桶补偿器和套筒补偿器的冷补偿，受到 60~110 ℃ 供热热水温度的交变热应力，容易出现膨胀受阻、波纹无补偿和波纹开裂，造成膨胀节泄漏；⑤弯头和变径管接头处存在冲刷和旋流，管壁容易减薄。

图 5-29　非供热期的城市热网管道例行检查

需在非供热期间，例行检查城市热网管道的壁厚、管内壁面的外观、锈蚀、腐蚀、裂纹和氧化皮等。排查管道是否存在减薄、有裂纹和腐蚀严重的问题，以及时更换管道，合理安排下年度的检修计划，保障居民冬季供热稳定和安全，防止频繁出现冬季供热中断的民生投诉事件。现在常用的检测方式是让检修人员戴上防护用具、探照灯和金属测厚仪，通过躺在滑板上，被送入管道内部进行检查。

（1）传统的热网管道检查方式，存在的问题包括：

1）人工检查的工作质量无法保障，结果容易失真。

人工检查的方法受管网长度影响，只能采取抽查焊口周围几个点的方式，较为局限，只能代表局部。热网管道裂纹检查的质量跟检查人员的专业素质、责任心、目测方法、设备测量的方式标准化程度等有关，容易出现漏检、测量数据不准、记录不及时、数据整理不充分的问题。

2）环境恶劣，人工检测速度慢、效率低，大量的管道无法检查，存在大量检查盲区。热网管道总长约210km，分布广且数量多，人工检测效率低下，人工检查不能全覆盖整个热力管网，只能抽查检测，有很大的随意性。将人员送入热网管道内部检查的方式，只能在热网管道直径600~1200mm的大直径管道内部开展。直径600mm和700mm的管道内部开展检查作业，人员风险较大，检查距离较短，一般只能检查50m，成本较高。直径80~500mm的热网管道人员无法进入，存在"技术性放弃"小直径管道内部检查的问题。直径小于600mm的小直径热网管道由于人员无法进入，基本不检查，被动地等待热网管道泄漏后应急抢修，供热期管网泄漏风险较大。

小直径管线较长，分布较散，导致冬季供热期间，小直径热网管道泄漏事故频发，给冬季居民供热带来了巨大的安全隐患和应急抢修压力。管道存在小裂纹和小沙眼，出现细微渗水、漏水，虽然可以通过增加热网补水量的方式来维持冬季供热，但经济性较差，且长时间泄漏易造成局部塌方，给热力公司带来了较大的经济损失和安全隐患。

3）完全检查的工程施工和检查作业量较大，成本高昂。检修期的热网管道人工检查，有大量土方挖掘和割管作业，效率低、成本高，易出现漏检现象。检修人员最多深入管道300m，否则有窒息的生命风险。由于管道内部检查安全风险较大，不能长时间在受限空间内工作，只能分成几批人，隔15min就换一次班，需消耗大量的人力，且效率低下。有大量深处的管道不能一次性检测，存在大量漏检的环节。如果要全部检查，则需要分段挖掘土方、割管、检查、焊接恢复，工程施工量较大，检查作业成本高昂，每年需投入至少300多万元用以非供热期的热网管道检查和维护。

4）检查人员有人身安全风险。在管道内部深处含氧量低，检查人员有窒息的生命安全风险。管道内部有可能存在塌方失陷、氧化皮脱落伤人、碰伤的风险。

5）检查人员有心理健康风险。热网管道内部检查属于受限空间作业，热力管道内部能见度低、环境恶劣，长时间处于密闭黑暗空间，会使人在心里上对黑暗环境产生恐惧感，部分检查人员可能会患上焦虑症、抑郁症。以国电内蒙古东胜热力公司为例，管网总长度约210km，供热面积约$12\times10^6m^2$，供热压力较大，长期存在供热期管路泄漏、维护费用大等问题。由于东胜区热网一次管道使用年限较长，且热网管道在供热期长期处于压力大、温度高的恶劣环境中，管道泄漏隐患较多，需在非供热期进行开挖检查。目前热网管道检查通常依靠人力来完成，但由于热网管道所处环境通常是人力不易接触的区域，导致热力管道易出现泄漏、重复维修、检修维护工作量大等问题。

（2）非供热期热网管道检查的业务对智能巡检机器人的功能需求包括：

1）直径300~800mm的热网管道检查。原因包括：①这个直径区间的管网分布广，影响范围较大；②一次热网支线阀门多采用蝶阀，系统不容易隔离检修；③多数一次热网支线布置在主要交通道路，泄漏后水量大，对行人造成一定出行安全风险；④检查人员很难进入或者无法进入，无法仔细检查，存在大量漏检问题。

2）电池续航能力强，遥控操作简单，性能稳定。一次充电，至少保证能往返检查热网管道深度500m。遥控器能简单易行地、远程实时操纵管道机器人的运动姿态。管道巡检机器人可连续24h不停作业，且不发生任何故障。

3）视频动态监视和信号在管道内远传至管道外。管道内部图像可被实时传输至管道外部的接收器或电脑，以方便检查人员实时判断管道内壁是否有肉眼可见的腐蚀、锈蚀、氧化皮、裂纹等缺陷。

4）自动出缺陷诊断报告。基于智能图像识别技术、缺陷物理模型和专家知识库，分析巡检系统搜集的壁厚测量数据和图片，诊断和报警供热管道堵塞、管壁裂纹、管道减薄、管网腐蚀、氧化皮结垢五大类缺陷，并自动出诊断报告。

5.6.3 结构设计和技术应用

热网管道巡检机器人按照功能划分，组成结构包括机器人大脑、运动本体、传感器、移动式电源、数据传输和控制终端、后台分析诊断软件。

（1）机器人大脑包括智能存储、智能计算、智能集中管控系统等。机器人大脑相当于一台高性能微计算机，具有接受远程指令，执行指令的功能。测量数据临时存储、指令接收、遥控指令处理、边缘端的计算和分析、巡检模式自适应切换、信号传输模式的自适应切换均由机器人大脑系统按照程序设计自动完成。

在项目后期，可设计智能芯片，将后台图像智能分析功能和卷积计算识别算法内嵌入芯片中。在现场开展检查工作的同时，实时快速发现管道内壁面缺陷，基于缺陷的类型和影响评估，开展换管等检修维护业务。电力热网巡检专用AI芯片可大量减少卷积计算的算法操作量，降低运算复杂度，以提高运算速度。热网巡检专用AI芯片具有生成时钟锁相环，DDR、SDR和快速RAM(FCRAM)存储器所需的专用双数据率(DDR)接口等。

（2）机器人运动本体，包括滚轮、底盘、聚合动平衡推进系统、机械臂、探照灯等。机器人本体应支持机器人在管道内部的各种复杂推进运动，具有抗摔、抗压、运动自由度高、远程控制运动姿态精准等特点。

聚合动平衡推进系统负责驱动智能巡检机器人可靠、稳定、精确地运动，与智能集中管控系统连接。机器人运动本体能支持全手动远程运动控制、半自动模式定位运动控制、全自动定速定量巡航运动控制等方式，同时可对巡检速度、巡检运动周期进行自定义。在管道内运动的最高速度为40m/min，最大爬坡能力为55°，最大越障能力为90°。

智能巡检机器人在聚合动平衡推进系统的牵引下，沿管道按指挥管控的要求可灵活移动，对管道内部情况及管壁进行全方位的扫描、监测和感知。

（3）传感器包括高清摄像头、管线定位仪、测厚仪。闭路微光高清摄像头能将所采集的视频实时上传至后台软件，实时分析及保存备查。管线定位仪，一般采用激光雷达技术，用以定位机器人在管道中的位置。管壁测厚仪可对热力管道进行管壁厚度测量，记录厚度数值与其对应的管路位置，并将采集到的数据回传至机器人系统后台软件，进行智能分析。

（4）移动式电源为锂离子电池包，可支持机器人至少巡检30～60min。管道内最长往返行进距离至少可达2000m。

（5）图像和测量数据实时传输系统、控制终端，包括图像综合处理系统、微型信号发射器、信号接收器、机器人远程遥控器。图像综合处理系统包括图像采集模块、图像处理模块、图像比对模块、图像显示模块和电力热网巡检专用AI芯片主控制模块。图像综合处理系统支持各种单端I/O标准，包括LVlvrL、LVCOS、和SSTL. 2/3等。LVDS通道的传输速率高达640Mbps，基于LVDS和RSDS标准，可提供近230个通道的差分I/O支持。

管道机器人通过近场无线方式来传输数据及管道内部影像，内部可嵌入UC/OS Ⅱ等操作系统，具备预读指令功能，可极大提高处理速度和处理能力。近场无线传输系统具有多个固定的中断向量入口地址，以提高其实用性，可快速响应各级中断。数据信号向外传输时，I/O口的拉、灌能力强大，单一输出时电流可达38~42mA。

近场无线传输系统保密性好，具有不可破解的位加密锁。系统片上资源非常丰富，带EEPROM、PWM、SPI、UART、AD、WDT、RTC等功能组件，稳定工作的电压范围较宽，为2. 3~5. 5V。无线设备包括一个数据包过滤和地址识别模块，一个IEEE 802. 15. 4兼容的无线收发器，可控制机器人超微型配载传输站，可在主机轮询组网与时间分片组网两种方式之间自动切换。

图像传输功能还具备5G全高清数字传输，可支持1920×1080和60fps的高清视频传输。使用5G射频技术，地面端搭配5dbi的全向天线，发射功率100MW，实测管道内部有效传输距离达1. 5km。地面端搭配16dbi的定向天线，实测管道内部有效传输距离高达5km。上行和下行链路采用MIMO多天线技术和OFDM调制方式，配合先进的人工智能算法，可有效提高系统数据带宽和管网复杂环境的稳定性，提高系统的动态性能。

(6) 后台分析诊断软件的功能包括测量数据的自动标签化归档整理，智能识别和判断数据和图像代表的管道缺陷类型，预测管道的剩余寿命。基于智能识别的缺陷类型和程度，自动匹配专家知识库的特征参数，智能生成应对处置方案。

管道巡检机器人采集的高清图像，可通过GNN(图像卷积神经网络)算法给出管壁减薄、有裂纹和腐蚀严重等缺陷分析。GNN提供了图像表征学习算法(Graph Representation Learning)与图嵌入技术(Graph Embedding)的框架，可用于各种图像数据监督、半监督及强化学习。GNN将管道机器人传回的图像上的元素，如节点，连接成为不同的向量。不同元素所对应的向量之间的距离保存了它们在原图像上的相似关系。将拓扑关系表达为特征空间中向量的做法，本质上是一种基于拓扑信息的特征提取过程，是一种集成传统图像分析和机器学习的新方法。

5.6.4 实施效果

智能热网管道机器人代替人，进行热网管道巡检，带来的效果和收益包括：

(1) 管道智能巡检机器人打通了热网管道检查和检修业务的全流程，包括深入管道内部、态势感知、定位、测量、分析、识别、诊断供热管道的缺陷和建议检修计划。基于缺陷状态分析评估，自动给出管网设备寿命预测，辅助检修人员合理安排管道检修维护或更换保养等业务。

(2) 基于智能巡检机器人的巡检系统，提升了供热管网的检查质量、工作效率和覆盖范围，实现了更长管道的低成本、高精度、高效率、大面积和全天候检查。由无线智能巡检机器人代替人工管道巡检作业，巡检速度提高了5倍以上，测点数量可提升约2000倍，报警及时率提高3倍以上，管道缺陷报警准确度达到90%以上，对热力管网检测的漏检率低于5%。

无线智能巡检机器人不受白天黑夜、雨雾和管道内部各种不良环境的影响，可实现全天候、全类型管道无间断地巡检。热网管道检测的准确性将大幅提升，极大降低管道开挖检查的工作量和检查成本。由于管道机器人检查效率高、成本低、覆盖面积广，可彻底排查存在隐患的热网管道，并及时检修维护，有助于创造性地实现热力公司几乎从未完成过的一个目标，即供热期内热网管道零泄漏，且不发生重复维修工作。

（3）智能机器人巡检热网管道，提高了热网管道内部检查作业的安全性，极大降低了人身安全事故风险，真正体现了安全生产管理以人为本的理念。

（4）智能机器人巡检热网管道弥补了以往低于700mm直径管道内部人工检查因无法进入导致的“技术性放弃”的检查真空地带，极大提升了低于700mm的小直径管道的检查质量，提升了热网管道冬季供热的稳定可靠性和整体安全性。

（5）基于专家知识库和智能识别算法，实现缺陷类型的精准辨识、报警和检修方案的智能推荐，体现了数据挖掘、缺陷分析与诊断的智能化。专家系统能精准诊断和报警五大类缺陷，包括供热管道堵塞、管壁裂纹、管道减薄、管网腐蚀、氧化皮结垢。

5.7 基于人工智能算法的视觉识别

5.7.1 研究背景

燃煤火力发电厂是涉及国家能源安全和民生的重要生产基地，发电厂车间噪声大、气味浓、监控周期短、操作费时费力，同时对巡检和监控人员要求责任心强，对人身健康非常不利。传统的视频监控也多以安防为主，摄像头是没有“脑子”的，依赖值班人员浏览式地盯着数百个摄像头的后台图像查找问题。火电企业生产现场设备的“跑冒滴漏”现象，给生产设备带来安全隐患的同时，也给生产现场的员工带来安全威胁。对于燃煤火力发电站，跑冒滴漏是水、酸碱溶液、油、水蒸气、灰渣粉、煤粉、烟气、水煤浆、火焰、电火花等十余种物质形态的跑冒滴漏。

跑冒滴漏不仅对环境造成污染，对现场人员造成职业危害，还造成成本浪费，增加机组运行的安全隐患。目前跑冒滴漏的发现还依靠现场工作人员的人工定期巡检，通常全厂主机设备巡检一次的时间间隔平均为2.5h。如果巡检人员责任心不到位，该巡检的地方未巡检到位；或者巡检之后才发生跑冒滴漏，等下一次巡检需要2.5h，容易造成跑冒滴漏的事故扩大化。如果EH油箱发生漏油事故，2.5h后才被发现，意味着机组的事故非停。

因此，有必要针对燃煤火力发电站生产现场十余种物质形态的跑冒滴漏现象，设计、研究和开发基于视频数据的AI识别预警系统，通过深度学习领域的Mask R-CNN等神经网络算法，实现对生产现场危险现象的态势感知和智能报警，变被动响应为主动搜寻式安全，从而极大保证发电设备的安全可靠运行。深度神经网络为有很多隐藏层的神经网络，在相同参数数量下，深度神经网络的训练难度更小，更容易实现对复杂图像中多种特征的快速识别和精确提取。

本章节针对燃煤火力发电站，基于大数据学习和深度神经网络，采用人工智能算法开发基于视频数据的AI识别预警系统，分析和识别生产现场常见的跑冒滴漏现象，及时、精准、自动推送报警，提高电力生产过程的安全风险管控和应急处置能力。本章节的分析有助于了解燃煤火力厂生产现场的跑冒滴漏现象和危害，基于人工智能算法分析视频数据，精准、快速、自动识别跑冒滴漏，并及时推送报警，提高生产现场跑冒滴漏处理的风险预控和应急响应速度。

5.7.2 生产现场的跑冒滴漏现状

燃煤火力发电站生产现场涉及跑冒滴漏的危险因素和管理问题包括：

(1) 汽轮机和锅炉车间环境复杂，温度高、噪声大、占地面积广，所部署的网络摄像机均从安防角度考虑，无法监控到运行设备的跑冒滴漏现象，也无法判别异常形态，并给予预警。

(2) 目前，常规针对跑冒滴漏现象的管控，主要是安排巡检人员每隔2~3h进行常规巡检，满足不了全天候7×24h实时监控预警的要求。

(3) 由于现场环境复杂，设施、管道众多，靠人工巡检，一些异常事件仍有可能疏漏。

(4) 人工巡检记录采用传统记录方式，满足不了数据实时性传达要求。

总体而言，生产现场涉及跑冒滴漏的危险因素和管理问题包括发现滞后，人为疏忽，不能实时传达异常情况，摄像头功能单一，人工巡检不能保证每一个设备或阀门巡检到位。

5.7.3 视频数据AI识别预警系统

为满足生产现场跑冒滴漏实时、精准监控的需要，基于大数据和深度神经网络算法，开发视频数据AI识别预警系统，辅助人工监控跑冒滴漏，并在未来随着系统的升级完善，进而逐渐减少并取代人工巡检。视频数据AI识别预警系统包括监控中心软件、摄像机等检测设备、高性能服务器、单点视频源数据AI识别分析模型、后台数据处理系统、后台数据统计分析系统、数据库管理系统、非结构化系统管控中心。

(1) 视频数据AI识别预警系统的技术要求包括：

1) 视频数据AI识别预警系统主要检测设备、传输管道和阀门故障，如管道或阀门泄漏，包括煤粉及粉尘、气体与蒸汽、液体泄漏，以及现场明火等异常事件。所以前期需根据现场环境及监测目标，并结合已有现场网络、供电等资源，选定专用监测摄像机的安装位置、角度、焦距、曝光时间等参数，确保监测数据源的质量。

2) 专用监测摄像机安装要求摄像机与监测目标区域之间无障碍物遮挡，摄像机与目标监测物的直线距离小于10m，可能异常形成的可视物体在监测区域的成像面积大于5%。

3) 视频数据AI识别预警系统采用高精度的AI目标检测算法，需构建针对现场环境的AI监测识别模型。在专用监测摄像机安装完成后，采集7×24h以上的正常工作现场视频数据，用于AI监测模型的训练，以确保异常预警的精确性。

(2) 视频数据AI识别预警系统的功能包括：

1) 图像实时预览功能。图像实时预览功能主要表现在视频监控室，具体表现为实时多路多通道视频以及录像的实时查看。通过有线网络传输，把后台管控中心传输过来的相关图像数据推送至监控室内的监控软件显示界面。

2) 图像检测和异常识别功能。图像检测和异常识别功能基于后台数据处理系统，包括数据采集模块，图像预筛检模块，图像分组编码转发模块，人工智能深度学习分类模块和消息信息管理模块。

数据采集模块采集上传的图像数据。图像预筛检模块使用一系列的图像预处理技术以及稀疏化处理，对现场图像做筛检和平滑化。图像分组编码转发模块对做完初步筛检后的图像数据，统一编码和转发。人工智能深度学习分类模块采用基于大数据平台的多个人工智能深度学习模型，对编码后的数据进一步分类和分析，更为细致地分辨不同类型的异常事件。消息信息管理模块主要用于响应系统管控中心传来的执行单元命令，以及传递处理后的命令。

（3）智能报警功能。识别监测系统具备的智能报警功能包括通过人工智能分析单元分析监控设备故障；通过大数据平台及人工智能技术，完成预设监测区域异常情况分析；系统可根据告警阈值，通过人工智能分析单元自动进行数据分析并发出告警。

告警信息具备长时间的报警提示，并支持人工或自动复位；具备通信告警功能，在通信中断、接收的报文内容异常等情况下，仍能上送告警信息。

5.7.4 关键技术分析与工艺流程

视频数据 AI 识别预警系统整合图像编码压缩技术、图像增强和复原技术、稀疏字典、图像特征描述、深度学习、人工智能模型、网络技术和决策树算法，采用两级处理方案实现目标检测。第一级采用基于稀疏字典的快速预筛检处理算法，滤除大部分无关图像，并对每一个监测摄像机以 25fps 的速度检测出可疑异常事件，并将检测出的异常帧数据传送给中心 AI 处理服务器。第二级采用大数据深度学习算法，利用前步构建的 AI 监测模型，对可疑异常事件进行分类、滤除和加强，从实时视频流中提取相应的特征物体，实现多种异常时间的同步、精确检测和识别，并对真实异常事件进行报警。

视频数据 AI 识别预警系统采用的技术包括：

（1）图像编码压缩技术。图像编码压缩技术可减少描述图像的数据量（即比特数），以便节省图像传输、处理时间和减少所占用的存储器容量。压缩可以在不失真的前提下获得，也可以在允许失真的条件下进行。

（2）图像增强和复原技术。图像增强和复原的目的是为了提高图像的质量，去除图像噪声，提高图像的清晰度。图像增强突出图像中所需识别、预警的部分，例如强化图像高频分量，可使图像中物体轮廓更清晰，细节更明显；强化低频分量，减少图像中噪声影响。图像复原要求对图像降质的原因有一定的了解，根据降质过程建立“降质模型”，再采用某种滤波方法，恢复或重建原来的图像。

（3）图像特征描述技术。图像特征描述使用图 5-30 所示的 HOG 特征算法，对图像中的所有物体进行特征描述。在一副图像中，局部目标的表象和形状，能够被梯度或边缘的方向密度分布很好地描述。将图像分成小的连通区域，然后采集连通区域中各像素点的梯度或边缘的方向直方图，最后把这些直方图组合起来，构成特征描述器。

（4）深度学习网络框架。通过深度学习和迁移学习结合的方法自动进行特征学习，深度学习网络框架如图 5-31 所示。从输入得到的数据经过中间的隐藏层或处理层，然后得到一系列输出，根据输出建立相应模型。特征学习过程可利用已成熟的 Faster R-CNN 网络对样本图像进行特征提取，得到样本特征图。在 Faster R-CNN 的基础上添加一个 Mask 层的分支网络，将算法进化为 Mask R-CNN，在实现目标检测的同时，把目标像素分割出来，并在此算法基础上进行图像

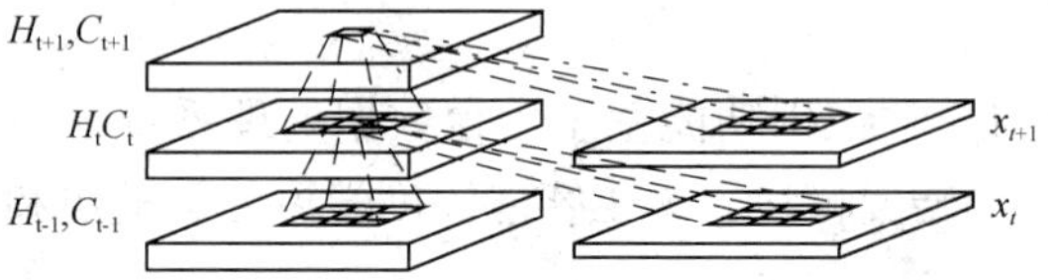

图 5-30　HOG 特征算法

增强和形态识别。基于 Mask R-CNN 网络进行机器学习的过程如图 5-32 所示。Mask R-CNN 网络结合偏差样本过滤方法，能有效地降低现有 Mask R-CNN 网络中由于正负样本数量不均匀而引起的网络性能下降的概率。

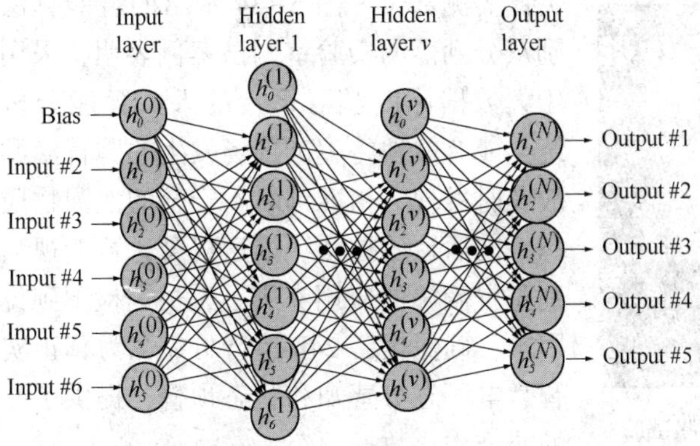

图 5-31 深度学习网络框架

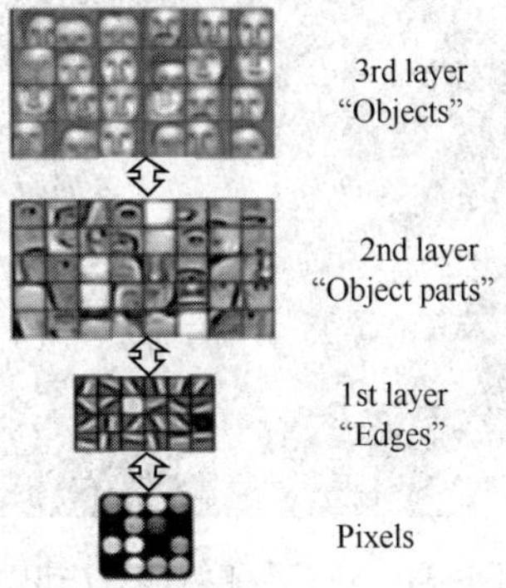

图 5-32 机器学习过程

（5）人工智能 AI 模型。通过已有的训练样本，已知数据以及对应的输出，去训练并得到一个最优模型，再利用这个模型将所有的输入映射为相应的输出。对输出进行简单的判断，从而实现分类的目的，也就具有了对未知数据进行分类的能力。

人工智能 AI 模型的构建过程是对训练集打上相应的标签，并让其通过学习网络进行训练，生成相应的模型文件。然后让异常数据通过大数据集群处理中心，进行统一的分类与合并。最后将通过训练学习网络所得到相应的数据，与模型文件里的数据相比对，并将比对所产生的差异，使用欧几里德距离公式、归一化评分函数进行量化。量化的结果用以调整模型参数，最后通过决策树算法做出分类决策。

图 5-33 示出所采用的训练流程，以连续 10 帧作为一次输入，依次通过 128 层的 11 11 的卷积核和 64 层的 5 5 卷积核，以构建一个空间编码器。然后依次通过时间序列编解码器，接着依次通过 128 层的 5 5 的卷积核和 1 层的 11 11 的卷积核。最后得到一个 10 227 227 的时空特征序列。

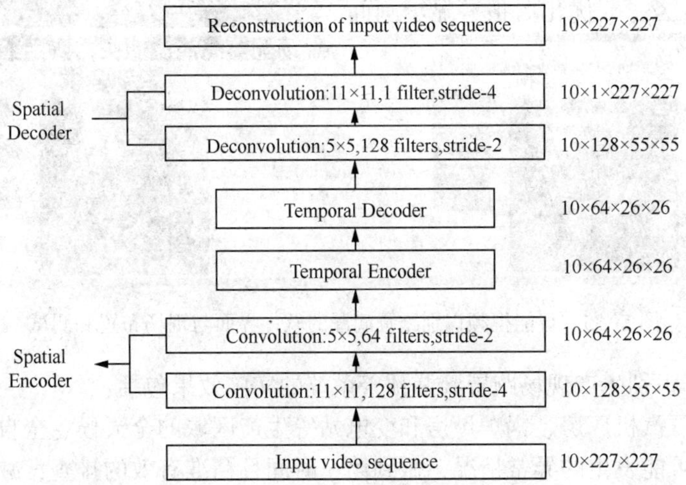

图 5-33 AI 智能模型训练流程

5.7.5 实施效果

视频数据 AI 识别预警系统安装完成后，专用监测摄像机将覆盖火电厂生产厂房内部的关键监测部位。图 5-34 示出的智能算法识别灰分洒落的实验室测试案例表明，采用基于大数据深度学习平台的人工智能分析系统，能有效地将生产现场发生的跑冒滴漏事故及时发现，精准判断不安全的泄漏物质形态，向后台监控系统推送报警。智能视频识别跑冒滴漏的应用克服了人员巡检不到位的因素，确保设备 24h 运行可靠，为真正实现智慧电厂态势感知和状态预警，提供了原始的非结构化数据源。

图 5-34　基于人工智能算法识别粉尘泄漏试验

图 5-35 示出国电东胜公司于 2018 年 9 月在全国火电行业首次成功上线运行的人工智能识别跑冒滴漏的视频监控平台软件界面，以及密封油区域的摄像头布置情况。目前，安全智能视频识别跑冒滴漏监控系统的摄像头布置的区域包括定冷水区域、汽机 0m 真空泵附近、给水泵、磨煤机上层平台、给煤机、密封油等重要且易发生跑冒滴漏的区域。截至目前，智能视频识别跑冒滴漏的监控平台共成功预警 5 次油滴、水、蒸汽和煤粉的跑冒滴漏，为运行机组的现场安全管控和设备缺陷提前发现、处理提供了极有价值的报警信息。

图 5-35　智能视频识别跑冒滴漏的软件界面与现场布置和测试

视频数据 AI 识别生产现场跑冒滴漏预警系统的实施效果包括：

(1) 实现电厂汽机厂房、锅炉厂房和变电站等生产区域的全天候、全自主智能监控。

(2) 对每个可能发生的异常情况，做到第一时间且精准有效的排查，减少人工排查可能的疏漏。

（3）有效降低劳动强度，降低人工排查的高额开支，逐步实现减员增效，降低电厂运维成本。

（4）提高安全巡检作业效率和管理的自动化、智能化水平，为发电厂提供创新型的技术检测手段和全方位的安全保障，更快速地推进智慧电厂少人值守、少人管理的产业升级进程。

5.7.6 基于边缘计算的智能芯片

（1）人工智能视频安全监控系统规模化的四大缺点包括：

1）网络延迟高。高清视频信号要实时传输至云数据中心，对带宽资源和传输能力要求高。全厂共计500个摄像头的数据，如果同时传输进入云计算服务器，会造成数据传输过量和通信堵塞、卡涩和延迟。已有的人工智能数据中心面对大量摄像头实时视频数据接入，将承受巨大压力，无力解决网络延迟问题。

2）实时分析的硬件资源少。厂内配置的高性能计算分析服务器等硬件资源，无法满足数百摄像头的实时视频流，10~30种场景模式的智能识别分析。当前人工智能监控“跑冒滴漏”系统的主数据中心受能耗等要素制约，基础设施的建设无法满足指数增长的视频数据存储和处理需求。

3）资源成本高。基于深度神经网络学习的原理，一台用于实时视频图像实时分析和智能识别的带高性能GPU的服务器至少需要16万元的成本，且只能实时处理大约12个摄像头的实时数据。全厂约500个摄像头的实时视频流数据智能分析需要的服务器硬件资源就需花费近700万元，还不包括网络通信改造的费用，成本过于高昂。

4）长距离兆兆级数据传输所带来的时间成本较高。目前智能视频识别跑冒滴漏项目的技术要求是在1s内就完成数据传输、神经网络模型的计算分析、识别和报警。如果摄像头高清视频数据的传输数量大、距离远，会极大阻碍秒级时间内完成视频流数据传输、智能识别与报警。

（2）基于边缘计算和智能安全识别的电力专用智能视频芯片的工作原理是：

1）利用图像传感器采集图像模拟量。

2）设计智能可编程门阵列（Field Programmable Gata Array，FPGA）芯片作为电力专用AI视频芯片，通过芯片上的I/O管脚，将图像模拟量输入给A/D转换的TVP5150芯片。

3）将卷积神经网络运算的算法写入智能FPGA芯片。

4）电力专用AI视频芯片负责接受和处理来自TVP5150解码后的视频数据，将该数据转换到RGB色域后进行抽帧、图像计算与识别。

5）经过比对、校验过的图片，如果无特征报警，则图像不予输出；如果有快速筛选出来的特征报警，则将TVP5150解码后的视频数据输出至高速D/A转换的ADV7123芯片。

6）经过ADV7123芯片，将视频或图像数据传输到主数据中心人工智能识别单元。

7）在主数据中心的服务器，对电力AI专用边缘计算视频芯片初步筛选出来有特征报警的图像，基于Mask R-CNN等神经网络算法，进行深度分析与更细颗粒度的识别计算，从而确认异常报警。

（3）智能FPGA芯片的生产制作工艺和技术要求包括：

1）采用最新一代SRAMI工艺、中等规模的低成本FPGA芯片。

2）支持各种单端 I/O 标准（如 LVlvrL、LVCOS 和 SSTL. 2/3），通过 LVDS 和 RSDS 标准提供近 230 个通道的差分 I/O 支持，LVDS 通道将达 640Mbps。

3）芯片具有生成时钟锁相环以及 DDR、SDR 和快速 RAM（CRAM）存储器所需的专用双数据率（DDR）接口等。

4）支持通过 SOPC（可编程片上系统）软件对芯片的专门优化，以使其性能进一步提高。

（4）智能 FPGA 芯片的硬件组成和技术要求包括：

1）图 5-36 示出智能 FPGA 芯片的基本结构，组成包括三个部分，即可编程逻辑单元（Configurable Logic BLOCK，CLB）、可编程输入输出单元（Input and Output Block，IOB）及可编程连线资源。CLB 包含组合逻辑部分和时序逻辑部分：组合逻辑一般包括查询表（Look-up Table）和相关的多路选择器（Multiplexer）；时序逻辑部分包含触发器（DFF）和一些相关的多路选择器。IOB 提供了 FPGA 芯片内部和外部的一个接口，连线资源则提供 CLB 与 IOB 之间以及各 CLB 之间的通信。

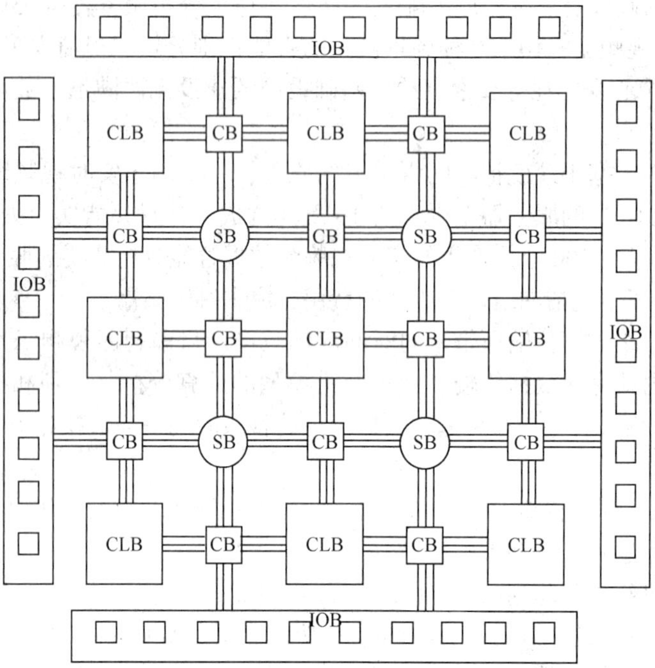

图 5-36　智能视频识别跑冒滴漏的电力专用智能 FPGA 芯片的基本结构

2）开关盒（Switch Box，SB）将水平和竖直连线资源进行切换。连接盒（Connection Box，CB）连接 CLB 的输入输出到连线资源中。在智能 FPGA 芯片中，由于连线资源比较复杂，所以测试花费时间会很长。外围电路包括多种电路模块，例如电源电路模块、晶振电路模块、复位电路模块等。采用 AC/DC 电源模块，把交流 220V 转换成 5V 直流电；再采用转换电路，转变成系统需要的电源，例如数字电压 1. 2V、1. 5V、2. 5V、3. 3V 等，模拟电压 2. 5V。

3）A/D 转换的 TVP5150 芯片采用四面 32 脚封装，14. 13818MHz 晶振作为输入时钟，支持 NTSC/PAL/SECAM 等高格式的高性能视频解码器，正常工作时，功耗仅 115MW，I/O 口电压为 3. 3V。TVP5150 芯片可接受两路 CVBS 或一路 S-VIDEO 信号，通过 IIC 总线设置其内部寄存器，可以输出 8 位 4∶2∶2 的 ITUBT. 656 信号。信号输入有 IP1A 和 IP1B 两路，且都进行阻抗匹配设计，防止对输入量信号的反射。行场同步信号选择引脚 HSYNC 和 VSYNC 输出；SCLK 引脚向 DM644 芯片输出 27MHz 时钟信号，用来同步采集。

4）D/A 转换的 ADV7123 芯片采用三路高速、10 位输入的视频 DA 转换器设计，具有 330MHz 的最大采样速度。ADV7123 芯片能与多种高精度的显示系统兼容，包括 RS2343A 和 RS2170，可广泛应用于 HDTV、数字视频系统（1600×1200@100Hz）、高分辨率的彩色图片图像处理、视频信号再现等。

5）VGA 接口的彩色分量采用 RS343 电平标准。VGA 接口是一种 D 型接口，上面共有 15 针孔，分成三排，每排五个。其中，除了 2 根 NC（Not Connect）信号、3 根显示数据总线和 5 个 GND 信号，比较重要的是 3 根 RGB 彩色分量信号和 2 根扫描同步信号 HSYNC 和 VSYNC 针。

（5）将人工智能算法写入 FPGA 芯片的工艺流程和技术流线要求包括：

1）图 5-37 示出卷积神经网络算法的 FPGA 并行系统，包括四个部分：输入缓存模块、权值缓存模块、缓存控制模块、计算加速单元。①输入缓存模块用于保存输入图像数据；②权值缓存模块用于保存每层所需的权值数据；③缓存控制模块用于产生控制逻辑信号，控制数据流在各模块之间传递的先后关系及状态标志信号；④计算加速单元用于实现卷积神经网络中的核心运算，完成卷积核与特征图之间的卷积运算、池化运算及全连接层运算。

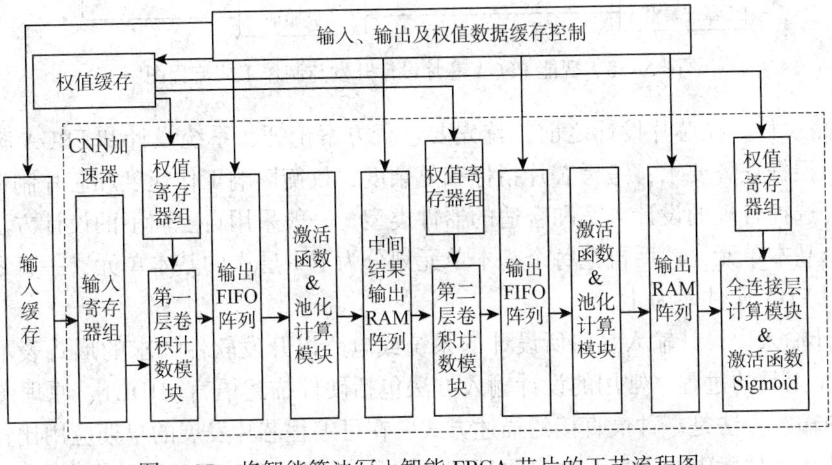

图 5-37 将智能算法写入智能 FPGA 芯片的工艺流程图

2）图 5-37 示出的计算加速单元包括第一层卷积计算模块、第二层卷积计算模块、输入寄存器组、权值寄存器组、第一输出 FIFO 阵列、第一池化计算模块、第二池化计算模块、第二输出 FIFO 阵列、中间结果输出 RAM 阵列、输出 RAM 阵列及全连接层计算模块。其中，输入缓存模块与输入寄存器组相连接，输入寄存器组与第一层卷积计算模块相连接，权值缓存模块与权值寄存器组相连接，权值寄存器组与第一层卷积计算模块相连接，第一层卷积计算模块与第一输出 FIFO 阵列相连接，第一输出 FIFO 阵列与第一池化计算模块相连接，第一池化计算模块与中间结果输出 RAM 阵列相连接，中间结果输出 RAM 阵列与第二层卷积计算模块相连接，第二层卷积计算模块与第二输出 FIFO 阵列相连接，第二输出 FIFO 阵列依次通过第二池化计算模块、输出 RAM 阵列与全连接层计算模块相连接。

3）控制模块控制数据流在各模块之间传递的先后关系以及模块之间互联通信的控制、握手信号。控制模块控制数据流的流程是：①控制逻辑产生数据请求信号，在该信号的控制下输入的像素数据流与系统时钟同步，并在每个周期后更新数据；②输入的像素数据被送入到系统中各个并行或串行子系统的功能模块，完成若干个特征映射图的运算；③在经过逐层特征提取后，需要进行特征分类，把多路局部特征数据流组合成全局特征送入到全连接层内积运算模块进行分类。

（6）图 5-38 示出智能 FPGA 芯片的设计开发与制作工艺流程，包括九个主要步骤：电路设计、设计输入、功能仿真、综合优化、综合后仿真、布局布线后仿真、时序仿真、板级仿真与验证、芯片编程与调试。

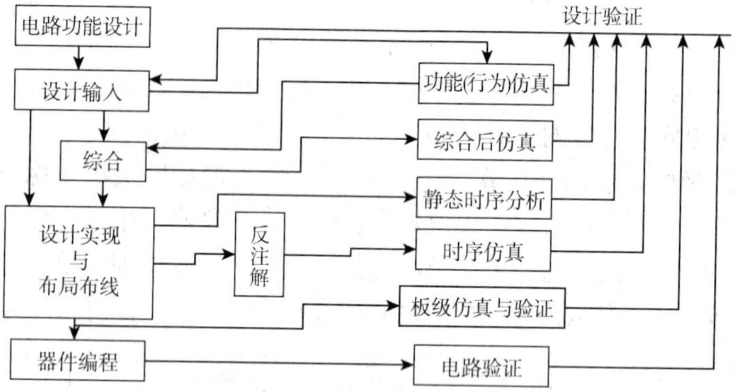

图 5-38　智能 FPGA 芯片设计开发与制作工艺流程图

1）电路设计。在芯片设计之前，首先要进行方案论证、系统设计和 FPGA 芯片选择等准备工作。根据任务要求，考虑芯片指标和复杂度，权衡影响工作速度和芯片制造的各种资源、成本，选择合理的设计方案和合适的器件类型。一般采用自上向下的设计方法，把芯片分成若干个基本单元，然后再把每个基本单元划分为下一层次的基本单元，一直划分，直到可直接使用 EDA 元件库为止。

2）设计输入。设计输入是将所设计的系统或电路以开发软件要求的形式表示出来，并输入给 EDA 工具的过程。常用的设计输入方法包括硬件描述语言（HDL）、原理图输入方法等。原理图输入方法是一种最直接的描述方式，在可编程芯片发展的早期应用比较广泛，将所需的器件从元件库中调出来，画出原理图。这种方法虽然直观、易于仿真，但效率很低，且不易维护，不利于模块构造和重用。更主要的缺点是可移植性差，当芯片升级后，所有的原理图都需要作一定的改动。目前，在实际开发中应用最广的就是 HDL 语言输入法，利用文本描述设计，可以分为普通 HDL 和行为 HDL。普通 HDL 包括 ABEL、CUR 等，支持逻辑方程、真值表和状态机等表达方式，主要用于简单的小型设计。在中大型工程中，主要使用行为 HDL，主流语言包括 Verilog HDL 和 VHDL。这两种语言共同的突出特点包括：语言与芯片工艺无关，利于自顶向下设计，便于模块的划分与移植，可移植性好，具有很强的逻辑描述和仿真功能，而且输入效率很高。

3）功能仿真。也称为前仿真，是在编译之前对用户所设计的电路进行逻辑功能验证，此时的仿真没有延迟信息，仅对初步的功能进行检测。仿真前，先利用波形编辑器和 HDL 等建立波形文件和测试向量，即将所关心的输入信号组合成序列。仿真结果将会生成报告文件和输出信号波形，从中便可观察各个节点信号的变化。如果发现错误，则返回设计修改逻辑设计。

4）综合优化。综合是指将较高级抽象层次的描述转化成较低层次的描述。综合优化根据目标与要求，优化生成逻辑连接，使层次设计平面化，供 FPGA 布局布线软件进一步实现。综合优化(Synthesis)是指将设计输入编译成由与门、或门、非门、RAM、触发器等基本逻辑单元组成的逻辑连接网表，而并非真实的门级电路。真实具体的门级电路利用 FPGA 芯片制造商的布局布线功能，根据综合后生成的标准门级结构网表来产生。为了能转换成标准的门级结构网表，HDL 程序的编写必须符合特定综合器所要求的风格。由于门级结构、RTL 级的 HDL 程序的综合是很成熟的技术，所有的综合器都可支持到这一级别的综合。

5）综合后仿真。综合后仿真是指检查综合结果是否和原设计一致。在仿真时，把综合生成的标准延时文件反标注到综合仿真模型中去，可估计门延时带来的影响。但这一步骤不能估计线延时，因此和布线后的实际情况还有一定的差距，并不十分准确。目前的综合工具较为成熟，对于一般的设计可省略这一步，但如果在布局布线后发现电路结构和设计意图不符，则需要回溯到综合后仿真来确认问题之所在。功能仿真中的软件工具一般都支持综合后仿真。

6）布局布线后仿真。将综合生成的逻辑网表配置到具体的 FPGA 芯片上，布局布线是其中最重要的过程。布局将逻辑网表中的硬件和底层单元合理地配置到芯片内部的固有硬件结构上，并且往往需要在速度最优和面积最优之间作出选择。布线根据布局的拓扑结构，利用芯片内部的各种连线资源，合理正确地连接各个元件。FPGA 芯片的结构非常复杂，特别是在有时序约束条件时，需利用时序驱动的引擎进行布局布线。布线结束后，软件工具会自动生成报告，提供有关设计中各部分资源的使用情况。由于只有 FPGA 芯片生产商对芯片结构最为了解，所以布局布线必须选择芯片开发商提供的工具。

7）时序仿真。也称为后仿真，是指将布局布线的延时信息反标注到设计网表中，以检测有无时序违规现象，即不满足时序约束条件或器件固有的时序规则，例如建立时间、保持时间等。时序仿真包含的延迟信息最全、也最精确，能较好地反映芯片的实际工作情况。由于不同芯片的内部延时不一样，不同的布局布线方案也给延时带来不同的影响。因此在布局布线后，通过对系统和各个模块进行时序仿真，分析其时序关系，估计系统性能，检查和消除竞争冒险，是非常有必要的。在功能仿真中介绍的软件工具一般都支持综合后仿真。

8）板级仿真与验证。板级仿真主要应用于高速电路设计中，对高速系统的信号完整性、电磁干扰等特征进行分析，一般都以第三方工具进行仿真和验证。

9）芯片编程与调试。芯片设计的最后一步是芯片编程与调试。芯片编程是指产生使用的数据文件(位数据流文件，Bitstream Generation)，然后将编程数据下载到 FPGA 芯片中。芯片编程需满足一定的条件，如编程电压、编程时序和编程算法等。逻辑分析仪(Logic Analyzer，LA)是 FPGA 芯片设计的主要调试工具，但需引出大量的测试管脚，且 LA 价格昂贵。

表 5-1 示出电力专用 AI 视频识别的智能 FPGA 芯片的主要设计参数与性能指标。资源中的逻辑单元 LE(Logic Element)，用于完成用户逻辑的最小单元，位于 FPGA 器件内部。基于 Flash 的 FPGA，在这类 FPGA 器件中集成了 SRAM 和非易失性 EEPROM 两类存储结构。其中 SRAM 用于在器件正常工作时对系统进行控制，而 EEPROM 则用来装载 SRAM。由于这类 FPGA 将 EEPROM 集成在基于 SRAM 工艺的现场可编辑器件中，因而可充分发挥 EEPROM 的非易失性和 SRAM 的重配置性。断电后，配置信息保存在片内的 EEPROM 中，因此不需要片外的配置芯片，有助于降低系统成本、提高设计的安全性。

表 5-1 电力专用 AI 视频识别智能 FPGA 芯片的主要设计参数与性能指标

	特性参数	最大资源量	特性参数	最大资源量
体系结构特性	全局时钟网络	20	PLL	4
	制作工艺	45~90nm		
资源	LE(Kb)	30+	M9K 存储器模块	120+
	嵌入式存储器(Kb)	1080+	18 位×18 位乘法器	80+
I/O 特性	支持的 I/O 电压电平(V)	1.2，1.5，1.8，2.5，3.3	收发器数量(2.5Gbps/3.125Gbps)	4，0/0，4
	仿真 LVDS 通道 840Mbps	200+	OCT	串行，差分
外部存储器接口	支持的存储器件	DDR2，DDR，SDR	存储结构	SRAM EEPROM

(7) 基于边缘计算和智能安全识别的电力专用智能视频芯片的功能与技术设计要求包括：

1) 人工智能视频识别可监控“跑冒滴漏”、设备缺陷、人的不安全行为、人的不安全状态等。

2) 图像采集系统平台，包括图像采集模块、图像处理模块、图像比对模块、图像显示模块。

3) 电力专用 AI 芯片算法具有典型“跑冒滴漏”图像的快速识别功能，边缘计算追求快速识别、粗颗粒度、适当减少卷积计算，通过适当降低计算精度，降低运算复杂度，减小芯片运行的功耗。电力专用 AI 视频芯片的智能安全识别精准度达到 95%以上，但“跑冒滴漏”的类型精细化区分识别能力可降至 20%，把“跑冒滴漏”的类型区分识别。

4) 电力专用 AI 芯片主控制模块的程序进行编译与仿真。通过对程序的编译与仿真实现对芯片控制，将数据转换后输出。

5) 电力专用智能视频芯片的系统架构拥有与生俱来的边缘节点属性，契合边缘计算对分布式网络基础设施的需求。通过电力专用智能视频芯片，组成大规模分布式的边缘计算网络，大量减少主数据中心服务器的“无效计算量”。

(8) 本书提出的基于边缘计算和智能安全识别的电力专用 AI 视频芯片，将原本属于人工智能数据中心的计算任务，分配给具备计算能力和数据分析能力的网络边缘智能芯片上，优势和应用效果包括：

1) 降低人工智能数据中心的计算负载，同时降低由于数据爆发造成的网络带宽传输压力，缓解电厂人工智能监控“跑冒滴漏”系统的主数据中心的压力。

2) 使用边缘计算+云计算组合的“云边结合”方式，比单纯使用云计算能够完成更多关键性业务。

3) 边缘计算可通过定制化服务，支持更多关键性业务，创造新的价值链和生态系统。电力 AI 专用视频芯片及附属硬件的成本控制为 1000 元/片，全厂约 500 台摄像头配置智能芯片，共需花费 50 万元，加上深度分析计算的高性能服务器和后台监控软件，成本仅为 100 多万，非常有利于智能视频识别功能在燃煤火电站大规模推广应用。

第6章 展　望

本书分析新基建、工业4.0时代背景下的燃煤智慧电厂建设架构和内容，通过5G网络、物联网、ICS智能发电操作系统、大数据中心、工业互联网、企业云平台、智能机器人和边缘计算芯片等落地应用，以促进燃煤火力发电工业的产业升级，降低生产经营成本和风险，提高生产效率。本书的分析有助于了解新基建的建设内容在燃煤火力电站应用的技术推广特点，以推动燃煤发电向感知灵敏化、通信连接泛在化、数据集中和标准化、控制智能化和管理智慧化方向发展。本书展示的5G、物联网、智能发电操作系统、大数据中心、工业互联网、企业云平台、机器人和边缘计算芯片是针对燃煤火电行业的定制化、成套、成体系的集成设计方案，具有一定的开创性，为火电行业快速落实中央"新基建"的决策部署，推动产业转型升级提供了新的思路和可行性方案。

智慧企业是智能技术的集大成者，并为其提供了丰富的应用环境。新技术的发展推动了智慧企业的演化，同时智慧企业也加速了对新兴技术的应用。"云大物移智"越来越呈现出技术融合为一体的趋势，协同构建新型企业智能基础设施，赋智慧之能于各个行业。人工智能技术进一步深入发展，强人工智能技术开始出现。通过与5G技术的融合，人工智能技术的应用将更加普及，从云端智能到边缘智能，从管理智能到机器智能，人工智能应用将无处不在。

智慧企业也是人工智能时代下人机协同的新模式，以数据驱动为核心的智能化平台，一种系统性的技术和管理变革，一个以人机协同为特征的新型人机交互模式融合发展方向，为我们展示了一个以工业管理变革推进社会进步的生动案例。

人机协同是人工智能条件下智慧企业建设的全新形态。人经由数字化技术的运用，实现自身感知、分析、决策等软实力的提升，可理解为人将"机"作为工具使用，这是一个主次的协同形态。随着智能机器人等更为复杂和丰富的载体出现，将代替人承担重复、机械及危险情境下的工作，甚至将人所不能及的"机"植入人的机体，可理解为"机"代替人的某些工作，人机协同表现为平等的、互为主客体的协同形态。未来人机协同状态中的"人"，将是一个全新的具有人类灵感和创造，同时又具有强人工智能功能赋能的全新的"人"。

在公司智慧企业建设过程中，一个个新兴技术的应用成果令人震撼，基于Hadoop厂级大数据中心，ICS智能发电运行控制系统、IMS业务微服务化智慧管理平台、人工智能视频识别跑冒滴漏以及三大智能巡检机器人，都能看到云计算、大数据、物联网、人工智能等技术的身影。由此可以看出，发电企业不再是技术的被动接受者，而摇身一变成为了技术的研究者和开拓者。得益于适宜的生产运行实践条件，国电内蒙古东胜热电有限公司能够更快速地实现技术落地，不仅如此，结合新技术、新理念的智能发展理念，还促进了绿色经济的繁荣和发展。

基于新沿理念和新兴技术，可以搭建出企来发展的新型基础设施，但企业仅仅关注生产力水平的提升还远远不够，必须同时进行管理变革和生产关系升级。正如每一次工业革命的进步，都伴随着新式管理思想的诞生，在当前以人工智能为代表的新一轮工业革命下，企业必须跳出传统的管理体系框架，赋予工业发展新的管理动能，而这也是智慧企业诞生与持续发展的产业支撑与科学背景。

智慧企业的诞生是生产力推动生产关系升级的又一次证明。数字科技的迅猛发展，已经远远超出了技术本身，其结果是推动社会形态、企业管理、生产方式的极大变革。在新技术浪潮中，企业的基本要素人和物，通过应用新技术，导致企业对这些要素的配置方式发生改变，进而推动企业管理中的管理手段、管理方式发生改变，最终使企业生产方式、管理模式和企业形态发生本质变化，并导致智慧企业这一企业管理新范式出现。

在管理智慧化的道路上，以数字化感知打造耳聪目的数字赋能，以机理模型和数理模型实现知识创造，以业务场景应用赋能实现业力价值创造，包括新效能、新模式、新动能，打造全新管理模式，为能源企业转型提供了理论和时代的范本。利用智慧管理来重塑技术本身，并为整个生态系统服务，全行业的智慧企业建设探索者都在朝着这个方向不断探索迈进。

智慧企业建设也将为企业及经济理论体系研究揭开新的篇章。企业本质上是所处经济体生产力和生产关系的代表和反映。智慧企业本质上是以人工智能为代表的生产力革命下的企业新型管理思想反映，一方面将改变企业具体的经营管理理论，另一方面也对经济管理学的发展产生深远影响。

参 考 文 献

[1] 国务院办公厅.《中国制造 2025》[EB/OL].[2015-05-19].http://www.gov.cn/zhengce/content/2015-05/19/content_9784.htm.

[2] 刘吉臻.智能发电：第四次工业革命的大趋势[N].中国能源报，2016-07-25(3).

[3] 刘吉臻，胡勇，曾德良，等.智能发电厂的架构及特征[J].中国电机工程学报，2017，37(22)：6463-6470.

[4] 杨宏强，孙瑜，杜伟.燃煤火电厂智能 DCS 的功能设计与应用[J].热力发电，2020，(3)：100-106.

[5] 潘玉松，陈旭伟，张鹏.传统火电厂建设智慧电厂的典型方向及构架体系[J].分布式能源，2018，3(5)：48-53.

[6] 夏旭.5G 切片在电力物联网中的研究和实践[J].移动通信，2019，43(1)：63-69.

[7] 郭克强.5G 使能智能电网运营商大有可为[J].通信企业管理，2018(10)：36-39.

[8] 胡红明.5G 通信技术在智能电网的应用分析[J].电子测试，2019(17)：68-69.

[9] 杨永明.未来 5G 与能源的深度融合研究[J].新能源经贸观察，2018(7)：86-93.

[10] 魏向欣，何涛，李一航，等.5G 网络切片承载电力系统业务的时延特性研究[J].电力信息与通信技术，2019，17(8)：7-12.

[11] 马克，沈跃军，黄敏，等.火电站最新一代智能控制系统 ICS 的硬件系统架构设计[J].中国电业，2019，47(19)：451-452.

[12] 马克，沈跃军，黄敏，等.火电机组智能 DCS 的整体功能设计与应用效果分析[J].基层建设，2019，(28)：219-220.

[13] 梁雪梅.5G 网络切片技术在国家电网中的应用探讨[J].移动通信，2019，43(6)：47-51.

[14] 陈皓勇，陈永波，王晓娟，等.基于 LPWAN 的泛在电力物联网[J].电力系统保护与控制，2019，47(8)：1-8.

[15] 王宏延，顾舒娴，完颜绍澎，等.5G 技术在电力系统中的研究与应用[J].广东电力，2019，32(11)：78-85.

[16] 魏向欣，何涛，李一航，等.5G 网络切片承载电力系统业务的时延特性研究[J].电力信息与通信技术，2019，17(8)：7-12.

[17] 赵俊杰，陆海涛，吴豪，等.基于人工智能算法的智能视频识别燃煤火电厂跑冒滴漏[J].神华科技，2019，17(9)：40-44.

[18] 梁雪梅.5G 网络切片技术在国家电网中的应用探讨[J].移动通信，2019，43(6)：47-51.

[19] 夏旭，朱雪田，梅承力，等.5G 切片在电力物联网中的研究和实践[J].移动通信，2019，43(1)：63-69.

[20] 赵俊杰，吴豪，周健，等.基于煤质与燃烧特性优化火力电站配煤掺烧方法[J].神华科技，2019，17(5)：89-93，96.

[21] 韩治，张晋.5G 网络切片在智能电网的应用研究[J].电信技术，2019，(8)：5-8.

[22] 江秀臣，罗林根，余钟民，等.区块链在电力设备泛在物联网应用的关键技术及方案[J].高电压技术，2019，45(11)：3393-3400.

[23] 张二祥，刘志宏，马克，等.基于输煤栈桥巡检机器人的无人输煤系统设计与应用[J].中国电业，2019，47(20)：357，360.

[24] 张燕东，田磊，李茂清，等.智能巡检机器人系统在火力发电行业的应用研发及示范[J].中国电力，2017，50(10)：1-7.

[25] 陈世和，张曦.基于工业 4.0 的智能电站控制技术[J].自动化博览，2015，(9)：42-50.

[26] 杨新民，曾卫东，肖勇.火电站智能化现状及展望[J].热力发电，2019，48(9)：1-8.

[27] 赵俊杰，冯树臣，刘志宏，等.5G 电力网络切片技术在燃煤智慧电厂生产管控应用分析[J].能源科技，2020，18(2)：5-10.

[28] 尹峰，陈波，苏烨，等.智慧电厂与智能发电典型研究方向及关键技术综述[J].浙江电力，2017，36(10)：1-6.

[29] 鲁浩，谈英姿.管廊巡检机器人控制系统设计与实现[J].自动化技术与应用，2019，38(2)：78-86.

[30] 赵俊杰，杨如意，王利敏，等."五化"搭台唱响"数字化"[J].电力信息化，2020，(1)：74-76.

[31] 韩华锋，马玉娟，黄一志，等 .1000MW 级火电机组智慧电厂建设研究[J]. 中国电力，2018，51(10)：49-55.
[32] 沈跃军，马克，崔畅元，周健，兰俊生，赵俊杰 . 大数据与逻辑故障树在火电厂故障诊断中应用[J]. 电力设备，2018，(10)：62-63.
[33] 沈跃军，马克，周健，等 . 基于逻辑故障树的智能 DCS 早期预警建模与应用[J]. 防护工程，2018，(9)：470，472.
[34] 成小良，邓志东 . 基于 ZigBee 规范构建大规模无线传感器网络[J]. 通信学报，2008，29(11)：158-164.
[35] 陈永波，汤奕，艾鑫伟，等 . 基于 LPWAN 技术的能源电力物联专网[J]. 电信科学，2017，33(5)：143-152.
[36] 赵俊杰，马克，陆海涛，等 . 燃煤火电机组全新一代智能控制系统 ICS 的架构与应用[J]. 能源科技，2020，18(1)：46-51.
[37] 赵太飞，陈伦斌，袁麓，等 . 基于 LoRa 的智能抄表系统设计与实现[J]. 计算机测量与控制，2016，24(9)：298-301.
[38] 刘颖，王再英，彭倩，等 . 基于 ZigBee 和 GPRS 的远程无线抄表系统设计与实现[J]. 科学技术与工程，2012，12(30)：8058-8062.
[39] 赵俊杰，陆海涛，包海斌，等 . 基于锅炉四管可视化的防磨防爆监测和智能泄漏预警[J]. 神华科技，2019，17(8)：47-50.
[40] 郑浩 . LoRa 技术在低功耗广域网络中的实现和应用[J]. 信息通信技术，2017，11(1)：19-26.
[41] 赵俊杰，项连清，俞路军，等 .1000MW 超超临界机组热耗率和供电供热煤耗模型应用分析[J]. 能源工程，2016，(6)：70-75.
[42] 夏莹莹，刘琛，邵震 . LPWA，物联网产业发展的新机遇[J]. 通信企业管理，2015，(10)：68-70.
[43] 刘志宏，邬馗星，马克，等 . 基于无人采制化和燃料 DCS 的火电厂一体化智能燃料系统[J]. 中国电业，2019，47(20)：387-388.
[44] 邬馗星，张继东，陆海涛，等 . 基于锅炉受热面脏污动态监测的吹灰控制策略分析[J]. 中国电业，2019，47(15)：382-383.
[45] 邬馗星，张继东，陆海涛，等 . 智能吹灰闭环控制系统在火电 DCS 的集成应用效果分析[J]. 中国电业，2019，47(17)：506-507.
[46] 罗立权，张继东，俞路军，等 .1000MW 超超临界汽轮机排汽焓和冷端能量损失模型[J]. 热力透平，2016，45(4)：294-298.
[47] 项连清，陈黎勇，李文，等 .1000MW 超超临界汽轮机整体效率与内效率实时计算模型[J]. 汽轮机技术，2017，59(2)：97-100，155.
[48] 张继东，陈笔，赵思嘉，等 .1000MW 超超临界锅炉热效率正平衡和反平衡模型分析[J]. 锅炉技术，2019，50(2)：21-26.
[49] 赵俊杰，王金浩，兰俊生，等 .330MW 亚临界空冷火电机组实时热耗率和冷端损失模型[J]. 汽轮机技术，2018，60(4)：287-290，278.
[50] 赵俊杰，罗立权，吴豪，等 . 过量空气系数对燃煤电站锅炉热效率和脱硝的影响[J]. 锅炉技术，2015，46(3)：30-34，39.
[51] 李勋，龚庆武，乔卉 . 物联网在电力系统的应用展望[J]. 电力系统保护与控制，2010，38(22)：232-236.
[52] 田景奇，刘永峰，高亚斌，等 . 发电企业职业发展的多通道体系建设分析[J]. 神华科技，2019，17(4)：3-5.
[53] 毛斌宏 .5G 网络切片管理架构设计探讨[J]. 移动通信，2018，42(10)：13-18.
[54] 武兴卓，王列萍，王齐，等 . 创新工作室在火电企业中的应用实践和价值分析[J]. 基层建设，2019，(6)：214，218.
[55] 武兴卓，王列萍，王齐，等 . 火电厂科技创新体系和科技人才培养管理实践与分析[J]. 社会科学，2019，(5)：389-390.
[56] 武兴卓，王列萍，刘存弟，等 . 构建发电企业青年人才培养和成长的绿色通道[J]. 电力设备，2018，(29)：245-246.